复旦卓越·经济学系列

金融学教程

杨长江　张　波　王一富　编著

复旦大学出版社

前　言

　　近年来,国内对金融学学科体系的讨论非常热烈,特别是在2001年西宁召开了教育部"21世纪金融学专业教育教育改革与发展战略研究"项目的专家研讨会上,国内高校的50余位学者对金融学学科体系提出了很多的新的看法,这次讨论会后出版的论文集《金融学科发展与战略研究》,集中反映了我国金融学界对金融学科建设的最新思考。此后,国内陆续出版了几本以旨在取代传统的《货币银行学》的以《金融学》命名的新教材,体系各不相同,但都包括了一些传统教材中没有的微观金融的内容。可以说,对金融学学科体系以及相应教材的创新,已经成为目前的一个趋势。

　　本人的研究主攻方向为国际金融,但是长期来也一直在担任着货币银行学课程的教学任务,在各种场合下讲授这一课程已经20多轮了。在教学实践中,我始终感受着国内外金融学教材体系存在的重大差异,也一直在思考着到底什么是金融学这个问题。本人作为复旦大学课题组成员参加了"21世纪金融学专业教育教育改革与发展战略研究",其中与姜波克教授合作的论文"论国际金融学学科体系"参加了西宁会议的讨论并被收入会议的论文集,从对国际金融学学科体系的思考出发,我逐渐对金融学学科体系也有了一些粗浅的构想。

　　在我看来,目前对金融学学科体系的讨论,集中在三个相互联系着的问题上。第一,学科本质属性问题,也就是说,金融学到底研究的是什么问题,这其中的争论主要在于是以传统的货币信用关系为主要研究对象,还是西方学者所强调的金融学与经济学是两个不同的学科,金融学是研究不确定下的资源跨时配置问题的一门学科;第二,内容涵盖上,到底哪些内容属于金融学的范畴,这其中的争论又主要在于传统的宏观上的货币金融问题与西方的以投资学、公司财务等内容为主的微观金融之间的关系如何处理;第三,体系结构上,在前一个问题讨论的基础上,如果说需要把微观金融纳入金融学的范畴,那么如何处理它与宏观金融的关系,特别是如何在一个教材中将这两者符合逻辑地统一组织起来。

　　本人认为,对学科体系的研究非常重要,直接决定了相应教材的体系与内容,但是在本科教材中又不宜对学科体系之类的问题进行过多讨论,不宜将学术界仍在争论的东西过多地放到本科教材中去,因此在教材中并没有对金融学学科体系问题进行具体讨论,只能在前言中简单交代一下我们的一些初步设想。

　　首先,在学科属性上,我认为,国内传统上对金融学的界定是以研究对象为标志的,而西方学者对金融学的界定是从金融活动所蕴涵的实质经济问题入手的,这种侧重于内涵的分析可能更加有助于我们把握金融学与其他学科的区别所在。在此需要强调的是,国内有的学者认为,研究不确定条件下的资源跨时配置问题,这只是微观金融学的属性,宏观上的金融问题就是不能用此来概括了。我认为,金融学是宏观与微观相统一的,从宏观层面来看,金融学的实质问题仍然是不确定条件下的资源跨时配置问题,这种宏观层面上的资源跨时配置是通过利率、价格水平等变量来实现的。例如,利率的提高,就鼓励了储蓄,从而使得更多的消费转移到了以后;物价水平的持续上升,则刺激消费,从而使得更多的消费转移到了现在,这里的实质问题都是不确定条件下的资源跨时配置问题。从这个观点出发,本书中从宏微观统一的角度对金融学进行了界定。

其次,在内容涵盖上,在明确了金融学是宏观与微观有机统一的学科后,那么就需要处理好金融学与相关学科的关系。从宏观上来看,需要与宏观经济学进行区分;从微观上看,需要与投资学、金融市场学等课程进行区分。我们的处理方式是,以解释清楚金融活动如何实现资源的跨时配置的基本原理为依据,尽量避免内容的庞杂以及深浅的失度。对于宏观经济学中分析较多的 IS—LM 模型等内容,我们均进行了简化处理,假定读者具有相关学科知识基础;对于微观金融学的介绍,我们在本教材中仅限于其核心部分,至于具体的定价机制等问题,我们就没有涉及。

再次,在体系结构上,本教材按照宏微观统一的思想进行了一些创新,以金融系统如何实现资源的跨时配置问题为主线而设计了一个逻辑统一、循序渐进的结构,按照金融分析基础、微观金融运作、宏观金融运行、金融调控管理四个部分而构成了全书。在微观部分,我们进行了较大的创新,将传统的证券投资、银行管理、公司财务等部分的内容按照融资方式的比较与选择的逻辑进行了整合,在宏观部分,则照顾到传统的教学体系的稳定,主要通过章节前言的说明来反映这些内容与微观金融的联系。需要指出的是,本书试图以前沿的金融系统的功能观点来贯穿全书,从什么是金融系统切入,以如何完善金融系统而结束,这样体现了本书明确的分析主线。

本书是在众多师长的帮助、指导与鼓励下才得以完成的。本书初稿完成后,曾分别送给复旦大学国际金融系原系主任胡庆康教授、复旦大学金融研究院副院长陈学彬教授、复旦大学国际金融系刘红忠教授审阅,得到了几位老师的热情鼓励以及不少具体修改建议,这给我以非常大的鼓舞。在本书写作过程中,和孙立坚教授就什么是金融学进行了一次专门讨论,使我受益良多,孙立坚教授将他多篇关于金融学学科体系的研究报告与论文提供给我,并且将部分尚未出版的《金融经济学》书稿发给了我,这对于本书的写作具有重要意义。本教材的一些初步构想,也和邵宇博士、攀登博士等讨论过,受到不少启发;为了解释清楚 MM 定理问题,张湧博士与我进行了多次讨论并将他即将出版的博士论文部分章节提供给我,并且还得到了朱叶教授的帮助;胡建平博士、翁恺宁博士都对本书的初稿提出了很多修改意见;经济学院的研究生刘汉华同学帮我认真校对了初稿并提出了不少修改意见,国际金融系本科生惠卉同学也帮我认真校对了初稿,并且从学生学习的角度提出了不少建议,在此一并表示深深谢意。

由于我们的水平有限,书中肯定错误之处甚多,我们期待着各方的指正。

杨长江

2004年8月

目 录

第一部分 金融分析基础

第一章 金融活动简介 …… 3
  第一节 金融活动的基本概念 …… 4
  第二节 金融系统 …… 10
  第三节 金融活动的载体——货币 …… 21

第二章 金融工具 …… 32
  第一节 货币市场工具 …… 33
  第二节 资本市场工具 …… 39
  第三节 金融衍生工具 …… 48

第三章 金融活动中的收益 …… 56
  第一节 资金的时间价值 …… 57
  第二节 收益率的衡量方式 …… 66

第四章 金融活动中的风险 …… 72
  第一节 风险概述 …… 73
  第二节 风险的衡量 …… 85

第二部分 微观金融运作

第五章 直接融资运行分析(上)：金融资产的发行与交易 …… 97
  第一节 基础金融资产的发行与交易 …… 98
  第二节 衍生证券交易 …… 109

第六章 直接融资运行分析(下)：金融资产的定价和选择 …… 118
  第一节 金融资产价值评估基本方法 …… 119
  第二节 资本资产定价模型 …… 126

第七章 间接融资运行分析：商业银行经营管理 …… 137
  第一节 现代银行的产生和发展 …… 138
  第二节 商业银行业务 …… 144
  第三节 商业银行业务管理 …… 151

第八章 融资决策与资本结构 …… 159
  第一节 融资方式的选择 …… 160

第二节　资本结构理论 ·· 171

第三部分　宏观金融运行

第九章　中央银行与货币供给 ·· 183
　　第一节　中央银行概述 ·· 184
　　第二节　货币创造机制 ·· 192
　　第三节　货币供给的外生性和内生性 ······························ 200

第十章　货币需求 ·· 206
　　第一节　古典货币数量论 ·· 207
　　第二节　凯恩斯学派的货币需求理论 ······························ 211
　　第三节　弗里德曼的现代货币数量论 ······························ 218

第十一章　利率 ·· 224
　　第一节　认识利率 ·· 225
　　第二节　利率决定理论 ·· 231
　　第三节　利率的结构理论 ·· 241

第十二章　通货膨胀和通货紧缩 ······································ 250
　　第一节　认识通货膨胀和通货紧缩 ································ 251
　　第二节　通货膨胀理论 ·· 258
　　第三节　通货紧缩理论 ·· 266

第四部分　金融调控管理

第十三章　货币政策 ·· 275
　　第一节　货币政策目标 ·· 276
　　第二节　货币政策工具 ·· 285
　　第三节　货币政策传导机制及效果 ································ 291

第十四章　金融稳定与金融监管 ······································ 300
　　第一节　金融脆弱性 ·· 301
　　第二节　金融危机 ·· 306
　　第三节　金融监管 ·· 311

第十五章　金融发展 ·· 320
　　第一节　金融深化 ·· 321
　　第二节　金融创新 ·· 330
　　第三节　金融优化 ·· 338

参考文献 ·· 348

第一部分

金融分析基础

我们首先介绍金融学的一些基础知识,例如什么是金融,金融活动中的主要工具有哪些,如何衡量金融活动的收益与风险。这些知识是我们整个课程的基础。

第一部

英米哲学の展望

第一章

金融活动简介

学习目标
- 理解金融的内涵
- 了解主要的金融系统类型
- 认识金融活动的载体——货币

基本概念

金融　内源融资　外源融资　直接融资　间接融资
资金的产业性流动　资金的金融性流动　金融系统
金融市场　金融中介　货币

参考资料
- 什么是金融——鲁宾逊的故事
- 中国金融业的历史和金融系统的发展
- 什么是信用

金融，一个既熟悉又陌生的字眼。大到国际间的资本流动、一国的宏观政策，小到一个家庭的储蓄存款、个人用信用卡支付购物，金融活动在我们的生活中几乎无所不在。那么，金融的确切含义究竟是什么？学习完本章，你将了解金融的概念和内涵，金融活动的本质，以及什么是金融系统，金融系统的功能和构成。在本章的最后，我们将详细介绍金融活动的主要载体——货币，使你对货币的定义、类型和层次有一个清晰的了解。

第一节　金融活动的基本概念

重要问题

1. 什么是金融？
2. 资金融通的方式有哪些？
3. 经济中的资金流动有哪些类型？

一、金融的含义

我们对金融这个词含义的理解，可以从身边最常见的事情开始。举一个简单的例子，如果我现在有1 000元现金，面对着这些诱人的钞票，我有两种选择：花掉或者是存起来。这么简单的活动，有着什么样的经济含义呢？我们可以从两个方面来理解它。

首先，这意味着资源的跨时配置问题。如果我现在就把它花掉，用这1 000元现金去购买商品，这意味着这些资源现在就被我消费掉；如果我选择将这些现金存起来，这就说明我在未来再动用这笔资金，也就是意味着我消费这些资源的时间由现在转换到了未来。可以看出，将这笔现金存起来还是花掉，实际上意味着自己在选择不同时期消费相应的资源。

其次，这一经济活动中存在着不确定性。如果选择存起来，那无论选择何种存钱的方式实际上都在某种程度上存在着不确定性。如果我把它锁在抽屉里，似乎非常安全了，但是这也未必。我们不能排除失窃的可能，或许还会引起老鼠利用这些特殊质地的纸张锻炼牙齿的兴趣。而如果我把它存到银行，一年之后银行会在偿还我这1 000元的同时支付利息给我。显然，存在银行比放在抽屉里会给我带来更多的好处，可是这样真的就完全没有任何问题了吗？虽然银行一般都有良好的信誉，但是万一银行倒闭，我可能连原来的1 000元也拿不到，尽管出现这种情况的概率极低极低。我们选择用这1 000元去购买债券、股票，实际上都在某种程度上存在着类似的问题。

这样一个简单的经济活动为我们揭开了金融的神秘面纱。金融，从字面上来说，它意味着资金的融通。从经济学的角度看，研究资金融通活动，

金融
字面含义是资金的融通，从经济学角度看，金融学研究的是在不确定条件下的资源跨期分配问题。

就意味着研究的主要问题是"在不确定条件下人们如何进行资源的跨期分配"。这个定义包含了两个重要的内容。第一，金融是研究跨期分配问题的。换句话说，金融研究的对象不是仅仅针对某一个时期，而是包含了至少两个或两个以上的时期。在上面提到的银行存款的例子中，我首先就做出了一个重要的决策，那就是把 1 000 元留到明年而不是现在就花掉。这一决策显然包含了两个时期——今年和明年。第二，金融决策是带有不确定性的。因为金融决策包含了两个甚至两个以上的时期，而且这些时期中一般都有一个甚至一个以上是未来的时期，既然未来是不确定的，那么金融决策的结果可能与当初在第一个时期设想的并不一样。就如同我并不能肯定银行在一年以后一定会还给我本金和利息一样，金融决策的结果是不确定的。

网络资源
了解金融信息的主要综合性网站：
金融时报-金时网
www. financialnews. com. cn
中国金融网
www. zgjrw. com
和讯网
http://www. homeway. com. cn/
金融界
www. jrj. com. cn
中国宏观经济信息网
www. macrochina. com. cn
中国经济信息网
www. cei. gov. cn

 参考资料　什么是金融——鲁宾逊的故事

金融讨论的问题是人们在不确定条件下如何进行资源的跨期分配。为了解释这一问题，让我们动用一个经济学家们历来钟爱的人物——鲁宾逊，讲述一个他的故事。

故事仍然从鲁宾逊在沉船的残骸中取回了最后的一些谷子开始。他必须现在就消费其中的一部分，否则立刻就会饿死；但又不能图一时享受把谷子全部吃光，还必须拿出一部分用于耕种，期待来年有所收获以维持生计。到此为止一切还好，就像经济学教科书中描写的那样有条不紊。但很快鲁宾逊遇到一个新问题：在他耕种的已经很熟悉的那块土地上，每年的产出量都是一个不太多的固定数目，他对此不太满意。一次在岛东边巡视时，他发现了一片看上去非常肥沃的冲积平原。他估计如果把谷子播种在这块土地上，来年可能会有更好的收成。但是他对此又没有十分的把握，如果把所有的种子都投放在这个风险项目上，而又不幸出了什么差错的话，那么，他辛辛苦苦一年，到头来仍然难逃饿死的命运。

现在问题复杂了，鲁宾逊必须同时决定现在消费多少谷子、投放多少谷子在原来的土地上，又投放多少在有风险的土地上。换句话说，作为消费者的鲁宾逊必须决定如何跨期地在不确定的环境下，把资源最优地配置给同时又是生产者的鲁宾逊（这纯粹是一个巧合，如果要同星期五进行谈判的话，问题还要复杂——这同时也说明这种资源配置还包括有空间方面的内容）。这就是金融所要解决的核心问题。按照现代金融理论的术语，鲁宾逊要求解一个终身的跨期最优消费/投资决策问题。

——选自《微观金融学及其数学基础》，邵宇编著，清华大学出版社 2003 年版。

重要问题 1　什么是金融？

金融的字面含义是资金的融通，它所研究的是在不确定情况下的资源跨时分配问题。由于资源总量是有限的，因此如何在不同的时期之间分配稀有的资金就成了人们迫切需要解决的问题。金融行为的跨期性决定了金融活动中存在的不确定性，这种不确定性也是金融需要研究的重要问题之一。

二、资金融通的方式

在经济活动中，任何一个时期，总是有一些个人、家庭、企业或政府部门收入大于支出，产生资金盈余。而另外一些个人、家庭、企业或政府部门支出大于收入，出现资金短缺。前者，我们称之为资金盈余者或盈余部门；后者，我们称之为资金短缺者或赤字部门。

资金盈余者
收入大于支出的个人、家庭、企业或政府部门。又称为盈余部门。

资金短缺者
支出大于收入的个人、家庭、企业或政府部门。又称为赤字部门。

就整个社会而言，在一般情况下，政府和企业是资金短缺者，个人和家庭是资金盈余者。例如，在 2000 年，中国居民的净金融投资是正的 7 898 亿元，而政府的净金融投资是负的 1 000 亿元，非金融企业的净金融投资是负的 5 269 亿元。

资金融通过程中，按照资金来源的不同，融资方式可以分为内源融资和外源融资。其中，外源融资又可以进一步细分为直接融资和间接融资。

1. 内源融资和外源融资

同一个部门，在不同的时期，可能会出现资金盈余和资金短缺的不同状况。比如，一个企业，去年利润很高，业绩良好，产生了大量资金盈余，就成为了一个盈余部门；可是今年，由于市场环境突变，销售大幅度下降，又要投资于一个研究开发项目，就会缺乏资金，成为赤字部门。

因此，既然同一个部门在不同的时期可能在资金盈余者和资金短缺者的角色中轮流交替，资金短缺者的资金来源首先可以分为内源融资和外源融资。

内源融资
指资金使用者通过内部的积累为自己的支出融资。

内源融资是指资金使用者通过内部的积累为自己的支出融资。例如，企业可以将折旧、未分配利润用于再投资，兴建厂房，购买设备。这种融资不需要除企业以外的其他方的参与，投资所需的资金全部来自企业内部。对家庭个人而言，通过积蓄来购买大额消费品，如在一段时间内积攒一定的钱购买家电，也属于内源融资的范畴。

外源融资
指资金短缺者通过某种方式向其他资金盈余者筹措资金。

外源融资是指资金短缺者通过某种方式向其他资金盈余者筹措资金。例如，当企业要进行项目投资时，企业自有资金可能无法满足大额的投资需要，这时候企业就可能通过向银行贷款、发行股票或债券来筹措资金。这些筹资方式都属于外源融资的范畴。住房抵押贷款也是一种通过外源融资来购买住房的方式。

内源融资和外源融资的选择是一个重要的问题,它不仅仅包含了融资成本对比、收益分析,还涉及企业所有权、控制权等重要问题。有关内源融资和外源融资的选择问题我们会在本书的第二部分详细讲解。

2. 直接融资和间接融资

外源融资方式又可以进一步进行划分。在同一时期,经济中存在着大量的资金盈余者和资金短缺者。如果没有资金融通,资金盈余者有大量的资金被闲置浪费,而资金短缺者由于缺乏资金而错失投资良机。因此,需要有某些机制,使资金从盈余部门转移到短缺部门。通常这种转移的方式有两种。

一部分资金通过诸如银行等金融中介机构从资金盈余者流向资金短缺者,而另一部分资金不通过银行等中介机构直接通过金融市场流向资金短缺者。前者称为间接融资,而后者称为直接融资,如图1-1所示。

☞ **间接融资**
资金通过银行等中介机构从资金盈余者流向资金短缺者。

☞ **直接融资**
资金不通过银行等中介机构直接通过金融市场从资金盈余者流向资金短缺者。

图 1-1 直接融资和间接融资

直接融资过程中,资金短缺者通过金融市场直接向资金盈余者发放股票、债券等索取权凭证直接获取所需要的资金。资金盈余者通过购买并持有这些凭证而获得未来的收入,例如债券的利息和本金。由于它避开了银行等金融中介机构,在最终贷款人——资金盈余者和最终还款人——资金短缺者之间,就只有一份合同,资金供求双方直接连接在了一起,进行交易,因此可以节约交易成本。金融市场是双方进行交易、凭证流通的场所。

但是,直接融资也有缺点。例如,资金盈余者要承担比较大的风险,特别是来自资金短缺者方面的经营风险可能也需要资金盈余者进行承担。比如,你从股票市场购买了某公司1 000股新股票并打算长期持有,你购买的价格是6元每股,那么从公司的角度来看,他们就得到了一笔6 000元的直接融资。如果公司在一年之内经营不善,那么一年以后,公司的股价可能就会下降到5元,这样如果你一直持有该公司的股票,一年以后你就损失了1 000元。从资金盈余者的角度来看,你作为资金盈余者承担了公司经营不善带来的损失。

间接融资过程中,资金短缺者与资金盈余者并不发生直接的金融联系,而是通过银行等中介机构联系在一起。资金盈余者将多余的资金存入金融中介机构,金融中介机构将分散的资金集中起来,然后以发放贷款的方式使资金短缺者得到融资。在这里,资金短缺者和资金盈余者分别与金融中介机构签订贷款和借款两份合约。只要金融中介机构能够按时还本付息,资金盈余者就不会有风险,资金盈余者并不关心金融中介机构的贷

☞ **网络资源**
了解金融学研究动态的网站:
中国金融家网
www.zgjrj.com
中国金融学术研究网
www.cfrn.com.cn

款对象是谁。一旦获得资金的资金短缺者经营不善,不能按期还款,风险的承担者是金融中介机构,只要金融中介机构还不至于倒闭,资金盈余者就没有危险。因此,这种融资方式对资金盈余者而言具有较小的风险,受到中小投资者的欢迎。

但是,资金短缺者在接受金融中介机构的贷款中,会碰到一些困难。由于金融中介机构面临风险,是借款者风险的承担者。因此,在签订贷款协议时,会有很多附加条件,以至于资金短缺者很难在需求量和时间上得到保证,资金的用途也往往受到严格的限制。

从以上的分析可以看出,直接融资和间接融资方式各有利弊,互相补充,我们在后面的学习中还要具体分析。

我们可以用图1-2反映上述各种融资方式之间的关系。

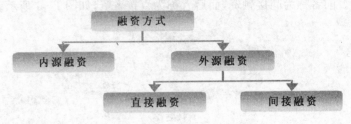

图1-2　各种融资方式的关系

重要问题2　资金融通的方式有哪些?

资金融通的方式可以分为内源融资与外源融资。内源融资是指资金使用者通过内部的积累为自己的支出融资,外源融资是指资金短缺者通过某种方式向其他资金盈余者筹措资金。外源融资有直接融资和间接融资两种方式,资金不通过银行等中介机构直接通过金融市场流向资金短缺者被称为直接融资,资金通过诸如银行等金融中介机构从资金盈余者流向资金短缺者被称为间接融资。

三、资金流动的类型

为了更好地理解金融活动的含义,我们来看看经济中资金是如何流动的。一般来说,资金的流动可以分为两种:资金的产业性流动和资金的金融性流动。

☞**资金的产业性流动**
经济活动中伴随产业活动产生的、与生产或服务活动直接联系的资金的流动。

资金的产业性流动是指伴随着产业活动而产生的资金的流动,它是经济活动中与生产或服务活动直接联系的资金的流动。比如,企业要进行生产活动需要购买原材料、产品和各种设备,需要向其他企业支付货款,这种支付中出现的资金流动就是产业性流动。同样,个人或家庭购买日用消费品,购买住房,接受家电维修服务,向供货商、房地产开发商或维修工人支付钱财,也是资金的产业性流动。这种产业性流动和实际的产品销售或服务提供活动直接联系在了一起。

在资金的产业性流动中,在某一个时期,一些部门收入大于支出,而另外一些部门收入小于支出,这就产生了我们前面所提到的资金盈余者(或盈余部门)和资金短缺者(或赤字部门)。换句话说,资金的产业性流动过程中,各个部门之间的资金的供求并不平衡,盈余部门为进行生产或服务活动所需要的资金少于他们在实际的产业活动中获取的资金,而赤字部门却恰恰相反,入不敷出。这种资金供求的不平衡,需要通过金融活动来调节。这种通过金融交易而产生的不与实际的生产或服务活动直接联系的资金流动,称为资金的金融性流动。

☞ **资金的金融性流动**
与实际的生产或服务活动没有直接联系的资金流动。

资金的金融性流动从本质上来看也就是资金在盈余部门和赤字部门之间的流动。对赤字部门而言,金融性流动就是外源融资的种种方式,例如政府发行国债筹资,企业发行债券股票或者向银行贷款。对盈余部门,例如个人家庭,金融性流动就是储蓄存款,证券买卖等与实际产业活动没有直接联系的投资活动。金融中介机构的所有活动也都属于资金的金融性流动,因为金融中介机构本身既不是通过产业活动获得资金,也不是通过销售产品进行投资,金融中介机构的投融资活动都没有直接地和产业活动发生关系。

但是,有一点是无法忽略的,那就是,资金的金融性流动的基础是资金的产业性流动,而资金的金融性流动会反作用于资金的产业性流动。如果缺乏资金的金融性流动,或者资金的金融性流动不够通畅,那么资金在盈余部门和赤字部门之间缺乏有效的配置,盈余部门的资金会闲置浪费,而赤字部门由于缺乏资金而错失发展良机。这样一来,资金的产业性流动和产业活动的规模都会受到影响。从这一点来看,资金的金融性流动的重要性并不亚于资金的产业性流动。本书以后的章节中,除非特别指明,我们所涉及的资金流动指的是资金的金融性流动。

重要问题3　经济中的资金流动有哪些类型?

经济中的资金流动可以分为产业性流动与金融性流动。资金的产业性流动是指伴随着产业活动而产生的资金的流动,它是经济活动中与生产或服务活动直接联系的资金的流动。资金的金融性流动是指不与生产或服务活动发生直接联系的资金的流动。

第二节 金融系统

重要问题

1. 金融系统有哪些重要的功能？
2. 商业性金融机构和政策性金融机构主要的区别是什么？
3. 金融市场有哪些主要的类别？
4. 金融系统有哪两种主要的类型？

一、金融系统的概念和功能

☞ **金融系统**

由一系列金融中介机构和金融市场构成的、在金融监管机构监督下利用金融工具实现资金融通的有机整体。

金融系统是有关资金的流动、集中和分配的一个体系。它是由连接资金盈余者和资金短缺者的一系列金融中介机构和金融市场共同构成的一个有机整体。在金融系统中，金融中介机构和金融市场利用金融工具实现资金在个人、家庭、企业和政府部门之间的融通，在中央银行等金融监管机构的监督下实现资金的有效配置。在这里，金融工具是将资金从资金盈余者转移到资金短缺者的载体，它是一种载明资金供求双方权利义务关系的合约，规定了资金盈余者向资金短缺者转移资金的金额和期限等条件。金融工具又被称为金融产品或金融资产。通常，我们见到的国债、股票和保险单都是金融工具的具体形式。

金融系统在资金的融通中扮演了重要的角色，资金如何利用金融中介机构和金融市场进行流动我们在前面图1-1中有很好的演示。作为一个有机整体，金融系统发挥着重要的功能。

功能一：聚集资源、在时间和空间上分配资源

在现代经济活动中，仅仅依靠个人、家庭或其他单个的资金盈余者一般难以满足进行投资所需要的最小资金需求量。金融系统提供了很多资金聚集的渠道以满足资金短缺者的需要。例如，银行通过吸收个人和家庭的存款，将每一个家庭的盈余资金聚集起来，再作为贷款发放给企业。政府通过发行国债聚集资金投资于基础设施建设也是利用了金融系统能够聚集资源这一重要功能。

金融系统可以实现资源的跨期分配，也就是资源在时间上的分配。例如，在本章开始的银行存款的例子中，放弃了现在的消费进行储蓄，就可以获得明年的资金流入。贷款和养老金计划都是资金在时间上进行分配的典型例子。金融系统有助于资金在时间上的转换，如果没有金融系统的参与，资金短缺的企业无法在现在获得资金进行生产，就不会产生未来的收入和回报。金融系统使资金盈余者可以利用本期消费不完的资金进行投资,在未来获得收益。

金融系统还可以克服金融资源在空间上分配的不均衡,实现资金在地区之间的转移。在某一个时期,需要资金进行投资、有较高的资本回报的企业可能远离有盈余资金的地方。例如,在我国的东部沿海地区的某些城市居民有资金盈余,但是没有高效率的投资项目,此时,在我国的西部城市中,可能有很好的项目由于缺乏资金而得不到发展,那么金融系统就可以发挥作用。东部城市的居民通过购买西部城市的发展项目的股票或债券将资金注入西部地区,从而实现资金的转移。同样道理,金融系统可以帮助资金进行跨国流动,德国的居民个人也可以投资位于美国的公司企业。

功能二:管理风险

风险是未来结果的不确定性。风险和资金一样,也能通过金融系统进行转移。在经济生活中,由于不确定性的存在,人们面临着各种各样的风险,例如意外事故造成的人身伤害和财产损失。金融活动本身也能带来很多风险。例如,公司经营不善或者倒闭,股票价格波动,都会给投资者带来损失。金融系统提供了管理风险的渠道,例如风险转移和风险分散。

> **风险**
> 未来结果的不确定性。

保险就是一种很好的风险管理的机制。作为金融中介机构,保险公司有助于进行风险转移。保险公司向那些希望降低风险的人发出保险单,收取少量的保险费,将保险资金集中起来。当有人发生损失的时候,保险公司就进行大额赔付(相对于保险费而言)。换句话说,你只要支付较小的费用就可以避免较大的损失。而保险公司利用保险的形式,使一个人的损失由许多人一起分摊,因为并不是很多人都会遭受大额损失的。对参加保险的每一个个体来说,需要承担的费用并不是很多,因此得到广泛的认同和参与。

金融系统的创新和发展为管理风险提供了更多更有效的途径。我们在以后还会陆续谈到。

功能三:提供流动性

对于以各种金融工具的形式储存的资金,例如股票和债券,金融系统提供了许多以较小的损失将这些工具转化为现金的方式和渠道,其中一个重要的途径就是在金融市场上进行交易转让。例如,你以每股4元的价格购买了1 000股某公司发行的股票,打算长期持有。半年以后,你突然需要用现金,但是手头上又没有足够的现金,也没有其他现金来源,怎么办呢?一个方法就是在股票市场上卖出你所持有的股票,来筹集现金。在股票市场上,你可以轻松地完成股票的转让,随时可以获得现金。当然,转让的成本在一定程度上依赖于你转让股票时的股票价格与当初你的购买价格之差。

金融市场上的流动性越高,金融工具转换为现金就越容易,需要的成本就越低,时间就越少。不同的金融工具的流动性可能很不一样。有关金融工具的具体内容，我们会在第二章详细介绍。

功能四：清算和支付

金融系统的一个传统的重要功能是为个人、家庭、企业和政府部门在购买产品或服务时提供有效的清算和支付服务。在只有物物交换的时代，一个人要想购买他人提供的产品必须用产品交换，很不方便。后来，黄金等贵金属的出现为支付交换提供了便利。今天，我们用纸币代替了黄金作为清算支付的工具大大提高了清算支付系统的有效性。可是，对于要进行大额采购和销售的企业或政府投资项目，携带大量的纸币既不方便也不安全。金融系统为这些活动提供了便利有效的清算支付方式，例如支票的使用、信用卡的划账功能、电子货币的出现、网上支付系统的发展，使现代经济活动可以快速、准确、安全、方便地完成清算和支付。

现代的清算和支付活动一般都建立在巨大的计算机网络系统的基础上，即使你的开户银行和消费地点相隔万里，或者在不同的国家，只要他们的清算支付系统相互连接，你就可以轻松地完成转账和结算。金融系统为经济活动的高效运作提供了便捷的清算支付方式。

功能五：收集和提供信息

金融系统不仅可以提供投融资途径，还可以提供大量的信息。这些相关的信息，有助于资金盈余者和资金短缺者做出决策。例如，每天你都可以从电视上、广播里得到有关股票价格和利率的信息。金融市场上还会有定期的公告，揭露公司企业的信息。汇率的波动、债券价格波动的信息也是唾手可得。政府的各种经济决策的相关信息也在金融系统中有所披露。这些大量的信息为资金盈余者选择投资方式、资金短缺者选择融资方式提供了重要的参考。

由金融系统收集和提供信息是一种高效率、低成本的活动。例如，一个企业要获得100万元的贷款，有100个人每人拥有1万元的盈余资金。如果对企业的投资项目进行评估，一次需要花费1000元，假设这些人互不认识，每个人都要评估一次，那么总共需要花费10万元。这个成本对这次融资活动而言实在是太昂贵了，花费的时间和精力也很大。有了金融系统以后，评估就简单多了。假设这100个人都把钱存进银行，银行负责还本付息。然后，银行再去对企业进行评估，决定是否投资。这样一来，评估的总成本只有1000元，平均每个人只有10元，成本降低了，效率反而更高。而且，由于银行有专业的评估人员，评估结果也更加准确。由此可见，金融系统收集信息比单个资金盈缺部门更加方便有效。

功能六：监督和激励

仍然以前面的100个人共同投资100万元为例。企业得到了资金以后，谁能够保证企业一定会把资金投资在规定的项目上呢？在没有金融系统的情况下，如果资金供给者中有一个人愿意对企业进行监督，那

网络资源

中国电子支付咨询网提供了一个网上支付清算的平台。
www.chinaepayments.com

么很有可能由于他的监管，企业没有违约，但是他本人要承担监管带来的成本。与此同时，其他的投资人不用花费一分钱就可以享受别人进行监督，这种情况就被称为搭便车。对于进行监管的人，显然他不愿意让别人搭便车，因此会放弃监管。显然，100个出资人每个人都会这样考虑，最后的结果就是没有一个人愿意承担监管的责任，所有人都面临着企业违约的风险。尽管进行监管的总收益大于总成本，但是，由于监管活动的收益相对于监管活动的成本存在外部性，没有人愿意进行监管。金融系统可以弥补这一不足。例如，金融中介机构可以扮演监督者的角色，如果企业违约，直接受到影响的就是金融中介机构，而不是100个资金盈余者。因此，金融中介机构就有足够的动力进行监管，它的存在使监督的收益内部化，收益的成本最终是由100个资金盈余者共同承担，避免了搭便车的情况。

金融市场上也有类似的监督激励机制。股东利用拥有的股权，可以参与企业的经营决策，特别是大股东，更可以利用这一点对企业进行监督。这种监督行为又称为"用手投票"。但是，金融市场上也同样存在搭便车的情况。在股权分散的情况下，每个股东都会希望其他股东为了利益最大化对公司进行监管，自己则坐享其成。一般来说，大股东由于利益的比例更大，所以比小股东更有动力对企业进行监督，也往往能够左右企业的决策向有利于他们的方向偏离。小股东更多的是使用"用脚投票"。在这种情况下，当企业业绩不佳时，股东就在金融市场上卖出所持有的股票，一走了之。当企业的大多数股东都这样做的时候，企业股票价格下跌，企业的管理者就不得不重新调整经营和管理，以避免股价的进一步下跌、防范被收购的危险。

☞**用手投票**

股东参与企业决策，直接进行监督的行为。

☞**用脚投票**

当股东对企业经营不满时，卖出所持有的股票的行为。

金融系统的聚集和分配资源、管理风险、提供流动性、保证清算和支付、收集信息、监督和激励资金的有效使用这六大功能是金融系统最主要的功能。随着金融系统的发展，金融系统的功能也在不断地扩充和完善。了解这些功能，对认识和理解金融系统的重要性有很大的帮助。

重要问题1　金融系统有哪些重要的功能？

金融系统是由金融中介机构和金融市场共同构成的一个有机整体，它的最基本的功能是从资金盈余者手中聚集资源，然后转移到资金短缺者的手中，实现资金的跨时间或跨地区分配。此外，金融系统提供了有效管理风险的途径，保证了金融工具的流动性，确保清算和支付正常进行，并且收集和提供信息，还起到了监督资金的运用成效、激励资金运用者的作用。金融系统的这些重要功能使它在经济生活中处于不可替代的位置。

参考资料　中国金融业的历史和金融系统的发展

早在封建社会,中国就存在大量的当铺和高利贷机构。当铺和高利贷都是资金融通的最早的形式。当铺是为了满足资金短缺者的需求,允许资金短缺者通过质押物品换取资金,然后在规定的时间内用一定数量的资金赎回物品;如果在规定的时间内,资金短缺者不能用资金赎回物品,物品就归当铺所有。一般情况下,当铺借出的资金都远远低于质押物品的价值。高利贷是另一种非常流行的资金融通方式,资金短缺者不需要抵押物品就可以从资金盈余者手中获得资金。但是,这种借贷的成本是非常高的。获得资金的一方往往要以数倍的资金还给贷出资金的一方。

19世纪40年代的鸦片战争以后,在中国出现了最早的银行,是外国资本在中国沿海城市开设的外资银行,如英国的丽如银行。英、美、法、德、日、俄等国的银行陆续在中国设立了分支机构,这些银行除进行贸易结算、进出口贷款业务外,还享受许多控制中国金融业的特权。到了19世纪末,中国出现了官僚资本的银行和民族资本的银行。1896年成立的中国通商银行是第一家由官僚买办出资的股份制银行。1928年国民党政府建立了中央银行。在以后的发展中,官僚资本控制的银行占据了主要的地位。

解放以后,1949年中国人民银行成立,标志着新中国金融系统的诞生。新中国金融系统通过没收官僚资本银行,逐步改造民族资本银行和废除农村的高利贷组织逐步建立起来。从1953年开始,我国仿照苏联建立起了一个高度集中的国家银行体系,全国只有一家中国人民银行,具有资金融通、资源分配和结算的功能,还兼有行政机构和监督管理的职能。这种金融系统又称为"大一统"模式,是计划经济的产物,有利于国家政策的贯彻执行。

1979年以后,经济改革和对外开放不断推进,金融系统随之进行了改革和调整。到了90年代初期,四大国有独资银行建立,其他金融机构也纷纷成立,金融系统逐渐出现多元化。1994年以后,随着市场经济日益发展,多种金融中介机构并存,金融市场也不断发展壮大,在金融系统中发挥了越来越重要的作用。新的金融工具获得发展利用,为资金盈余者和资金短缺者创造了越来越多的机会,而金融监管也在不断完善之中。中国的金融系统在摸索中前进和发展。

二、金融中介机构及其分类

既然金融系统是一系列金融中介机构和金融市场的有机整体,我们就来分别介绍一下金融中介机构和金融市场。

金融中介机构也就是我们通常所说的金融机构。作为连接资金盈余者和资金短缺者的桥梁,金融机构扮演着重要的角色。我们平时接触到的银行,就是一种重要的金融中介机构。除此以外,保险公司、证券公司、信用合作社也属于金融机构。现在许多邮局也开办了储蓄存款业务,从发挥资金融通功能的角度来看,有储蓄存款业务的邮局也是金融中介机构的一种。

金融中介机构是间接融资的重要途径。前面我们已经提到,在间接融资中,金融中介机构分别与资金盈余者和资金短缺者签订两份合约。作为一个独立运作的主体,金融中介机构本身要承担风险,并且发挥着聚集资金、降低风险和收集信息等重要作用。因此,即使是在金融市场直接融资十分发达的国家,例如美国,许多资金也是通过金融机构实现流动和配置的。

按照发挥的作用,金融中介机构一般可以分为两类:商业性金融机构和政策性金融机构①。

1. 商业性金融机构

商业性金融机构是以盈利为目的的金融中介机构,它们通过提供金融中介服务,运营资金以实现利润最大化。商业性金融机构根据资产和负债业务的不同,又可以具体分为三类。

(1) 存款型金融机构(depository institutions)。这一类机构是以接受个人、家庭、企业或政府部门的存款和发放贷款为主要业务的金融中介机构。存款型金融机构的主要资金来源是发行支票、吸收储蓄和接受定期存款。发放贷款是这一类金融中介机构主要的资金运用方式。存款型金融机构又可以进一步细分为商业银行、储蓄贷款协会、互助储蓄银行和信用社等。

商业银行以吸收存款、发放贷款、办理转账结算为主要业务,以盈利为主要经营目标。由于商业银行经营活动的范围十分广泛,既有发放工商业贷款、抵押贷款等规模较大的业务,也有从事代收水电费、满足小额存款提款需求等规模较小的业务,因此又被称为"金融百货公司"。无论在哪个国家,商业银行都是最重要的一种金融中介机构,提供的金融服务最全面,拥有的资产也数额巨大。中国银行、中国工商银行、中国建设银行和中国农业银行等都是我国重要的商业银行。本书的第七章将详细介绍商业银行的经营管理。

储蓄贷款协会最早在19世纪30年代在美国成立,当时的名称是建筑和贷款协会,目的在于汇集储蓄,为协会成员购买住房提供融资。现在,储蓄贷款协会在美国所有存款型金融机构中资产总额位居第二,主要的资金

> **商业性金融机构**
> 提供金融服务,以盈利为目的的金融中介机构。

> **存款型金融机构**
> 以接受个人、家庭、企业或政府部门的存款和发放贷款为主要业务的金融中介机构。

---

① 中央银行作为金融监管体系的重要组成部分,将在本书金融监管部分讲到。中央银行不是金融中介机构的组成部分。

来源是储蓄存款、定期存款和支票存款,主要的资金运用是发放抵押贷款。1980年美国国会通过了《对存款机构放松管制和货币管理法案》,允许储蓄贷款协会从事许多以前只允许商业银行从事的业务,如接受支票存款和发放消费者贷款。因此,现在的储蓄存款协会和商业银行之间竞争越来越激烈。

互助储蓄银行最早也是在美国建立,主要目的是为了鼓励美国的工薪阶层进行储蓄。它的业务和储蓄贷款协会十分相似,也是依靠发行储蓄账户筹集资金,并主要投向抵押贷款业务。但是,互助储蓄银行的企业结构与储蓄贷款协会不同。储蓄贷款协会中,存款人是会员,会员的存款是协会的负债业务;而互助储蓄银行是合作性质的存款机构,存款人就是互助储蓄银行的股东,拥有银行净资产的份额。

信用社相对规模比较小,是围绕某一社会团体建立的合作性的储蓄和贷款机构。信用社通常由一家大企业、政府机构、大学或工会团体的成员所拥有,存款人即为股东。信用社的主要资金来源是成员缴纳的股金和吸收的存款,获得的资金又以贷款的形式发放给信用社的成员。我们常常听到的农村信用合作社就是信用社的一种,农村信用合作社主要由农户、农村集体经济组织和农信社的职工入股,以简便的手续和适当的利率向成员提供贷款,在广大的农村地区发挥着重要的作用。

☞ **投资型中介机构**
以存款以外的其他方式聚集资金,依靠提供金融服务或资金投资管理实现盈利的金融中介机构。

(2) 投资型中介机构(investment intermediaries)。投资型中介机构依靠提供金融服务或资金投资管理实现盈利。这些金融中介机构不能吸收存款,通过存款以外的其他方式聚集小额的资金,凭借专业技能从事金融投资,或依靠提供贷款或其他金融服务实现利润最大化。投资型中介机构可以分为金融公司、基金管理公司和投资银行。

金融公司通过出售商业票据、发行股票或债券、向商业银行借款等方式来筹集资金,用于向个人和企业发放贷款。与商业银行不同,金融公司往往是大额借款小额贷款,接受贷款的对象的违约风险高于商业银行。金融公司又可以细分为销售金融公司,消费者金融公司和商业金融公司。销售金融公司由一些大型零售商或制造商建立,目的在于提供消费信贷来促进企业的产品销售活动,例如福特汽车信贷公司就是福特汽车公司为了促进汽车销售建立起来的。消费者金融公司专门发放小额的消费者贷款,为那些难以在别的渠道获得贷款的消费者提供资金以购买家居和家电等设备。商业金融公司则主要向企业发放以应收账款、存货和设备为担保的抵押贷款,通常贷款额都比这些资产的实际价值要少一定的折扣。

基金管理公司通过与个人签订合约或者向个人出售股份来筹集资金,将大众手中的零散资金集中起来,委托具有专业知识和投资经验的专家进行管理和运作,并由信誉良好的金融机构充当所募集资金的信托人或保管人。基金经理人将通过多元化的投资组合,努力降低投资风险,谋求资本长期、稳定的增值。投资者按出资比例分享投资收益与承担投资风险。

投资银行是专门从事证券承销、交易和相关业务的金融中介机构,在欧洲大陆和美国等工业化国家被称为投资银行,在英国被称为商人银行,在日本和亚洲许多国家被称为证券公司。投资银行的主要业务包括直接投资于企业的股票和债券,为企业代办证券承销获得融资,参与企业的改组和收购兼并等活动。投资银行的主要收益来自于代理发行证券时获得的佣金和服务费等收入。中国国际金融有限公司和美国的美林公司都是投资银行。

(3) 合约型储蓄机构(contractual saving institutions)。合约型储蓄机构以合约方式从合约持有人手中获得资金,然后按照合约规定向合约持有人提供服务。合约型储蓄机构包括了各种保险公司和养老基金。一般来说,这些机构获取资金的方式都是定期定量的,并按照合约规定定期定量地支付养老金或在需要时提供保险服务。

保险是分摊意外损失的一种金融安排。投保人通过支付一定的费用避免未来较大的损失。保险公司通过向众多投保人收取保险费,对发生了事故的投保人赔偿损失。

养老基金会与一般的投资基金管理公司不同,是为了以年金的形式向参加者提供退休收入的金融机构。养老基金资金来源稳定,数额巨大,往往用于投资,因此在融资活动中发挥了重要的作用。

2. 政策性金融机构

政策性金融机构是由政府投资设立或担保的、根据政府的决策和意向发放贷款的、不以盈利为目标的金融机构。例如,美国的联邦住宅贷款抵押公司就是一个政策性金融机构,其股份为私人持有,但是所从事的抵押贷款业务得到了政府的担保。在我国,国家开发银行、中国进出口银行和中国农业发展银行都是政策性金融机构。政策性金融机构有特定的资金来源,一般不向公众吸收存款,基本任务是为了向特定的部门或产业提供资金,促进该部门或该产业的发展,因此,政策性银行不以盈利为目的,主要考虑的是社会效益。例如,国家开发银行的主要目的是筹集和引导境外资金,重点向国家基础设施、基础产业和支柱产业项目以及重大技术改造和高新技术产业化项目发放贷款。

政策性金融机构填补了商业性金融机构的空白,因为有一些项目虽然对一国经济发展和社会进步有重要的意义,但投资规模大、周期长或者风险高、回报率低,商业性金融机构从盈利的角度考虑不愿提供贷款,而政策性金融机构可以依赖特定的资金来源促进这样的项目发展。

> 📖 **合约型储蓄机构**
> 以合约方式从合约持有人手中获得资金,然后按照合约规定向合约持有人提供服务。
>
> 🌐 **网络资源**
> 我国四大保险公司:
> 中国人民保险公司
> www.piccnet.com.cn
> 中国人寿保险公司
> www.chinalife.com.cn
> 中国平安保险公司
> www.pa18.com
> 太平洋保险公司
> www.cpic.com.cn
>
> 📖 **政策性金融机构**
> 由政府投资设立或担保的、根据政府的决策和意向发放贷款的、不以盈利为目标的金融机构。

重要问题 2 商业性金融机构和政策性金融机构主要的区别是什么?

商业性金融机构和政策性金融机构的主要区别有三点。第一,筹办方式不同,政策性银行一般都由政府或政府部门兴办或者有政府的担保，而商业性金融机构的筹办方式就比较多样化。第二，经营目的不同，商业性金融机构重在盈利，而政策性金融机构侧重于社会效益。第三，业务范围不同，商业性金融机构业务范围广泛，而政策性金融机构有特定的资金来源和资金投向。政策性金融机构在稳定社会发展、填补商业性银行的社会责任缺陷方面有重要的作用。

三、金融市场及其分类

金融市场是金融工具交易的场所，它利用金融工具使资金从资金盈余者转移到资金短缺者手中，并通过价格机制实现金融资源的优化配置。金融市场的涵盖面十分广泛，为了反映金融市场的全貌，我们可以从不同的角度对金融市场进行划分。

1. 货币市场和资本市场

按照交易的金融工具的期限，金融市场可以划分为货币市场和资本市场。货币市场是指交易的金融工具的期限在一年以下的短期金融市场。货币市场的主要功能是为了保持金融资产的流动性，以便随时转换成为现金。因此，货币市场的流动性比较高，风险也相对较低，既可以满足资金短缺者的短期资金需求，也为资金盈余者暂时闲置的资金找到了用武之地。例如，同业拆借市场就是一个典型的货币市场。同业拆借市场是金融中介机构之间为调剂临时性的头寸及满足流动性需要而进行的短期资金借贷市场。我们在前面讲到金融的跨期特性时提到的银行之间互相借款的例子就是发生在同业拆借市场上的。同业拆借市场的期限很短，多数在一周以内，最长不超过12个月。

资本市场是指交易的金融工具的期限在一年以上的中长期金融市场。资本市场上的金融工具一般收益较高，但是流动性通常比货币市场上的金融工具要低。广义的资本市场包括了银行的中长期存贷款市场、持有期在一年以上的股票市场和债券市场。狭义的资本市场就是指股票市场和债券市场。资本市场和货币市场相比，区别如表1-1所示。

☞货币市场
交易的金融工具的期限在一年以下的短期金融市场。

☞同业拆借市场
金融中介机构之间为调剂临时性的头寸及满足流动性需要而进行的短期资金借贷市场。

☞资本市场
交易的金融工具的期限在一年以上的中长期金融市场。

表1-1 货币市场和资本市场的比较

	货币市场	资本市场
金融工具期限	一年以内	一年以上
市场作用	短期资金融通	中长期资金融通
流动性	较高	较低
风险程度	较低	较高

2. 一级市场和二级市场

按照金融工具的发行和流通,金融市场可以划分为一级市场和二级市场。一级市场是资金短缺者首次将金融工具出售给资金盈余者以筹集所需资金的金融市场,又称为发行市场或初级市场。我们常常听到的公司发行新股票、发行新债券,或者政府发行国债,都是在一级市场上完成的。一级市场为资金短缺者筹集资金提供了重要的途径。

但是,如果已发行的金融工具不能自由地流通转让,金融工具的持有人在需要使用现金时就会存在不方便。二级市场就是已发行的金融工具流通转让的金融市场,又称为流通市场或次级市场。二级市场以一级市场为基础,通过改变金融工具的所有权,提高了金融工具的流动性。二级市场越活跃,金融工具的流动性越高,资金盈余者才更加愿意持有这些金融工具。二级市场使大量金融工具的供求双方聚集在一起,降低了交易成本。

有关一级市场融资和二级市场交易的具体内容,我们将在本书第五章中详细介绍。

>
> **重要问题 3　金融市场有哪些主要的类别?**
>
> 　　金融市场从不同的角度可以进行不同的划分。按照市场上交易工具的期限,金融市场可以划分为货币市场和资本市场;按照金融工具的发行和流通的区别,金融市场可以划分为一级市场和二级市场。这些是金融市场划分的主要方法。从金融市场划分方法的多样性中我们可以看出,金融市场是一个复杂的、多样化的构成。

四、银行主导型和市场主导型金融系统

我们已经详细地了解了金融系统的主要构成。可以说,金融中介机构和金融市场在金融系统发挥作用的过程中都起到了重要的作用。在金融中介机构中,银行系统发挥着重要的作用。通过银行系统和金融市场,资金从资金盈余者流向资金短缺者。但是,在不同的国家里,银行系统和金融市场的发挥的作用却有所不同,如表1-2所示。

☞一级市场
资金短缺者首次将金融工具出售给资金盈余者以筹集所需资金的金融市场,又称为发行市场或初级市场。

☞二级市场
已发行的金融工具流通转让的金融市场,又称为流通市场或次级市场。

📶网络资源
了解证券市场情况的主要综合类网站:
中国证券报(中证网)
www. stocknews. com. cn
证券之星
www. stockstar. com
中国上市公司信息网
www. cninfo. com. cn
中国证券在线
www. f10. com. cn

表 1-2　金融系统概览

	美国	英国	日本	法国	德国
金融市场	最重要	最重要	发达	相对不重要	不重要
银行集中度	由低到高 →				

资料来源:《比较金融系统》,Franklin Allen 和 Douglas Gale 著,中国人民大学出版社,2002年。

从表 1-2 中可以看出，美国和德国处在两个不同的极端。在美国，金融市场起着重要的资源配置作用，金融市场的成熟和多样化使美国的金融市场比较发达。而在美国的银行系统的发展史中，对大型金融机构拥有的强权的极度不信任导致了美国的银行系统高度分散化，不存在拥有大量分支机构的全国性银行。美国的这种金融市场占主导地位的金融系统被称为是市场主导型金融系统。

市场主导型金融系统
金融市场在融资活动居于主导地位的金融系统，以美国为代表。

在德国，情况恰恰相反，金融市场的位置相对来说很不重要，银行系统主宰着资金的融通活动。德国只有相对少数的上市公司，大部分企业依靠银行贷款获得外源融资。1993 年，德国的银行资产占国民生产总值的 152%，而股票市场的市值只有国民生产总值的 24%。最大的三家全能型银行——德意志银行、德累斯顿银行和德国商业银行，为企业和个人提供一系列产品与服务。德国发达的银行系统为企业筹资提供了重要的途径。这种金融中介机构占主导地位的金融系统被称为是银行主导型金融系统。

银行主导型金融系统
金融中介机构在融资活动中居于主导地位的金融系统，以德国为代表。

其他国家，例如英国、日本和法国处于这两种金融系统之间。两种金融系统在发挥聚集和分配资源、管理风险、提供流动性、保证清算和支付、收集信息、监督和激励这六大功能上发挥的作用并不完全相同。例如，在收集信息方面，金融市场在收集分散化的信息上具有优势，由于金融工具持有者的分散化使大量的金融工具的持有者有动力要求企业披露更多的信息，因此金融市场在搜集和加总多样化的信息上做得更好；与此对应，金融中介机构更擅长收集和处理标准化的信息，通过规模效应节约成本，获取收益，并且可以通过内部化克服搭便车的问题。在金融系统的其他功能上，金融中介机构和金融市场也表现出来不同的优势。

无论在美国还是德国，金融系统都促进了资源的有效配置，两国的人均国民生产总值相当，因此我们很难说究竟是市场主导型金融系统还是银行主导型金融系统更能发挥金融系统的功能。许多学者和研究机构对此仍有很大的争论。但是，不可否认，在金融系统中，金融中介机构和金融市场都在引导资金从资金盈余者流向资金短缺者这一过程中发挥了重要的作用，无论在哪一个国家中，金融系统都是金融中介机构和金融市场有机结合的产物。

重要问题 4　金融系统有哪两种主要的类型？

金融系统可以划分为以美国为代表的市场主导型金融系统，以及以德国为代表的银行主导型金融系统。

第三节 金融活动的载体——货币

重要问题

1. 货币的主要职能是什么？
2. 货币的不同形态说明了什么问题？
3. 什么是货币制度？近代以来有过哪些主要的货币制度？
4. 狭义货币和广义货币有什么区别？

一、货币的定义和职能

金融活动是以货币作为主要的载体而进行的，资金的借贷等金融活动都需要借助货币作为交易媒介来进行，实物借贷之类的金融活动是极为少见的。因此，货币问题是金融学中非常重要的内容。

货币，在经济活动中扮演着重要的角色，有时候我们用金钱作为它的代称。在日常生活中，我们常常要接触到货币。世界上不同的国家有不同的货币，在中国我们用人民币，在美国人们用美元，在德国马克是通用的货币，而在英国人们使用英镑。在购买商品时，我们通常支付现金；可是有时候，我们会用信用卡购物，企业会用支票支付货款，这些算不算是货币呢？

马克思认为货币是商品交换发展的结果，是从商品世界中分离出来的稳定地充当一般等价物的一种特殊的商品。货币有四大职能，即交易媒介、价值尺度、支付手段和储藏手段。正是由于货币有这样四个基本的职能，货币才成为了金融活动的主要载体，是整个经济活动的基础。

1. 交易媒介

货币是商品交换的媒介，是一般等价物。货币是伴随着商品经济的发展而逐步从一般商品中分离出来，成为商品交换的手段。

在货币出现以前，商品交易以物物交换，即直接以商品交换的形式进行。例如，甲养羊，但需要大米；乙种植水稻，但想买一只羊。两人进行交换，甲用一只羊从乙手里换回两袋大米，两人各得所需，这就是一个简单的物物交换。在中国的古书记载中，在神农氏的时候，"日中为市，致天下之民，聚天下之货，交易而退，各得其所"，就是在原始社会中的物物交换。可是，物物交换的效率非常低，因为它对交换双方供给和需求的品种、质量、数量、地理位置和交换时间都有严格的要求。例如，如果甲今天就需要换回大米补给日常消费的需要，而乙想等到半年以后再买羊，双方在交换时间上不配合，就无法实现物物交换。因此，物物交换中交易双方会花费时间和力气寻找合适的交易对象，这种交易成本可能会很大。

> **网络资源**
> 中国货币网可以帮助你对货币的功能有更加感性的认识。
> www.chinamoney.com.cn

> **货币**
> 从商品世界中分离出来的稳定地充当一般等价物的一种特殊的商品。

> **交易媒介职能**
> 货币在商品交换中充当媒介。

因此,当商品经济不断发展,特别是在分工日益细化以后,物物交换由于效率低、成本高,阻碍了经济活动的发展。货币的出现克服了这一缺点:交易的一方可以先出售产品换回货币,然后再用货币换回自己需要的产品。货币是人人都愿意接受的一种特殊的商品,是商品交换的媒介。

2. 价值尺度

> **价值尺度职能**
> 货币用来衡量商品和劳务的价值。

货币的第二个重要的职能就是作为价值尺度,衡量商品或劳务的价值。当商品的价值都用货币表示出来以后,就可以进行比较。在物物交换的时代,比较商品的价值经常会出现困难。比如,某一天在市场上,甲用一只羊向乙换了两袋大米,丙用三斤茶叶换了一把斧头。那么一袋大米可以换几斤茶叶呢?显然,由于缺乏其他交换者把这四种商品联系起来,我们无法对大米和茶叶的价值进行比较。商品的种类越多,价值比较就越复杂。有了货币以后,所有商品的价值都用货币表示,比较起来就方便多了。

货币把所有商品的价值都用统一的计量单位表示出来,不但方便了价值的比较,也方便了价值的衡量和加总。例如,在企业的资产负债表中,企业的资产不仅有现金、各种原材料和产品,还有机器设备、厂房等等,因为所有资产的价值都可以以货币表示出来,因此,性质不同、形态迥异的各种资产可以加总到一起。这在物物交换的社会中是无法实现的。

3. 支付手段

> **支付手段职能**
> 货币在清偿债务时充当延期支付的工具。

货币在清偿债务时充当延期支付的工具,这就是货币的支付手段职能。支付手段最初是由赊买赊卖引起的,逐步发展到许多支付领域。和作为交易媒介时货币与商品同时反向运动所不同,货币发挥支付手段职能的一个重要特征是,在偿还赊买的账款时,或者说,在延期支付时,没有商品与货币同时、同地发生的反向运动。因此,货币充当支付手段时,与最初"一手交钱,一手交货"的方式有很大的不同。

例如,生产纺织品的企业向农民购买棉花,用于织布。如果在第一批棉布生产出来并销售出去以前,企业没有钱支付给农民,那么当买卖活动发生时,企业从农民手里得到棉花,不过没有立即支付棉花的货款,而是承诺在一个月以后付款。在这个过程中,并没有伴随着棉花转移而产生的反向货币流动。而当一个月以后,企业把购买棉花的货款支付给农民时,只有货币的转移而没有商品的易手。在这种交货与交钱完全分开的情况下,货币是作为支付手段发挥了重要的作用。农民愿意先交货、后收钱就是因为相信企业会遵守信用,偿还货款。这种以偿还为条件的商品或货币的借贷行为就是信用。

> **信用**
> 以偿还为条件的商品或者货币的借贷行为。

货币作为支付手段,一方面克服了作为交易媒介要求"一手交钱、一手交货"的局限性,使买与卖的过程互相分离,促进了商品交换的发展;另一方面,货币的支付职能使信用方式盛行,信用关系日趋复杂化,各种债权、债务关系互相缠绕,这种现象在社会中普遍存在,"三角债务"就是一个典型的例子。

参考资料　什么是信用

信用是以偿还为条件的商品或者货币的借贷行为,体现一定的债权债务关系。信用有借方和贷方两个关系人：贷方为授信者,即债权人；借方为受信者,即债务人。

最早的信用是实物借贷,在货币产生后,货币借贷逐步取代实物借贷而占据主导地位。早期的信用属于高利贷性质,随着资本主义生产关系的确立,逐步形成了现代的信用关系。

信用可以根据主体不同而主要分为商业信用、银行信用、国家信用、消费信用、工商企业的直接信用。商业信用是指工商企业之间在进行商品和劳务交易时以延期支付和预付货款的形式提供的信用,它是其他信用关系的基础。商业信用的优点在于方便和及时,但是其规模和范围都有限。银行信用是指银行及其他金融机构通过放款、贴现等方式以货币形态提供的信用,银行信用的规模巨大,可以全方位聚集社会资金。国家信用是政府以债务人的身份筹措资金的一种借贷行为,其主要形式是发行公债。消费信用是工商企业、银行及其他金融机构以消费品为对象,向消费者提供的信用,主要采用分期付款、消费贷款、信用卡等方式。工商企业的直接信用是指工商企业以发行股票、债券等方式,直接从金融市场筹集资金的一种信用形式。

4. 储藏手段

储藏手段职能是指货币退出流通而被用来积累和保存财富。货币可以作为储藏手段,帮助其拥有者实现跨期分配资源。以个人为例,在取得收入以后,大多数人不会立即花光,而是会保留一部分以后再花,在这段时间里,持有的货币就是一种储藏手段。又比如,年老以后,绝大多数人都丧失劳动能力,即使工作挣钱,也不能满足维持生存所需要的消费资料。因此,在年轻的时候,人们会有意识地储藏价值,以供年老时使用。储藏货币就是一种常见的方式。

☞ **储藏手段职能**
货币退出流通而被用来积累和保存财富。

当然,许多其他物品也可以作为储藏手段,如房屋、珠宝等。但是,货币还是很重要的储藏工具,主要原因在于货币是一般等价物,所被接受的程度最高,流动性最强,可以迅速地购买到其他商品。相对应地,其他储藏方式的流动性显然不如货币。因此,货币是一种非常重要的储藏手段。

 重要问题1　货币的主要职能是什么?

货币在我们的日常生活中发挥了重要的作用。作为交易媒介,货币简化并促进了商品交换;作为价值尺度,货币使不同商品进行比

> 较或进行价值加总成为了可能；货币的支付手段职能推动了延期支付和信用关系的发展。而货币的高流动性使它成为一种非常受欢迎的储藏手段。货币的这四大职能互相联系，是人们判断货币的重要的依据。

二、货币的类型

货币在社会发展中已经有了很长一段时间的历史，几乎每个社会都发明了自己的货币。货币在人类发展历史中，随着经济水平和社会进步由低级向高级不断进步。人们在寻找可以作为货币的商品这一过程中，对货币有一些基本的要求，包括货币必须价值高、必须被广泛接受、必须能够分割、必须易于携带、不会很快变质等等。

货币按照货币材料的发展衍变，货币可以分为实物货币、金属货币、纸币和无形的货币。

1. 实物货币

在古代，人们以商品交换中的大量出现的商品作为货币，称为实物货币。例如，在中国古代，大约公元前 2000 年，就以贝作为货币。贝产于南方的海中，是北方夏、商、周三个朝代的货币。在古代欧洲等地，都有用牛羊作为货币的记载。例如，《荷马史诗》中，经常用牛表示物品的价值。而在美洲，烟草和可可豆也曾作为货币。

这些实物货币，基本上都是在交换中大量出现的商品。它们都或多或少地符合人们对货币的基本要求，例如，贝便于携带，不会很快变质；烟草在美洲被广泛接受，能够进行分割。但是，实物货币还是不够理想，在某些方面还是不能满足人们对货币的要求。因此，这些充当货币角色的特殊商品往往是多变且不固定的。当人们不断发掘可以充当货币的材料，逐渐发现金属更加合适。金属货币出现了。

2. 金属货币

金属货币
用金、银、铜等金属来作为货币，具有相对稳定、易分割和便于携带的特点。

网络资源
黄金曾经在货币史上扮演了重要的角色，今天仍然是重要的保值工具。中国黄金网可以让你了解现在的黄金交易。
www.gold.org.cn

由于金属可以任意分割，易于保存，分割以后还可以冶炼还原，特别是在古代冶炼技术落后的时代，金属的价值很高，是作为货币的上选。例如，在宋代，四川地区就使用铁钱。不过铁因为容易生锈，所以作为货币的时间并不长。使用得最多的金属是金、银、铜。例如，铜币在中国流行了两千多年，从春秋战国时期的"刀币"到清代的"通宝"，都是由铜铸成。也正是因为如此，斤斤计较钱财的人就往往被称作"铜臭"。在西方许多国家，白银和黄金也先后盛行，是货币的主要材料。

用金属作为货币，具有相对稳定、易分割和便于携带的特点。但是，金属的数量，特别是金银这些贵金属是有限的，因此在经济进一步发展以后，金属货币的数量难以满足经济活动的需要。另外，尽管金属的价值比较高，但对于大宗交易而言，携带大量的金属还是不方便。因此，人们继续寻找更加合适的货币。

3. 纸币

纸币的发展经历了三个阶段,最早出现的是可兑换货币,后来发展成为不可兑换但仍有规定金属含量的货币,最后才成为现代社会中没有金属含量也不能兑换成金属的货币。这里的可兑换指的是可以按照纸币的规定含贵金属量自由兑换成贵金属。

代用货币是在贵金属货币流通的制度下,代替金属货币流通的货币。代用货币通常是由政府或特定的机构发行的有足量的贵金属保证的货币,通常是纸制的,可以随时兑换成为它所代表的贵金属,因此又被称为可兑换的纸币。在中国的宋代,出现的"飞钱"就是这种可兑换纸币,发行纸币的钱庄、银号保证按纸币上写的数字兑换相应的金属。在欧洲,也曾出现了流通中的用纸印制的银行券,发行银行券的银行保证随时可以按照面值兑付金币、银币。因此,早期的银行券也是代用货币,是可兑换的纸币。

这些可兑换的纸币具有印刷成本低、易于运输和携带等特点,比金属货币更适应流通的需要。但是,它本身仍然与金属有着千丝万缕的联系,还是和金属货币一样,受到了金属数量的限制。因此,为适应经济发展的需要,纸币逐渐脱离了贵金属。例如,到了 20 世纪 30 年代初期,世界上主要国家虽然还有银行券,但是这些银行券尽管仍然规定了所含的金属含量,却已经完全丧失了兑换成金属的能力。这种现状一直延续到 20 世纪 70 年代,这期间各国的货币都规定了含金量,但是不能自由兑换成黄金。

现代社会中的纸币是纸币发展的第三个阶段。这些纸币没有含金量,因此按照含金量兑换金属也就无从谈起。纸币代表的价值是按照历史继承的或国家规定的价值量。纸币的发行权为国家所有,发行机关可以是中央银行、财政部或者政府设立的专门管理货币的机构。我们使用的 10 元、50 元、100 元的人民币都是这种纸币。大家可能会想,那么我们不是还使用硬币嘛,这些硬币现在算什么?这些硬币一般都是由贱金属制成,如镍和铝,其本身的价值与很久以前的金属货币相比微不足道。它们主要是在小额或零星交易中充当交易媒介,因此又称为辅币。辅币的发行也是由政府或相关机构控制的。

4. 无形的货币

在现代社会中,很多情况下,我们都采用非现金结算的方式,用银行存款直接来完成清算支付。在这种情况下,并没有法定的、有形的货币直接出现在交易或支付中,最常见的是电子货币。

电子货币是一种直接用电脑储存和转移的货币。最早在美国,人们采用了电子资金转划系统。银行在各个销售场所设置 POS 终端机,和银行的电脑中心相连接。顾客在购物时,只要将银行卡插入终端机,输入密码,电子计算机就可以立刻将交易额从顾客的账户上划转到商家的账户上。我们在超市和饭店等地方都经常可以看到或用到这种电子交易方式。电子货币具有迅速、安全等特点,而且可以 24 小时随时在网络中移动,因此大大节省了处理纸币花费的时间和成本。

重要问题 2　货币的不同形态说明了什么问题?

货币的形态从最初的大量用于交换的商品,逐渐发展成为金属货币,不同意义的纸币,现在又经常以支票和电子货币的形式存在,这种发展说明了货币的形态不断从低级走向高级,是为了适应经济活动的需要而不断演变。作为一般等价物,货币的形态是由货币的功能和经济发展的水平决定的,货币形态的发展过程体现了经济水平不断提高、货币功能不断完善的过程。

三、货币制度

货币制度是一个国家以法律的形式所规定的货币流通的组织形式。货币制度的最主要内容是规定本位货币材料与货币单位。所谓本位货币是国家法律规定的标准货币,它具有法定的无限支付能力,称为无限法偿。本位货币的标准计量单位,称为货币单位。按照国际习惯,一国货币单位的名称往往就是该国货币的名称;几个国家同用一个货币单位名称的,则在前面加上国家名号。如 Franc,音译为法郎,是很多国家采用的货币单位名称,法国法郎就是法国的货币名称,瑞士法郎则是瑞士的货币名称。再如 Dollar,意译为元,也是很多国家的货币名称,美元就是美国的货币名称,加元就是加拿大的货币名称。中国的情况有些特殊,货币名称是人民币,而货币单位是"元"。

根据本位货币的不同,从近代到现在的货币制度主要有金银复合本位制、金本位制和纸币本位制。

1. 金银复合本位制

金银复合本位制是资本主义发展初期最典型的货币制度,它的基本特征为金币和银币同时作为本位币,同时流通,并可以自由兑换。

金银复合本位制使得大量金银铸币进入流通,满足了经济迅速发展的需要。但是,这种制度有着内在的不稳定性:当金银铸币的交换比率由市场决定,国家不规定法定比价时,市场上的商品就出现了金银两重价格,商品的两重价格随着金银市场比价的不断波动而变动,这不利于经济的发展。为了克服这一问题,许多国家规定了金币与银币的法定比价,但这又带来了另外一个问题:当金银币的法定比价与其市场比价背离时,市场上又会产生"劣币驱除良币"的现象,即法律上低估的货币(实际价值高于法定名义价值的货币,称为良币)必然被人收藏、融化或输出国外,而法律上高估的货币(即名义价值低于实际价值的货币,称为劣币)则独占市场。这

📖 **货币制度**
一个国家以法律的形式所规定的货币流通的组织形式。

📖 **本位货币**
国家法律规定的标准货币,它具有法定的无限支付能力。

📖 **金银复合本位制**
金币和银币同时作为本位币,同时流通,并可以自由兑换。

种规律由 16 世纪的英国财政大臣格雷欣首先发现,又被称为"格雷欣法则"(Gresham's Law)。

2. 金本位制

金本位制可以分为金币本位制、金块本位制和金汇兑本位制三种形式。

金币本位制是典型的金本位制,它具有金币自由流通(辅币和银行券可以自由兑换金币)、金币自由铸造、金币自由输出入国境的特点。1816—1914 年,是金币本位制的全盛时期,最早实行金币本位制的国家是英国,后来被很多其他国家仿效。第一次世界大战爆发后,大多数国家放弃了金币本位制。

金块本位制是指金币停止流通而以银行券(或政府发行的纸币)代替金币流通,银行券或纸币仍规定一定的含金量,居民可以在一定范围内按照法定含金量自由兑换金块。例如,英国 1925 年规定,银行券每次兑换的最低限额是 1 700 英镑(400 盎司纯金)。金块本位制在两次世界大战间被部分国家采用,主要目的在于节省黄金的使用。

金汇兑本位制又称虚金本位制,其特点是本国纸币仍然规定一定的含金量,但是在国内不能兑换黄金,一般是规定国内货币与另一实行金币本位制或者金块本位制国家的货币保持固定汇率,居民可以按法定汇率购买外汇,在联系国兑换黄金。第二次世界大战后建立起来的"布雷顿森林体系"就是一种国际金汇兑本位制,其特点是以美元作为中心,黄金与美元挂钩、各国货币与黄金挂钩并实行固定汇率制。

3. 纸币本位制

在纸币本位制下,以不兑现的纸币作为本位币,一般是由国家授权中央银行发行的;纸币不再规定有含金量,不能兑换黄金等贵金属。纸币本位制是货币制度发展的必然产物,因为金本位制不可能解决金的储藏量和产量的有限性和商品生产和交换扩大的无限性的矛盾,生产的飞速发展客观上要求有一种不受自然资源限制,并且可以人为调节其数量的媒介物作为货币,因此选择不兑现的纸币作为本位货币就是经济发展的必然选择了。目前,纸币本位制是各国普遍实行的一种货币制度。

格雷欣法则
金银复合本位制下的劣币驱逐良币现象。

重要问题 3　什么是货币制度?近代以来有过哪些主要的货币制度?

货币制度是一个国家以法律的形式所规定的货币流通的组织形式,其最主要内容是规定本位货币材料与货币单位。近代以来,有金银复合本位制、金本位制、纸币本位制等货币制度。

四、货币的度量和层次划分

在货币的主要功能中,我们可以看出,交易媒介和价值尺度是最基本的功能,支付手段和储藏手段是货币的作用范围扩大后发展出来的功能。从货币形态的变化中,我们也可以察觉到货币的功能和范围都在扩大。那么,我们如何对货币的数量进行度量呢?如果装在口袋里的现金是货币,那么信用卡上的活期存款是不是货币?定期存款可以算做货币吗?

1. 货币的度量和层次划分

经济学家按照货币的职能定义货币,按照货币的流动性将货币划分为不同的层次。我们在前面已经谈到流动性是一项资产被转换为现金的难易程度、所需的成本和时间长短。不同形式的货币的流动性是不同的。例如,储蓄存款发挥了货币的储存功能,但是在使用时,必须先变为现金或支票的形式,才可以作为交易媒介购买商品或劳务。

货币一般可以划分为以下几个层次:

$$M_0 = 流通中的现金;$$
$$M_1 = M_0 + 活期存款;$$
$$M_2 = M_1 + 定期存款和储蓄存款;$$
$$M_3 = M_2 + 其他短期流动资产。$$

可以看出,从 M_0 到 M_3,货币的层次中逐渐加入了流动性较低的货币资产。一般,人们最看重的是 M_0,M_1 和 M_2 这三个指标。我们常说的通货就是 M_0,狭义货币指的是 M_1,广义货币指的是 M_2。而通常人们谈到的准货币是构成 M_2,但并不在 M_1 中的货币,即 $M_2 - M_1$。

2. 我国货币层次的划分

我国从 1984 年开始,对货币层次进行划分,在 1994 年第三季度开始,正式确定并按季公布货币供应量。具体的划分方式是:

$M_0 = $ 流通中的现金;

$M_1 = M_0 + $ 企业活期存款 + 机关团体部队存款 +
      农村存款 + 个人持有的信用卡类存款;

$M_2 = $ 城乡居民储蓄存款 + 企业存款中具有定期性质的存款 +
      信托类存款 + 其他存款;

$M_3 = M_2 + $ 金融债券 + 商业票据 + 大额可转让定期存单等。

在上面的划分中,可能有你还不熟悉的名称,我们会在第二章金融工具的介绍中一一提及。

截至 2003 年 12 月末,我国流通中的现金余额为 2 万亿元,狭义货币余额为 8.4 万亿元,广义货币余额为 22.1 万亿元。图 1-3 反映出了我国的货币余额从 1985 年到 2003 年的增长情况。

网络资源

主要金融数据类网站:
中国金融资源总库
http://zgjrw.com
高校财经数据库
www.bjinfobank.com
百富勤公司网站
www.bloomberg.com

通货
流通中的现金。

狭义货币
流通中的现金和活期存款的总和。

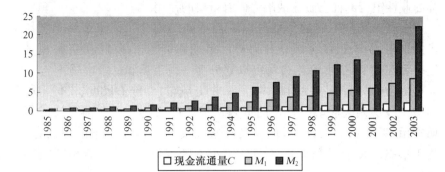

图 1-3　1985—2003 年中国货币数量
（单位：万亿元）

 重要问题 4　狭义货币和广义货币有什么区别？

狭义货币是流通中的现金和活期存款的总和，而广义货币不仅仅包含了狭义货币，还包括了一些不能直接用作交易媒介，但可以当作储藏手段，可以方便地转换为现金的储蓄存款和定期存款。介于广义货币和狭义货币之间的货币又称为准货币。换句话说，广义货币 ＝ 狭义货币 ＋ 准货币。

本章小结

金融从字面意义上理解就是资金的融通，是研究在不确定的条件下人们如何在不同的时期分配资源的学科。

主要的融资方式有间接融资和直接融资两种，它们都具有各自的不足之处，因此在融资系统中往往发挥着相辅相成的作用。

资金的流动分为产业性流动和金融性流动，两者是相互促进的。资金的产业性流动是源泉，而资金的金融性流动在资源的有效配置上发挥了重要的作用。资金的金融性流动越来越多地显示出与实物经济相脱离的特征。深入了解资金的金融性流动有着非常重要的意义。

金融系统是金融中介机构和金融市场共同构成的一个有机整体，它的基本功能是进行资金的跨时间或跨地区分配。金融系统提供了有效管理风险的途径，保证了金融工具的流动性，确保清算和支付正常进行，并且收集和提供信息，还起到了监督资金的运用成效、激励资金运用者的作用。金融系统的这些重要功能使它在经济生活中处于不可替代的位置。

商业性金融机构和政策性金融机构的主要区别有三点，即筹办方式不同、经营目的不同和业务范围不同。政策性金融机构在稳定社会发展、填补商业性银行的社会责任缺陷方面有重要的作用。

金融市场从不同的角度可以进行不同的划分。按照市场上交易工具的期限,金融市场可以划分为货币市场和资本市场;按照金融工具的发行和流通的区别,金融市场可以划分为一级市场和二级市场。

货币作为金融活动的载体,发挥着交易媒介、价值尺度、支付手段和储藏手段这四大职能。货币的形态从最初的实物货币逐渐发展成为金属货币,不同意义的纸币,现在又经常以支票和电子货币的形式存在。货币形态的发展过程体现了经济水平不断提高、货币功能不断完善的过程。

货币制度是一个国家以法律的形式所规定的货币流通的组织形式,其最主要内容是规定本位货币材料与货币单位。近代以来,有金银复合本位制、金本位制、纸币本位制等货币制度。

狭义货币是流通中的现金和活期存款的总和,而广义货币不仅仅包含了狭义货币,还包括了一些不能直接用作交易媒介,但可以当作储藏手段、可以方便地转换为现金的储蓄存款和定期存款。介于广义货币和狭义货币之间的货币又称为准货币。

复习思考题

1. 什么是金融?举一个你身边的与金融有关的例子来说明金融的内涵。
2. 主要的资金融通方式有哪些,它们各自的优劣势是什么?
3. 金融系统中资金的流动方式有哪些,它们之间有什么关系?
4. 金融系统的主要功能是什么?
5. 主要的金融市场类型有哪些,它们划分的依据是什么?
6. 什么是货币?货币的本质是什么?
7. 货币的基本职能是什么?随着经济和科技的发展,你认为货币的基本职能会发生什么样的变化?
8. 你认为政府在金融系统中的地位和作用是什么?

网络学习导引

登录中国经济信息网:http://www.cei.gov.cn/

点击进入:中经数据＞数字快讯＞财政金融

阅读内容:该网站内有关于最近的货币余额 M_0,M_1,M_2 的报告,请你找出最近一期的含有"金融运行"字眼的标题,点击进入,阅读整篇报告,然后回答下列问题:

1. 请你找出最近公布的 M_0,M_1 和 M_2 分别是多少?它们是增加了还是减少了?
2. 你能找出企业存款余额和居民存款余额分别是多少吗?

讨论课题

请和小组成员共同讨论一下，M_0，M_1，M_2 的变化程度是大致相同的吗？如果是，说明了哪些问题？如果不是，又是为什么？请试着从金融活动和货币的功能的角度讨论一下 M_0，M_1 和 M_2 变化的意义和影响。

第二章

金融工具

学习目标
- 了解主要的货币市场工具
- 了解主要的资本市场工具
- 了解主要的衍生金融工具

基本概念

金融工具　货币市场工具　票据　短期国库券　可转让存单　回购协议　同业拆借　资本市场工具　股票　债券　金融衍生工具　远期　期货　期权　互换

参考资料
- 山西票号——利用金融工具管理风险
- 中国股票和股票交易市场的发展
- 中国国债的发展
- "327"国债期货风波

金融工具是一种载明资金供求双方权利义务关系的合约,它规定了资金盈余者向资金短缺者转移资金的金额和期限等条件。金融工具的特性可以从四个方面来认识:期限性,即金融工具实际存在的有效期;流动性,即将金融工具转化为现金而不遭受损失的能力;安全性,即金融工具的本金遭受损失的可能性;收益性,即金融工具能够以各种方式给持有人带来收益的特性。不同的金融工具,在以上四个方面的特性上就有着不同的特征。

按照金融市场上交易的金融工具的期限,我们可以把金融工具分为货币市场工具和资本市场工具。货币市场工具是期限在一年以下的金融工具,资本市场工具是期限在一年以上的金融工具。在这些基础金融工具之上,还派生出一些金融产品,这被称为衍生金融工具。我们在本章中分别对上面三种金融工具来进行介绍。

☞ **金融工具**
一种载明资金供求双方权利义务关系、规定了资金盈余者向资金短缺者转移资金的金额和期限等条件的合约。

☞ **货币市场工具**
期限在一年以下的金融工具。

☞ **资本市场工具**
期限在一年以上的金融工具。

第一节 货币市场工具

 重要问题

1. 票据是什么?票据有哪些种类?
2. 什么是回购协议?
3. 货币市场工具主要有哪些?

一、票据

票据是具有一定格式、载明金额和日期、到期由付款人对持票人或指定人无条件支付一定款项的信用凭证。我们经常听到的支票就是一种典型的票据。票据的期限一般都在一年以内。

对于票据,有以下几个重要的概念应该掌握。

出票:创造和签发票据的行为;

背书:票据的收款人或持票人为了将未到期的票据转让给第三者而在票据的背面签名盖章的行为;

承兑:票据的付款人在票据上签名盖章,写明"承兑"字样,承诺票据到期保证付款;

付款:票据到期时,持票人提交票据,付款人或承兑人付款。

1. 本票、汇票和支票

按照票据的性质,票据可以划分为本票、汇票和支票。

(1) 本票。本票是由出票人签发的、承诺自己在见票时无条件支付确定的金额给收款人或持票人的票据。根据出票人的不同,本票可以分为银行本票和商业本票。银行本票是银行开出的向持票人无条件支付一定金额的本票。商业本票是由规模大、信誉好的企业为了筹集短期资金而发行

☞ **票据**
具有一定格式、载明金额和日期、到期由付款人对持票人或指定人无条件支付一定款项的信用凭证。

🌐 **网络资源**
中国票据网从2003年6月30日正式启用,是我国全国统一票据市场服务平台。
www.zgpjw.com

☞ **本票**
由出票人签发的、承诺自己在见票时无条件支付确定的金额给收款人或持票人的票据。

的本票，一般都有金融机构的担保。持票人可以用背书的方法使本票流通转让。本票可以是见票以后立即付款的，也可以约定特定的日期才付款。

（2）汇票。汇票是由出票人签发的、委托付款人在见票时或者在指定日期无条件向持票人或收款人支付确定金额的票据。汇票与本票的区别在于：本票中，出票人就是付款人。而在汇票中，出票人和付款人往往是不同的。和本票一样，根据出票人的不同，汇票可以分为商业汇票和银行汇票。商业汇票是商业贸易活动中，由债权人（售货者）向债务人（买货者）或者债务人的委托银行签发的汇票，要求债务人在一定时间内无条件支付一定的金额给收款人。有些情况下，出票人在签发汇票的同时，还会附上货运清单。此时汇票称为跟单汇票，而没有相应单据的相应被称为光票。银行汇票是一个银行签发的、委托另一个银行付款的汇票。例如，小刚的父母在上海的中国工商银行存有 20 000 美元，小刚本人在丹麦哥本哈根留学，他的父母希望通过银行直接汇款，可是中国工商银行在丹麦哥本哈根没有分支机构，无法直接进行资金划拨，怎么办呢？由于中国银行在哥本哈根有分行，小刚的父母可以要求上海的中国工商银行签发一张汇票，把汇票寄给小刚，让小刚凭借汇票到当地的中国银行分支机构提款。

汇票可以是见票后立即付款的，也可以是指定在未来的一定期限内付款的汇票。对于后者，汇票必须经过付款人承兑以后才有效。这就是承兑汇票。根据承兑人的不同，汇票可以分为商业承兑汇票和银行承兑汇票。商业承兑汇票由作为付款人的企业承兑，银行承兑汇票由银行本身或付款人委托的银行承兑。承兑后的汇票可以转让流通。

（3）支票。支票是由出票人签发的、委托办理支票存款业务的银行或其他金融机构在见票时无条件支付确定金额给收款人或持票人的票据。支票经过背书后可以流通转让。支票与汇票的区别在于：支票的付款人只能是支票存款机构，是见票即付的。而汇票没有这些限制，可以在未来见票后的一段期限内付款。支票的主要目的是为了提供取款的方便。例如，旅行支票就是为旅行者在旅途中提款提供方便的一种支票。

2. 真实票据和融通票据

根据发生的基础，票据可以分为真实票据和融通票据。真实票据是指有商品交易背景的票据，而融通票据是没有交易背景、单纯以融资为目的发出的票据。真实票据一般都是伴随着商品流通而发生的票据，例如为了结清贸易活动中的货款，出口纺织品的企业会向购买方提供货运单、发票，这些都是真实票据。与此相反，融通票据仅仅是为了短期资金融通的目的而发行的。

3. 票据贴现和票据贴现市场

票据贴现是指票据持有人在需要资金时，将其持有的未到期的票据以一定的折扣转让给第三方，获得余款的行为。这个折扣通常是票据持有人支付给第三方的利息。

票据贴现是进行短期融资的一个重要手段。票据的卖方是票据的持有人，而买方一般是商业银行等专门从事短期借贷活动的金融机构或者有资金盈余的非金融机构。双方进行票据交易的市场就是票据交易市场，这是一个场外交易市场。

 票据贴现
票据持有人在需要资金时，将其持有的未到期的票据以一定的折扣转让给第三方，获得余款的行为。

 参考资料　山西票号——利用金融工具管理风险

票号即票庄、汇兑庄，主要办理国内外汇兑和存放款业务，是为适应国内外贸易的发展而产生的。票号产生于中国的封建社会。在票号出现以前，人们用雇佣镖局运送现银的办法支付交易，费时误事，开支大，不安全。从嘉庆、道光年间开始，民间有了信局，通行各省，官吏及商人迫切要求以汇兑取代运现，因此诞生了票号。

最早的票号产生于道光年间。最早，山西平遥人雷履泰代替别人管理一家"日升昌"颜料铺，由于颜料铺的生意兴隆，雷履泰把经营范围扩大到了四川，经常到四川采购颜料。但是，雷履泰出入四川采购颜料必须随身携带大量的现金，在以行路困难著称的蜀道上长途跋涉，风险极高，一旦碰到抢劫的匪徒，后果不堪设想。于是，雷履泰就决定由日升昌开出票据，凭票据到四川指定的地点可以兑换现银，即当时的通用货币。这种方式类似于我们今天的汇票，大大提高了支付的效率，降低了交易中的风险。雷履泰用金融票据往来的方式，代替施行了几千年的商业往来必须用金、银作支付和结算手段的老办法。在意识到这种新的结算方式的发展前景以后，雷履泰干脆把"日升昌"就改造成了一家专门的票号。

"日升昌"是一家特殊的商号。它的与众不同是因为它经营的商品不是一般货物，而是金融票据、存款、贷款和汇款这些业务，它是中国历史上第一家做这样生意的商号。雷履泰虽然只开办了"日升昌"这一家票号，但他实际上是开创了一个全新的行业。在此后的一百多年时间里，别人仿效"日升昌"的模式，开设了许多家类似的商号。因为它们都以经营汇票为主，而且又都是由山西人开办，所以当时的人们和后来的研究学者都把它们统称为"山西票号"。票号办理汇兑、存放款，解决了运送现银的困难，加速了资金周转，促进了商业繁荣。

 重要问题1　票据是什么？票据有哪些种类？

票据是具有一定格式、载明金额和日期、到期由付款人对持票人或指定人无条件支付一定款项的信用凭证。按照票据的性质，票据

> 可以分为本票、汇票和支票。本票是出票人签发，承诺自己付款的票据；汇票中，出票人委托付款人在见票时或者在指定日期无条件向持票人或收款人支付确定金额；支票是指出票人签发的、委托办理支票存款业务的银行或其他金融机构在见票时无条件支付确定金额给收款人或持票人的票据。另外，按照发生的基础，票据还可以分为真实票据和融通票据。真实票据有交易背景，而融通票据没有交易背景，目的只为融资。

二、短期国库券

短期国库券
由政府发行的、期限在一年以内的短期债务工具。

短期国库券是由政府发行的、期限在一年以内的短期债务工具。例如，美国联邦政府发行的期限为 91 天、182 天和 364 天的国债就是短期国库券。美国的短期国库券市场的主要功能是满足政府的短期融资需要，弥补联邦政府赤字。

短期国库券与其他货币市场工具相比，有几个优点：首先，短期国库券由政府发行，信誉度较高，政府一般不会违约，因此，短期国库券是比较可靠的投资方式；其次，短期国库券期限较短，而且可以在市场上进行交易，所以流动性强，可以在较短的时间内以较低的成本实现变现；最后，国库券在许多国家都可以享受到一些税收优惠，如利息所得免税等等。此外，短期国库券一般面值比较小，购买的起点低，期限种类比较多，因此适合中小投资者购买。短期国库券的这些优点使它成为一种被广泛接受的货币市场工具。

三、可转让存单

存单
银行向存款人出售的一种债务工具，它每年支付固定的利息，到期按照购买的价格偿还本金。

网络资源
花旗银行网址：
http://www.citibank.com

存单是银行向存款人出售的一种债务工具，它每年支付固定的利息，到期按照购买的价格偿还本金。在 1961 年以前，存单是不可以转让的，持有人在到期之前不能把它卖给任何其他人。当时，由于美国政府对存款利率进行限制，商业银行的存款利率往往低于市场利率。因此，为了使存单具有流动性，1961 年，花旗银行发行了第一张大额可转让定期存单（CDs），最小面额是 10 万美元。由于这种存单的购买人可以随时在市场上出售变现，解决了定期存款缺乏流动性的问题，而且存单持有人实际上可以凭短期存款取得按长期存款计算的银行利息收入，因此非常受欢迎。其他商业银行也纷纷效仿花旗银行的做法。现在，在美国，可转让存单已经成为商业银行获取资金的重要手段。

四、回购协议

回购协议
在证券出售时卖方向买方承诺在未来的某个时间按照约定价格买回证券的协议。

回购协议是在证券出售时卖方向买方承诺在未来的某个时间按照约定价格买回证券的协议。一般地，用于回购协议的证券都是政府债券。在具体的操作中，通常，出售方向购买方暂时售出一笔国债，同时双方签订回购协议,约定在一定时间后出售方再以稍微高一些的价格赎回,或者约定以原价赎回,但是要支付一些费用作为补偿。

从本质上来看,回购协议实际上是一种有抵押的短期贷款,抵押品就是交易中用的国债。出售国债的一方通过把国债作为抵押品抵押给购买方,获得了一笔短期借款;一段时间以后,出售方再通过回购的方式偿还借款,付出资金,取回抵押品。回购协议中的购买方实际上就是发放短期抵押贷款的贷款者。

回购市场是指对回购协议进行交易的短期融资市场。回购协议的期限非常灵活,从一天到数月不等。如果回购的期限只有一天,我们称之为隔夜回购。虽然回购的期限可以为半年甚至一年,但事实上,绝大多数回购协议的期限都在一个月以内。中国的回购市场比较活跃,回购交易的抵押品都是国债,因此又称为国债回购市场。我国 2002 年国债回购协议的期限如图 2-1 所示。我国国债回购协议中,7 天内回购的比例最大,绝大多数回购的期限是在 21 天以内的。

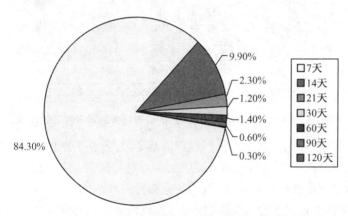

图 2-1　2002 年中国国债回购协议的期限

> **重要问题 2　什么是回购协议?**
>
> 回购协议是在证券出售时卖方向买方承诺在未来的某个时间按照约定价格买回证券的协议。回购协议的本质是一种短期抵押贷款协议。出售债券的一方充当了借款人的角色,通过抵押证券得到了短期资金;购买债券的一方则充当了贷款人的角色。回购协议的期限从 1 天到数月不等,是一种重要的短期资金融通工具。

五、同业拆借资金

同业拆借资金是用于弥补金融中介机构短期资金的不足、票据清算的差额以及解决临时性的资金短缺的需要。同业拆借资金通过同业拆借市场进

网络资源
民生银行是我国首家主要由非公有制企业入股的全国性股份制商业银行。
www.cmbc.com.cn

回购市场
指对回购协议进行交易的短期融资市场。

隔夜回购
回购的期限为一天的回购协议。

同业拆借资金
用于弥补金融中介机构短期资金的不足、票据清算的差额以及解决临时性的资金短缺的需要。

行流通。我们在第一章讲到货币市场时提到过,同业拆借市场是金融机构之间为了调剂临时性的头寸以及满足流动性需要而进行短期资金借贷的市场。

隔夜拆借
期限只有一天的同业拆借活动。

同业拆借有以下几个特点。首先,同业拆借市场的资金的交易期限比较短。如果期限只有一天,就被称为隔夜拆借。中国同业拆借市场上,从1998年到2002年各种期限的拆借占总拆借额的比例如图2-2所示。从图中看出,期限较短的同业拆借,特别是7天以内的拆借的增长速度非常快。其次,同业拆借市场的目的是为了向金融中介机构提供流动性,调剂头寸,而不是像一般的用于投入实物生产的贷款。最后,同业拆借的主体都是信誉良好的金融中介机构,因此手续简便,也不需要担保。

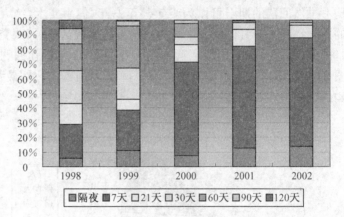

图2-2 1998—2002年中国同业拆借市场各种期限所占的比例

美国的联邦基金就是一种同业拆借基金,它是在美国的银行之间互相拆借的。相应的,美国有联邦基金市场,为银行间互相拆借提供了便利。在英国,也有伦敦同业拆借市场,为各家银行头寸调剂提供了流动性保障。

有的同学可能会想,回购协议和同业拆借有什么不同呢?主要是两方面的因素。第一,参与的主体不同。同业拆借中,参与的双方往往都是金融中介机构。而在回购协议中,通常售出证券的一方是金融中介机构,购买证券的贷款人往往是大企业。第二,有无抵押品的区别。同业拆借中,往往是没有担保,也没有抵押品的。而回购协议中,用于交易的证券是抵押品,以确保在借款人不能还款的情况下,贷款人可以出售证券,弥补损失。

重要问题3　货币市场工具主要有哪些?

货币市场工具是指期限在一年以下的金融工具。票据就是一种重要的货币市场工具,包括了本票、汇票和支票。此外,短期国库券、可转让存单、回购协议和同业拆借都是在货币市场进行短期资金融通的重要渠道。这些不同的货币市场工具为个人、家庭、金融机构、非金融机构和政府之间进行资金融通提供了便利的条件。

第二节 资本市场工具

重要问题

1. 什么是股票？
2. 债券按照发行人的不同，可以分为哪几类？
3. 债券有哪些重要的特征？

一、股票

1. 股票的概念

股票是由股份公司发行的权益凭证，代表持有者对公司资产和收益的剩余索取权。所谓剩余索取权，就是说股东的权益在利润和资产分配上表现为在公司偿还债务后，才能索取剩余的收益。比如，某公司今年没有偿还银行贷款前的净利润是 500 万元，公司需要偿还的银行贷款总额为 200 万元，那么，对于公司的股东来说，公司必须先拿出 200 万元还清银行贷款，剩余的 300 万元才能算作股东的财富，用于再投资或发放股息。又比如，在公司清算破产的时候，公司在破产时的资产往往都被拿去拍卖，拍卖所得的钱款必须先用来偿还公司还没有支付的债务，其余的才能用来补偿股东。如果企业拍卖所得不幸还不足以偿还债务，股东就什么也得不到。

股票是企业从资本市场融资的重要方式。它有一些突出的优点。首先，只要企业不倒闭，股票的寿命一般是永久的，没有偿还期。尽管对于股东来说，股票是可以买卖的，但是，对于以股票融资的企业而言，股票不需要偿还，企业一旦获得资金，就可以长期使用。

其次，企业在决定分给股东的股息上，可以比较灵活地进行安排。一般来说，当企业的利润较高时，企业可以支付比较高的股息，使投资者对股票充满信心；当企业遇到经营困难时，可以少发甚至不发股息，减少股息支付，节约资金以渡过难关。

企业还可以根据自身的发展计划对股票总数和股息支付进行调整。例如，当企业发现了一个回报比较高的新业务，可以降低股息支付，把资金用到新的发展项目上，这样就避免了向银行等金融中介机构借款或通过其他渠道筹资的麻烦。有时，在新业务得到股东认同的情况下，企业还可以通过增加发行股票的方法从原有股东或者新股东手中获得追加投资。

对于许多股东来说，股东有权投票参与决定公司的重大经营决策，例如，股东大会为股东发表对企业监督管理的意见提供了机会。股票不仅仅可以给股东带来股息上的收入，股东还可以从股票的价格提高上获得收益。股东可以通过转让的方式实现股票升值带来的收益。特别是上市公

股票
由股份公司发行的权益凭证，代表持有者对公司资产和收益的剩余索取权。

网络资源
和讯网有很多关于股票和股票市场的信息。
www.stock.hexun.com.cn
中国上市公司资讯网上可以找到一些与股东大会相关的资料。
www.cnlist.com

司的股票为股东保持流动性提供了重要的渠道。

2. 股票的分类

股票按照股东的不同权利可以分为普通股和优先股。

(1) 普通股。普通股的股东是公司的所有者,享有经营决策参与权、盈利分配的享有权、优先认股权和公司解散时的财产分配权。普通股股东一般有出席股东大会的权利,他们可以在股东大会上行使表决权、选举权和被选举权,通过投票的方式参与公司的经营管理。

优先认股权
在企业增发新的普通股时,现有的股东可以按照原来的持股比例认购新股的权利。

优先认股权是指在企业增发新的普通股时,现有的股东可以按照原来的持股比例认购新股,以保持现有的对企业的所有权比例保持不变。一般,在优先认股权的规定下,现有的股东可以按照某一比市场价格低的价格购买新股,所以优先认股权本身就是一种权益的凭证。普通股股东有优先认股权,因此在企业增发新股时,普通股股东可以选择行使优先认股权,维持自己对企业的所有权的比例;也可以选择出售优先认股权,获得即时的收益。

普通股一般可以在市场上流通转让,其价格往往会有很大的波动。普通股的价格会受到政治政策、经济环境、公司的经营状况、股票供求关系、心理因素等各个方面的影响。比如说,市场上公布最近一段时期对钢铁的需求量将大大增加,超过市场上现有的供应能力,那么钢铁生产企业的股票价格就有可能会上涨。股票价格的波动直接影响了股东在变现股票时的收益和损失。

普通股股东不仅可以通过卖出股票时得到超出购买价格的差额部分的收益,还有获得企业盈利分配——股息的权利,股息的多少由企业的管理者根据经营状况和发展规划确定。不过,普通股股东的这种获取股息的权利是排在优先股股东后面的,只有当优先股股东获得股息收入以后,普通股股东才有可能得到偿付。

优先股
在剩余索取权上优先于普通股的股票。

(2) 优先股。优先股是指在剩余索取权上优先于普通股的股票。也就是说,优先股股东在普通股股东之前获得股息收入。一般来说,优先股股东获得的股息是固定的,因此,优先股的价格与企业的经营状况的联系不如普通股密切。但是,优先股的股息与债券的利息不同。债券的利息是固定不变的,不论企业盈利还是亏损都必须支付。而优先股的股息相对有限制,如果公司在某个时期亏损或者所获的盈利不足以支付优先股股息时,那么在这个时期,优先股的股息不会全部支付,不足的部分根据优先股的相关协议可能不再补发,也可能累积到下一个盈利年度时补足。

与普通股不同,优先股的股东往往是没有投票权的,他们通常不能参与企业的经营管理。只有在某些特殊的情况下,优先股股东才有临时投票权。例如,当企业要发行新的优先股时,原有的优先股股东的权益会受到影响,此时优先股股东就有权投票,决定是否批准企业发行新的优先股。

可转换优先股是一种特殊的优先股。它是指在规定的时间内,优先股股东可以按照一定的比例把优先股换成普通股。这给了优先股股东更多的选择的权利。例如,当公司的经营状况不好时,可转换优先股的股东可以持有优先股,以获得相对比较稳定的利息收入;当公司的盈利增加,普通股股息增加,价格上升时,可转换优先股的股东可以把手中的优先股转换为普通股。把优先股转换成普通股,不仅可以带来收益的增加,还可以使股东获得对企业经营决策的控制权。

可转换优先股
在规定的时间内,可以按照一定的比率换成普通股的优先股。

 重要问题1　什么是股票?

> 股票由股份公司发行的、代表持有者对公司资产和收益的剩余索取权的权益凭证。这种剩余索取权表现为,股票的持有人在企业利润分配或企业破产清算获得补偿时,排在了企业的债权人之后。按照剩余索取权的不同,股票又可以分为普通股和优先股。优先股的剩余索取权相对普通股优先,股息收入固定,但是缺乏对企业经营决策的投票权。有些优先股在一定的条件下还可以转换为普通股,被称为可转换优先股。

 参考资料　中国股票和股票交易市场的发展

> 股票在中国最早的出现是在鸦片战争以后。当时,外国资本的进入把发行股票筹资的方式带入了中国。19世纪50年代开始,在华的一些外资银行分支机构开始发行股票;到了19世纪70年代,一些国内企业也纷纷效仿外资银行,发行股票,其中最早的是李鸿章、盛宣怀等办的轮船招商总局。1882年,上海平准股票公司成立了,这是中国第一家股票交易机构。北洋政府在1920年成立的上海证券物品交易所是国内规模最大的证券交易所。但是,在后来的战争时期,旧中国的股票交易市场畸形发展,成为投机倒把、哄抬物价的场所。所以解放后,证券交易所停止活动;而且随着计划经济体制的建立,证券交易市场已经没有存在的必要。
>
> 1979年以后,中国改革开放拉开了序幕,企业开始发行股票。80年代最早发行的一些股票都不够规范,因此,对第一只股票究竟是哪一只,人们有不同的看法。一些人认为,1983年7月,深圳市宝安县联合投资公司(简称宝安公司)发行的股票是新中国发行的第一只股票。这次股票发行,面向全国,共筹到国家股200万元、法人股160万元和个人股940万元,个人股股东遍布了全国十几个省市。但是,公司章程中规定"入股自愿、退股自由、保本、付息、分红",并且

由宝安县财政局为股东退股进行担保,因此并不符合现代规范。更多人认为1984年11月,经中国人民银行上海分行批准,由上海飞乐电声总厂发行设立的上海飞乐音响股份有限公司向社会发行的股票是第一只比较规范的股票。飞乐音响股票向社会公开发行,没有期限限制,不能退股,可以流通转让。在邓小平送给纽约证券交易所总裁一张飞乐音响股票后,它受到了全世界的关注。

1986年8月5日,沈阳市信托投资公司主办的沈阳市证券市场开业,这是新中国第一家证券交易所。随后,西安、太原、武汉、郑州等地也相继建立证券市场。但是,这些证券市场只能交易债券,不能交易股票。为了满足股票流通的需要,1986年9月26日,上海市工商银行信托投资公司静安营业部开始开办股票买卖业务,使股票市场在上海重新出现。开业的当天,这个营业部就被挤得水泄不通。1988年4月,深圳也开设了股票交易柜台。

为了进一步发展股票交易市场,1990年12月19日上海证券交易所正式挂牌营业,深圳证券交易所也在1991年7月1日获准正式成立。证券交易所的成立,为证券交易提供了一个集中交易的场所,极大地方便了股票的流通交易。在证券市场发展的短短十几年中,股票市场的发展迅速,取得了很好的成绩。截至2002年10月,在中国境内的上市公司的总数为1215家,股票市场价格的总值为42 686.37亿元,流通市值为13 894.88亿元,总股本为5 858.88亿股,投资者在沪深两个交易所开户总数6 860.42万户。

📶网络资源
中国债券信息网上有不少关于债券的知识和信息。
www.chinabond.com.cn

📖债券的面值
指债券到期时发行人偿还给债券持有人的金额,又称为债券的本金或票面价值。

📖零息债券
以低于面值的方式发行、不支付利息、到期按债券面值偿还的债券。

二、债券

债券是一种资金借贷的凭证,内容包括了债券的面值、票面利率、期限、发行人、利息支付方式等内容。下面,我们将逐一介绍债券的特征。

1. 债券的面值和利率

债券的面值是指债券到期时发行人偿还给债券持有人的金额,又称为债券的本金或票面价值。例如,在中国,债券的面额一般是100元人民币,在美国,许多债券的最小面额是1 000美元。

债券的票面利率是债券的发行人答应支付的利率,在债券的存续期内,债券的发行人按照债券的面值与票面利率的乘积向债券的持有人支付利息。例如,如果你购买了1 000元的债券,债券的票面利率是每年3%,那么在每年的年底,你就可以拿到$1\,000\times 3\% = 30$元的利息。

有一种债券是没有利息的,这种债券我们称之为零息债券。零息债券的持有人以低于面值的价格购买债券,在债券到期时得到面额数值的偿付。因此,零息债券是一种以低于面值的方式发行、不支付利息、到期按债券面值偿还的债券。面值与购买价格之差,就是对购买人的利息补偿。零息债券的优点在于,对于发行人而言,不用每年支付利息,因此在债券的存续期内可以不用考虑利息支付带来的压力。

对于有利息支付的债券,按照票面利率是否浮动,可以把债券分为固定利率债券和浮动利率债券。固定利率债券是指事先确定利率,每半年或一年付息一次,或一次还本付息的债券。浮动利率债券是息票利率在某一基础利率之上加一定溢价的债券。这一基础利率是事先决定的,例如它可以是政府短期债券利率或者同业拆借市场的利率,这些利率都会随着市场和经济的变化而变动。溢价一般在债券的存续期内固定不变。仍以前面的1 000元的债券为例,如果选定的基础利率在未来5年的每年约定的选取时期分别是2.5%,2.7%,2.8%,3.0%和3.1%,事先确定的溢价是0.5%,那么每年的利率就分别是3.0%,3.2%,3.3%,3.5%和3.6%。

固定利率债券
事先确定利率,每半年或一年付息一次,或一次还本付息的债券。

浮动利率债券
息票利率在某一基础利率之上加一定溢价的债券。

2. 债券的期限

债券的期限是发行人承诺履行合同义务的全部时间,一旦期限到期,发行人偿还全部本金,结清所有的利息,债务因此停止存在。前面我们提到的债券的存续期,实际就是债券的期限。在有的债券中,还有特殊的规定,允许债券的发行人或持有人在一定的条件下改变债券的期限。不过这种情况并不多。

我们所谈的资本市场的债券的期限都在一年以上。前面提到的短期国库券是期限在一年以下的短期债券。一般期限在一年以上十年以下的债券我们称之为中期债券。期限在十年以上的债券称为长期债券。债券的期限不仅决定了债券的利息支付和本金偿还的时间,还对收益率和债券的价格波动有很大的影响。有关债券的收益率和价格决定我们将在第三章中谈到。

短期债券
期限在一年以下的债券。

中期债券
期限在一年以上十年以下的债券。

长期债券
期限在十年以上的债券。

3. 债券的发行人

债券根据债券的发行人不同主要可以分为——政府债券和企业债券两类。

(1) 政府债券。政府债券是指中央政府、政府机构和地方政府发行的债券。它因为有政府的信誉保证,因此安全性高,比较受欢迎。根据发行人的区别,政府债券又可以分为中央政府债券、政府机构债券和地方政府债券。

中央政府债券又称国债,是中央政府为了弥补财政赤字发行的债券,一般由各国中央政府的财政部直接负责发行。中央政府债券一般都可以享受税收优惠,例如利息收入可以免交个人所得税。我们通常所说的中国的国债就是中央政府债券,近几年来,中国政府发行的中长期债券有3、5、7、10和20年期的。美国的联邦政府也发行各种期限的国债。

政府机构证券是由财政部以外的中央政府机构发行的债券。这些债券的收支偿付不属于政府预算,由发行单位独立负责;不过这些证券最终还是以中央政府作为后盾,因此信誉度很高。

政府债券
中央政府、政府机构和地方政府发行的债券。

中央政府债券
又称国债,是中央政府为了弥补财政赤字发行的债券,一般由各国中央政府的财政部直接负责发行。

政府机构证券
由财政部以外的中央政府机构发行的债券。

地方政府债券

由地方政府为某些大型基础设施和市政工程筹集资金而发行的债券,又称市政债券。

地方政府债券是由地方政府为某些大型基础设施和市政工程筹集资金而发行的债券,又称市政债券。在许多国家,地方政府都可以发行债券。由于有地方政府的担保,这一类的债券的信誉也很好,同时还可以享受税收优惠。例如,美国的各州就可以发行市政债券,其利息免缴联邦所得税。不过目前在中国,各个省级政府还无权发行市政债券。

参考资料　中国国债的发展

中国发行的最早的国债是在清朝。清朝政府曾于宣统三年即1911年以"爱国公债"之名,发行了国内公债,发行额计划为3 000万元,除王公世爵等认购了160余万元外,最大部分是由清皇室以及皇帝的私钱购买的,总计发行额不满1 200万元。北洋军阀时期,从1912年到1936年共发行国债27种。国民党统治时期,从1927年到1936年共发行国债45亿元。抗日战争时期国民党政府共发行国债90亿元。

解放以后,新中国的国债发行走过了一段曲折的道路。新中国成立后于1950年发行了"人民胜利折实公债",成为新中国历史上第一种国债。实际上,第一批国债的单位定名为"分",每分等于上海、天津、汉口、西安、广州、重庆六大城市的大米6市斤,面粉1.5市斤,白细布4市尺,煤炭16市斤的批发价格加权平均得出。年利率是5%,债务期限是1—5年分期偿还,比例是10%、15%、20%、25%、30%,归还也是按照上述实物市价折合成的现金进行偿还。当时还规定债券不得上市流通,不得向国家银行抵押,不得做投机买卖。

在此后的"一五"计划期间,又于1954—1958年间每年发行了一期"国家经济建设公债",发行总额为35.44亿元,相当于同期国家预算经济建设支出总额862.24亿元的4.11%。1968年本息还清后,一直到1981年国家没有发行国内公债。

80年代开始,中国政府在改革开放的浪潮下又重新开始发行债券。1981—1987年期间,国债年均发行规模仅为59.5亿元,且发行日也集中在每年的1月1日。这一期间尚不存在国债的一、二级市场,国债发行采取行政摊派形式,面向国营单位和个人,且存在利率差别,个人认购的国债年利率比单位认购的国债年利率高四个百分点。除1987年发行了54亿元3年期重点建设债券外,均为5—9年的中长期国债。

1988年初,财政部在7个城市进行国债流通转让的试点,同年6月,又批准了54个大中城市进行国库券流通转让的试点工作。1990年12月,上海证券交易所开业,进一步推动了国债间交易的发展。1990年底,我国证券市场买卖交易额达到了120亿元,其中,国债交易额约100亿元,占整个市场交易额的83%。1991年初,财政部决定扩大国债市场的开放范围,允许国债在全国400个地、市级以上的城市进行流通转让,初步形成国债二级市场的模型。同年,国债承购包销的市场化方式的出现。1991年国债交易量达到了370亿元。

从1992年到现在,国债流通转让市场继续发展,交易量不断增加,部分商业银行也逐渐被允许进行国债柜台交易业务的试点,方便中小企业、个人投资者进行国债交易。国债的主要交易市场包括了银行间债券市场和交易所市场。图2-3就是我国在1981—2002年中各年在国内发行的国债的变化情况。可以看出,从1981年的48.66亿元到2002年的5 929亿元,我国国债市场发展迅速,在短短的22年当中,规模增加了100多倍。

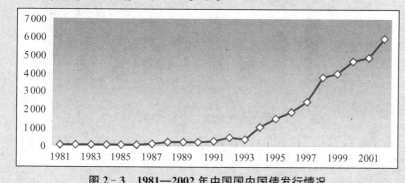

图2-3 1981—2002年中国国内国债发行情况
(单位:亿元)

(2) 公司债券。公司债券是由公司发行的债券。一般来说,发行债券的公司可以是非金融机构类公司,也可以是金融机构类公司。公司债券一般期限都在3年以上,目的在于为企业筹集中长期资金。前面我们在谈到股票时已经讲过,债券的求偿级别优先于任何一种股票,因此在公司的经营状况下降时,债券的持有人比股票的持有人有更多的保障。

按照公司债券是否有抵押品划分,公司债券又可以分为信用债券和抵押债券。信用债券是完全凭借信誉,不需要任何抵押品而发行的债券。一般,发行这种债券的公司必须有很好的声誉。抵押债券相反,是以土地、房屋等不动产作为抵押品发行的债券。如果公司不能按时还本付息,债权人有权处置抵押品,例如出售抵押品以获得补偿。因此,对于债券的持有人,抵押债券比信用债券有更多的偿付保障。

我们还经常听到一个名称——金融债券,这是什么呢?金融债券是指银行等金融中介机构发行的债券。在西方国家,由于金融中介机构大多都属于股份公司,因此金融债券往往都列入公司债券,并没有单独作为一类。在中国,金融债券是由专业银行从1985年开始发行的,由于这些专业银行在当时都是属于国有企业,所以它们发行的债券单独称为金融债券,以便与一般公司企业发行的债券区分开来,后来到1988年,其他金融机构也开始发行金融债券。不过直到现在,中国对金融机构发行债券还是有比较严

☞ 公司债券
由公司发行的债券。

☞ 信用债券
完全凭借信誉,不需要任何抵押品而发行的债券。

☞ 抵押债券
以土地、房屋等不动产作为抵押品发行的债券。

☞ 金融债券
由银行等金融中介机构发行的债券。

格的限制。

因此，在中国目前所说的公司债券都是指非金融机构类公司发行的债券。这类债券从20世纪80年代以后开始在中国出现发展，不过相对于中国国债的规模还是比较小的。具体来说，2002年中国国债发行总额为5 929亿元，公司债券的发行规模为325亿元，相距甚远。图2-4显示出我国1993—2002年公司债券的发行状况。

网络资源
国家开放银行是一定政策性银行，具有发行金融债券的权利。
国家开发银行网址：
http://www.cdb.
com.cn/

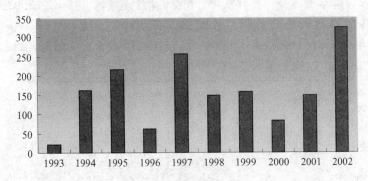

图2-4　中国非金融机构公司债券发行状况
（单位：亿元）

 重要问题2　债券按照发行人的不同，可以分为哪几类？

债券按照发行人的不同，可以分为政府债券和公司债券两大类。政府债券是中央政府、政府机构和地方政府发行的债券的总称。其中，中央政府债券是政府为了弥补财政赤字由财政部发行的债券，又称国债；政府机构债券是由财政部以外的政府机构发行的债券；地方政府债券是由地方政府为某些大型基础设施和市政工程筹集资金而发行的债券，又称市政债券。公司债券是金融机构和非金融机构类公司为了筹集资金发行的债券。其中，金融机构发行的债券又称为金融债券。

4. 债券的利息支付方式

债券的利息可以有几种方式。前面我们提到的零息债券中，由于没有票面利率，因此，债券的发行人在债券的期限内不用支付利息，直到到期日按照面值支付给持有人即可。支付利息的债券可以是半年一付、一年一付，或者到期一次还本付息。例如，美国的中长期国债就是每半年付息一次。

5. 债券的其他条款

在债券发行时，债券的发行合同中往往还会附加其他的条款，给予债券的发行人或持有人一些特殊的权利。最常见的是可赎回条款和可转换条款。

可赎回条款赋予债券的发行人在规定的到期日之前买回全部或部分债券的权利。在市场利率下降时,可赎回条款对债券的发行人是非常有利的。在债券发行时期,如果市场利率比较高,因此债券的票面利率也就比较高,例如企业发行的 10 年期固定利率债券的票面利率是 6%,那么每 100 元面值的债券,企业每年就要支付 6 元作为利息。如果 7 年以后,市场利率大大下降到只有原来一半的水平,此时,如果发行新债券,新发行的债券票面利率可以只要 3.5%,那么企业继续支付 6% 的利息显然不合算。所以,企业会行使赎回的权利,以一定的价格买回原来的债券,再重新发行票面利率较低的新债券,只要节约的利息收入大于回购债券带来的额外的成本即可。不过对于债券的持有人,可赎回条款显然是不利的。

可转换条款赋予债券的持有人在一定条件下把债券转换为普通股股票的权利。包含这种条款的债券通常又称为可转换债券。可转换条款使债券的持有人在公司经营不佳时持有债券获取稳定收益,在公司蒸蒸日上时把债券转换为股票获得股息收入和股票价格上涨的好处,因此对持有人是比较有利的。一般情况下,在股票市场低迷或者公司筹措债务资本的能力较低的情况下,公司会选择发行可转换债券,以增强对投资者的吸引力。

可赎回条款
赋予债券的发行人在规定的到期日之前买回全部或部分债券的权利。

可转换条款
赋予债券的持有人在一定条件下将债券转换为普通股股票的权利。

6. 债券的信用评级

信用评级是市场经济环境下,对企业、债券发行者、金融机构等市场参与主体,就其将来完全偿还或按期偿还债务的能力及其可偿债程度进行综合评价的业务。债券信用评级是信用评级的核心内容。

债券的信用评级一般由声誉良好的大型评级公司做出,因此可信度比较高。目前国际上比较知名的评级公司有美国穆迪公司、标准普尔公司和惠誉国际信用评级公司。这三家公司都有不同的信用等级符号。表 2-1 是各家公司使用的信用等级符号,从上到下信用等级不断降低。

信用评级
市场经济环境下,对企业、债券发行者、金融机构等市场参与主体,就其将来完全偿还或按期偿还债务的能力及其可偿债程度进行综合评价的业务。

表 2-1 信用评级公司的信用等级

信贷风险	标准普尔 (Standard & Poor's)	穆 迪 (Moody's)	惠 誉 (Fitch)
投资级别债券			
最高素质	AAA	Aaa	AAA
高素质	AA	Aa	AA
中至高等素质	A	A	A
中等素质	BBB	Baa	BBB
非投资级别或高孳息债券			
稍有投机成分	BB	Ba	BB
投机性质	B	B	B
高度投机性质	CCC	Caa	CCC

网络资源
美国穆迪公司
www.moodys.com
标准普尔公司
www.standardand-poors.com
惠誉国际信用评级公司
www.fitchratings.com

不同信用等级的债券的违约率是不同的,因此,对债券的信用评级成为评价债券违约风险的一个重要指标。表2-2是惠誉国际信用评级公司2001年对各类信用级别债券的平均违约率的统计。

表2-2 2001年评级债券平均违约率(%)

等 级	1年期	5年期	10年期	20年期
AAA	0.00	0.20	1.09	2.38
AA	0.00	0.97	3.10	6.75
A	0.08	1.37	3.61	7.47
BBB	0.30	3.51	7.92	13.95
BB	1.43	10.04	19.05	30.82
B	4.48	20.89	31.90	43.70

重要问题3　债券有哪些重要的特征?

债券的重要特征包括了债券的面值、债券的票面利率、债券的期限、债券的发行人、债券的利息支付方式、债券的可赎回条款和可转换条款以及债券的信用评级。这些基本要素构成了债券的基本条件,帮助债券的持有人认识债券,也决定了债券持有人如何选择投资对象。

第三节　金融衍生工具

重要问题

1. 金融远期和金融期货是什么?
2. 什么是金融期权?
3. 什么是金融互换?

金融衍生工具
指其价值依赖于基础金融工具的一类金融工具。

金融衍生工具是指其价值依赖于基础金融工具,如基本的货币市场工具和资本市场工具的一类金融工具。我们听到的远期、期货、期权和互换都是金融衍生工具,它们一般都是以合约的形式存在。我们在这里简要介绍各种金融衍生工具的基本概念,如何对这些衍生工具进行交易则在第五章再进行具体分析。

一、远期交易

远期合约是指交易双方约定在未来的某一确定时间、按照确定的价格买卖一定数量的某种资产的合约。双方交易的资产又称为标的物。在合约的规定中,将来买入标的物的一方称为多方,而在未来卖出标的物的一方称为空方。合约中规定的未来买卖标的物的价格称为交割价格。如果多方和空方的信息对称,而且双方对标的物的未来预期相同,那么双方选择的标的物的价格应该使远期合约的价值为零。使得远期合约价值为零的交割价格称为远期价格。远期价格是一种理论价格,因为交割价格并不会总是等于远期价格。当交割价格与远期价格不同时,多方和空方中就会有一方获利,一方损失。

远期合约的优点在于买卖双方可以事先确定交易的价格,规避了价格波动带来的影响。例如,在咖啡豆的买卖交易中,假设雀巢公司要向巴西的种植商购买咖啡豆。如果在咖啡豆成熟以后再购买,从雀巢公司角度来看,这一年的天气状况会影响咖啡豆的产量,进而影响咖啡豆的价格,如果天气不好产量下降,咖啡豆价格上升,那么对于已经制定了本年度生产规模的雀巢公司,很可能难以在预算的成本内买到足够的咖啡豆,或者购买的咖啡豆成本过高;对于种植商来说,如果雨水充足产量很高,到时候咖啡豆的价格会下降,为了卖出所有的产出,单位咖啡豆的利润就会下降。所以,无论对哪一方而言,未来咖啡豆的价格都有很大的不确定性,对于成本收益控制和生产规模管理非常不利。金融远期合约可以为双方提供保障。在咖啡豆还没有成熟以前,甚至还没有进行种植以前,雀巢公司就可以与咖啡豆种植商签订远期合约,约定在未来的咖啡豆成熟以后以约定的价格买入一定量的咖啡豆。这样,雀巢公司可以提前确定原材料的成本,保证原材料的供应,有效地控制管理生产规模,并指定合理的财务预算;对于种植商,他们可以安心种植咖啡豆,而不必担心未来咖啡豆是否卖得出去,也不用担心未来咖啡豆价格波动,特别是价格降低带来的风险。

远期合约最初产生就是为了避免在上例中提到的现货交易的风险。然后,远期合约的标的物逐渐发展成为其他金融工具,例如股票、利率和汇率。举例来说,远期股票合约就是买卖双方约定在未来某一特定的日期按照约定的价格购买一定数量的单个股票或几种股票的协议,双方通过这一协议避免未来股票价格波动带来的风险。

远期合约的特点在于它是非标准化的合约。因此,远期合约的双方可以就交割地点、交割时间、交割价格、合约规模和标的物的要求等许多细节问题进行谈判,从而使双方都得到尽量大的满足。金融远期的这种灵活性使之得以发展,但是,这种灵活性从某种意义上也限制了金融远期的广泛应用。例如,远期合约没有固定的集中交易的场所,也没有第三方监督合约的履行与否,因此当价格变动对一方有利而对另一方不利时,不利的一方就很有可能违约。

☞ **远期合约**
交易双方约定在未来的某一确定时间、按照确定的价格买卖一定数量的某种资产的合约。

☞ **多方**
买入标的物的一方。

☞ **空方**
卖出标的物的一方。

☞ **交割价格**
远期合约中规定的未来买卖标的物的价格。

☞ **远期价格**
使得远期合约价值为零的交割价格。

二、期货交易

期货合约是协议双方同意在约定的将来某个日期按照约定的条件（包括价格、交割地点、交割方式等）买入或卖出一定标准数量的某种资产的标准化协议。从某种意义上来说期货合约是标准化的远期合约。

期货交易是在交易所进行的，交易的双方没有直接的接触。交易所不仅提供了固定的交易场所，还负责制定严格的交易规则，例如规定在一个交易日内期货价格的最高涨跌幅度和交易单位。交易的双方可能互相并不认识，所有资金清算都通过交易所的清算部等专门机构进行。上海期货交易所就是我国的金融期货交易场所之一。

在期货交易中，买卖双方不仅仅可以通过实物交割的方式履约，还可以转让标准化的期货合约。因此，购买期货合约的一方可以通过在合约到期前卖掉原先买进的合约，无需进行实物交割。通常，开仓指交易者最初买入或卖出某种期货合约，平仓指原先开仓的交易者通过进行一笔反向的交易来结清头寸。事实上，绝大多数期货合约都是通过平仓的方式结束的。金融期货这种流动性使得它比金融远期得到更广泛的应用，也为合约的持有双方提供了便利。

期货交易的标准化等特征使其标的物的范围进一步扩大。期货交易的标的物可以分为两类。首先是以商品为交易标的物的期货交易，这被称为商品期货，例如石油期货、小麦期货等。其次是以各种金融资产为交易对象的期货交易，这被称为金融期货，例如：利率期货，即以债券利率为主要交易对象的标准化期货合约；外汇期货，即可兑换的外国货币作为交易对象的标准化期货合约。在金融期货中，还可以以股票指数作为交易对象，这是远期交易中所没有的。股指期货就是以股票价格指数为交易对象的标准化期货合约，而股票价格指数是描述股票市场总体价格水平变化的指标。例如，美国的道琼斯平均股价指数，法国的巴黎 CAC 指数，香港的恒生指数都是世界上比较有影响力的股票价格指数。股指期货使投资者可以投资于整个股市而不仅仅是单个或几个股票，是期货发展中的创新。股指期货的买卖可以和股票交易结合起来，规避风险。

期货合约
协议双方同意在约定的将来某个日期按照约定的条件（包括价格、交割地点、交割方式等）买入或卖出一定标准数量的某种资产的标准化协议。

网络资源
上海期货交易所是我国期货市场试验起步最早的地区。
www.shfe.com.cn

开仓
指交易者最初买入或卖出某种期货合约。

平仓
指原先开仓的交易者通过进行一笔反向的交易来结清头寸。

商品期货
商品为交易标的物的期货交易。

金融期货
金融资产为交易标的物的期货交易。

利率期货
以债券利率为主要交易对象的标准化期货合约。

外汇期货
可兑换的外国货币作为交易对象的标准化期货合约。

股指期货
是以股票价格指数为交易对象的标准化期货合约。

参考资料 "327"国债期货风波

1992年12月28日，上海证券交易所首先向证券商推出了国债期货交易。国债期货是以国债为标的物的一种金融期货。此时，国债期货尚未对公众开放，交易量清淡，并未引起投资者的兴趣。1993年10月25日，上证所国债期货交易向社会公众开放。与此同时，北京商品交易所在期货交易所中率先推出国债期货交易。

1994年至1995年春节前，国债期货飞速发展，全国开设国债期货的交易场所从两家陡然增加到14家（包括两个证券交易所、两个证券交易中心以及10个商品交易所）。由于股票市场的低迷和钢材、煤炭、食糖等大宗商品期货品种相继被暂停，大量资金云集国债期货市场尤其是上海证券交易所。1994年全国国债期货市场总成交量达2.8万亿元。

"327"国债是1994年7月上海证券交易所推出的国债期货品种，标的物是财政部于1992年发行的3年期国债，票面利率为9.5%，到期本息128.50元，享受两年保值贴补。1995年初，当时赫赫有名的上海万国证券公司和辽宁国发股份有限公司因对保值贴补率和贴息的错误预估，联手对"327"品种在148元左右的交易部位大量抛空，企图操纵市场。但是，市场盛传"财政部将对'327'国债加息"的消息。从2月初起，2月23日，辽国发及其操纵的几家公司通过无锡国泰期货经纪公司大笔抛空无效，又提前得知"贴息"的确切消息后，率先空翻多。这一行为再加上原本就做多的各种机构的推波助澜，导致期货价格自148.50元飙升，最高至151.98元。

后知后觉的万国证券当即处于全面被套牢状态，且由于持仓过大，一旦平仓会引发价格更加飞涨，其亏损将达几十亿元，足以使整个公司烟消云灭。为扭转局面，其主要负责人授意恶意透支，超限量砸盘，造成收市前8分钟，700万手（需保证金14亿元）巨单将价格暴挫至147.50元，使"327"合约顿时暴跌3.8元，并使不少多头于瞬间由"巨额浮盈"转眼变成"亏损爆仓"，市场一片混乱。

"327"风波之后，各交易所采取了提高保证金比例、设置涨跌停板等措施以抑制国债期货的投机气氛。但因国债期货的特殊性和当时的经济形势，其交易中仍风波不断，并于5月10日酿出"319"风波。5月17日，中国证监会鉴于中国目前尚不具备开展国债期货的基本条件，做出了暂停国债期货交易试点的决定。至此，中国第一个金融期货品种宣告夭折。

 重要问题1　金融远期和金融期货是什么？

金融远期是指交易双方约定在未来的某一确定时间，按照确定的价格买卖一定数量的某种资产。双方交易的资产称为标的物，约定在未来买入标的物的一方称为多方，未来卖出标的物的一方称为空方。金融期货合约是标准化的远期合约，协议双方同意在约定的将来某个日期按照约定的条件（包括价格、交割地点、交割方式等）买入或卖出一定标准数量的某种金融工具。金融远期和金融期货在交易场所、合约的标准化程度、履约方式、价格确定方式、风险和标的物等方面都有区别。

三、期权交易

在前面提到的金融远期中,一旦到期,交易就必须被执行,尽管此时可能标的物的价格变动对交易中的一方极为不利,而对另一方非常有利,因此,人们希望有一种合约可以改变这种极端的状况。金融期权就在这种情况下诞生了。它也是以合约的形式存在的。期权是一种未来的选择权,期权的买方有权在规定的时间内,按照约定的价格买进或卖出一定数量的资产,也可以根据需要放弃行使这一权利。当然,为了得到这一权利,期权的买方必须向卖方支付一定的期权费。

期权的买方支付了期权费,有行使期权或者放弃期权的权利;期权的卖方只有根据买方的要求履行义务,不过期权的卖方得到了期权费作为补偿。例如,期权的买方买入以标准普尔指数为标的物的期权,协议金额是协议指数乘以 100 美元。双方约定,标准普尔指数的协议价格是 980 点,如果标准普尔指数上升超过 980 点,期权的买方可以获利,相当于买方可以按照 980 点的价格买入指数,然后按照更高的市场价格卖出指数,例如,如果到期日指数上升到 1 010 点,那么买方的获利就是 $(1\,010-980)\times 100 = 3\,000$ 美元,当然,还要扣除一定的期权费。如果标准普尔指数下降到 980 点以下,期权的买方可以放弃行使买入股指的权利,那么期权买方的最大损失不过是期权费而已。通过这个例子,我们可以看出,期权的卖方只有义务,而没有什么权利。

期权的权利可以是买入某种标的物,也可以是卖出某种标的物。上例中我们提到的股指期权是一个以协议价格买入标准普尔指数的期权,这种期权称为看涨期权。看涨期权赋予购买者在规定时间内以协议价格向期权出售者买入一定数量的某种标的物的权利。因此,在标的物价格上涨时,看涨期权的买入方就会行使期权,低价买入高价卖出,从中获利;而当标的物价格下降时,看涨期权的买入方可以放弃期权,使损失仅限于支付的期权费。

看跌期权与看涨期权相反,赋予购买者在规定时间内以协议价格向期权出售者卖出一定数量的某种标的物的权利。看跌期权的购买者是预期标的物的价格未来会下降。如果未来标的物价格真的下降了,看跌期权的购买者就执行期权赋予的权利,从中获利;如果标的物的价格不降反升,看跌期权的购买者就放弃行使权利。

按照期权的买方行使期权的时间划分,期权可以分为欧式期权和美式期权。欧式期权的买方只能在期权的到期日才能行使买进或卖出标的物的权利,而美式期权可以在购买期权后,期权到期前的任何时间执行期权。

期权自 1973 年进入美国芝加哥期权交易所以后,得到了迅速的发展。期权的标的物范围、参与交易的机构都大大增加。目前主要的期权交易有股票指数期权、利率期权、货币期权等。在交易所交易的期权合约和期货合约一样,都是标准化的合约,因此具有很好的流动性,便于流通转让。而在交易所之外,场外市场上也有根据买卖双方具体要求协商决定的非标准

期权
买进或卖出一定数量的资产,也可以根据需要放弃行使这一权利。

看涨期权
赋予购买者在规定时间内以协议价格向期权出售者买入一定数量的某种标的物的权利。

看跌期权
赋予购买者在规定时间内以协议价格向期权出售者卖出一定数量的某种标的物的权利。

欧式期权
期权买方只能在期权的到期日才能行使买进或卖出标的物的权利。

美式期权
期权买方可以在购买期权后,期权到期前的任何时间执行期权。

化的期权合约。

重要问题 2　什么是金融期权？

金融期权是一种未来的选择权，期权的买方有权在规定的时间内，按照约定的价格买进或卖出一定数量的资产，也可以根据需要放弃行使这一权利。按照金融期权的性质，金融期权可以分为看涨期权和看跌期权。看涨期权赋予购买者在规定时间内以协议价格向期权出售者买入一定数量的某种标的物的权利，而看跌期权则赋予购买者卖出标的物的权利。金融期权的购买者的权利是通过支付一定的期权费得到的。

网络资源

美国芝加哥期权交易所是世界上最早的期权交易所之一。国家开发银行网址：http://www.cboe.com/

四、金融互换

金融互换是指交易双方按照约定的条件，在一定的时间内，交换标的物的合约。金融互换的标的物可以是利率、不同的货币、股票等等。其中，最常见的是利率互换和货币互换。

利率互换是指双方同意在未来的一定期限内根据两笔同种货币、金额相同、期限相同的本金交换利息现金流的活动，通常，其中一方的利息是以固定利率计算出来，而另一方的利息是以浮动利率计算出来。双方进行利率互换的主要原因是由于双方在获得固定利率贷款和浮动利率贷款上各有优势，因此双方都可以获利。在利率互换中，双方并不交换本金，只是交换利息的差额。

货币互换是指交易双方在未来一定期限内交换期限相同的两种货币的本金和利息。交换的双方通常在不同国家的金融市场上具有融资的比较优势，而又需要另外一种货币，所以货币互换就出现了。在货币互换中，双方交换本金，互相为对方支付利息，在期限结束时，互相再换回本金，结束货币互换。货币互换使双方不但可以利用对方的比较优势降低筹资成本，还可以获得外币资金，绕开国际间资本借贷的关卡限制。

金融互换
交易双方按照约定的条件，在一定的时间内，交换标的物的合约。

利率互换
指双方同意在未来的一定期限内根据两笔同种货币、金额相同、期限相同的本金交换利息现金流的活动。

货币互换
交易双方在未来一定期限内交换期限相同的两种货币的本金和利息。

重要问题 3　什么是金融互换？

金融互换是指交易双方按照约定的条件，在一定的时间内，交换标的物的合约。一般最常见的是利率互换和货币互换。利率互换是指双方同意在未来的一定期限内根据两笔同种货币、金额相同、期限相同的本金交换利息现金流的活动。货币互换是指交易双方在未来一定期限内交换期限相同的两种货币的本金和利息。互换是比较优势在金融领域中的最生动的应用。

本章小结

金融工具是一种载明资金供求双方权利义务关系的合约，它规定了资金盈余者向资金短缺者转移资金的金额和期限等条件。按照金融市场上交易的金融工具的期限，我们可以把金融工具分为货币市场工具和资本市场工具。

货币市场工具是指期限在一年以下的金融工具。票据就是一种重要的货币市场工具，包括了本票、汇票和支票。此外，短期国库券、可转让存单、回购协议和同业拆借都是在货币市场进行短期资金融通的重要渠道。

资本市场工具是指期限在一年以上的金融工具，主要包括股票和债券。股票由股份公司发行的、代表持有者对公司资产和收益的剩余索取权的权益凭证，可以分为普通股和优先股。债券是一种资金借贷的凭证，按照发行人的不同可以分为政府债券和公司债券两大类。债券的重要特征包括了债券的面值、债券的票面利率、债券的期限、债券的发行人、债券的利息支付方式、债券的可赎回条款和可转换条款以及债券的信用评级。

金融衍生工具是指其价值依赖于基础金融工具，如基本的货币市场工具和资本市场工具的一类金融工具。主要的金融衍生工具有金融远期、金融期货、金融期权和金融互换。金融远期是指交易双方约定在未来的某一确定时间、按照确定的价格买卖一定数量的某种资产。金融期货合约是标准化的远期合约，协议双方同意在约定的将来某个日期按照约定的条件买入或卖出一定标准数量的某种金融工具。金融期权是一种未来的选择权，期权的买方有权在规定的时间内，按照约定的价格买进或卖出一定数量的资产，也可以根据需要放弃行使这一权利。金融互换是指交易双方按照约定的条件，在一定的时间内，交换标的物的合约。

复习思考题

1. 货币市场和资本市场划分的标准是什么？
2. 主要的货币市场金融工具有哪些？
3. 票据主要有哪几种，它们有什么区别和联系？
4. 回购协议和同业拆借一样吗，它们的区别在哪里？
5. 什么是股票？股票可以分为哪几种？
6. 从权利和义务的角度来分析一下普通股和优先股的差别。
7. 简要分析股票和债券对于企业的经营会产生什么样的不同影响。
8. 远期、期货和期权之间有什么区别和联系？
9. 主要的金融互换有哪些？构思一笔简单的金融互换业务，以此加深对金融互换的理解。

网络学习导引

登录和讯网：www.homeway.com.cn

点击进入和讯债券频道：

1. 进入"债券知识"，学习一些债券市场的实务性知识；
2. 进入"债券专题"，选择一个热门的话题发表自己的观点。

讨论课题

请和同学们一起讨论一下，你认为中国目前的信用评级市场存在的问题有哪些，与国外评级公司相比差距在哪里，有什么方法可以改善目前的状况。

第三章

金融活动中的收益

学习目标
- 理解什么是货币的时间价值
- 掌握单利和复利的计算
- 理解现值和终值的含义,并能够运用它们计算金融工具的价值
- 了解收益率的衡量方式,认识不同的收益率形式

基本概念

货币的时间价值 单利 复利 现值 终值 名义利率 实际利率 到期收益率 当期收益率 持有收益率

收益是金融活动中交易双方获得的回报。由于金融的跨期特性,在金融活动中,收入往往并不仅限于现在的一个时期,还与未来的时期相关。本章我们首先介绍如何用资金的时间价值衡量金融活动中的收益,使你对货币的时间价值、单利和复利、现值和终值有初步的了解,你也将看到股票、债券、年金等金融工具的价格是如何确定的。然后,我们将集中讲述不同的衡量收益率的方式,使你在衡量金融活动的收益时理解并能够选择合适的收益率衡量方式。

第一节 资金的时间价值

重要问题

1. 什么是货币的时间价值?
2. 单利和复利分别是指什么?
3. 什么是终值? 什么是现值?

一、货币的时间价值

生活中,银行存款是我们最常见的一种金融活动。为什么人们愿意把暂时不用的钱存在银行呢? 因为一段时间以后,你会得到比你的存款更多的钱。例如,你存了1 000元在银行,银行承诺你一年以后你不仅可以取回这1 000元,还可以多得30元。这30元,就是银行付给你的利息。利息与本金的比率就是利率。在这个例子中,我们可以算出银行存款的年利率是3%。利息是你转让一段时间的货币使用权而获得的报酬。利息从一定程度上反映出了货币的时间价值。

货币的时间价值是指当前拥有的一定量的货币比未来拥有的一定量的货币具有更高的价值。例如,在上例中,现在的1 000元与一年以后的1 030元是具有同样的价值的,因此,一年以后拥有的1 000元显然比现在拥有的1 000元的价值要小。你得到的30元的利息就是货币的时间价值的数量表示。

不过,应该区别的是,如果你个人选择持有1 000元现金,不存入银行,那么一年以后,你还是只有1 000元,但是,这并不意味着今天的1 000元和一年以后的1 000元价值相同,也不代表货币没有时间价值。因为,货币的时间价值是由整个社会的经济活动和经济发展决定的,并不是由单个的资金盈余者或资金短缺者决定。货币之所以具有时间价值,一个很重要的原因就是现在持有的货币可以转化为经济活动中的资金,用于投资,获得比投入资金更大的收益。因此,货币的时间价值是由整个经济活动的投资收益决定的,你个人不投资并不说明整个社会都不

☞ **货币的时间价值**
指当前拥有的一定量的货币比未来拥有的一定量的货币具有更高的价值。

投资。当别人都投资获得利息收入后,作为不投资的你虽然一年后还有1 000元的现金,但是这1 000元的价值显然已经没有一年以前的1 000元的价值大了。

货币的时间价值通常以利率表示。现实生活中的利率以各种具体形式存在,如银行存款利率、债券的票面利率等等。基准利率是在多种利率并存的条件下起主导作用的利率。如果基准利率发生变化,其他利率都会相应地发生变动。美国通常以联邦基金利率作为基准利率;欧洲中央银行一般发布三个指导利率:有价证券回购利率、央行对商业银行的隔夜贷款利率和商业银行在央行的隔夜存款利率;我国的基准利率则被大多数人默认为商业银行一年期定期存款利率。

基准利率
在多种利率并存的条件下起主导作用的利率。

网络资源
中国人民银行是我国的中央银行,负责制定存贷款利率。
网址:
www.pbc.gov.cn/

重要问题1 什么是货币的时间价值?

> 货币的时间价值是指当前拥有的一定量的货币比未来拥有的一定量的货币具有更高的价值。货币之所以具有时间价值,一个很重要的原因就是因为现在持有的货币可以转化为经济活动中的资金,用于投资,获得比投入资金更大的收益。通常,我们用利率来表示货币的时间价值。利率是利息与本金的比率,它反映了资金盈余者向资金短缺者转让一段时间的货币使用权而获得的收益率。

二、单利和复利

单利
对本金在第一期得到的、尚未提取的利息在第二期不计息的计息方式。

在计算利息时,有两种不同的方式。第一种方式下,对本金在第一期得到的、尚未提取的利息在第二期不计利息,这种计息方式称为单利。例如,你在银行存了1 000元的3年期定期存款,年利率是10%,到期一次提取本金和利息。在单利的情况下,每年你可以得到100元的利息,三年后一共可以得到1 300元的本金和利息。如果用 P 表示本金, r 表示利率, n 表示期限, S 表示到期可以得到的本金和利息的和,那么单利下本息和可以用公式表示为

$$S = (1 + r \times n) \cdot P \tag{3-1}$$

我们可以用这个公式计算单利下的本息总和。

复利
对本金在第一期得到的、尚未提取的利息在第二期提取利息,又称为利滚利或息上加息。

现在我们更常用的是另一种计息方式——复利。复利方式下,对本金在第一期得到的、尚未提取的利息在第二期也要提取利息,这种方式又称为利滚利或息上加息。仍以前面利率为10%的3年期1 000元定期存款为例,不过这一次,利率是按照复利方式计息的。我们用表3-1表示出单利和复利下不同的利息数额。

表 3-1 单利和复利

	单利		复利	
本 金	1 000		1 000	
	利 息	本息和	利 息	本息和
第一年底	100	1 100	100	1 100
第二年底	100	1 200	110	1 210
第三年底	100	1 300	121	1 331

从表 3-1 我们可以看出，第二年开始，复利下的利息比单利下的利息多了 10 元，这是为什么呢？在单利下，我们在计算第二年的利息时，是以 1 000 元的本金为基础的。而在复利下，我们在计算第二年的利息时，不仅仅要考虑原来的 1 000 元本金，还要考虑第一年得到的 100 元利息，这部分利息也要记入第二年计息的基础，所以第二年比第一年多的 10 元利息来自 $100 \times 10\% = 10$ 元。如果用 V 表示复利下的本息和，P 表示本金，n 表示期限，r 表示利率，那么我们可以得到

$$V = (1+r)^n \cdot P \qquad (3-2)$$

这个公式可以用于计算复利下的本金和利息的和。当然，在其他三个变量已知的情况下，它也可以用于计算 P, r 或 n。

复利之所以得到广泛的应用，一个很重要的原因就是它更加符合资金的时间价值的概念。在单利下，前一期得到的、尚未提取的利息不再计息，而是滞留在银行的手中，全然不顾在计息后、提取前这段时间资金的时间价值。但是，事实上，这部分资金仍然是得到利用的，例如对于银行来说，既然这部分利息必须等到存款期满才能到期，银行就可以暂时挪用这部分资金，用于贷款，获得高于资金本身的收益。换一个角度来看，如果存款人可以及时提取出第一年的 100 元利息，他可以把这部分利息再存入其他银行，获取更多的收入。因此，单利显然没有充分反映出资金的时间价值。而复利，通过利滚利，更加符合利息和资金的时间价值的理念，因此比单利更加合理。

前面我们提到的复利都是一年复利一次，或者说一年计息一次。事实上，复利还可以是一季度计息一次，甚至一个月计息一次。例如，在 8% 的年利率下，如果一季度计息一次，则每次计息的利率是 2%，一年可以计息 4 次。因此，一年以后，原来的 1 元钱不再是简单的 1.08 元，而变成了：

$$\left(1 + \frac{8\%}{4}\right)^4 = 1.082\,4$$

换句话说，如果在公式（3-2）中，r 为年利率，n 为年数，一年计息 m

次，此时的复利本息计算公式就变为

$$V = \left(1 + \frac{r}{m}\right)^{mn} \cdot P \tag{3-3}$$

如果 m 趋向于无穷大，我们称之为连续复利，连续复利下本息的计算公式变为

$$V = e^{nr} \cdot P \tag{3-4}$$

其中，e 是自然对数，有固定的数值。

重要问题2 单利和复利分别是指什么？

单利是指对本金在第一期得到的、尚未提取的利息在第二期不计利息。复利恰恰相反，对本金在第一期得到的、尚未提取的利息在第二期也要提取利息，这种方式又称为利滚利或息上加息。复利比单利更加符合利息和资金的时间价值的理念，因此比单利更加合理，应用得更加广泛。如果一年复利无限次，我们称这种复利方式为连续复利。

三、现值和终值

在了解了复利以后，我们可以看看什么是终值，什么是现值。终值和现值是金融领域非常重要的两个概念。

1. 终值和终值系数

终值
用复利计息方法计算的一定金额的初始投资在未来某一时期结束后获得的本息总额。

前面我们在举例中，讲到利率10%的3年期1 000元存款到期后可以得到1 331元（表3-1），这一数值其实就已经包含了终值的概念。终值是用复利计息方法计算的一定金额的初始投资在未来某一时期结束后获得的本息总额。在前例中，1 331元就是终值。如果我们用 PV 表示初始投资的1 000元本金，r 表示利率，n 表示计息的期限数，用 FV 表示终值，终值的计算公式可以表示为

$$FV = (1+r)^n \cdot PV \tag{3-5}$$

这样在已知 r、n、PV 的情况下，我们就可以计算出终值 FV。现在我们来改变 PV、n 和 r 的数值，不过每次只改变这三个变量中的一个，得到的结果如表3-2所示。我们可以从表3-2看出，在利率 r 和期限 n 不变的情况下，本金 PV 越大，终值 FV 越大；在利率 r 和本金 PV 不变的情况下，期限 n 越长，终值 FV 越大；在期限 n 和本金 PV 不变时，利率 r 越高，终值 FV 越大。可见，终值的大小与初始投资、期限和利率同方向变化。

表 3-2 终值与初始投资、期限和利率的关系

	原　　来	改变 PV	改变 n	改变 r
PV	1 000	1 200	1 000	1 000
n	3	3	5	3
r	10%	10%	10%	11%
FV	1 331.00	1 597.20	1 610.51	1 367.63

在公式(3-5)中，$(1+r)^n$ 被称为终值系数，用 $FVIF$ 表示，即

$$FVIF = (1+r)^n$$

终值系数可以大大简化计算终值的过程。表 3-3 是截取的终值系数表的一部分。

表 3-3 终值系数表(部分)

期　限	1%	2%	3%	5%	10%	15%
1	1.010 0	1.020 0	1.030 0	1.050 0	1.100 0	1.150 0
2	1.020 1	1.040 4	1.060 9	1.102 5	1.210 0	1.322 5
3	1.030 3	1.061 2	1.092 7	1.157 6	1.331 0	1.520 9
4	1.040 6	1.082 4	1.125 5	1.215 5	1.464 1	1.749 0
5	1.051 0	1.104 1	1.159 3	1.276 3	1.615 0	2.011 4
6	1.061 5	1.126 2	1.194 1	1.340 1	1.771 6	2.313 1
7	1.072 1	1.148 7	1.229 9	1.407 1	1.948 7	2.660 0
8	1.082 9	1.171 7	1.266 8	1.477 5	2.143 6	3.059 0
9	1.093 7	1.195 1	1.304 8	1.551 3	2.357 9	3.517 9
10	1.104 6	1.219 0	1.343 9	1.628 9	2.593 7	4.045 6
15	1.161 0	1.345 9	1.558 0	2.078 9	4.177 2	8.137 1
20	1.220 2	1.485 9	1.806 1	2.653 3	6.727 5	16.367 0
30	1.347 8	1.811 4	2.427 3	4.321 9	17.339 0	66.212 0

如果我们知道利率和年限，就可以方便地从表 3-3 中找出终值系数，与初始投资相乘，得到终值。例如，当利率为 5%，期限为 10 年时，终值系数是 1.628 9，这时，如果初始投资是 100 元，10 年后就变成了 162.89 元。如果利率变成 15%，10 年后原来的 100 元就变成了 404.56 元。

2. 现值和现值系数

了解了终值以后,我们有时还是会碰到一些问题。例如,如果企业目前有两个投资项目,一个项目保证在 3 年后会给企业带来 50 万元的收入,另一个项目保证 5 年后给企业带来 65 万元的收入,企业只能在两个项目中选取一个,那么究竟应该选哪一个项目呢?虽然 65 万元的项目比 50 万元的项目的收益高,但是 2 年的时间差距是有资金的时间价值的,如何进行比较呢?

要对不同期限的现金流进行比较,我们就要用到现值。现值与终值是相对应的概念。现值是在复利计息方式下,未来一定金额按照某一利率折算出的现在的价值。在我们谈到复利时,我们提到了本金的概念,其实本金就是未来得到的 1 331 元的现值,用 PV 表示。把公式(3-5)做一个转换,我们就可以得到现值的计算公式,即

$$PV = \frac{1}{(1+r)^n} \cdot FV \qquad (3-6)$$

☞ 现值

在复利计息方式下,未来一定金额按照某一利率折算出的现在的价值。

在(3-6)式中, $\frac{1}{(1+r)^n}$ 又称为现值系数,用 $PVIF$ 表示。不难看出,现值系数是终值系数的倒数。与终值系数表对应,我们也有现值系数表,可以简化现值的计算。

我们用现值的计算公式来计算两个项目带给企业的收益。假设在未来的 5 年内,利率是 10%。第一个项目的现值为

$$50 \div (1+10\%)^3 = 37.57 \text{ 万元}$$

第二个项目的现值为

$$65 \div (1+10\%)^5 = 40.25 \text{ 万元}$$

显然,第一个项目的现值低于第二个项目的现值,从收益的角度考虑,我们显然应该选择第二个项目。

在考虑终值和现值时,利率的选择是一个重要的问题。在现值不变的情况下,利率越高,终值越大。但是在终值不变的情况下,利率越高,现值越小。在计算现值的过程中,我们有时也称利率为折现率或贴现率。选择合理的利率计算现值和终值是非常重要的。例如,在进行项目投资时,企业通常以筹资成本率作为贴现率评价项目的投资价值,而我们在计算债券和股票的价格时,往往使用现行的市场利率进行折现。如果利率选择不合理,显然会对正确评价金融活动带来很大的困难。

重要问题 3　什么是终值?什么是现值?

终值是用复利计息方法计算的一定金额的初始投资在未来某一

时期结束后获得的本息总额。现值是在复利计息方式下,未来一定金额按照某一利率折算出的现在的价值。现值与终值是一对恰恰互相对立的概念。终值与现值的计算也是相呼应的。利率的选择对计算终值和现值有很大的影响。

四、现值和终值的应用

前面我们谈到的都是涉及单个现金流的现值和终值的计算。在社会生活中,我们还会经常碰到一系列现金流的终值和现值的计算。在碰到几个现金流,需要计算它们的终值或现值的总和时,只要分别计算出其中每一个现金流的终值或现值,然后简单相加数值即可得到系列现金流的终值或现值。这种计算方法广泛地应用在确定债券的价值、股票的价值和处理与年金相关的问题中。这种方法也称为贴现现金流(discounted cash flow,简称DCF)方法。下面我们就分别说明债券、股票和年金的价值确定方法。

1. 债券的价值

计算债券的价值的方式,就是把债券未来能够带来的现金流收入分别折现、加总,得到现值,这个现值就是债券的价值,通常这也是确定债券价格的主要方法。因为,如果债券的价格高于债券的价值,就不会有人购买债券;而如果债券的价格低于债券的价值,债券的发行人显然受到损失。所以,债券的价格应该趋向于债券的价值。我们用 D 表示债券的价值,A 表示债券的本金,c 表示每次计息的利息,T 表示债券的期限,r 表示市场利率(即折现率),那么,一般的附息债券的价值可以表示为

$$D = \frac{c}{(1+r)} + \frac{c}{(1+r)^2} + \frac{c}{(1+r)^3} + \cdots + \frac{c}{(1+r)^T} + \frac{A}{(1+r)^T}$$

$$(3-7)$$

在(3-7)式中,c 是本金和票面利率的乘积。票面利率可以高于、低于或者等于市场利率 r。利用公式(3-7),我们可以计算出债券的价值。例如,某公司发行票面利率为5%、期限为5年、每年付息的债券,你在考虑现有的1 000元盈余资金要不要投资于这一债券,那么你应该首先计算出债券的价值。假设此时,市场利率为8%。你可以用 $c = 1\,000 \times 5\% = 50$ 元,$A = 1\,000$ 元,$T = 5$ 年,$r = 8\%$,带入公式(3-7)得到债券的价值。

为了清楚地表示出这一计算过程,我们用表3-4分别表示出每一年的现金收入的现值,然后将各个现值加总,得到债券的价值。

表 3-4　计算债券的价值

	未来收入	现值系数	现值
第 1 年	50	0.925 9	46.30
第 2 年	50	0.857 3	42.87
第 3 年	50	0.793 8	39.69
第 4 年	50	0.735 0	36.75
第 5 年	1 050	0.680 6	714.61
总　和			880.22

表 3-4 得到的债券的价值是 880.22 元。这样一来，如果该公式标出的债券的价格低于这一数值，显然，投资这种证券是非常合算的。在这个例子中，市场利率高于债券的票面利率，我们得到债券的价值低于债券的面值。这是因为如果资金盈余者不把资金投入到这种债券上，就会得到更高的回报，所以债券的价值低于债券的面值，而且企业为了吸引投资者购买债券，就必须以比面值低的价格售出债券，补偿投资者投资这种债券少得到的收益。表 3-5 还计算出了在市场利率分别是 3% 和 5% 时债券的价值，不难看出，当市场利率低于债券的票面利率时，债券的价值高于债券的面值；而只有在市场利率和票面利率相同时，债券的价值和面值才相等。

表 3-5　市场利率与债券价值的关系

	未来收入	$r=3\%$	$r=5\%$	$r=8\%$
第 1 年	50	48.55	47.62	46.30
第 2 年	50	47.13	45.35	42.87
第 3 年	50	45.76	43.19	39.69
第 4 年	50	44.43	41.14	36.75
第 5 年	1 050	905.73	822.68	714.61
总　和		1 091.60	999.98	880.22

我们在第二章讲到债券时还提到了零息债券。零息债券在期限内不支付利息，到期一次偿还本金。也就是说，$c=0$。这样，将公式(3-7)稍微变化一下，我们得到了零息债券的价值计算公式，即

$$D = \frac{A}{(1+r)^T} \tag{3-8}$$

2. 股票的现值

贴现现金流方法也可以用于计算股票的价值。我们用 S 表示股票的

价值，r 表示市场利率，$D_1, D_2, D_3, \cdots, D_t$ 分别表示股票在第 1,2,3 直到第 t 期的股利。股票的价值就是各期股票的收入——股利的贴现值。用公式可以表示为

$$S = \frac{D_1}{(1+r)} + \frac{D_2}{(1+r)^2} + \frac{D_3}{(1+r)^3} + \cdots + \frac{D_t}{(1+r)^t} + \cdots = \sum_{t=1}^{\infty} \frac{D_t}{(1+r)^t} \tag{3-9}$$

在这里，我们暂时不需要考虑股票的持有者卖出股票的情况，因为从长期的角度来看，只要股份公司不倒闭，股票从一定意义上来说具有无限寿命，尽管股票从一个投资者手中转到了下一个投资者手中，但是从所有投资者的角度来看，股票的价值最终还是取决于未来的股利流入的现值总和。感兴趣的同学不妨自己推导一下。

通常 r 大于零，$\frac{1}{(1+r)}$ 小于 1。为了计算的方便，我们可以做出不同的假设，以简化股票价值的计算。例如，如果我们假设各期的股息相同，都与投资股票前上一期已经派发的股息 D_0 相同，投资期限 t 趋向于无穷大，公式(3-9)可以简化为

$$S = \frac{D_0}{r} \tag{3-10}$$

例如，如果某公司上期股息是 0.5 元，而且今后每期派发的股息相同，都维持在这个水平上，市场利率是 8%，该公司的股票价值就应该是 $0.5 \div 8\% = 6.25$ 元。如果公司此时的股票价格是 7.5 元，显然该公司的股票被高估了，缺乏投资的价值。

通常，人们都愿意投资于成长型公司。这种公司盈利水平能够不断增加，因此每股股利的水平也会随之不断上升。我们用 g 表示股息的增长水平，则在第 t 期股息的增长率可以表示为

$$g_t = \frac{D_t - D_{t-1}}{D_{t-1}}$$

为了简化计算，我们假设公司会维持股息的增长率保持不变，使投资者可以预期到稳定增长的股利收入，那么这种不变增长型股票的价值可以表示为

$$S = \frac{D_0(1+g)}{r-g} = \frac{D_1}{r-g} \tag{3-11}$$

仍然沿用前例。不过这一次，公司的股息增长率固定不变，从这一期开始，每次增长 3%，即有

$$D_0 = 0.5, \ D_t = (1+3\%)^t \cdot D_0, \ D_1 = (1+3\%)D_0 = 0.515$$

代入(3-11)式可以计算出此时股票的价值是 10.3。

第二节 收益率的衡量方式

重要问题
1. 什么是名义利率？什么是实际利率？
2. 到期收益率与当期收益率有什么联系？
3. 什么是持有期收益率？

一、名义利率和实际利率

在我们的社会生活中，商品的价格往往发生变化，当大多数商品的价格都上升时，也就是我们通常所说的通货膨胀时期，货币的购买力就会大大下降。例如，今年你有 1 000 元盈余资金，存在了银行，想用这笔钱一年以后购买一个书架。你看中的书架现在的价格是 950 元。银行付给你的存款利息是 5％，那么一年以后你就有了 1 050 元。如果你看中的那一款书架的价格不变，一年以后再买显然比较合算。可是，如果由于这一年里，价格上升，例如由于木材短缺，书架的价格上升了 14％，那么书架的价格一年以后就变成了 1 083 元，那么你一年以后就必须再贴钱才能购买书架。

如果，在这一期间，绝大多数商品的价格都发生了上涨，我们就说通货膨胀出现了，大多数商品价格上涨的幅度称为通货膨胀率。在发生通货膨胀的时期，银行付给你的利率只是名义利率，而只有扣除了通货膨胀率之后的实际利率才是你得到的真正的利率。例如，在通货膨胀率为 3％ 的时期，一年以后得到的 103 元和现在的 100 元钱的购买力是相同的。那么，如果银行给你的名义利率是 5％，你现在存的 100 元一年以后变成了 105 元，但是，其中的 103 元相当于你原来存进的 100 元的购买力，银行付给你的实际的、超过原来存款购买力的只是 2 元。因此你的实际利率是 $2/103 = 1.94\% \approx 2\%$。

> **名义利率**
> 指以名义货币表示的利率。

> **实际利率**
> 指物价水平不变，从而货币的购买力不变条件下的利息率。

由此可以看出，名义利率是指以名义货币表示的利率。而实际利率是指物价水平不变，从而货币的购买力不变条件下的利息率。例如，在上例中，如果通货膨胀率为 0，那么一年以后得到的 100 元的购买力和现在的 100 元的购买力相同，银行的名义利率 5％ 就是实际利率。但是，在现实生活中，通货膨胀率为零是非常罕见的情况。由于经济发展，商品更新换代，商品价格不断波动，通货膨胀率往往不是大于零就是小于零。当通货膨胀率为负数时，我们又称之为通货紧缩，这种情况下，商品价格普遍下降，名义利率低于实际利率。而在通货膨胀率为正的情况下，名义利率高于实际利率。如果用 r_r 表示实际利率，r_n 表示名义利率，p 表示通货膨胀率，则名义利率和实际利率的关系可以表示为

$$r_r = \frac{(r_n - p)}{(1+p)} \qquad (3-12)$$

如果通货膨胀率比较低,分母中 p 的影响可以忽略不计,则上式可以简写为

$$r_r = r_n - p \qquad (3-13)$$

也就是说,实际利率是名义利率与通货膨胀率之差。实际利率与名义利率、通货膨胀率的这种关系称为费雪效应。需要指出的是,实际利率在计算中存在着事前与事后的区别问题。从事前看,存款期内的通胀率是不清楚的,因此只能通过预期进行估计,此时名义利率与预期通胀率之差,就形成了预期的实际利率;而事后根据实际发生的通胀率来计算就是事后的实际利率。费雪效应主要体现在事前,即在实际利率水平较为稳定时,如果预期未来将发生通货膨胀,则名义利率水平将上升。

在本书下面各章节中,暂时不考虑通货膨胀的影响,我们假设通货膨胀率为零,市场利率既是名义利率,也是实际利率。

费雪效应
实际利率与名义利率、通货膨胀率之间的关系。

 重要问题 1 什么是名义利率?什么是实际利率?

名义利率是指以名义货币表示的利率,而实际利率是指物价水平不变、从而货币的购买力不变条件下的利息率。费雪效应表示出实际利率可以看作是名义利率与通货膨胀率之差。当通货膨胀率大于零,实际利率低于名义利率;当通货膨胀率小于零,实际利率高于名义利率。因此,在考虑利率问题时,需要考虑通货膨胀率的影响。

二、收益率的几种形式

收益率是衡量投资成功与否的一个重要指标。在日常生活中,我们听到的收益率往往有不同的名称,例如到期收益率、当期收益率和持有期收益率。这些名称代表了不同的收益率衡量方式。下面,我们就以债券为例,分别说明这些收益率形式的含义。

网络资源
在一些证券信息网站的债券版上一般都可以查到有关债券收益率的数据。
bond. stock888. net

1. 到期收益率

我们首先来回忆以下第一节谈到的债券的价值计算公式。一般的附息债券的价值可以表示为

$$D = \frac{c}{(1+r)} + \frac{c}{(1+r)^2} + \frac{c}{(1+r)^3} + \cdots + \frac{c}{(1+r)^T} + \frac{A}{(1+r)^T}$$

其中,D 表示债券的价值,A 表示债券的本金,c 表示每次计息的利息,T 表示债券的期限,r 表示市场利率(即折现率)。

现在,如果我们要计算债券的到期收益率,而到期收益率是未知数,因

此我们用到期收益率的表达符号 ytm（yield to maturity）代替公式中的市场利率，用债券初始购买价格 P_0 代替公式中的债券价值 D，这样原来的公式就变为

$$P_0 = \frac{c}{(1+ytm)} + \frac{c}{(1+ytm)^2} + \frac{c}{(1+ytm)^3} + \cdots$$
$$+ \frac{c}{(1+ytm)^T} + \frac{A}{(1+ytm)^T} \tag{3-14}$$

这样，在已知债券的价格、票面价值、息票利率和期限的情况下，就可以求出债券的到期收益率。例如，你购买了面值 1 000 元，票面利率是 4%，每年付息一次的 5 年期债券。你购买的价格是 950 元，那么把这些数值带入公式(3-14)可以得到

$$950 = \frac{40}{(1+ytm)} + \frac{40}{(1+ytm)^2} + \frac{40}{(1+ytm)^3} + \frac{40}{(1+ytm)^4}$$
$$+ \frac{40}{(1+ytm)^5} + \frac{1\,000}{(1+ytm)^5}$$

我们可以利用数值计算工具算出到期收益率：$ytm = 5.16\%$。

到期收益率
使投资持有到期末所能获得的收入的现值等于投资价值的利率。

债券的到期收益率和市场利率是两个不同的概念。到期收益率是使投资持有到期末所能获得的收入的现值等于投资价值的利率。债券的到期收益率实际上就是使债券价格等于价值的折现率，它是由债券的价格和其他因素共同决定的。而市场利率是整个社会决定的利率，它不受债券价格的影响。债券的到期收益率和市场利率不一定相等。当债券的到期收益率比市场利率高时，例如，到期收益率是 5.16%，而市场利率只有 4.5%，显然债券提供了比市场平均水平更高的回报，那么人们都会购买债券，使债券的供给小于需求，债券价格上升，到期收益率下降。当债券的到期收益率低于市场利率时，例如，市场利率为 6%，高于 5.16% 的到期收益率，那么人们显然更加愿意把投资放在市场的其他地方，而不是投资于这种债券，因此债券无人问津，价格就会下降，到期收益率会升高。最终，会形成到期收益率总是围绕市场利率波动的情况。到期收益率是计算债券收益率最重要的方法。

在到期收益率计算中，一个重要的假设条件是，投资人会持有债券到债券的期限结束，而且在持有期内，债券每一期的收益率是完全相同的。但是在实际生活中，许多资金盈余者由于各种各样的原因，并不能或不愿意持有到期末。而且，到期收益率的最大不足是，尽管到期收益率会随着债券的期限到期产生变化，但是它把同一债券在某一时刻短期、中期、长期的收益率看成是相等的。但是这个假设显然与市场实际情况不符。首先，银行储蓄利率就随期限长短而变化。国债市场上短期、中期、长期债券的价格表现也表明，市场交易者对于短、中、长期利率的看法是不同的。在多数情况下，期限越长，利率越高。因此，既然收益率围绕利率波动，不同时

期的收益率就会有所不同。

2. 当期收益率

当期收益率是投资资产带来的当期收入与该资产当期价格的比值。例如,债券的当期利息收入与债券当期价格的比值就是债券的当期收益率。如果我们用 y_c 表示当期收益率,那么有

$$y_c = \frac{c}{P} \tag{3-15}$$

例如,如果你购买的 1 000 元债券在第二年付了 50 元利息,在第二年的平均价格是 975 元,那么你的当期收益率是 $50/975 = 5.13\%$。当债券的价格越接近于债券的面值时,债券的当期收益率就越接近于债券的到期收益率。因此,债券的当期收益率可以看作是到期收益率的近似值。

☞**当期收益率**
投资资产带来的当期收入与该资产当期价格的比值。

重要问题 2　到期收益率与当期收益率有什么联系?

到期收益率是使投资持有到期末所能获得的收入的现值等于投资价值的利率。当期收益率则是投资资产带来的当期收入与该资产当期价格的比值。当债券的价格越接近于债券的面值时,债券的当期收益率就越接近于债券的到期收益率。因此,债券的当期收益率可以看作是到期收益率的近似值。

3. 持有期收益率

债券的持有人可以在债券到期以前把所持有的债券卖出去。持有期收益率是债券的持有者在买入债券到卖出债券的这段时期内的收益率。如果用 P_b 表示买入债券的价格,用 P_s 表示卖出债券的价格,用 C 表示在持有期内所获得的全部的利息,用 y_h 表示持有期收益率。那么,持有期收益率可以表示为

$$y_h = \frac{C + P_s - P_b}{P_b} = \frac{C}{P_b} + \frac{P_s - P_b}{P_b} \tag{3-16}$$

☞**持有期收益率**
债券的持有者在买入债券到卖出债券的这段时期内的收益率。

也就是说,持有期收益率是利息所得与价格变化带来的收入的总和与购买价格的比值。其中,利息所得必然是正值,而价格变化却不一定,如果购买价格低于出售价格,我们称这一价差带来的是资本利得,而如果出售价格低于购买价格,价格差异带来的是损失,我们称之为资本利失。

我们来考虑一下前一期买入,得到一期利息收入后,下一期卖出的情况。假设买入的时期是第 t 期,该期得到的利息用 c 表示,我们可以得到

$$y_h = \frac{c}{P_t} + \frac{P_{t+1} - P_t}{P_t} \tag{3-17}$$

可以看出,公式(3-17)等号右边的第一部分实际上就是前面提到的

当期收益率。所以此时,持有期收益率是当期收益率与资本利得(或资本利失)之和。

持有期收益率衡量了债券的持有人在持有债券的时期内,总体获利的情况。

 重要问题3　什么是持有期收益率?

持有期收益率是债券的持有者在买入债券到卖出债券的这段时期内的收益率,它是利息所得与价格变化带来的收入的总和与购买价格的比值。持有期收益率衡量了债券的持有人在持有债券的时期内,总体获利的情况。

本章小结

货币的时间价值是指当前拥有的一定量的货币比未来拥有的一定量的货币具有更高的价值。货币之所以具有时间价值,一个很重要的原因就是因为现在持有的货币可以转化为经济活动中的资金,用于投资,获得比投入资金更大的收益。通常,我们用利率来表示货币的时间价值。利率是利息与本金的比率,它反映了资金盈余者向资金短缺者转让一段时间的货币使用权而获得的收益率。

单利是指对本金在第一期得到的、尚未提取的利息在第二期不计利息。复利恰恰相反,对本金在第一期得到的、尚未提取的利息在第二期也要提取利息,这种方式又称为利滚利或息上加息。复利比单利更加符合利息和资金的时间价值的理念,因此比单利更加合理,应用得更加广泛。如果一年复利无限次,我们称这种复利方式为连续复利。

终值是用复利计息方法计算的一定金额的初始投资在未来某一时期结束后获得的本息总额。现值是在复利计息方式下,未来一定金额按照某一利率折算出的现在的价值。现值与终值是一对恰恰互相对立的概念。终值与现值的计算也是相呼应的。利率的选择对计算终值和现值有很大的影响。

名义利率是指以名义货币表示的利率,而实际利率是指物价水平不变,从而货币的购买力不变条件下的利息率。费雪效应表示出实际利率可以看作是名义利率与通货膨胀率之差。当通货膨胀率大于零,实际利率低于名义利率;当通货膨胀率小于零,实际利率高于名义利率。因此,在考虑利率问题时,需要考虑通货膨胀率的影响。

到期收益率是使投资持有到期末所能获得的收入的现值等于投资价值的利率。当期收益率是投资资产带来的当期收入与该资产当期价格的比值。持有期收益率是债券的持有者在买入债券到卖出债券的这段时期内的收益率,它是利息所得与价格变化带来的收入的总和与购买价格的比值。

复习思考题

1. 什么是货币的时间价值,怎样计算货币的时间价值?
2. 什么是单利?什么是复利?两者之间有什么联系?
3. 如何理解现值和终值?利率的变动对现值和终值有什么影响?
4. 名义利率和实际利率之间的关系是怎样的?
5. 收益率的表现形式主要有哪几种,它们的区别在哪里?
6. 如果利率下降,你更愿意持有长期债券还是短期债券?为什么?
7. 假设你为了支付学费而向银行贷款 10 000 元,银行要求你在毕业后四年内结清本利。年贷款利率为 5%,国家贴息 50%。那么,这笔贷款的终值是多少?
8. 有两种 1 000 元的债券:一种期限是 20 年,售价 800 元,当期收益率为 15%;另一种期限为 1 年,售价 800 元,当期收益率 5%。哪一种的到期收益率较高呢?

网络学习导引

登录上海证券交易所网站www.sse.com.cn

点击进入"债券资料检索",在国债列表中选取一只 2000 年以后发行的国债,阅读国债的条款,然后回答下列问题:

1. 以 3% 为折现率,计算国债的价值。
2. 比较 1996 年发行的国债和 2004 年发行的国债,看看它们的利率有什么不同,为什么会有这样的差别?

讨论课题

请大家仔细思考,小组讨论一下影响债券价值的有哪些因素。例如,在债券的价值确定公式中,你认为有哪些因素会影响其中某一个变量的决定,如折现率的确定问题。这些影响因素会怎样影响债券的价值呢?

第四章

金融活动中的风险

学习目标
- 理解什么是风险,金融活动中的风险来源于何处
- 掌握系统性风险与非系统性风险的区别和联系
- 理解风险偏好和无差异曲线以及两者之间的关系
- 了解如何衡量风险,能够计算资产组合的风险

基本概念

　　风险　系统性风险　非系统性风险　风险偏好　无差异曲线　标准差方法　变差系数法

参考资料
- 巴林银行倒闭案
- 风险与风险投资
- 包含多种资产的资产组合的风险如何计算?

在本书的第一章里,我们谈到了风险。风险是未来遭受损失的可能性,金融活动的本身隐含了各种各样的风险。金融系统的一个重要的功能就是进行风险管理。本章我们将首先分别按照风险的来源和风险是否可以被分散介绍风险的分类,区别金融活动的参与者对于风险的不同的态度。然后,我们将介绍衡量风险的标准差方法和变差系数法。并在此基础上,讲述有关多样化和资产组合中的风险衡量问题。

第一节 风险概述

重要问题

1. 风险有哪些来源?
2. 系统性风险和非系统性风险有什么区别?
3. 什么是风险偏好?什么是无差异曲线?

一、风险

在第三章,我们介绍了金融活动中如何衡量收益。对于资金盈余者,收益衡量了投资的回报,是重要的决策标准。例如,你在考虑是投资于债券 A 还是债券 B 的时候,如果债券 A 的到期收益率是 5%,债券 B 的到期收益率是 8%,那么很显然,从收益率的角度来看,投资债券 B 的价值更大。可是,人们往往还会考虑到其他因素。例如,如果债券 A 的信用评级是 AAA,债券 B 的信用评级只有 A,投资者就会担心,债券 B 在偿还本金和利息方面可能不如债券 A 可靠。或者,如果债券 B 的期限是 5 年,债券 A 的期限是 3 年,那么期限比较长的债券面临的不确定因素更多。这些不确定的因素和信用方面的考虑都可能使投资者面临未来的损失,这就是我们所说的风险。

一般情况下,风险越大,人们要求的收益越高,以弥补可能发生的损失。收益与风险有正相关关系。例如,如果资金盈余者打算投资于企业债券而不是国债,那么由于国家的信誉更可靠,国债的还本付息比企业债券更有保障,资金盈余者就会要求企业债券提供比国债更高的收益率。因此,和收益一样,风险也是衡量金融活动的一个重要的因素。风险和收益的关系十分密切。高收益往往伴随着高风险,而要降低风险,收益也会相应地减少。如果有一个项目风险低而收益高,那么人们就会争先恐后地去投资,收益率会随之降低;反之,如果一个项目收益低而风险高,这样的项目就无人问津,项目的发起人只能选择放弃或者提高收益。

在社会生活中,风险广泛存在,大到政治变革,小到天阴下雨,都会给不同的利益集团带来风险。金融活动中,风险也是一个重要的话题。在选

网络资源
中诚信国际信用评级有限公司是中国国内第一家国际化、专业化的中外合资信用评级机构。
www.ccxi.com.cn

择银行存款、债券、股票和基金等金融工具的时候,我们不仅仅会考虑到它们的不同收益,还会考虑到它们的风险。银行存款的收益率可能最低,但是风险最小,因为银行一般不会破产倒闭。而股票也许会因为股价上涨带来较高的收益,但同时也面临着企业可能经营不善而清算破产时作为股东而蒙受的损失,因此风险比较大。所以,在考虑金融活动时,风险是一个关键的问题。

金融系统的一个重要的功能就是进行风险管理。如果没有金融系统的存在,我们会面临许多风险。例如,如果不能利用股票和债券筹集资金,企业的创立者就要独自承担经营不善带来的风险;同样的道理,如果没有银行,每一个资金盈余者都不得不直接面临资金短缺者可能不按时还本付息的风险,银行以其雄厚的资金实力和良好的信誉保障降低了资金盈余者面临的风险。因此,无论是金融市场还是金融中介机构,都提供了分散或降低风险的功能。许多金融工具的创新也和风险密切相关。例如,我们在第二章提到了衍生金融工具,如期货。期货产生的主要原因就是为商品的买卖双方预先确定交易价格,避免价格波动带来的不确定性,减少双方面临的风险。

我们要清醒地认识到,金融活动本身蕴涵了大量的风险。金融市场和金融中介机构提供了分散或降低风险的功能,但是,这并不意味着金融系统没有风险。事实上,金融工具、金融市场和金融中介机构本身都有风险。对于金融工具,如债券,企业可能无法按时还本付息;又比如期货,由于只需要少量的保证金就可以进行大额实物交易的买卖,一旦出现价格的不利变化,必然有一方出现大额损失。金融市场中我们也耳闻目睹了许多风险,这些风险不仅仅有实际经济衰退、经济泡沫带来的市场低迷,还有由于心理恐慌下市场崩溃的情况。与此同时,金融中介机构本身面临着还本付息和资产管理,也有各种各样的风险。

正是由于金融系统本身存在风险,又有风险管理的功能,风险成为了金融研究中一个重要的议题。要了解风险,我们首先要清楚风险有哪些分类。

二、风险的种类

风险的种类比较多,按照来源可以划分为市场风险、违约风险、流动性风险、操作风险和其他风险;按照风险是否可以被分散,又可以分为系统性风险和非系统性风险。

1. 按风险的来源划分

违约风险
各种经济合同的签约人到期不能履约而给其他签约人带来损失的风险。

(1)违约风险。违约风险(default risk)是指各种经济合同的签约人到期不能履约而给其他签约人带来损失的风险。例如,企业发行债券时约定到一定的时间支付利息、偿还本金。可是,如果企业发生了某种突变或者存在欺诈的动机,到期不能还本付息,在这种情况下,投资者无法按时得到本金和利息的偿付,甚至无法得到偿付,这些都是违约。如果企业违约,债券的持有人就不可避免地要遭受损失。银行向企业发放贷款,也面临企业的违约风险,这些不能得到按时还本付息的贷款又称为不良贷款(non-performing loans)。中国银监会的统计数据显示,截至 2003 年末,全国银行业金融机构不良贷款余额达到 2.4 万亿元,其中各类金融机构在 2002 年底和 2003 年底的不良贷款比率如图 4-1 所示。

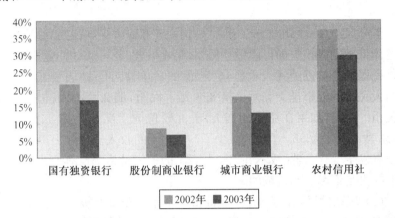

图 4-1　中国银行业金融机构的不良贷款率

数据来源:《金融时报》,2004 年 4 月 27 日。

通常情况下,由于政府的信用比较好,还可以通过财政收入和印刷钞票的方式支付债务,我们通常认为政府债券是没有违约风险的。例如,美国的联邦政府债券、中国的国债,都被认为是没有违约风险的投资工具。我们在第二章里谈到的债券的信用评级,是评价违约风险的一个重要指标。通常,由权威评级机构做出的信用评级是衡量违约风险的主要参考因素,信用评级越高,人们就认为债券的违约风险越小。例如,1994 年,通用电气公司(General Electric)和沃尔玛公司(Wal-Mart)都公开发行了债券,在标准普尔公司的评级中,通用电器公司的信用是 AAA 级,而沃尔玛公司的信用是 BBB 级,那么人们就会认为,沃尔玛公司发行的债券的违约风险高于通用电器公司发行的债券的违约风险。

(2) 市场风险。市场风险是指由于基础金融变量变化带来的风险。这些基础变量的变化会引起金融资产的市场价值发生波动,给资金盈余者或资金短缺者带来损失。这些基础变量包括了利率、通货膨胀率和汇率等因素。

利率风险(interest rate risk)是指由于利率的不确定变动给相关的经济主体带来经济损失的可能性。我们在前面已经提到,对于资金盈余者,利率衡量了收益的大小;对于资金短缺者,利率是资金的使用成本。例如,在前面第三章讲到的债券和股票的定价公式中,市场利率作为判断证券价值时的折现率,对金融资产的价值有重要的影响。在其他条件不变的情况下,如果市场利率上升,债券和股票的价格都会下降。因此,利率的变动会影响收益或融资成本,使金融资产的价格发生波动,从而带来风险。

> **市场风险**
> 由于基础金融变量变化带来的风险。

> **利率风险**
> 由于利率的不确定变动给相关的经济主体带来经济损失的可能性。

☞ 通货膨胀风险
由于通货膨胀率的不确定性变动导致经济主体遭受经济损失的可能性。

☞ 汇率风险
由于汇率的不确定变动给相关经济主体带来经济损失的可能性。

☞ 流动性
一项资产被转换为现金的难易程度、所需的成本和时间长短。

☞ 流动性风险
经济主体由于金融资产的流动性的不确定性变动而遭受经济损失的可能性。

☞ 操作风险
由于技术操作系统不完善、管理控制存在缺陷、欺诈或其他人为错误导致损失的可能性。

通货膨胀风险(inflation risk)是指由于通货膨胀率的不确定性变动导致经济主体遭受经济损失的可能性。由于通货膨胀率上升时,单位货币的购买力下降,从而货币的持有者持有同样的货币只能用于购买较少的商品或服务,因此,通货膨胀风险又称为购买力风险(purchasing power risk)。

汇率风险(exchange rate risk)是指由于汇率的不确定变动给相关经济主体带来经济损失的可能性。例如,某企业出口 10 000 件瓷器到美国,每件瓷器的售价以美元表示是 10 美元,那么总收入是 10 万美元。如果美元与人民币的汇率是 1 美元兑换 8.3 元人民币,那么总收入就是 83 万元人民币。可是,如果在兑换的当天,美元贬值为 1 美元兑换 8.25 元人民币,总收入就变为 82.5 万元,减少了 5 000 元的收入。企业出口的产品数量没有发生变化,产品成本和以美元表示的销售价格都没有变化,这 5 000 元的损失是汇率波动造成的。

(3) 流动性风险。流动性(liquidity)是指一项资产被转换为现金的难易程度、所需的成本和时间长短。金融资产的流动性越高,它就越容易被转换为现金,转换的成本就越低,所需的时间就越短。这样,金融资产的持有人可以保持资产的变现能力,以合理的成本方便地筹集资金。

流动性风险(liquidity risk)是指经济主体由于金融资产的流动性的不确定性变动而遭受经济损失的可能性。例如,非上市股票公司的股东持有的该公司的股票不能随意流通转让,而且缺乏现有的定价参考,如果股东突然需要变现手中的股票以筹集资金应对其他的紧急情况,该股东就面临流动性风险,很有可能他不能及时变现获得所需资金,或者他虽然转让了股票,但是转让价格远远低于股票价值。这些都是流动性风险较大的资产带来的损失。

事实上,如果企业没有足够的流动性,很可能陷入破产清算的危险。一些公司在破产时,往往并没有达到资不抵债的地步,而是没有足够的现金用于支付到期的债务。尽管企业还有其他许多非现金资产,但是如果这些资产不能迅速合理地变现,企业不能偿还债务,债权人就有权要求企业进行破产清算。因此,流动性风险管理是金融活动中一个重要的议题。金融市场,特别是二级市场,提供了流通转让的渠道,在增强金融资产的流动性方面起到了很大的作用。

(4) 操作风险。操作风险(operation risk)是指由于技术操作系统不完善、管理控制存在缺陷、欺诈或其他人为错误导致损失的可能性。例如,证券交易所的交易员可能在输入过程中填错了数字,从而导致错误的交易对象或交易数额产生;部分工作人员可能为了私人利益隐瞒信息,进行诈骗活动。这些都是由于日常操作和工作流程中的问题带来的操作风险。

在信息技术得到广泛应用以前,许多金融活动都依靠人工完成,发生操作失误的可能性比较高。例如,1970 年以前,在许多国家金融活动中的交易清算都是依靠人工交割完成。但是,当证券交易额大幅上升时,人工交割出现了很大的操作风险。1968年12月末,美国的证券市场交割金额达到41亿美元,清算的差错率高达25%—40%,人工交割的落后和未交割业务的堆积使多家投资银行因此倒闭。今天,电子技术的广泛应用大大减少了操作失误带来的风险,金融业务的电子化提高了效率。不过这些方便交易和信息储存的技术进步也带来了新的操作风险,例如电脑输入可能出现错误或交易员可能接触到更多的数据从而进行欺诈。因此,操作风险在金融系统的运行中依然受到重视。

网络资源

有关日本日经股票指数的信息可以常见该指数的相关网站。

www. nni. nikkei. co. jp

参考资料　巴林银行倒闭案

1995年3月,英国投资银行——巴林银行由于无法承担新加坡分行交易员尼克·里森违规炒作日本日经股票指数期货交易中的巨大损失而破产。从此,这个有着233年经营史和良好业绩的老牌商业银行在伦敦城乃至全球金融界消失。巴林银行的倒闭与衍生证券本身存在的风险有密切的关系,但是,更重要的原因恐怕是巴林银行的制度设计和操作监管中出现的操作风险。

从制度上看,巴林银行最根本的问题在于交易与清算角色的混淆。里森在1992年去新加坡后,任职巴林新加坡期货交易部兼清算部经理。作为一名交易员,里森本来应有的工作是代巴林银行的客户买卖衍生商品,并代替巴林银行从事套利这两种工作,基本上是没有太大的风险。因为代客操作,风险由客户自己承担,交易员只是赚取佣金,而套利行为亦只赚取市场间的差价。一般银行都有对其交易员持有一定额度的风险部位的许可。但为防止交易员在其所属银行暴露在过多的风险中,这种许可额度通常定得相当有限。而通过清算部门每天的结算工作,银行对其交易员和风险部位的情况也可予以有效了解并掌握。但不幸的是,里森一人身兼交易与清算两职。如果里森只负责清算部门,如同他本来被赋予的职责一样,那么他便没有必要、也没有机会为其他交易员的失误行为瞒天过海,也就不会造成最后不可收拾的局面。

令人难以置信的,便是巴林银行在1994年底发现资产负债表上显示5 000万英镑的差额后,仍然没有警惕到其内部控管的松散及疏忽。在发现问题至其后巴林银行倒闭的两个月时间里,由巴林总部的审计部门正式加以调查,但是这些调查都被里森轻易地蒙骗过去。例如,里森假造花旗银行有5 000万英镑存款,审计部门查了一个月的账,却没有人去查花旗银行的账目,以致没有人发现花旗银行账户中并没有5 000万英镑的存款。里森对这段时期的描述为:"对于没有人来制止我的这件事,我觉得不可思议。伦敦的人应该知道我的数字都是假造的,这些人都应该知道我每天向伦敦总部要求的现金是不对的,但他们仍旧支付这些钱。"

> 巴林银行的许多高层管理者完全不去深究可能的问题，而一味相信里森，并期待他为巴林银行套利赚钱。尤其具有讽刺意味的是，在巴林破产的两个月前，即1994年12月，于纽约举行的一个巴林银行金融成果会议上，250名在世界各地的巴林银行工作者还将里森当成巴林银行的英雄，对他报以长时间热烈的掌声。
>
> 新加坡在1995年10月17日公布的有关巴林银行破产的报告结论中有一段话："巴林集团如果在1995年2月之前能够及时采取行动，那么他们还有可能避免崩溃。截至1995年1月底，即使已发生重大损失，这些损失毕竟也只是最终损失的1/4。"但是，他们什么也没有做，1995年2月23日，里森为巴林所带来的损失终于达到了86 000万英镑的高点，造成了世界上最老牌的巴林银行终结的命运。银行内部监管不当引起的操作风险造成了难以弥补的损失。

☞ **道德风险**
指交易发生以后由于信息不对称引起的交易中的一方遭受损失的可能性。

☞ **信息不对称**
指交易的一方对交易的另一方没有充分了解，因而不能做出准确决策的情况。

☞ **逆向选择**
指交易发生以前由于信息不对称引起的交易中的一方遭受损失的可能性。

(5) 道德风险。道德风险(moral hazard)是指交易发生以后由于信息不对称引起的交易中的一方遭受损失的可能性。在近年来，道德风险越来越受到人们的广泛关注。

信息不对称(asymmetric information)是指交易的一方对交易的另一方没有充分了解，因而不能做出准确决策的情况。在金融活动中，信息不对称的情况十分普遍。例如，银行向企业发放贷款，是根据贷款的风险大小决定贷款利率的，风险越大贷款利率越高。因此，企业就有动机说服银行，声称自己的风险是很小的。可是事实上，风险究竟有多大，最清楚的是企业而不是银行。在现代企业制度中，股东把企业委托给经理层进行管理，经理层显然最了解企业的经营状况，而股东在洞悉企业的信息上就明显处于劣势。这些，都是非常典型的信息不对称的情况。

信息不对称给交易者带来的风险是两方面的。其中一种发生在交易发生以前，称为逆向选择(adverse selection)。例如，在银行决定是否与借款人签订贷款合约之前，银行显然没有企业掌握的信息充分，难以全面了解贷款项目的风险，因此为了减少风险，银行就会选择某一个平均利率发放贷款。在这种情况下，风险小于这一平均利率的资金短缺者就不会向银行借款，因为他们不愿支付超出合理水平的资金成本；而风险较大的项目负责人就会积极地寻求贷款，因为他们知道如果项目获得成功，他们获得的收益将大大超出他们支付的借款成本。最终的结果可能是，由于银行很清楚他们只能吸引风险大的项目，那么银行会决定不发放任何贷款。

即使银行可以准确地评价企业贷款项目的风险，制定了合理的贷款利率，与企业签订了贷款协议，仍然会存在信息不对称的问题，因为银行并不知道企业是否按照约定把资金投放在合同中规定的项目。风险与收益的正相关关系使得企业有动机把资金投放在风险更大的项目上，以希望获得更高的回报。高风险的项目收益可能很高,但是亏损的可能性也很大,或者一旦亏损损失较大。在贷款行为中,企业项目一旦发生亏损,最终受到影响的是银行。这种在交易发生之后融资者不按照约定的方向运用资金的风险就是道德风险。道德风险往往是与信息不对称、欺骗的行为联系在一起的。有关信息不对称的问题,我们在本书后面金融监管中还会进一步详细介绍。

(6) 其他风险。金融活动中还存在许多其他风险,其中最主要的有国家风险和法律风险。

国家风险(national risk)是指在涉外经济活动中,经济主体因为外国政府的行为变化而遭受损失的可能性。一种情况是,由于东道国政权更替、政局动荡,投资人可能无法收回在东道国的投资。而另一种情况是,由于一个国家出现了经济动乱或严重的衰退,政府无法偿还以政府名义借来的资金,那么就会出现国家违约的情况,向该国政府提供贷款的银行或其他机构就无法收回本金和利息。

法律风险(legal risk)是指由于交易不符合法律规定从而造成损失的可能性。企业可能因为违反政府的监管而遭受处罚。例如,我国现行的证券法规中对证券公司发行债券有严格的规定,在 2004 年以前基本是不允许的,而南方证券公司天津、辽宁铁岭及大连等地营业部在 2002 年未经主管部门批准,发售了近 7 亿元的个人柜台债券,涉嫌非法吸存,就是违反了法律规定,南方证券因此遭到处罚。在跨国金融活动中,东道国和母国不同的法律制度往往是法律风险的主要产生原因。

> **国家风险**
> 指在涉外经济活动中,经济主体因为外国政府的行为变化而遭受损失的可能性。

> **法律风险**
> 指由于交易不符合法律规定从而造成损失的可能性。

> **网络资源**
> 有关南方证券的信息可以从该公司网站上获得进一步的了解。
> www.nfstock.com.cn

重要问题 1 风险有哪些来源?

金融活动中,很多方面都会产生风险。各种经济合同的签约人到期不能履约而给其他签约人带来损失的风险是违约风险。由于市场基础变量变化带来的风险是市场风险。金融资产的流动性问题会带来流动性风险。由于技术操作系统不完善、管理控制存在缺陷、欺诈或其他人为错误导致损失的可能性我们称为操作风险。即使在交易发生以后,由于信息不对称,交易中的一方也可能遭受损失,这种风险是道德风险。此外,政府行为的变化会带来国家风险,交易不符合法律要求会使交易者面临法律风险。我们可以看出,风险来源于金融活动的方方面面。

2. 按照风险是否能够分散划分

风险不仅可以按照来源进行划分,还可以按照风险是否可以被分散划分为系统性风险和非系统性风险。从而风险可以表示为

资产风险＝系统性风险＋非系统性风险

☞系统性风险
是经济体系中所有资产都面临的、不能通过分散投资相互抵消的风险。

系统性风险（systematic risk）是经济体系中所有资产都面临的、不能通过分散投资而消除的风险。我们常常听到的"不要把鸡蛋都放在同一个篮子里"就是说明资产风险中，有一些风险是可以通过持有多种证券互相抵消。但是，即使充分多样化，也不能完全消除风险，这一部分风险影响所有金融活动，是系统性风险，又称为不可分散风险。例如，一国如果发生动乱或战争，所有的经济活动和金融交易都要受到影响，这种风险是无法规避的；或者，由于经济周期的影响或金融危机的影响，股票市场上所有股票价格都面临下跌的趋势，这种风险也无法通过资产多样化进行规避。系统性风险的存在说明，要想完全消除风险的影响几乎是不可能的。系统性风险的大小是衡量风险大小的一个重要指标。

☞非系统性风险
是一项资产特有的、可以通过分散投资相互抵消的风险。

非系统性风险（non-systematic risk）是一项资产特有的、可以通过分散投资而消除的风险。非系统性风险通常与特定公司或行业相关，与经济、政治等影响所有金融变量的因素无关。例如，咖啡生产企业每年都要买入大量的咖啡豆以从事生产活动，每年咖啡豆的产量和质量是影响咖啡生产企业的一项重要的风险，但是这种风险对其他行业，如汽车制造商就没有任何的影响，因此是咖啡生产企业特有的非系统性风险。投资于咖啡生产企业的资金盈余者可以同时持有其他需要的生长条件与咖啡豆相反的作物相关的行业的投资，来抵消天气对咖啡豆生产带来的影响。

一般情况下，人们认为，通过投资于多种资产达到足够的分散化投资，可以消除非系统性风险对资产组合总风险的影响。也就是说，充分多样化的资产组合的风险完全来源于该资产组合中资产的系统性风险。有关资产组合和系统性风险的问题，我们将在本章第二节进一步详细介绍系统性风险的衡量问题。

重要问题 2　系统性风险和非系统性风险有什么区别？

系统性风险是经济体系中所有资产都面临的风险，这些风险通常与政治和宏观经济情况相联系，会影响到金融活动中的每一个变量。非系统性风险是一项资产特有的风险，通常与特定公司或行业相关，对其他公司和行业没有什么影响。因此，通常情况下，非系统性风险可以通过多样化投资予以降低，在多样化程度足够高的情况下，是可以完全消除的。而系统性风险无法通过多样化投资实现分散，因此常常被称为不可分散风险。

三、风险偏好和无差异曲线

在了解了风险的分类以后,我们来考虑一下人们对风险的态度。在日常生活中,我们常常会听到不同的个人发表对风险不同的看法,有的人谨小慎微,有的人大大咧咧,有的人喜欢冒险和刺激,这些不同的个体对待风险的态度是不一样的。

1. 风险偏好

风险偏好(risk preference)是人们对待风险的态度。根据对待风险的态度,投资者通常可以分为三类:风险厌恶者、风险中立者和风险偏好者。

> **风险偏好**
> 人们对待风险的态度。

风险厌恶者不喜欢风险,在预期平均收益率一样的情况下,风险厌恶者倾向于选择风险较小的投资工具。例如,如果目前有一只股票和一只债券两个投资工具,债券可以保证投资者稳定地获得10%的收益。而股票有一半的可能性是获得20%的收益率,另一半的可能性是收益率为零,刚刚能够收回初始投资。虽然两者的平均收益率都是10%,但显然股票的风险更大,因为有一半的可能性是没有高出初始投资额的收益,即使有百分之五十的可能会得到20%的高收益。这种情况下,风险厌恶者会选择债券进行投资,因为债券的平均收益相同而风险更小。

> **风险厌恶者**
> 在预期平均收益率一样的情况下,倾向于选择风险较小的投资工具的投资者。

风险中立者对风险持中立的态度,在预期平均收益率相同的情况下,不同风险的金融工具对风险中立者而言是完全相同的。换句话说,风险的大小此时并不是促使风险中立者做出投资决策的原因。仍以前面的股票和债券为例,风险中立者显然对购买这两种投资工具中的任何一种都无所谓,除非有收益和风险以外的其他因素影响他的选择。

> **风险中立者**
> 在预期平均收益率相同的情况下,对不同风险的金融工具没有偏好的投资者。

风险偏好者在预期平均收益率相同的情况下,会选择风险较大的金融工具以期获得更高的收益。这样,如果仍然拿前面的股票和债券进行选择,风险偏好者会选择股票进行投资,希望获得20%的高回报率。日常生活中,偏好风险的例子并不少见。例如,有人喜欢赌博。我们知道,对于赌场来说,只有在来赌钱的人中输的人比赢的人多,赌场才能获利并持续运作下去。那么从平均收益率的角度来看,去赌场赌博的所有人的总收益是负数,亏本的大有人在。可是,赌场却从来没有因为缺少来赌博的人而破产。因为绝大多数去赌博的人都愿意冒亏本的风险,希望一旦赢钱以后一夜暴富,虽然这种可能性很小,但是高收益的存在诱使参与者承担高风险。

> **风险偏好者**
> 在预期平均收益率相同的情况下,会选择风险较大的金融工具的投资者。

2. 风险偏好的影响因素

风险厌恶者、风险中立者和风险偏好者并不是固定不变的。许多因素都会影响人们的风险偏好和风险承担能力。这些因素包括了年龄大小、收入高低、家庭状况、心理预期和经历经验等因素。其中,最主要的是投资者的收入和财富,投资额的大小和投资者对经济前景的预期。

投资者的收入或持有的财富会影响投资者的风险偏好。如果一个人连维持基本的衣食住行都存在困难,显然他多半会是一个风险厌恶者,因为他无法承受高风险情况下一旦发生损失的后果。而收入稳定或者持有大笔财富的人，就相对可以承受较大的风险，可能成为风险中立者，甚至追求高风险下的高收益。

投资额的大小也是影响风险偏好的因素。我们常常会碰到这样的情况，在购买住房时，人们总是谨小慎微，努力寻找风险最小的购买机会。而在购买彩票时，很多人明明知道获利的机会很小，还是会毫不犹豫地购买，这是因为投资房产地投资数额巨大，即使百分之一的风险也可能带来几千甚至几万元的损失。而购买10元的彩票，即使什么也没有中，最大损失也不过是这10元钱而已。因此对于数额很大的投资，许多人都会是风险厌恶者。而对于小额投资，人们往往会表现出风险偏好者或风险中立者的特征。

投资者对经济前景和市场风险变动的预期也会影响风险偏好。如果投资者预期经济会稳定发展，看好市场的发展状况，投资者往往会偏好于承担较大的风险，以获得更高的收益。如果投资者预期市场状况会恶化，往往会抽出资金，规避风险，以避免发生损失。这种情况发生在证券市场上，就是我们俗称的"跟涨不跟跌"。

3. 无差异曲线

1952年，马科维茨(Markowitz)提出了现代投资组合理论，对风险偏好做出了基本的假设。这一假设认为，投资者是厌恶风险的，即在其他条件相同的情况下，投资者会选择风险较小的投资工具或投资组合。这一风险厌恶的假设意味着风险带给投资者的是负的效用。风险厌恶的假设在经济学中得到了广泛的应用，在实际生活中也得到了很多验证。例如，人们愿意购买保险，就是风险厌恶的一个重要的表现。

☞无差异曲线
是给投资者带来同样满足程度的预期收益率与风险的所有组合。

无差异曲线(indifference curve)是给投资者带来同样满足程度的预期收益率与风险的所有组合。在风险厌恶的假设条件下，无差异曲线如图4-2所示。

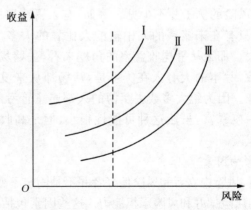

图4-2 风险厌恶者的无差异曲线

风险厌恶者的无差异曲线有三个主要的特征。首先，无差异曲线的斜率是正的，这说明随着风险的增加，收益也要相应地增加，在效用不变的情况下，低风险对应着低收益，高风险的投资必须有高回报，投资者的满足程度才会相同。其次,无差异曲线是下凸的,也就是说,在同一条无差异曲线上,斜率随着风险的增加而变大,要使投资者多承担等量的风险,收益的补偿必须越来越高。这也是由预期收益率的边际效用递减决定的。最后,同一投资者可以拥有多条无差异曲线,每一条无差异曲线互不相交,代表了不同的效用水平,在图4-2中,我们任意选取一个风险水平,可以看出,在相同的风险下,无差异曲线Ⅰ上的点的收益高于无差异曲线Ⅱ上的点的收益,无差异曲线Ⅱ上的点的收益高于无差异曲线Ⅲ上的点的收益。因此,无差异曲线Ⅰ代表的效用高于无差异曲线Ⅱ代表的效用,无差异曲线Ⅱ代表的效用高于无差异曲线Ⅲ代表的效用。也就是说,位于上方的无差异曲线的效用高于位于下方的无差异曲线的效用。

图4-2中的无差异曲线可以形象地表示出风险厌恶者的特征。有兴趣的同学可以根据无差异曲线的特征试着自己画出风险偏好者和风险中立者的无差异曲线。

参考资料　风险与风险投资

在金融活动中,我们经常听到的一个与风险有关的名词就是风险投资。风险投资是利用风险资本开展的投资活动。根据美国全国风险资本协会的定义,风险资本(venture capital)是由金融家投入到新兴的、迅速发展的、有巨大增长潜力的企业中的一种权益资本。

了解了有关风险的来源和投资者的风险偏好以后,我们知道,高新科技企业在创业初期阶段,在许多方面面临的风险非常大。无论是从经营管理和操作的角度,还是从市场风险的角度来看,这些新兴的企业都面临着巨大的风险:他们可能面临无法顺利按照预期计划向市场推广产品的困境,也可能由于缺乏管理经验而耗费大量的摩擦成本,等等,由于这种投资的风险非常大,传统的金融中介机构和金融市场都难以为他们提供合理的融资。传统的金融中介通常不愿为它们提供融资,而市场准入的限制则使得它们难以通过传统的金融市场获得发展所必需的资金。例如,对于银行而言,向这种企业发放贷款的风险过高,如果出现违约,银行就无法偿还存款人的存款,因此这种高风险的投资不符合银行稳健性运行的要求;同样,金融市场也难以为这些企业提供融资,股票市场对上市公司的盈利能力有很高的要求,而这些企业由于高风险显然无法提供盈利保障;债券市场上,投资人要求风险与收益匹配,必然要求债券有很高的利率以弥补风险可能造成的损失,但是,作为创业阶段的这些企业是很难保证有充足的利润按时支付高额利息,更不用说保证偿还本金了。因此,传统的金融市场和金融中介机构不能满足这些企业的融资需要,特别在企业的初创期,甚至产品开发阶段,资金往往是一个难题。

网络资源
中国风险投资商务网上有不少关于风险投资的知识和信息。
www.cvc.com.cn

不过,虽然这些新兴企业风险高,但是可能取得的投资回报也远远超过了传统的投资项目。在这种情况下,风险投资为这些企业提供了资金融通渠道。通过投入资金,取得股份,参与风险管理,然后在企业步入成熟期后上市,转让所持有的股份,风险投资者可以获得高额的回报。在科技进步,高新科技企业不断涌现的时代,风险投资对于推动高新技术向实际生产能力转化起到了积极的作用。

美国是目前世界上风险投资最活跃的地区。1946年的"美国研究与发展公司"(ARD)的成立是风险投资业诞生的标志性事件。这是第一家私人风险投资公司,开创了以共享股份的方式进行风险投资的先河。ARD公司于1957年成功地投资于由麻省理工学院的学生组建的"数字设备公司"(DEC),到了1971年,初始投资的7万美元增值到了3.55亿美元这一惊人数字。这个投资案例为风险投资业树立了榜样。

美国的风险投资业在经历了60年代的成长、70年代的萎缩、80年代的调整复苏和90年代以来的高速发展以后,在通信、半导体、计算机、软件、生物和医药卫生等高新技术领域进行了大量的投资,随之产生了诸如微软公司(Microsoft)、英特尔公司(Intel)、联邦快递公司(Fed Express)等一大批世界知名的公司。美国的硅谷就是风险投资的一个大本营,孕育了大量的信息技术公司。在欧洲各国、日本和东南亚地区,风险投资也得到了迅速的发展。例如,深圳创新科技投资有限公司就是我国的一个风险投资组织。

与其说风险投资是一种风险资本的运作方式,不如说风险投资是在风险因素的影响下为适应经济和金融发展产生的特有的融资方式。金融活动和风险之间存在的相互作用不仅仅是单纯的因果关系,对风险的研究推动了金融不断发展,以适应新的资金融通的需要。

 重要问题3 什么是风险偏好?什么是无差异曲线?

风险偏好是人们对待风险的态度。根据对风险的态度的不同,投资者通常可以分为风险厌恶者、风险中立者和风险偏好者。风险偏好往往受到年龄大小、收入高低、家庭状况、心理预期和经历经验等因素的影响。无差异曲线是给投资者带来同样满足程度的预期收益率与风险的所有组合。不同的风险偏好者的无差异曲线的形状是不同的。

第二节 风险的衡量

重要问题
1. 如何衡量单个资产的风险?
2. 什么是相关系数?
3. 资产组合的系统性风险和非系统性风险有什么特点?

一、单个资产的风险衡量

为了合理地进行风险管理,准确衡量风险水平是非常关键的。最简单的风险衡量莫过于对单个资产的风险进行测量,其中最常见的是方差或标准差方法,以及变差系数方法。

1. 方差和标准差方法

我们已经知道,风险是未来遭受损失的可能性。之所以未来可能遭受损失,根本原因在于未来的收益大小是不确定的。在第三章,我们谈到了收益的衡量,但是在收益的计算公式中,很多因素,诸如利率和股息,都是不确定的。因此,虽然我们有合理的公式,却不能肯定地说出未来收益的大小。

在很多情况下,投资者只能估计各种可能发生的结果和每一种结果发生的可能性——概率。这样,投资的收益率通常用期望收益率表示,期望收益率是未来投资收益的各种可能结果与出现概率乘积的总和。如果用 $E(r)$ 代表期望收益率,一共有 n 种可能的投资结果,其中第 i 种投资结果的收益率是 r_i,第 i 种投资结果出现的概率是 p_i,则期望收益率可以表示为

$$E(r) = \sum_{i=1}^{n} r_i \cdot p_i \qquad (4-1)$$

☞**期望收益率**
未来投资收益的各种可能结果与出现概率乘积的总和。

预期收益率是以概率为权数的加权平均收益率,实际发生的收益率与预期收益率的偏差越大,说明收益的不确定性越高,风险也越大。因此,我们用各种未来投资的收益率与期望收益率的偏离程度表示风险。对于单个资产,这种偏离程度就是该资产的方差,在数学表达式上就是方差 δ^2。方差的计算公式为

$$\delta^2 = \sum_{i=1}^{n} [r_i - E(r)]^2 \cdot p_i \qquad (4-2)$$

更多的时候,我们用方差的平方根——标准差表示风险的大小。标准差可以表示为

$$\delta = \sqrt{\sum_{i=1}^{n}[r_i - E(r)]^2 \cdot p_i} \qquad (4-3)$$

为了形象地说明标准差方法,我们用下面的例子来说明。例如,投资人面临 A 和 B 两种资产,并且,每种资产都有三种可能的结果,每种可能的收益情况有不同的概率,如表 4-1 所示。

表 4-1 各种收益的概率分布

	资产 A			资产 B		
	收益率	概率	收益率与概率的乘积	收益率	概率	收益率与概率的乘积
结果 1	45%	0.1	4.5%	20%	0.2	4.0%
结果 2	15%	0.7	10.5%	5%	0.6	3.0%
结果 3	−30%	0.2	−6.0%	−10%	0.2	−2.0%
总 和			9.0%			5.0%

从表 4-1 中,我们可以看出资产 A 的期望收益率是 9%,资产 B 的期望收益率是 5%。我们用公式(4-3)可以分别计算出资产 A 和资产 B 的标准差为

$$\delta_A = 0.214, \delta_B = 0.095$$

从标准差的角度来看,资产 A 的风险比资产 B 的风险大。而两者的期望收益率显示,资产 A 的期望收益率也高于资产 B 的期望收益率。

2. 变差系数

标准差方法考虑了风险的大小,却没有把收益的因素考虑进来。因此人们又引进了变差系数的概念,衡量每单位收益率所含风险的大小。如果用 CV 表示变差系数,变差系数可以表示为标准差与期望收益率的比值,即

$$CV = \frac{\delta}{E(r)} \qquad (4-4)$$

☞ **变差系数**
是标准差与期望收益率的比值,衡量了风险相对投资收益的偏离程度。

变差系数衡量了风险相对投资收益的偏离程度。我们可以计算出前例中变差系数的大小为

$$CV_A = \frac{0.214}{9\%} = 2.38$$

$$CV_B = \frac{0.095}{5\%} = 1.9$$

我们可以看出资产 A 每单位收益率的风险高于资产 B 每单位收益率的风险,因此资产 B 的风险比较小。这里,标准差方法和变差系数方法的

结论是一致的。应该注意的是,标准差方法衡量的是风险的绝对值,而变差系数方法侧重于风险的相对值,因此这两种方法的结论并不是总是一致的。在实际生活中,标准差方法的应用更为普遍。

> **重要问题1　如何衡量单个资产的风险?**
>
> 单个资产的风险可以用标准差、变差系数或者在险价值进行衡量。标准差方法用各种未来投资的收益率与期望收益率的偏离程度表示风险,衡量了风险水平的绝对值。变差系数衡量了风险相对投资收益的偏离程度,代表了单位期望收益率的风险大小。

二、资产组合中的风险衡量

现实生活中,人们往往并不是简单地持有一种资产,而是持有两种或两种以上的风险资产。这种资产组合的风险往往并不是通过简单地把两种资产的标准差或方差求和就可以表达出来的。资产组合的风险不仅受到组合中每种资产的风险的影响,还受到了资产与资产之间的相互关系的影响。前面我们已经提到,风险可以通过多样化投资进行分散,那么现在我们就来推导一下资产组合是如何进行风险分散的。

1. 协方差和相关系数

我们知道,一种风险资产和另一种风险资产之间,存在着某种联系。有可能一种风险资产的价格上升,另一种风险资产的价格也随之上升,例如,如果冬天天气寒冷,羽绒服生产企业的股票价格会因为产品需求大而上升;与此同时,生产保暖内衣的企业的股票价格也会因为同样的原因上涨。这种一个变量与另一个变量发生同向变化的情况我们称为正相关。

另一种可能的情况是,一种风险资产的价格上升,而另一种风险资产的价格却由于某种联系下降。例如,在经济不景气的时候,股票市场清淡,股票指数会连连下降;而此时,为了保证拥有的财富不至于缩水,许多人会购买黄金进行保值,黄金价格因需求增加而上升。股票指数和黄金价格呈现出相反的走势。我们称这种一个变量与另一个变量发生反向变化的情况是负相关。

也有可能,两个风险资产的价格变化互相不受影响。在这个时候,一种资产的价格变化与另外一个资产的价格变化没有任何直接或间接的联系。此时,一个变量的变化与另一个变量的变化没有任何的联系,我们称之为不相关或相互独立。

我们用协方差表示资产的收益之间的相互关系。协方差是两种资产的实际收益率和预期收益率的离差之积。如果用 δ_{AB} 表示资产 A 和 B 的协方差,用 p_i 表示在资产 A 的收益为 r_{Ai}、资产 B 的收益为 r_{Bi} 时的概率,

☞ **正相关**
一个变量与另一个变量发生同向变化的情况。

☞ **负相关**
一个变量与另一个变量发生反向变化的情况。

☞ **不相关**
一个变量的变化与另一个变量的变化没有任何的联系,又称为互相独立。

协方差
两种资产的实际收益率和预期收益率的离差之积。

那么资产 A 和 B 的协方差可以用公式表示为

$$\delta_{AB} = \sum_{i=1}^{n} [r_{Ai} - E(r_A)][r_{Bi} - E(r_B)] \cdot p_i \quad (4-5)$$

如果协方差大于零,说明两个资产的收益之间存在正相关关系;如果协方差小于零,说明两个资产的收益之间存在负相关关系;如果协方差等于零,我们就认为两个资产之间没有相关关系。

相关系数
资产的协方差除以资产的标准差之积的数值。

我们还可以用相关系数表示资产的收益之间的关系。相关系数是资产的协方差除以资产的标准差之积的数值,可用公式表示为

$$\rho_{AB} = \frac{\delta_{AB}}{\delta_A \cdot \delta_B} \quad (4-6)$$

我们可以举例来说明协方差和相关系数的计算。表 4-3 列出了资产 A 和资产 B 的收益率、概率和离差的乘积。我们可以计算出资产 A 的期望收益率是 11%,资产 B 的期望收益率是 6%。

表 4-3 资产 A 和资产 B 的协方差的计算

概率 p_i	资产 A		资产 B		$[r_{Ai} - E(r_A)] *$ $[r_{Bi} - E(r_B)]$
	r_{Ai}	$r_{Ai} - E(r_A)$	r_{Bi}	$r_{Bi} - E(r_B)$	
0.20	0.35	0.24	0	−0.06	−0.014 4
0.30	0.15	0.04	0.10	0.04	0.001 6
0.45	0.10	−0.01	0.04	−0.02	0.000 2
0.05	−0.30	−0.41	0.24	0.18	−0.073 8

从表 4-3 中可以得到,资产 A 和资产 B 的协方差为

$$\delta_{AB} = -0.014\,4 \times 0.20 + 0.001\,6 \times 0.30 + 0.000\,2$$
$$\times 0.45 - 0.073\,8 \times 0.05 = -0.004\,56$$

按照我们前面提到的计算标准差的方法,我们可以求出资产 A 和资产 B 的标准差分别为

$$\delta_A = 0.121\,2,\ \delta_B = 0.051\,4$$

因此,我们可以利用公式(4-6)求出资产 A 和资产 B 的相关系数,即

$$\rho_{AB} = -0.732$$

相关系数的一个重要特征是,其取值范围介于 1 和 −1 之间。相关系数等于 1 时,我们称两个资产的收益完全正相关;相关系数等于 −1 时,我们称两个资产的收益完全负相关;相关系数等于 0 时,我们称两个资产完全不相关。相关系数使衡量资产之间的关系变得简单易行。

重要问题 2　什么是相关系数?

相关系数是资产的协方差除以资产的标准差之积的数值,可以用于表示两种资产的收益之间的关系。其中,协方差是两种资产的实际收益率和预期收益率的离差之积。相关系数大于零,说明资产的收益之间存在同向变动关系;相关系数小于零,说明资产的收益之间存在反向变动关系;如果相关系数等于零,我们认为两种资产的收益之间没有任何关系。

2. 资产组合的风险衡量

现在我们来了解一下如何衡量资产组合的收益和风险。我们仍以表 4-3 中的资产 A 和资产 B 为例,假设投资者同时持有资产 A 和资产 B,持有的两种资产占总投资的比例我们分别用 ω_A 和 ω_B 表示,因此 $\omega_A + \omega_B = 1$。这两种资产组合的收益率应该是各自期望收益率的加权平均值,即资产组合的收益 R 可以表示为

$$R = E(r_A) \cdot \omega_A + E(r_B) \cdot \omega_B \tag{4-7}$$

我们假设两种资产的持有比例为

$$\omega_A = 0.4, \omega_B = 0.6$$

那么就可以计算出资产组合的收益是 $0.11 \times 0.4 + 0.06 \times 0.6 = 0.08$,即资产组合的收益率是 8%。

资产组合的风险计算相对比较复杂,不能简单地把两种资产的标准差进行加权平均。资产组合的标准差计算公式为

$$\delta = \sqrt{\omega_A^2 \cdot \delta_A^2 + \omega_B^2 \cdot \delta_B^2 + 2\omega_A \omega_B \delta_{AB}} \tag{4-8}$$

或者利用公式(4-6),我们可以把上式变形为

$$\delta = \sqrt{\omega_A^2 \cdot \delta_A^2 + \omega_B^2 \cdot \delta_B^2 + 2\rho_{AB} \omega_A \omega_B \delta_A \delta_B} \tag{4-9}$$

利用前面的数据,我们可以计算出资产 A 和资产 B 的组合的标准差为

$$\delta = \sqrt{0.4^2 \cdot 0.121\,2^2 + 0.6^2 \cdot 0.051\,4^2 + 2 \cdot 0.4 \cdot 0.6 \cdot (-0.004\,56)}$$
$$= 0.033$$

对比两种资产的标准差的简单加权平均值 0.079,我们可以看出,资产组合的风险数值小于两种资产风险的简单加权平均值。

资产组合的标准差与相关系数有密切的关系。相关系数越大,组合的风险越高。特别是在 ρ_{AB} 取 1, 0, -1 这些特殊值时,资产组合的风险计算

公式可以得到简化。

$\rho_{AB}=1$ 时,资产组合的风险最大,等于两种资产的标准差的加权平均值,为

$$\delta = \omega_A \cdot \delta_A + \omega_B \cdot \delta_B$$

$\rho_{AB}=-1$ 时,资产组合的风险最小,可以表示为

$$\delta = |\omega_A \cdot \delta_A - \omega_B \cdot \delta_B|$$

$\rho_{AB}=0$ 时,资产组合的风险可以表示为

$$\delta = \sqrt{\omega_A^2 \cdot \delta_A^2 + \omega_B^2 \cdot \delta_B^2}$$

> **参考资料　包含多种资产的资产组合的风险如何计算?**
>
> 当我们选择的资产组合中包含的资产种类多于两种时,怎样计算资产组合的风险呢? 同样是运用方差和标准差来衡量,但是需要将计算公式一般化,即
>
> $$\sigma_p^2 = \sum_{i=1}^{n}\sum_{j=1}^{n} Cov_{ij} W_i W_j, \quad \sigma_p = \sqrt{\sum_{i=1}^{n}\sum_{j=1}^{n} Cov_{ij} W_i W_j}$$
>
> 其中,W_i,W_j 是第 i 种和第 j 种资产在组合中所占的权重,Cov_{ij} 代表第 i 种和第 j 种资产收益率的协方差,t 为各种经济情况,p_t 为经济情况出现的概率.
>
> $$Cov_{ij} = \sum_{t=1}^{n} [r_{it} - E(r_{it})] \cdot [r_{jt} - E(r_{jt})] \cdot p_t$$

3. 资产组合的系统性风险和非系统性风险

通常情况下,风险资产组合中,随着资产数量的增加,组合的风险不断减小。我们已经在第一节了解了系统性风险和非系统性风险,因此知道,在这里,可以不断减小的风险是组合中各资产的非系统性风险,它是由各个资产本身的特点决定的。而随着资产种类的增加,不管增加到多少,总有一部分风险是无法通过组合抵消掉的,这部分风险就是组合的系统性风险。这部分系统性风险同时同向影响资产中所有组合的收益,因此无法通过多样化投资进行分散。

资产组合中系统性风险和非系统性风险的特征可以用图 4-3 表示出来。

从图 4-3 中,我们可以清楚地看到,随着资产种类的数量不断增加,非系统性风险越来越小,而系统性风险不受资产种类数量的影响。因此,资产组合的风险分散只能分散非系统性风险。

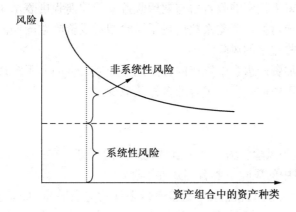

图 4-3 资产组合的资产种类与风险的关系

 重要问题 3 资产组合的系统性风险和非系统性风险有什么特点？

通常，我们可以通过增加资产组合中资产的数量来降低资产的风险，这些可以随着资产数量增加而降低的是组合中各资产的非系统风险。非系统性风险可以通过持有充分多样化的资产组合完全分散掉。而系统性风险却不能通过资产组合减少，与资产种类的数量没有关系。

本章小结

风险是未来遭受损失的可能性，金融活动的本身隐含了各种各样的风险。金融系统的一个重要的功能就是进行风险管理。

风险来源于金融活动的方方面面：经济合同的签约人到期不能履约带来的是违约风险，市场基础变量变化带来了市场风险，金融资产的流动性问题带来流动性风险，技术或管理问题、欺诈或其他人为错误导致操作风险，信息不对称在交易之后会带来道德风险，政府行为的变化带来国家风险，交易不符合法律则使得交易者面临法律风险。

系统性风险是经济体系中所有资产都面临的风险，非系统性风险是一项资产特有的风险。通常情况下，非系统性风险可以通过分散投资实现分散；而系统性风险无法通过分散投资实现分散。

风险偏好是人们对待风险的态度。根据对风险的态度的不同，投资者通常可以分为风险厌恶者、风险中立者和风险偏好者。风险偏好往往受到年龄大小、收入高低、家庭状况、心理预期和经历经验等因素的影响。无差异曲线是给投资者带来同样满足程度的预期收益率与风险的所有组合。不同的风险偏好者的无差异曲线的形状是不同的。

单个资产的风险可以用标准差方法和变差系数法进行衡量。标准差方法用各种未来投资的收益率与期望收益率的偏离程度表示风险，衡量了风险水平的绝对值。变差系数衡量了风险相对投资收益的偏离程度，代表了单位期望收益率的风险大小。

通过增加资产组合中资产的种类能够降低组合的非系统性风险，而系统性风险却不能通过资产组合的多样化减少。

复习思考题

1. 什么是风险？为什么金融活动中风险无处不在？
2. 金融中的风险主要有哪几种类型？
3. 为什么非系统性风险能够通过多样化进行分散，而系统性风险则无法分散？
4. 为什么高收益通常伴随着高风险？从数学角度进行解释。
5. 比较不同风险偏好类型投资者的无差异曲线，它们为什么是这样的形状？
6. 如果你手中有 10 000 元资金，准备投入股市，你觉得应当怎样避免过高的风险？
7. 如果你打算用这笔钱购买基金，市场上有成长型和稳健型两种基金，它们的收益率的可能性及出现概率如下表所示。你将如何选择？

成长型基金		稳健型基金	
可能的收益率	出现概率	可能的收益率	出现概率
50%	0.15	20%	0.05
30%	0.20	10%	0.25
5%	0.30	5%	0.40
−10%	0.20	−5%	0.25
−30%	0.15	−10%	0.05

8. 如果你打算把这笔钱用于投资债券，目前的 1 年期国债利率为 2%，两种风险资产的预期收益率分别为 10% 和 15%，方差分别为 0.20 和 0.30。假设你是风险偏好者，风险资产与无风险资产的比例为 2∶1，你将如何构建你的最优投资组合？

网络学习

登录风险时代网：www.riskage.com

点击进入"金融产品/风险管理/数据分析"：

1. 了解一下当前金融风险管理的热点问题。讨论这样的问题从风险来源的角度考虑，你认为哪些风险是企业可以通过制度完善进行避免的？哪些风险是企业不得不面对的？对于这种风险，你认为企业在从事投资活动时应该注意哪些方面？

2. 作为投资人，你在选择投资对象时会不会考虑该投资对象面临着哪些风险？这些风险对你的投资会有什么样的影响？

讨论课题

请大家小组讨论一下对于网页上所列出的风险管理政策，是否每一个政策对防范或减少不同来源的风险都有效？如果不是，那么对不同来源的风险，应该采取什么样的防范或分散措施？这些方法会互相之间产生冲突吗？

第二部分

微观金融运行

我们在这一部分中具体介绍金融系统如何在微观层面上组织金融活动,以实现其分配资源、管理风险等功能。我们从金融市场运作角度介绍直接融资运行,从商业银行运营角度介绍间接融资运行,并在最后从企业选择融资方式的角度,来对这两种融资方式进行比较。

第二部

資料を読む

第五章

直接融资运行分析(上)：金融资产的发行与交易

学习目标
- 掌握金融资产的发行方式和发行程序
- 掌握金融资产主要的交易市场及各自的特点
- 了解金融衍生品的交易方式、盈亏计算

基本概念

　　私募　公募　一级市场　二级市场　场内交易市场
场外交易市场　交易指令　看涨期权　看跌期权

参考资料
- A 股、B 股和 H 股
- 路演
- 股票首次公开发行的条件和审核
- 主板、二板和中小企业板的区别与联系

我们在第二章已经学习了金融工具的分类。对于投资者来说，这些金融工具就构成了金融市场上可供选择的资产。金融资产在金融系统中发挥了重要的作用。通过发行金融资产，资金短缺者从资金盈余者手中获得资金，进行有效的利用。而各种交易活动提高了金融资产的流动性和金融市场的活跃性，这就使得依托于金融市场来运作的直接融资活动得以顺利进行。本章我们首先以股票和债券为例介绍基础金融资产的发行和交易等基本活动和基本要素；然后，在此基础上，对衍生证券交易加以说明。

第一节　基础金融资产的发行与交易

重要问题

1. 什么是私募？什么是公募？
2. 金融资产的发行有什么程序？
3. 金融资产的主要交易市场有哪些？

一、金融资产的发行

发行金融资产以获取资金融通，是我们常常见到的资金短缺者获取资金的手段。例如，政府可以发行短期国库券和中长期国债，企业可以发行商业票据、债券和股票，这些都属于发行金融资产筹集资金的范畴。金融系统中，通过允许资金短缺者直接在金融市场上发行金融资产，大量的资金盈余者和资金短缺者聚集在一起，盈余资金可以得到充分的运用，满足双方的投融资需要，从而形成了直接融资活动。

我们在第一章学习了金融市场的分类。按照金融工具的发行和流通，金融市场可以划分为一级市场和二级市场。一级市场是资金短缺者首次将金融工具出售给资金盈余者以筹集所需资金的金融市场，又称为发行市场或初级市场。金融资产的发行就是在一级市场上完成的。下面我们就以股票和债券为例介绍一级市场上证券的发行方式和发行程序。股票的发行与债券的发行是非常相似的。

1. 金融资产的发行方式

按照金融资产发行的对象不同，发行方式可以分为私募和公募。

（1）私募。私募（private placement）是指发行人直接面向特定的投资人发行证券的方式。一般情况下，私募中发行对象的范围比较小，一般都是少数与发行人有关系的投资者或者机构投资者。例如，本公司的员工和职工、与公司有商业联系的企业，以及保险公司和投资基金等，都可以成为私募方式下的投资者。在我国，股份公司向特定的投资者或投资机构定向募集股份，或者在企业内部通过员工持股计划向内部职工募集股份都是私

> **一级市场**
> 是资金短缺者首次将金融工具出售给资金盈余者以筹集所需资金的金融市场，又称为发行市场或初级市场。

> **私募**
> 指发行人直接面向特定的投资人发行证券的方式。

募的主要形式。此外，我们常常听到有的公司会在现有发行的股票基础上进行配股，给予现有股东优先认股权，使他们可以以低于市场价值的价格优先购买新发行的股票，这样可以保证现有股东在公司权益中的比例不变。不管原有股东是行使了优先认股权，还是转让给他人，这种募集资金的方式也属于私募的范畴。

私募发行有以下优点。首先，私募的手续简单，不需要通过政府主管部门的注册审查，因此比较方便。其次，私募过程中，发行条件多由发行证券的企业和投资者直接协商决定，从而绕过中介服务结构，节省了发行费用。最后，私募有确定的投资者，企业可以根据投资者的投资数额决定发行证券的数量的多少，从而不必担心出现发行失败的情况。不过，私募也有一些缺点。例如，私募不能上市，发行的股票难以流通转让；为了吸引投资者，私募往往提供高于市场平均条件的优厚回报；而且，由于私募下投资者数量较少，股权或债券比较集中，投资者往往有能力干预企业的经营管理。

在私募条件下，证券的认购和销售比较简单。通常投资者与发行人签订认购协议，根据认购协议，投资人可以直接向发行人购买证券。

(2) 公募。公募(public placement)是指发行人面向整个社会公开发行证券的方式。证券的发行对象是市场上大量的非特定的投资者。在公募的过程中，发行人必须向有关主管部门和金融市场提供各种资料，特别是财务报表，在经过审批以后，才可以发行。

与私募相比，公募的优点首先是潜在的投资者数量大，因此筹资潜力大，可以满足企业的大额资金需求；其次，公募发行的证券可以在二级市场上流通转让，具有较高的流动性，对现有的投资者和未来的潜在投资者都比较有吸引力；最后，由于投资者比较分散，公募方式下发行人仍然可以保持经营管理的独立性，而且不需要为了吸引某一个投资者而提供优厚的条件。当然，公募也有一些缺点，例如费用高、手续繁琐，而且难以保证企业筹集到足够的资金。可以看出，公募和私募的优缺点是互补的。

公募发行中一般都有投资银行的参与，帮助企业进行金融资产的具体设计和证券的销售。投资银行帮助企业销售股票，减少了企业直接向大量的普通投资者销售证券所花费的时间和精力，我们称发挥这种功能的投资银行为承销商(underwriter)。在中国，承销商往往是开展了投资银行业务的证券公司。按照承销中企业对承销商的委托程度不同和承销商的责任不同，承销可以分为包销和代销。

包销(firm underwriting)是指承销商将发行人的证券按照协议全部购入或者在销售期结束以后将剩余未销售出去的证券自行购入的承销方式。在这种方式下，承销商承担了在销售过程中证券发行的风险和责任。如果销售过程中，股票的市场价格下降，或者认购不完全，承销商承担了全部的风险，因此发行人可以迅速筹集到所需的资金，但是相应的，也要支付较高的费用作为对承销商的补偿。按照承销商对发行人发行证券包销的程度

网络资源

TCL集团是我国最早实行员工持股计划的公司之一。2004年1月30日，该公司成功实现包括管理层及员工持有股票的整体上市。有关资料详见公司的网站。
www.tcl.com

公募

是指发行人面向整个社会公开发行证券的方式。

包销

指承销商将发行人的证券按照协议全部购入或者在销售期结束以后将剩余未销售出去的证券自行购入的承销方式。

代销
指发行人委托承销商代为向投资者销售证券,并支付一定的发行手续费。

不同,包销通常可以分为全额包销和余额包销。

代销与包销不同。代销(best-effort underwriting)是指发行人委托承销商代为向投资者销售证券,并支付一定的发行手续费。发行人与承销商之间是单纯的委托代理关系。受委托的承销商在约定的时期内尽可能多地销售股票,但是不保证能够完成预定的发行数额;到了截止日期,证券如果还有没有销售出去的部分,承销商就退给发行人,不承担任何发行风险。因此,对承销商而言,这种发行方式的风险较低,因此手续费收入也没有包销高。

包销和代销由于发行人和承销商承担的风险不同,因此应用的情况也不同。一般来说,包销比较适合于资金需求量大、需求时间紧、社会知名度比较低的公司,而代销适合于知名度高、信誉良好的大中型企业。目前,在我国,比较常见的是余额包销的方式。在包销过程中,由于发行风险较大,证券公司包销包成大股东的例子并不鲜见。例如,2001年,哈药集团向社会公众股东配售7 991.12万股,结果有6 829.91万股都没有配售出去,结果承销商南方证券被迫出资8.54亿元包销余额,无奈地成为哈药集团的第二大股东。可见,在包销中,承销商的风险是很大的。

承销协议
证券发行人与承销商或承销团签订的关于承销活动安排的法律协议。

承销团协议
主承销商与其他承销团成员就承销事项明确各自权利和义务的合同文件。

对于一些发行量比较大的证券,一家承销商往往不愿意或者没有能力独自承担发行的风险,就需要若干家具有承销资格的证券公司或投资银行共同组成的承销团进行发行工作。承销团的牵头人称为主承销商,负责组织承销团和代表承销团与发行人签订协议和文件等职能。在这里我们要区分一下承销协议和承销团协议。承销协议是证券发行人与承销商或承销团签订的关于承销活动安排的法律协议,而承销团协议是主承销商与其他承销团成员就承销事项明确各自权利和义务的合同文件。我国的《证券法》中规定,当拟公开发行的证券的票面总值超过人民币5 000万元时,应当由承销团承销。

重要问题1　什么是私募?什么是公募?

私募和公募都是金融资产发行的方式。这两种方式下,金融资产发行的对象不同。私募是指发行人直接面向特定的投资人发行证券,发行对象的范围比较小,一般都是少数与发行人有关系的投资者或者机构投资者。公募是指发行人面向整个社会公开发行证券,证券的发行对象是市场上大量的非特定的投资者。因此,由于发行对象的不同,两种方式在发行成本、发行数量和发行手续上均有不同。

2. 金融资产的发行程序

我们以公募方式说明金融资产的发行程序。公募方式下,发行公司在发行的时候,往往先综合决策,决定发行的金融资产的种类,然后选择承销商,由承销商开展调查活动和辅导工作,最后准备各种相关文件和报告,经相关部门审核后发行并销售证券。下面是发行程序中的主要环节。

(1) 发行人综合决策。当企业在需要资金进行投资时,往往需要从各种融资方式中进行选择。这些方式包括留存利润,银行借款,股票和债券等等。企业需要根据自身的需求的本质,各种资金融通渠道的成本、收益和风险决定是否要发行金融资产,或者具体发行哪一种金融资产,以及企业可以满足的发行条件,并且选定发行方式。有关融资渠道的选择,我们会在第八章具体介绍,这里我们假定企业选定公募的方式发行金融资产。

网络资源
香港联合交易所
www.hkex.com.hk

> **参考资料　A 股、B 股和 H 股**
>
> 　　发行人不仅仅可以选择发行的金融资产的种类,还可以选择发行的地点等其他条件。例如,一家中国的公司要发行股票,就可以选择 A 股、B 股或者 H 股等方式筹集资金。
>
> 　　A 股,全称为人民币普通股,是以人民币为面值、以人民币认购和买卖,在境内(上海或深圳)证券交易所上市交易的股票。A 股的投资人一度仅限于我国境内的法人和自然人,2002 年 12 月 1 日起,合格的境外投资者(QFII)也可以投资于 A 股市场。
>
> 　　B 股,全称为人民币特种股票,是以人民币为面值、以外币认购和买卖,在境内(上海或深圳)证券交易所上市交易的股票。其设立的目的是为了境内企业开辟筹集外资的渠道,在设立之初,投资人仅限于香港、澳门、台湾地区与外国的自然人和法人。2001 年 2 月 19 日开始,中国证监会决定向境内居民也开放 B 股市场,以促进该市场的繁荣。境内居民可以以持有的外汇开立 B 股账户。
>
> 　　H 股,是指中国内地的公司获准在香港联合交易所发行上市,以人民币标明面值、以港币认购和交易的特种股票。1993 年青岛啤酒公司首先在香港发行 H 股,到目前,H 股已经成为内地公司筹集资金的一个重要渠道。

☞ **A 股**
全称为人民币普通股,是以人民币为面值、以人民币认购和买卖,在境内(上海或深圳)证券交易所上市交易的股票。

☞ **B 股**
全称为人民币特种股票,是以人民币为面值、以外币认购和买卖,在境内(上海或深圳)证券交易所上市交易的股票。

☞ **H 股**
指中国内地的公司获准在香港联合交易所发行上市,以人民币标明面值、以港币认购和交易的特种股票。

(2) 选择承销商。承销商的选择对金融资产发行的成功与否起到了重要的作用。好的承销商可以提供专业的咨询和服务,帮助企业尽快地筹措到所需的资金。一般而言,在选择承销商的过程中,发行人会考虑承销商的资信状况、融资能力、专业人员的素质、组织管理的水平、业务网点和销售能力、以往的承销经验、代理发行费用等因素。在发行人通过公开招标的方式选择承销商的情况下,参加招标的证券机构撰写的工作建议书也是发行人评价承销商水平的一个标准。

(3) 承销商的调查和辅导。选择了承销商以后,承销商要展开尽职调查,以宏观经济状况、发行人所处的行业公认的业务标准和道德规范等为准则，对发行人和市场的有关情况和有关文件的真实性、准确性、完整性进行核查、验证等专业调查。调查活动一方面有利于发现公司在发行活动中的遗漏和错误，也有利于承销商加强对企业的了解，设计相应的发行方案。在必要的情况下，承销商还要按照有关的法律法规对公开上市公司进行规范化的培训、辅导和监督，督促发行人建立良好的公司治理机构，帮助公司的董事、监事、高级管理人员了解与发行活动相关的证券市场运行规范和信息披露的要求，为进入证券市场做好准备。

(4) 准备申请文件。为了发行金融资产，发行人必须向相关的监管部门，如中国的证券监督管理委员会，递交相关的申请文件。这些文件包括公开披露的资料和相关的其他资料。最基本的文件包括了股票发行的招股说明书和债券发行的发行合同书。招股说明书(prospectus)是公司公开发行股票的计划的书面说明，包括了公司的历史、现状、筹资目的和其他有关问题的陈述，是投资人购买股票的依据。发行合同书(indenture)是公司债券持有人和发行人明确双方权利和义务的法律条件，通常包括了各种条款。我们在第二章介绍的债券的可赎回条款和可转换条款都在发行合同书的内容中。债券发行由于涉及还本付息，所以在发行合同书中往往还对债券的偿还安排加以说明。

其他相关的文件还包括评估机构对发行人做出的资产评估报告、信用评级报告和审计报告，以及针对发行人相关的法律问题做出说明的法律意见书和律师工作报告。当股份公司公开上市发行股票时，还必须出具盈利预测报告和相关的审核报告。这些申请文件是监管部门和投资者对证券发行做出判断的依据。

(5) 确定发行价格。发行程序中非常重要的一环就是确定发行价格。发行价格是金融资产发行中最关键的因素，对发行人和投资人的利益及发行状况有很大的影响。发行价格通常受到各种因素的影响，宏观走势下金融市场的状况，中观层次上发行人所处的行业的现状和前景，微观运行中发行人的净资产、盈利水平、发展潜力、发行数量等因素，都会影响到发行价格的高低。如果发行价格过高，销售就会出现困难。而发行价格过低，显然发行人的利益就会受到损失，所以合理的发行价格非常重要。

一般，发行价格可以等于金融资产的票面价格，也可以低于或高于金融资产的票面价格。根据发行价格与票面金额的关系，金融资产的发行可以分为平价发行、溢价发行和折价发行。平价发行中，发行价格与票面价格相等，发行简便易行，比较稳定。溢价发行是指发行人以高于票面金额的价格发行金融资产，发行人因此可以得到高于票面金额那一部分的溢价增值收益。在股票溢价发行中，票面金额部分通常作为股份公司的股本，而溢价部分则记入资本公积。溢价发行使发行人可以以较少的股份筹集比较多的资金。折价发行是指以低于票面金额的价格出售金融资产，折扣的大小取决于发行公司的业绩和承销商的销售能力。

 招股说明书
是公司公开发行股票的计划的书面说明，包括了公司的历史、现状、筹资目的和其他有关问题的陈述，是投资人购买股票的依据。

发行合同书
是公司债券持有人和发行人明确双方权利和义务的法律条件，通常包括了各种条款。

平价发行
发行价格与票面价格相等。

溢价发行
指发行人以高于票面金额的价格发行金融资产。

折价发行
指以低于票面金额的价格出售金融资产。

参考资料 路演

路演(road show)是指上市公司采用的一种用来沟通与投资者关系的方式。通常在股票公开上市前,发行公司进行一系列的推介活动,让投资人对发行人有更加深刻的了解和认识。路演的基本功能是"询价",即试探股票的发行价格,因此发行人和承销商可以根据路演中投资者的反馈修正发行数量、发行价格和发行时机。由于路演增加了投资者所能够掌握的信息,因此有助于投资者理性地对待证券发行。

2001年1月10日,中国证监会公布了《关于新股发行公司通过互联网进行公司推介活动的通知》,对通过网络进行路演中涉及的相关人员和事项做出了规定。随着中国证券市场的发展和完善,路演已经受到了越来越多的运用。下例就是中国新疆天富热电股份有限公司(股票天富热电代号为600509)发布的路演活动的公告。

新疆天富热电股份有限公司公开发行A股
网上路演推介活动公告

经中国证券监督管理委员会证监发行字【2001】100号文核准,新疆天富热电股份有限公司将于2002年1月28日向社会公开发行6 000万股A股。为便于投资者了解发行人基本情况、发展规划和本次发行的相关安排等,发行人和主承销商定于2002年1月25日(星期五)14:00—18:00在全景网络http://www.p5w.net上举行网上路演,敬请广大投资者关注。本次路演推介成员主要由新疆天富热电股份有限公司董事会、经营层主要成员和主承销商湘财证券有限责任公司项目负责人组成。

发行人:新疆天富热电股份有限公司
主承销商:湘财证券有限责任公司
2002年1月24日

路演为投资者提供了关于公司所在行业、企业文化、财务状况和经营管理方面的信息,也解答了投资者关于股票发行的问题,为投融资双方的沟通提供了便利。

☞ **路演**
指上市公司采用的一种用来沟通与投资者关系的推介活动。

🌐 **网络资源**
湘财证券有限公司是一家综合类证券公司。
www.xcsc.com

(6) 接受审核。金融资产的发行通常要受到相关的管理部门对发行资格和其他相关信息的严格审核。在我国,目前对证券的发行实行核准制,即发行人按照中国证监会公布的《公开发行证券的公司信息披露内容与格式准则》制作申请文件,经过有关部门同意以后,由主承销商推荐并向中国证监会申报的审核制度。由于引入了主承销商的推荐,在核准制中,承销商的责任扩大,企业和承销商可以协商决定发行方案,监管的主要内容放在了信息披露和合规性审核上。

（7）销售和认购。承销商的销售活动和投资者的认购过程是金融资产发行的最后阶段。在这一阶段，承销商通过销售网点发行和投资者网上认购等销售渠道，出售证券；根据不同的承销方式的协议要求将筹集的资金付给发行人，并收取发行的手续费，完成承销活动。当然，如果发行的金融资产是债券，日后涉及的债券的还本付息通常也由承销商日后完成。

股票首次公开发行
简称IPO，是指以募集方式设立股份有限公司时或已经设立的公司首次公开发行股票。

 参考资料　股票首次公开发行的条件和审核

股票首次公开发行(initial public offering，简称IPO)，是指以募集方式设立股份有限公司时或已经设立的公司首次公开发行股票。IPO的主要目的可以是为新成立的公司募集资金，也可以是在非股份有限公司转换经营机制的过程中，为了改制成为股份有限公司而发行股票。因此IPO进行以后，企业就成为公开上市公司，IPO是股票公募发行的主要方式。

为了吸引投资者，公司在IPO过程中往往要提供相关信息，以便投资者做出投资决策。但是，由于投资者与公司的经营者和所有者的信息不对称，投资者难以在短期内了解公司的真正全貌，因此不能判断公司的经营者和所有者提供有关该公司的信息是否真实可靠。即使这些信息是准确的，但是公司是否愿意提供足够多的相关信息也存在问题。

因此，为了防止股票发行过程中的欺诈行为，维护投资者的合法权益，保证社会资金得到有效的运用，各个国家都对股票发行人的资格和信息披露情况做出了严格的限制。例如，在中国，依据《公司法》、《证券法》、《股票发行与交易管理暂行条件》及其他相关的法律法规的要求，IPO应该符合以下条件：

① 股票发行人必须是具有股票发行资格的股份有限公司，包括已经成立的股份有限公司和经批准拟成立的股份有限公司；

② 公司的生产经营符合国家的产业政策；

③ 公司发行的普通股只有一种，同股同权；

④ 发起人认购的股本数额不少于公司拟发行的股本总额的35%；

⑤ 在公司拟发行的股本总额中，发起人认购的部分不少于人民币3 000万元，国家另有规定的除外；首次发行后，公司的股本总额不少于人民币5 000万元；

⑥ 向社会公众发行的部分不少于公司拟发行的股本总额的25%，其中公司职工认购的股本数额不得超过拟向社会公众发行的股本总额的10%；公司拟发行的股本总额超过人民币4亿元的，证监会按照规定可酌情降低向社会公众发行的部分的比例，但是，最低不少于公司拟发行股本总额的15%；

⑦ 发行人在近 3 年内没有重大违法行为；
⑧ 证监会规定的其他条件。

此外，中国的发行审核委员会针对公司发行股票的申请做出独立的判断，可以同意或暂缓发行活动，甚至提出附加条件。

资料来源：上海、深圳证券交易所

 重要问题 2　金融资产的发行有什么程序？

因为发行方式的不同，金融资产的发行程序也有所不同，一般公募发行方式下，发行程序比较复杂，发行过程包括了发行人综合决策、选择承销商、承销商对发行人进行调查和辅导、准备发行申请所需的材料、确定金融资产的发行价格、接受相关管理部门的审核、审核通过后开展金融资产的销售和认购等环节。私募方式下发行程序相对较简单，审批和销售环节都大大简化。

二、金融资产的交易

金融资产发行了以后，投资者就拥有对公司盈利的要求权，但是，投资者往往并不能一直持有金融资产直到期限结束或公司清算。例如，从理论上说，如果股份公司不破产，股票的寿命是无限的，而投资者的寿命有限，因此不会无限长期地持有股票。更常见的情况是当公司的经营状况不佳或者投资者突然有别的资金需要时，往往会想办法转让所持有的金融资产。这种更换金融资产所有者、进行金融资产的流通转让的活动我们均称为金融资产的交易活动，一般是在二级市场上完成的。

1. 交易活动的重要性

二级市场上金融资产的交易活动对整个金融市场都发挥了重要的作用。首先，二级市场的出现提高了金融资产的流动性。在一定的程度上，二级市场的活跃程度决定了金融资产在一级市场的发行活动，因为金融资产的流动性越高，对投资者越具有吸引力，因而可以保证一级市场上金融资产的成功发行，保证筹资者筹集到充分的资金。相反，如果金融资产发行过程中，在二级市场上不受欢迎，股价下跌，就会影响到一级市场上发行人的声誉和筹集资金的能力。

其次，在金融资产的交易过程中，投资者不断地把自己获得的信息反映在金融资产的价格当中，金融资产的价格受到公司的实际经营状况和投资者对其价格的判断等因素的影响。由于这些影响因素可以通过金融资产的买卖活动迅速反映出来，因此，交易活动本身就是一个"价格发现过程",为确定金融资产的合理价格做出了贡献。而且,在市场交易下,交易活动越活跃,这种反映机制越灵敏。举例来说,如果某一公司股票的价格本来为5元,当公司与外商签订了合作协议以后,如果市场上的资金盈余者看好这一合作事项,认为公司在未来盈利会增加,那么为了锁定未来的收益,资金盈余者们就会现在购买股票,保证未来收益,因此,股票的需求方多于供给方,股票价格就会上升。换句话说,虽然合作项目还没有带来真正的现金流,但是交易活动已经使股票价格包含了潜在的公司增长能力。

最后,交易活动还可以体现企业控制权的优化配置。我们知道,当企业经营状况不佳时,投资者会"用脚投票",即在二级市场上卖出持有的金融资产。例如,大股东可能会卖出所持的股票。这样,股票价格下跌,在下跌到一定程度以后,股东大会会采取干预措施;或者,其他的企业可能对该股票产生兴趣,进行收购甚至接管。这些交易活动都会改变企业的控制权的分布,是公司治理领域的重要研究课题。

图5-1是1993年到2002年中国A股市场上发行股票的流通价值(即发行股票中可以在市场上流通转让部分的数额)与每年市场的流通总额(即参与股票交易活动涉及的数额)的对比。我们可以看出,A股的交易活动是十分活跃的。

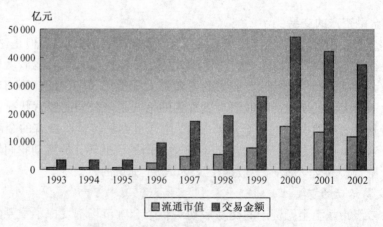

图5-1 我国A股的发行额与交易额情况

资料来源:上海、深圳证券交易所

2. 交易市场的主要形态

金融资产的交易市场可以根据市场的形态,分为场内交易市场、场外交易市场、第三市场和第四市场。

☞ **证券交易所**
集中交易已发行证券的场所。

(1)场内交易市场。场内交易市场通常是指证券交易所,它是集中交易已发行证券的场所,是证券交易市场的核心。证券交易所的历史悠久。1792年,24名纽约拍卖商聚集在华尔街一棵梧桐树下签订了"梧桐树协议",这个协议制定了他们与公众及相互之间交易的规则,并约定了每星期交易的时间,从而形成了当今世界上规模最大的证券交易所——纽约证券交易所的雏形。证券交易所发展到今天,已经成为一个规范运作的交易市场,在各国的金融活动中发挥了重要的作用。

① 证券交易所的基本功能。证券交易所的基本功能包括:提供交易场所和交易设施,使金融资产的供求双方聚集在一起进行交易;制定交易所内买卖证券的上市、交易、清算、交割和过户的规则,监督证券交易,保证交易主体、交易对象和交易过程公平而有序地进行;管理和公布市场信息,包括金融资产的价格变动信息和发行人的相关活动的信息;设立证券登记结算机构;仲裁交易活动中发生的纠纷,等等。

网络资源
纽约证券交易所是世界上最大的证券交易所之一。
www.nyse.com

② 证券交易所的组织形式。从组织形式上看,国际上的证券交易所可分为公司制证券交易所和会员制证券交易所。

公司制证券交易所是以营利为目的,提供交易场所和服务人员,以便利证券商的交易与交割的证券交易所。这种证券交易所要收取发行公司的上市费与证券成交的佣金,其主要收入来自买卖成交额的一定比例。实行这种制度的交易所主要有美国的纽约证券交易所和瑞士的日内瓦证券交易所。

会员制证券交易所是不以营利为目的,由会员自治自律、互相约束,参与经营的会员可以参加股票交易中的股票买卖与交割的交易所。目前,包括我国在内的大多数国家的证券交易所均实行会员制。

在当今证券市场日新月异的变革形势下,传统的会员制组织结构已经越来越不适应迅速变化的市场环境。20 世纪 90 年代以来,欧洲各国的证券交易所率先掀起了公司化变革的浪潮,并迅速蔓延至亚太地区、北美和南美地区。证券交易所的公司化是世纪之交国际金融市场最为显著而深远的变化之一。

③ 证券交易所的人员构成。随着信息技术的快速发展,证券交易所的交易逐渐迈向电子化,人工操作的成分已经越来越少。在一个传统的证券交易所中,主要的成员有以下几种:佣金经纪人(commission brokers)接受客户的委托进行证券买卖,并由此获得佣金收入;场内经纪人(floor brokers)也被称为"两美元"经纪人,当佣金经纪人无法处理手中过多的指令时,他们会提供协助,并从佣金经纪人的收入中收取报酬;场内交易商(floor traders)遵循"低买高卖"的原则为自己进行交易,不参与订单的处理;专家交易商(specialists)又被称为"经纪人的经纪人",他们可以处理经纪人手中暂时无法执行的订单,并且更重要的,是他们能够充当做市商(market-maker),维持证券市场价格的稳定。

④ 证券交易所中主要的订单类型。市价订单(market order)是委托经纪人以市价进行交易,不论价位如何,以交易结果为目的的交易指令。在市价订单下,交易一定会成功,但是投资者得到的价格往往和预期有差别,因为下单时间和成交时间是有差距的。

市价订单
委托经纪人以市价进行交易,不论价位如何,以交易结果为目的的交易指令。

限价订单(limit order)是规定了经纪人在特定的价位执行买卖的指令。如果交易期间,期货价格没有触及所限制的价位,限价指令不能成交。限价订单并不一定被执行,然而一旦执行,能够保证投资者对价格的要求。

限价订单
规定了经纪人在特定的价位执行买卖的指令。

止损订单
指投资人约定了触发价格的一种特殊的市价订单。

 止损限价指令
将止损指令与限价指令结合起来的一种指令。

止损订单(stop order)是指投资人在指令中约定一个触发价格,当市场价格上升或下降到该触发价格时,止损指令被激活,转化为一个市价指令;否则该止损指令处于休眠等待状态,不提交到市场执行。止损订单实质上是一种有条件的市价指令。

止损限价指令(stop limit order)是将止损指令与限价指令结合起来的一种指令,在投资者下达的指令中有两个指定价格——触发价格和限制价格。当市场价格上升或下降到该触发价格时,止损指令被激活,转化为一个限价指令,此时成交价格必须优于限价。

这些不同的交易指令满足了证券交易者的不同需求,表达了交易者的交易意愿。

(2) 场外交易市场。场外交易市场又称为柜台市场(over-the-counter market,OTC),它在证券交易所以外进行金融资产的买卖,通常是由证券自营商通过计算机、电话等通讯工具等建立起来的一个无形交易网络,又被称为第二市场。场外交易市场是相对于证券交易所市场而言,凡是在证券交易所之外的金融资产的买卖活动都可以称为是场外交易。由于场外交易市场与证券交易所相比,受到的管制少,市场准入的门槛相对较低,因此更为灵活方便,受到了中小型公司和有发展潜力的新公司的欢迎。美国的纳斯达克(NASDAQ)市场就是全球最著名的场外交易市场。

自营商(dealer)在场外交易市场上发挥了重要的作用。自营商的主要作用是组织交易。由于场外交易市场没有固定的集中的交易场所,因此需要自营商先投入资金买入证券,然后挂出各种证券的买入和卖出的价格供客户选择,向客户卖出自己的存货,从中赚取买卖差价。由于自营商的存在,场外交易市场可以维持流动性和连续性,因此自营商又被称为"做市商"(market-maker)。不过,由于场外交易市场的管理比较松散,场外交易中自营商没有义务维持市场的稳定,所以在价格剧烈波动的情况下,自营商会停止交易以避免损失。

(3) 第三市场和第四市场。随着证券交易的不断发展,还出现了第三市场和第四市场。第三市场是指在证券交易所挂牌上市的证券不在交易所市场集中交易、而在场外交易形成的市场,这一市场可以大大节约交易的手续费支出。第四市场是指投资者绕开通常的经纪人和自营商,利用电脑网络直接进行大宗证券交易形成的市场,这个市场可以最大限度地降低交易费用。第三市场和第四市场并没有固定的交易时间,有时候它们可以对交易所已经停止交易的证券进行交易,这使得它们为场内市场和第二市场提供了必要的补充。第三市场和第四市场的出现大大丰富了证券交易市场的形式,完善了交易市场的功能。

 参考资料 主板、二板和中小企业板的区别与联系

我们常常在财经新闻中听到主板市场、二板市场和创业板市场这些名词,这些名词有什么区别呢? 它们和我们前面提到的二级市场的划分有什么联系呢? 其实,主板市场就是我们最常见的证券交易所市场;二板市场,也就是通常的场外交易市场,由于该市场往往吸引了大量的高新科技企业,所以又被称为是创业板市场。美国的 NASDAQ 市场,欧盟的 EASDAQ 市场,中国香港的 GEM,吉隆坡的 KLSE 都是创业板市场。主板市场和创业板市场都是金融资产交易场所的组成部分,但是它们通常是相对独立的两个部分。

2004年5月17日,中国证监会正式批准深圳证券交易所在主板市场内设立中小企业板块。作为主板市场的一部分,中小企业板块适用的法律、法规、部门规章等基本制度规范与现有市场完全相同,适用的发行上市标准也与现有主板市场完全相同。因此,与二板市场的主要区别是,中小企业板仍然是主板市场的组成部分,而没有分离出来。但是,从制度安排看,通过把符合主板市场发行上市条件的企业中规模较小的企业集中到中小企业板块,创立中小企业板的主要目的是为了在条件成熟时整体剥离为中国独立的创业板市场。所以,中小企业板是我国发展二板市场的准备工作的一部分。

重要问题3　金融资产的主要交易市场有哪些?

金融资产的主要交易市场是证券交易所市场和场外交易市场。证券交易所是集中交易已发行证券的场所,是证券交易市场的核心,它提供交易设施,制定交易规则,发布市场信息,保证了上市证券的公平交易。场外交易市场在证券交易所以外进行证券买卖,是由自营商通过计算机、电话等通讯工具等建立起来的一个无形交易网络。场外交易市场比证券交易所市场的市场准入条件低,规则制度少。

第二节　衍生证券交易

重要问题

1. 期货交易方式有哪些特点?
2. 期货价格和现货价格有什么样的关系?
3. 什么是实值期权? 什么是虚值期权?

一、期货交易

我们在第二章已经简单介绍过期货合约。期货合约是协议双方同意在约定的未来某个日期按照约定的条件买入或卖出一定标准数量的某种资产的标准化协议。期货交易通常在交易所进行,交易双方以开仓和平仓的方式进行标准化合约的买卖。

期货交易的主要功能是价格风险转移和价格发现。我们知道,在金融活动中,无论是资金盈余者还是资金短缺者,都会经常面临商品价格变动或者利率和汇率等市场变量变化带来的风险。例如,购买大豆等原材料的企业会担心未来大豆的价格上涨,而未来有外汇收入的贸易企业会担心汇率的波动导致换汇后以本国货币表示的收益减少。期货交易可以通过以事先约定的价格交易的方式锁定未来的收益或成本,减小不确定性带来的风险。虽然这并不意味着购买合约的一方必然会获益或者可以完全消除风险,但是,从全社会的角度来看,交易双方的风险实现了转移,价格风险得以分配,从而使社会资源得到更加有效的配置。另一方面,期货价格是参加期货交易的大量交易者共同决定的。每个交易者都会依据自己掌握的信息和对期货价格的预期做出一定的买卖价格的委托,这些委托指令通过电脑等系统的撮合得到在某一时刻市场对期货价格的平均看法,这种平均看法间接反映出了所有交易者知道的信息和表达的看法。这就是期货交易的价格发现功能。

当然,期货交易市场上不仅仅存在希望利用期货交易的风险转移和价格发现功能的投资者和套期保值者,还存在希望利用价格的差值牟取差价的投机者。投机者的目的不是为了事先转移风险,而是为了发现不合理的价格差异,从中牟取利润。适量的投机者的存在能够帮助期货市场发现合理的价格,例如,当某种期货价格偏低时,投机者的牟利动机会使对该种期货的需求增加,从而推动期货价格向理性回归。但是,过多的投机行为会大大增加期货交易的风险,成为市场不稳定的重要来源。例如,在巴林银行倒闭案中,交易员的投机活动是导致出现大额损失和影响市场运作的主要原因之一。

1. 期货交易方式

期货交易的方式中最主要的特点有:交易指令、报价和每日价格变动限制以及保证金制度。

(1) 交易指令。在期货交易中,期货交易所的报价机器上会显示每项交易对象在不同交易月份的期货的交易价格资料,投资者将交易指令传达给经纪人,由经纪人再转达给交易所内的某个交易员,由交易员进行撮合。这些交易指令中包含了买或卖、成交价格、合约种类、交易数量和指令有效时限等基本要素。这些指令同证券交易所中的基本相同,其中被最普遍采用的是市价订单和限价订单。

(2) 报价和每日价格波动限制。期货的交易单位视标的物的不同种

期货合约
协议双方同意在约定的未来某个日期按照约定的条件买入或卖出一定标准数量的某种资产的标准化协议。

网络资源
郑州商品交易所是我国第一家期货市场试点,于1993年5月28日正式推出标准化期货合约交易。
www.czce.com.cn

类而有所差别,例如股指期货的交易单位是指数,而原油期货的交易以每桶价格衡量。但是,每一种期货都有最小变动价位的限定。最小变动价位是期货交易所公开竞价或计算机自动撮合过程中,期货价格变动的最小变动幅度。公开竞价时,投资人开出的价格与现行市场价格的差异必须是最小变动价位的整数倍。

  对于大多数期货交易,期货交易所还规定了每日价格波动限制。每日价格波动限制是在一个交易日内期货价格的最高涨跌幅度的限制。这种限制与一般的股票交易中的限制是完全相同的。当期货价格的下降幅度等于每日价格波动限制,我们称合约达到跌停板;当期货价格的上升幅度等于每日价格波动限制,我们称合约达到涨停板。通常在期货价格达到涨停板或跌停板时,当天期货合约就停止交易。这一交易机制的目的是为了限制过度的投机活动造成期货价格的剧烈波动。由于衍生证券往往能使投机者以较少的资金开展大额的交易活动,每日价格波动限制在衍生证券交易中更加重要。

  (3)保证金制度。在期货交易中,由于交易者之间同意在未来进行交易,因此可能出现未来由于标的物价格的变动使期货合约对一方有利而对另一方不利的局面,因此期货交易中存在很大的违约风险,面临不利情况的一方很有可能不愿意或者没有能力履约。因此,期货交易所采用保证金制度保证履约。

  假设一个投资者打算购买6月期原油期货,购买价格是35美元每桶,投资者购买了5 000桶。期货合约的总额是175 000美元,不过投资者不用立即把合约总额全部付给经纪人。经纪人会要求投资者将一定的款项存入保证金账户(margin account)中,投资者在最初开仓时必须存入的资金数量称为初始保证金(initial margin),初始保证金一般只占期货合约价值的5%—15%。我们假设这里初始保证金是17 500美元。在每天交易结束时,保证金账户的金额都会根据期货合约的价格变动进行调整,以反映出该投资者的盈利或损失。例如,假设第一个交易日以后,该原油期货的价格上涨到35.5美元,这就相当于假如在该交易日卖出5 000桶原油期货,投资人可以立即获得2 500美元的收益。因此,投资人的保证金账户上立即增加了2 500美元,变为20 000美元。相反,如果第一个交易日后,原油期货的价格下跌到34美元,投资人的保证金账户上就会减少5 000美元,变为12 500美元。在以后的每一个交易日内,保证金账户都会根据前一天和当天的期货交易价格变化进行调整,这种结算方式称为盯市(marking to market)。盯市制度下保证金价格的变动会立即反映到期货交易所的资金流动中。

  在平仓之前,投资者的保证金账户必须维持在某一最低数额之上,这一数额就是维持保证金(maintenance margin)。维持保证金通常是初始保证金的75%左右。例如,在上例中,如果维持保证金是13 000美元,而原油期货的价格跌到了34美元,那么经纪人就会要求投资人在短期内将保

☞**最小变动价位**
期货交易所公开竞价或计算机自动撮合过程中,期货价格变动的最小变动幅度。

☞**每日价格波动限制**
在一个交易日内期货价格的最高涨跌幅度的限制。

☞**初始保证金**
投资者在衍生证券交易中最初开仓时必须存入的资金数量。

☞**盯市**
保证金账户都会根据前一天和当天的衍生证券价格变化进行调整的活动。

☞**维持保证金**
在平仓之前,投资者的保证金账户必须维持在其之上的某一最低数额。

证金账户补充到维持保证金的水平。

保证金制度和每日结算的要求减少了期货市场的参与者由于交易对象违约而蒙受损失的可能性,为期货市场的稳健运行提供了保障。

重要问题 1　期货交易方式有哪些特点？

期货交易方式有一些显著的特点。首先,交易指令以市价订单、限价订单等形式发出,满足了不同交易者的需求;其次,交易中设定了最小变动价位和每日价格波动限制,方便了期货交易所进行标准化安排和交易价格管理;最后,保证金制度和每日结算制度的存在使交易双方面临的违约风险大大降低,保证了期货交易的顺利进行。

2. 期货价格与现货价格的关系

期货价格的影响因素中,最重要的是标的物的现货价格。虽然期货价格不是现货价格,而是人们对未来现货价格的预期,但是现货价格仍然对期货价格的涨跌起到了重要的影响作用。期货价格和现货价格的关系可以用基差表示。基差(basis)是现货价格与期货价格的差值,即

$$基差 = 现货价格 - 期货价格$$

> **基差**
> 现货价格与期货价格的差值。

基差可能为正,也可能为负。凡是影响决定基差的现货价格与期货价格两方面的因素最终都会影响基差变动。主要包括:该商品的一般供给与需要情况、替代商品的供给与需求情况及相对的价格、营销情况和运输问题及运输价格的构成、商品本身的品质因素、交割的期限、持有成本的变动、政府政策、战争与动荡、经济周期波动和经济变动因素、投机的心理影响等。例如,如果人们预期标的物的未来价格会上升,那么在现在,现货价格就会低于期货价格,基差为负数;如果人们预期标的物的未来价格会下降,那么在现在,现货价格就会高于期货价格,基差为正数。

到了期货合约的到期日,基差应该为零。因为,如果到期时基差为正值,现货价格高于期货价格,投机者就会买入期货合约,卖出标的物,赚取中间的价差。这一活动最终会由于供求关系的变化使期货价格上升,现货价格下降,最终使期货价格等于现货价格。同理,我们可以推出,到期日基差为负数也是不可能的。所以,期货价格会收敛于现货价格,最终在到期日,期货价格和现货价格会达到一致。

图 5-2 显示出期货价格是如何收敛于现货价格的。其中,图 5-2(a)表示在到期日之前,期货价格高于现货价格的情况;而图 5-2(b)表示在到期日之前,期货价格低于现货价格的情况。

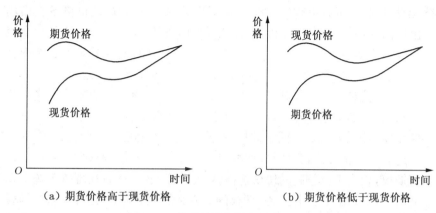

(a) 期货价格高于现货价格　　　　(b) 期货价格低于现货价格

图 5-2　期货价格与现货价格的关系

> **重要问题 2　期货价格和现货价格有什么样的关系？**
>
> 　　现货价格通常会对期货价格产生重要的影响，基差表示现货价格与期货价格之差。如果基差大于零，说明人们预期现货的价格在未来会下降；如果基差小于零，说明人们预期现货的价格在未来会上升。在期货的到期日，基差总是等于零，说明期货的价格是收敛于现货的价格的，否则就会出现无风险套利机会。

二、期权交易

　　期权合约是一种未来的选择权，期权的买方有权利在规定的时间内按照约定的价格买入或卖出一定数量的资产，也可以根据需要放弃行使这一权利。我们在第二章已经了解了美式期权和欧式期权，看涨期权和看跌期权的概念。期权可以在交易所内交易，也可以根据需要交易双方在场外订立期权合约。期权的一些交易制度（如保证金制度）和期货交易相似。在这里，我们来看看期权交易活动的盈亏状况如何分析。为了简便，我们假设下文中提到的都是欧式期权，只有在期权的到期日期权购买方才能够选择是否执行期权。

1. 期权交易的盈亏分布

　　为了了解期权交易中的盈亏分布情况，我们用 S 表示标的物的价格，X 表示期权合约中约定的执行价格。期权合约与期货合约的一个重要的区别是，交易双方的地位是不平等的，期权的买方拥有决定是否执行期权的权利，但没有相应的义务。而期权的卖方只能根据买方的决策予以配合，只有义务而没有权利。因此我们通常所说的期权合约的持有人是指期权合约的买方。

　　在期权到期时，对于看涨期权的买方，当 $S>X$ 时，如果期权立即履

期权合约
一种未来的选择权，期权的买方有权利在规定的时间内按照约定的价格买入或卖出一定数量的资产，也可以根据需要放弃行使这一权利。

网络资源
芝加哥货币交易所(SME)是最早发行指数期权期货的交易所。
www. chicagosme.org

行，期权的买方可以以较低的价格 X 买入标的物，以较高的价格 S 在市场上出售标的物，从中获取差价，这种如果立即履约、持有者具有正的现金流的期权称为实值期权(in the money)。实值期权中，期权的卖方必然遭受损失。

如果到期时，$S=X$，对于看涨期权的买方，市场上标的物的价格与协议价格相同，如果立即履行合约持有者也不会有任何损益，这种期权是两平期权(at the money)。两平期权下，持有人没有必要执行期权。

还有一种情况是，到期日，期权有 $S<X$。对于看涨期权的买方，如果执行期权，相当于以较高的协议价格 X 买入标的物，然后在现货市场上以较低的价格 S 出售，这样一来，期权的买方必然遭受损失，这种如果立即履约、持有者现金流为负值的期权称为虚值期权(out of the money)。很显然，此时看涨期权的买方宁可放弃也不会执行期权，以避免损失。

由于期权交易中，买方与卖方的权利和义务是不对等的。为了得到在未来买入或卖出的权利，期权的买方要向期权的卖方支付期权费。期权费又被称为期权价格，是期权买方买入权利支付的价格。我们通常用 C 表示看涨期权的价格，用 P 表示看跌期权的价格。在考虑了期权费以后，看涨期权的执行情况和买卖双方的盈亏情况可以用表5-1来表示。

☞ 实值期权
如果立即履约，持有者具有正的现金流的期权。

☞ 两平期权
如果立即履行合约持有者也不会有任何损益的期权。

☞ 虚值期权
如果立即履约，持有者现金流为负值的期权。

表 5-1 看涨期权的执行和盈亏分布表

	$S>X$	$S=X$	$S<X$
是否执行	是	否	否
买方的损益	$S-X-C$	$-C$	$-C$
卖方的损益	$C-(S-X)$	C	C
期权类型	实值期权	两平期权	虚值期权

根据同样的道理，我们可以推导出看跌期权在何时执行、期权的买卖双方的收益和损失如何，我们可以用表5-2来表示。

表 5-2 看跌期权的执行和盈亏分布表

	$S>X$	$S=X$	$S<X$
是否执行	否	否	是
买方的损益	$-P$	$-P$	$X-S-P$
卖方的损益	P	P	$P-(X-S)$
期权类型	虚值期权	两平期权	实值期权

我们举一个简单的例子说明期权交易中，买卖双方的收益和损失。假设期权的标的物是某公司的股票，看涨期权的买方与卖方约定未来有权以每股15元的价格买入1 000股股票，期权费是500元。如果未来股票价格

上升到17美元,看涨期权的买方就会执行期权,从合约的交易中得到1 000股股票,再把这些股票拿到股票市场上抛售出去,赚取每股2元的差价,共得到2 000元,扣除期权费以后,净利润是1 500元。相反,如果未来股票的价格下降到13美元,执行期权会给投资人带来损失,损失数额是$(15-13)\times 1\,000+500=2\,500$元。所以,投资人会选择不执行期权,这样最大损失额不过500元。由于期权费摊到合约的股票数上为0.5元,我们不难求出看涨期权的持有人的盈亏平衡点是股票价格为15.5元的时候。看涨期权的盈亏平衡点的计算公式为

盈亏平衡点＝履约价格＋期权费

这一看涨期权的损益可以用图5-3中的图(a)表示出来。图中,横轴表示标的物资产的市场价格。从图中我们可以看出,标的物的市场价格越高,买方的收益越大;如果标的物的市场价格下降,期权买方的最大损失不过是期权费。由于买方与卖方的收益具有相对性,我们可以画出看涨期权的卖方的损益分布,如图5-3(b)所示。

看跌期权的盈亏分布与看涨期权不同。仍然以前面的股票期权为例,不过这一次我们假设期权的买方约定以15元的价格在未来把股票卖给期权的出售者。假设期权费不变。当股票的市场价格上升到17元时,如果执行看跌期权,期权的买方相当于要以17元的价格从市场上购入股票,然后以15元的执行价格卖给期权的卖方,显然这会带来2 000元的股票价格损失和500元的期权费损失,理性的期权买方显然会放弃执行期权,损失

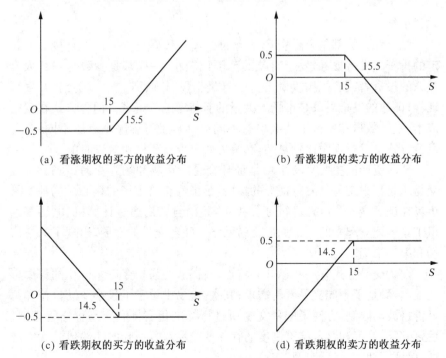

(a) 看涨期权的买方的收益分布　　(b) 看涨期权的卖方的收益分布

(c) 看跌期权的买方的收益分布　　(d) 看跌期权的卖方的收益分布

图5-3　看涨期权和看跌期权交易方的盈亏分布

锁定在500元。相反,如果股票价格下跌到13元,期权的买方可以以13元从市场上买入1 000股股票,然后执行看跌期权,以15元的价格卖给期权的卖方,赚取的差价扣除了期权费以后是1 500元。看跌期权的盈亏平衡点计算公式为

$$盈亏平衡点＝履约价格－期权费$$

看跌期权的买方的盈亏分布可以用图5-3(c)来表示。相对应的,看跌期权的卖方的盈亏分布在图5-3(d)中有形象的演示。

> **重要问题3　什么是实值期权？什么是虚值期权？**
>
> 实值期权是如果期权买方立即履约,买方可以获得正的现金流的期权。对于看涨期权,当标的物的市场价格高于协议价格时,看涨期权是实值期权;对于看跌期权,当标的物的市场价格低于协议价格时,看跌期权是实值期权。虚值期权是如果立即履约、持有者现金流为负值的期权。对于看涨期权,当标的物的市场价格低于协议价格时,看涨期权是虚值期权;对于看跌期权,当标的物的市场价格高于协议价格时,看跌期权是虚值期权。只有当期权是实值期权时,它才会被执行。

本章小结

私募和公募都是金融资产发行的方式。私募是指发行人直接面向特定的投资人发行证券,发行对象的范围比较小,一般都是少数与发行人有关系的投资者或者机构投资者。公募是指发行人面向整个社会公开发行证券,证券的发行对象是市场上大量的非特定的投资者。两种方式在发行成本、发行数量和发行手续上均有不同;另外,发行程序也有所不同,公募发行方式下发行程序比较复杂,私募方式下发行程序相对较简单。

金融资产的主要交易市场是证券交易所市场和场外交易市场。证券交易所是集中交易已发行证券的场所,是证券交易市场的核心。场外交易市场在证券交易所以外进行证券买卖,是由自营商通过计算机、电话等通讯工具等建立起来的一个无形交易网络。随着交易的发展,出现了第三市场和第四市场。

期货交易方式有一些显著的特点。首先,交易指令以多样化的订单形式发出,满足了不同交易者的需求;其次,交易中设定了最小变动价位和每日价格波动限制,方便了期货交易所进行标准化安排和交易价格管理;最后,保证金制度和每日结算制度的存在使交易双方面临的违约风险大大降低,保证了期货交易的顺利进行。

现货价格通常会对期货价格产生重要的影响,基差表示现货价格与期

货价格之差。如果基差大于零,说明人们预期现货的价格在未来会下降;如果基差小于零,说明人们预期现货的价格在未来会上升。在期货的到期日,基差总是等于零。

实值期权是如果期权买方立即履约,买方可以获得正的现金流的期权。对于看涨期权,当标的物的市场价格高于协议价格时,看涨期权是实值期权;对于看跌期权,当标的物的市场价格低于协议价格时,看跌期权是实值期权。虚值期权是如果立即履约、持有者现金流为负值的期权。对于看涨期权,当标的物的市场价格低于协议价格时,看涨期权是虚值期权;对于看跌期权,当标的物的市场价格高于协议价格时,看跌期权是虚值期权。只有当期权是实值期权时,它才会被执行。

复习思考题

1. 公募和私募的区别在哪里,各有什么优缺点?
2. 金融资产交易市场主要有哪些?你认为从目前金融发展的形势来看,交易市场将呈现出怎样的变化趋势?
3. 期货交易有什么特点?
4. 不同形式的交易订单分别适用于何种状态下?
5. 现货价格与期货价格之间的关系是什么?
6. 什么是实值期权?什么是虚值期权?

网络应用

登录上海期货交易所:www.shfe.com.cn

点击进入:上市品种＞标准合约＞天然橡胶,仔细阅读天然橡胶合约文本的主要内容,然后回答下列问题。

1. 该期货合约的最小变动单位和每日价格波动限制是多少?
2. 如果你购买了2手交割月份为3个月的天然橡胶期货,协议价格是14 000元每吨,根据合约文本的内容,你应该支付的最低保证金是多少?

讨论课题

请大家在阅读了期货合约文本的基础上,了解一下上海期货交易所天然橡胶标准合约附件和指定交割仓库,请思考一下你认为期货的标准化合约在哪些方面是标准化了的,与小组成员交流一下对标准化合约的看法。

第六章

直接融资运行分析(下)：金融资产的定价和选择

学习目标
- 理解理性预期的概念和内涵
- 了解有效市场的概念、分类及其标准
- 了解资本资产定价模型的理论逻辑
- 理解并区分证券市场线与资本线之间的关系

基本概念

有效市场　资本资产定价模型　证券市场线　资本市场线

参考资料
- 有效市场假说的应用——你相信小道消息吗？
- 什么是行为金融学？
- 中国的证券市场是弱式有效市场吗？
- 套利定价理论

本书的第五章和第六章都是关于直接融资问题的分析。我们在第五章已经学习了金融资产的发行和交易。无论对于金融资产的发行人（资金短缺者），还是金融资产的持有者（资产盈余者），合理地确定金融资产的价值，判断金融资产的价格是否合适，选择投资的资产或资产组合都是一个重要的问题。本章我们首先介绍金融资产价值评估的一般方法和原理，如理性预期理论和有效市场假说，然后介绍经典的资本资产定价模型和相关的应用。学习完本章，你对金融资产的定价和选择会有初步了解。

第一节　金融资产价值评估基本方法

重要问题

1. 什么是理性预期理论？
2. 什么是有效市场假说？

一、理性和理性预期理论

理性，是金融学分析中一个重要的前提假设。在行为金融学诞生以前，理性作为金融学分析中的基本前提，从未受到过置疑。理性的概念往往是与效用联系在一起的。我们知道效用在经济学中是分析问题的一个基本概念和基本工具，效用通常被认为是人们从消费某种商品中得到的满足程度，效用受到了收益与风险的影响。其他条件不变的情况下，收益越大，效用越高；风险越小，效用越高。在理性的前提下，金融活动的参与者的行为标准总是追求效用最大化。也就是说，对于风险相同的金融资产，理性投资人总是追求收益最高的。而对于收益相同的金融资产，理性投资人总是追求风险最小的。经济学中的理性人假设认为市场参与者具有完全的认知能力、行为能力和自利动机，也就是说，他必须能够准确认识每一种行动的效用并做出排序，必须可以不受阻碍地将自己做出的决策付诸实施，并且以自身效用最大化作为唯一的目标。

预期是在金融活动中经常出现的一个概念，它对金融活动的参与者的行为产生着重要的影响。例如，当人们预期未来的通货膨胀率会上升的时候，人们就不愿意在现在银行存款的固定低利率水平下持有长期存款，而宁愿选择其他短期投资机会；当人们预期未来的收入会增加，即使现在的收入没有变化，也很有可能会增加消费，购买更多的商品，甚至使用消费贷款，提前花掉未来的收入。无论对资金需求者还是对资金盈余者，都有着重要的影响。

在 20 世纪 50 年代和 60 年代，人们通常认为预期是由过去的经验形成的。这种认为当过去的数据变化时预期也会随时间慢慢发生变化的观点被称为适应性预期。例如,利率的预期就被认为是过去的利率的平均值,如果某一年利率突然大幅上升,预期的下一年的利率也会增加,但是上升的幅度由于分摊到过去计算平均利率的各个年份,下一年的利率上升的幅度其实是很小的。

事实上,人们对某个变量的预期,往往不仅仅考虑这个变量的历史数值,还会考虑到许多其他的影响因素,而且对未来的设想也会影响到人们的预期。例如,人们在考虑利率时,可能会想到过去的中央银行政策和宏观经济走势的影响,会考虑到现行的政策和经济运行状况,还会想到未来的政策变化和经济发展的影响。如果人们认为未来几年内利率会持续上升,显然对下一年利率的预期会高于现在的利率水平。更为现实的是,人们的预期是不断变化的,一旦人们掌握了新信息,对未来利率水平的估计会立即发生变化,而这些变化显然不是历史信息里包含了的。

基于这些考虑,经济学家们发展了理性预期理论,认为理性预期(rational expectation)与运用了一切可用的信息做出的最佳预测(即对未来的最好猜测)是一致的。也许以理性预期为依据做出的预测并不总是准确的,但是理性预期是在已知的可用信息的基础上最可能出现的结果。正是因为金融活动的参与者是完全理性的,他才能够利用一切可用的信息做出最佳预测。

理性预期理论体现了人们的迫切愿望。如果人们根据所有的已知信息也不能对未来做出最好的猜测,那么人们就要为此付出代价。对未来的精确预期是受到人们的欢迎的,因此使预期与最佳预测一致的愿望特别的强烈。例如,投资人持有债券,就希望能够对未来的利率和债券的价格做出准确的预测,如果预测准确,那么持有人就可以选择在合适的时候卖出,获得买卖差价的利润。但是,如果预测不准确,持有人就会错过好的交易时间,甚至进行不明智的买卖行为,从而遭受损失。在金融市场上,那些能够较好地预测未来的投资人总是能够把握市场的变化,获得高回报。因此,金融市场上理性预期理论备受关注。

重要问题1　什么是理性预期理论?

理性预期理论认为理性预期与运用了一切可用的信息做出的最佳预测(即对未来的最好猜测)是一致的。这些信息不仅仅包括所分析变量的历史数据,还包括该变量现在和未来的变化趋势信息,以及影响该变量变化的各种因素的历史、现在和未来的信息。理性预期建立在金融活动的参与者是具有完全的认知能力、行为能力和自利动机的理性人的基础上,对金融市场有重要的影响。

二、有效市场假说

有效市场假说(efficient market hypothesis,简称 EMH),是现代微观金融理论分析的基础,该假说认为当金融资产的价格已经包含了所有的信息时,金融市场是有效的市场,可以把金融资产的价格视为理性的价格。换句话说,如果市场是有效的,金融资产的价格可以针对最新出现的信息迅速地进行调整,其价格水平可以很快地调整到真实价值的水平。金融市场的有效性,就是指市场根据新信息迅速调整金融资产的价格的能力。

传递信息是金融市场的重要功能之一。有效市场假说研究的一个重要问题就是交易者的预期如何传递到金融资产的价格变化中去。如果金融市场是有效的,大量准确的信息可以传递到金融资产的价格中,使其迅速调整到合理的价位上,此时,无论选择什么样的投资工具,投资者都只能获得正常的收益;如果金融市场不是有效的,市场信息传递的速度和质量都会下降,价格调整受到阻碍,交易者就有机会利用分析方法找到价格还没有调整到位的金融资产,从交易中获得超常的收益。因此,金融市场是否有效率,有效率的程度有多高,对于资金盈余者的获利水平、资金短缺者融通资金的能力和成本,都有重要的影响作用。

1. 有效市场的分类

有效市场假说最早由美国经济学家法玛(Fama)提出。法玛根据金融市场的参与者可以获得的信息种类,将有效市场进一步划分为三种有效市场,即弱式有效市场、半强式有效市场和强式有效市场。

弱式有效市场(weak-form EMH)是指在金融市场上,金融资产的价格反映了所有历史价格数据和交易信息。在弱式有效市场上,由于当前的价格已经反映出了所有的过去的信息,投资者不可能依据对资产历史价格的分析来持续获得超常的收益。在风险中性的假设上,弱式有效市场表现为金融资产在不同时刻上的价格没有相关性,金融资产的价格变化表现为随机游走(random walk),因此,投资者无法根据历史信息预测出金融资产价格的未来走势,只能获得正常的收益。

半强式有效市场(semi-strong-form EMH)是指在金融市场上,现在的金融资产价格在包括了历史价格信息以外,还包括了所有相关的公开信息。这些公开信息包括了金融资产的发行企业公布的年度报告、季度报告、企业动态新闻、股息分配方案等,它们可能是在证券交易所中发布出来的,也可能是企业在自己的网站上以电子文件的形式表达出来的。在这种条件下,所有公开可以获得的信息已经通过投资人的理性预期完全反映在当前的金融资产的价格当中,仅仅利用这些信息的话,投资人只能获得正常的收益。除非投资人有特殊的渠道掌握内部消息并从事内幕交易,否则投资人无法获得超额回报。

> **有效市场假说**
> 当金融资产的价格已经包含了所有的信息时,金融市场是有效的市场,金融资产的价格被视为理性的价格。

> **弱式有效市场**
> 指在金融市场上,金融资产的价格反映了所有历史价格数据和交易信息。

> **半强式有效市场**
> 指在金融市场上,现在的金融资产价格在包括了历史价格信息以外,还包括了所有相关的公开信息。

强式有效市场
指在金融市场上,金融资产的价格不仅仅包括历史信息和所有公开信息,还包括了所有的内部消息。

强式有效市场(strong-form EMH)是指在金融市场上,金融资产的价格不仅仅包括历史信息和所有公开信息,还包括了所有的内部消息。例如,企业的管理人员所掌握的信息也反映在金融资产的价格当中,也就是说,没有什么内幕消息是只有管理人员掌握而市场不知道的。在强式有效市场的假设下,投资人即使掌握了内部消息也无法获取超常收益,因为内部信息的作用已经反映在金融资产的价格当中了。

 参考资料　有效市场假说的应用——你相信小道消息吗?

在股票市场上,人们通常都有这样的看法,认为那些能够获得小道消息的人往往可以获得较高的收益。事实真的是这样吗?假设你的经纪人打电话告诉你了一个小道消息,说某一家石油公司刚刚与一家国外的大型石油集团签订了共同开采石油的协议,该公司的股票价格会因为这个利好消息上涨,你的经纪人劝你马上去购买该公司的股票,你是否应该听从他的意见呢?

有效市场假说可以为你做出决策提供重要的借鉴。如果市场是强式有效市场,那么这条消息已经反映在了该公司的当前股票价格当中,也就是说,即使这是一个利好消息,它已经使该公司的股票上升到现在的价格水平。因此,这条小道消息是没有什么价值的,它不会让你获得高于现有股票价格中已经包含的回报率的超额收益。

但是你会认为,现在的金融市场可能不是强式有效的市场,市场的效率并没有那么高,也许在信息传递的过程中,你得到这条消息的时候,这条消息的价值还没有反映到该公司股票现在的价格当中。那么,你可能会想,如果这是一条新信息,你会不会比别人有优势,从而获得高于市场平均收益率的回报呢?

如果市场上的其他交易者在你之前获得了这条消息,那么显然你不会得到超额收益,因为既然这条消息已经广泛地流传开来,随之产生的获得超常收益的机会将会很快被利用,而且迅速消失。但是,如果你是最早获得这条消息的人,你也就是最早利用这条消息投资的人,那么你会获得较高的回报,但是,在你购买该公司股票、利用小道消息的时候,你也在帮助市场消除利用小道消息获利的机会,因为你在帮助公司的股票价格反映小道消息的内容。

事实上,在信息传递效率不是很高的市场,即使你可以比较容易地掌握小道消息,但是你却很难确定你是否比其他市场参与者有明显的信息优势。而且,大部分的小道消息都是私下传闻,你的经纪人得到的小道消息的准确性也值得商榷,因此在绝大多数情况下,小道消息不会很有价值。

> 虽然我们从直观上可以理解金融市场上确实存在信息不对称的情况,市场可能是半强式有效的或者弱式有效的,但是掌握更多信息的往往是公司的管理人员,而不是股东和债权人等投资者。金融市场的参与者应该通过对金融市场效率的分析,做出明智的决定。

2. 有效市场假说的实证研究

有效市场假说诞生以后,推动了微观金融理论的发展。与此同时,人们开始对这一假说进行实证分析,做出大量的检验,并依据检验的结果对原有的有效市场假说做出改进。例如,Fama 等学者曾经对 1927—1959 年间纽约证券交易所配股的股票进行了研究,证明了无论投资者对股息分配的预期准确与否,累计的超常收益率的曲线都证明了半强式有效市场假设的成立。许多的实证研究结果表明在发达国家,弱式有效市场和半强式有效市场是存在的,但是强式有效市场的假说并不成立。

但是从 20 世纪 80 年代以来,大量的实证研究和观察结果表现出来的结果却不是令人很满意的。事实上,有许多结果都对传统的有效市场假说和理性预期理论提出了质疑。经济学家 Shleifer 在 2000 年出版的《非有效市场》一书中指出,有效市场假说建立的前提是:

① 投资者是理性的,因此可以利用市场上所有的信息理性预期金融资产的价格;

② 即使有些投资者是非理性的,但是,由于这些非理性的交易是随机的,所以能够互相抵消对价格的影响;

③ 如果部分投资者有相同的非理性行为,市场仍然可以利用套利的力量和机制使市场价格恢复理性。

但是,心理学的研究证明了投资者并不总是进行理性预期的,而且投资者的非理性交易可能不但不会互相抵消,反而会互相累加,对市场造成严重的影响,另外,市场上套利者的作用和力量可能是有限的。一系列的实证研究发现了一些金融市场无效率的现象,例如周末效应和小公司效应,都表现出有效市场假说在一些情况下是不成立的。

周末效应是指每周周一的平均收益率往往低于周二至周四的平均收益率的现象。K. R. French 在对标准普尔 500 指数的研究中发现了这一现象。他选取了标准普尔 500 指数在 1953—1977 年间每个交易日的收益率进行实证研究。结果发现如果投资者在这些年份里在周一收盘时买入标准普尔指数,在周五收盘时卖出,每年获得的平均收益率是 13.4%。既然周末效应可以帮助投资者在没有任何风险的情况下获得超常收益,那么半强式有效市场的假说就是不成立的。

小公司效应是指发行规模比较小的股票(又称小盘股)比发行规模比较大的股票(又称大盘股)的收益率要高。这是 R. W. Benz 对纽约证券交易所 1931—1975 年的数据进行研究时发现的。他的实证研究结果表明,投资于

> **周末效应**
> 指每周周一的平均收益率往往低于周二至周四的平均收益率的现象。

> **小公司效应**
> 指发行规模比较小的股票比发行规模比较大的股票的收益率要高的规律。

小公司股票的投资收益率明显的高于投资于大公司股票的收益率。直观地看,由于小盘股容易被操纵,所以被炒作的可能性比较大,因此可能会给投资者带来超常的收益。但是,从有效市场假说的角度来看,股票的规模是公开的信息,能够为投资者带来持续的超常收益率显然是不符合有效市场假说的。

由于心理学的研究发展和实证检验的结果等因素,有效市场假说受到了很大的挑战。理论研究在新的探索中得到了创新和发展,行为金融学就是这些研究的成果之一。但是市场的效率仍然是投资者在决策中考虑的一个重要的问题,对资金需求双方依然有很大的影响。因此,有效市场假说仍然是一个重要的基础问题,许多建立在其基础上的金融理论都是非常重要的金融学课题。我们在本章第二节讲到的资本资产定价模型就是建立在有效市场假说的基础上的。

网络资源
标准普尔指数在许多财经网站上都可以查到。CNNMoney 就是其中的一个。
http://money.cnn.com/markets/sandp.html

参考资料　什么是行为金融学?

> 行为金融学是心理学和决策理论与传统经济学和金融学相结合的交叉学科,它试图解释金融市场中实际观察到的或者是金融文献中论述的、但是传统的金融理论却无法对之进行合理解释的异常金融现象。行为金融学对有效市场假说和其他传统的金融理论提出了挑战,并且有效地解释了一些传统理论无法解释的市场异常行为。
>
> 例如,传统的经济学研究和金融理论都赞同理性人假设,认为理性人具有完全的认知能力、行为能力和自利动机。但是在现实生活中,由于人们的精力和体力的局限性、先天的心智结构差别、后天的受教育程度不同,对不同事物有时具有毫无理由的喜好和憎恶,等等,我们很难说理性人假设始终是正确的。人们往往不仅仅有经济动机,还会有政治、文化等其他方面的追求。事实上,冲动情绪左右人们的决策的情况是经常发生。
>
> 行为金融学的一个重要的前提假设就是市场上存在噪音交易者(noise trader)。噪音交易者是不按照金融资产的真实内在价值交易的市场参与者。因此,他们是非理性的。例如,当一只股票的价格下降,低于其真实价值时,传统理论中的套利者会买入股票,使股票的价格恢复到真实价值的水平。而市场上的悲观的噪音交易者却可能认为股价会进一步下跌,从而抛掉这一只股票。如果股票市场上噪音交易者的力量比套利者的力量更大的时候,该股票价格会进一步下降,更加偏离其真实价值。同样,当股票的价格上升超过其真实价值时,乐观的噪音交易者不但不会卖掉股票,反而还会吃进更多的股票,期待股票价格涨得更高。与套利者相比,噪音交易者的交易行为显然是不理性的。但是,当市场上噪音交易者的数量足够大的时候,市场价格的变化就会按照噪音交易者的预期变化,理性的套利者反而会遭受损失。

噪音交易者
不按照金融资产的真实内在价值交易的市场参与者。

参考资料　中国的证券市场是弱式有效市场吗?

随着中国的证券市场的发展和进步,越来越多的学者开始关注中国证券市场的有效性问题。从实证研究得到的结论来看,1993年以前得到的数据证明证券市场是非有效的;在1993年以后的数据的基础上得到的结论大多都支持证券市场弱式有效。此外,部分学者对中国股票市场进行划分,研究了若干时间区间的子样本的市场有效性,结果说明中国的证券市场的效率在不断提高。

但是,根据国信证券研究策划中心完成的一份题为《沪深证券市场公司重组绩效实证研究》的报告,目前我国股票市场中大多数公司的股票定价机制仍然不合理,股票市场是非有效的市场。该报告指出,截至1999年12月31日,我国A股市场上,上市公司控制权转移共发生了160多次,其中控制权转移发生了两次或两次以上的公司有20多家,股票市场对控制权转移的重组时间不仅在转移发生前有强烈的反应,导致股价剧烈波动,而且在控制权转移公告之后还存在着明显的过度反应的特征。报告的研究结果显示,在控制权转移等五种公司重组的方式中,控制权有偿转让的市场反应最突出,转让中涉及的累计超额收益率大大超出了市场平均收益率。在沪深两市的1 038只A股中,大约有三分之二的股票不是定价过高就是市价大大低于亏损的水平,也就是说,这些股票的价格是无法直接由相关上市公司的公开信息解释的。

因此,更为普遍的看法是,目前中国的证券市场还不是弱式有效市场,大多数股票的价格无法通过历史价格变动来解释。少数资金雄厚的投资人(又称庄家)可以获得比一般投资者(又称散户)更多的非公开信息或内幕信息,或者可以利用更多的技术工具优势来获取更高的收益。因此,对于机构投资者,他们很难通过传统的理论研究选择投资组合。在中国目前的证券市场上,存在着大量的非理性投资人和投机者。例如,那些"跟涨不跟跌"的股票交易者显然与传统理论中的理性人假定是不符合的。

中国的股票市场上,一个非理性的典型例子就是板块轮涨现象,简称板块现象。板块现象是指,在一段时期内,与某一事件相关联的股票的涨跌有明显的一致性,引起板块现象的板块时间可以是带有某个行业特征或者地域特征性质的时间,或者与行业和地域都没有关系,仅仅是随着潮流变化不断出现的某种概念(受这种概念影响的股票又称为概念股)。板块现象频度高,即使在大市平稳时也会出现,市场交易者往往认为,如果在选股时跟对了板块节奏,就必然可以获得超额收益率。板块投机会涉及大量的股票和资金。

正因为中国股票市场的非有效特征,规范股票市场行为,创造良好的市场环境,保证交易公开、公平、公正,是证券市场监管机构的重要责任。

板块现象

在一段时期内,与某一事件相关联的股票的涨跌有明显的一致性的现象,又称为板块轮涨现象。

重要问题2　什么是有效市场假说?

有效市场假说是现代微观金融理论分析的基础,该假说认为当金融资产的价格已经包含了所有的信息时,金融市场是有效的市场,可以把金融资产的价格视为理性的价格。根据金融市场的参与者可以获得的信息种类,有效市场可以分为弱式有效市场、半强式有效市场和强式有效市场。有效市场假说为微观金融的发展做出了重要的贡献。但是,由于在实证检验中出现的周末效应和小公司效应,有效市场假说受到了挑战。

第二节　资本资产定价模型

 重要问题

1. 什么是马柯维茨有效组合?
2. 什么是资本市场线?
3. 什么是证券市场线?

一、马柯维茨有效组合

我们在第四章已经学习过了风险和资产组合的相关知识。资产组合中资产的数量越多,分散化程度越高,资产组合的风险就越小。通过多样化的风险分散,我们可以降低资产组合的非系统性风险。如果我们把所有的组合的收益率与风险的关系用坐标图上的点表示出来,就得到如图6-1中所示的所有资产组合的收益率与风险的可能组合。我们把图中的曲线环绕的区域称为可行集(feasible set)。可行集就是由多种金融资产形成的所有资产的集合,是图中ABDC等点环绕的部分。资产组合可以落在区域的内部,也可以落在区域的边界上。例如,在图6-1中,点A是风险最小的组合,而点D是风险最大的组合;点

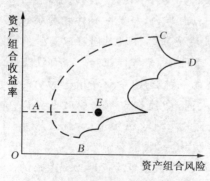

图6-1　资产组合的风险和收益率

B是收益率最低的组合,而点C是收益率最高的组合。

面对资产组合的集合,一个理性的投资者会根据一定的标准进行筛选,因为并不是每一个资产组合都是有效率的。作为风险厌恶者,理性投资者会选择风险最小或者收益最大的资产组合,符合这个条件的组合我们称为马柯维茨有效组合。也就是说,马柯维茨有效组合是在风险水平相同的条件下预期收益率最大的组合,或者是在预期收益率相同的资产组合中风险最小的组合。

☞**马柯维茨有效组合**
收益相同时风险最小或者风险相同时收益最大的资产组合。

从图6-1中我们可以看出,点E是可行集中间的一个点,其代表的资产组合的收益率水平和点A代表的收益率水平是相同的,但是由于组合A的风险明显小于组合E,所以组合A比组合E更加有效率。同理,根据相同收益率风险最小的准则,我们可以得到可行集的左边界代表的资产组合,即弧线CAB部分,比右边的点代表的组合更加有效率。

如果再应用同样的风险水平下收益率最高的原则,我们会发现,对于弧线AB上的每一个点,弧线AC上都有一个对应的风险水平相同,但是收益率水平更高的点。因此,弧线AB上的点代表的资产组合没有弧线AC上的点代表的资产组合的效率高。

通过以上的分析我们可以得出,弧线AC部分是马柯维茨有效组合,它是一条向右上方倾斜的曲线,这条曲线又称为马柯维茨有效边界(efficient frontier)。事实上,我们在生活中也可以构造出有效组合的资产组合。例如,如果你投资于股票市场,按照每种股票市场价值占股票市场总市值的比例购买每一种上市股票,你就构造了一个高度分散化,只有系统性风险的组合。

☞**马柯维茨有效边界**
代表马柯维茨有效组合的一条向右上方倾斜的曲线。

现在,我们把投资者的风险偏好情况,即无差异曲线,与马柯维茨有效边界结合在一起。对于不同的投资者,即使都是风险厌恶者,他们的风险厌恶程度是不同的。因此,并不是有效边界上的每一个点对于投资者都是效用最大的。我们用图6-2说明最优资产组合的决定。

如图6-2所示,坐标图中左上方的三条弧线代表了理性投资人的无差异曲线,位置越高的曲线代表的效用越高。显然理性投资人能够得到的最大效用是与有效边界相切的中间一条无差异曲线代表的效用。切点F也代表了对理性投资人最有效的投资组合,我们称为最优资产组合。一般来说,如果投资人的风险承受能力较低,风

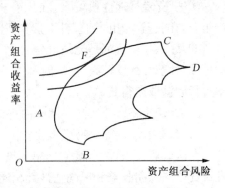

图6-2 最优资产组合

险厌恶的程度比较高,无差异曲线就会比较陡峭,最优资产组合就靠近A点;如果投资人的风险承受能力较高,风险厌恶的程度偏低,无差异曲线就会比较平缓,最优资产组合靠近C点。如何发现并选择最优资产组合是投

资者在投资活动、市场交易中面临的最重要的问题。

> **重要问题1 什么是马柯维茨有效组合?**
>
> 马柯维茨有效组合是理性投资人(风险厌恶者)面临的风险最小或者收益最大的资产组合。也就是说,马柯维茨有效组合是在风险水平相同的条件下预期收益率最大的组合,或者是在预期收益率相同的资产组合中风险最小的组合。用图形表示出来的代表马柯维茨有效组合的弧线我们又称马柯维茨有效边界。有效边界和理性投资人的无差异曲线的切点共同决定最优投资组合。

二、资本资产定价模型

资本资产定价模型(capital asset pricing model,简称 CAPM)建立在马柯维茨有效组合的基础上,是 1964 年由威廉·夏普(William Sharp)、约翰·林特纳(John Lintner)和简·莫森(Jane Mossin)等人分别提出的。该模型在一系列假设条件下,为选择资产组合提供了重要的理论依据,在投资领域得到了广泛的应用。

1. 模型基本假定

资本资产定价模型建立在一系列假设条件上,这些假设条件有助于简化模型的推导,使模型更容易理解。这些假设条件是:

① 对于所有的投资者,信息的获得是不需要成本的;

② 所有投资者对于收益率、标准差和风险资产的协方差有相同的理性预期;

③ 投资者通过投资组合的收益率和标准差来评价投资组合;

④ 投资者是理性投资人,在风险相同的条件下选择收益率最高的资产组合,在收益率相同的条件下选择风险最低的资产组合;

⑤ 每一种资产都是无限可分的;

⑥ 对于所有投资人,无风险利率是相同的,投资者可以按照无风险利率进行储蓄或获得贷款;

⑦ 所有的交易都在同一期限内进行;

⑧ 不考虑税收等交易成本。

在这些假设条件下,我们把单个投资者的问题变成了如果所有的投资者对资产的预期收益和风险估计都相同,所有投资者都按照有效分散风险的原则选择投资组合时,投资者对证券的价格会有什么影响,每种证券的风险和收益之间有什么确定的关系。这些假设条件在以后的学者的研究中逐步被放宽,为资本资产定价模型和其他价值评估理论的发展做出了重要的贡献。

2. 资本市场线

在以上的假设条件下,我们把投资者获得的收益分为两部分,一部分是从风险资产的组合中得到的,另一部分是由无风险资产带来的。投资者总收益的大小取决于投资者投资于风险资产组合和无风险资产的比例。

根据假设条件,我们可以知道市场上所有的投资人都面临同样的无风险利率,我们可以用 r_f 表示无风险资产的利率,ω_f 表示无风险资产在所有投资中占有的比例,由于无风险资产是没有风险的,因此无风险资产的标准差为零。另一方面,由于市场上所有的投资者的行为都是理性的,而且所有的投资人的预期相同,而且都会按照最优化原则选择风险资产组合,因此所有投资人面临的马柯维茨有效边界都是相同的。如果风险资产组合的收益率用 $\bar{r}_m$ 表示,组合风险用 δ_m 表示,风险资产组合占总投资的比率是 ω_m,而且由于无风险资产的风险为零,因此无风险资产与风险资产组合的协方差为零,所以,我们可以得到新的无风险资产和风险资产的组合的收益率 $\bar{r}_p$ 如公式(6-1)所示,组合的风险大小相当于风险资产的比率与其标准差的乘积,可以用公式(6-2)表示。

$$\bar{r}_p = \omega_f r_f + \omega_m \bar{r}_m \qquad (6-1)$$

$$\delta_p = \omega_m \delta_m \qquad (6-2)$$

我们可以用图形表示无风险资产和风险资产组合的收益率和标准差。如图6-3所示,纵坐标轴表示收益率水平,横坐标轴表示风险高低,曲线 AC 和在前面的图中一样,代表马柯维茨有效边界,r_f 是无风险资产的收益率。因此,由于无风险资产和风险资产的组合必须通过点 $(0, r_f)$,最终组合收益率曲线应该是通过该点向上倾斜的一条直线。从图6-3中可以看出,这条直线应该与马柯维茨有效边界相切,因为如果这条直线不与有效边界相切,位置偏高的话显然没有风险资产组合可以满足条件,位置偏低的话必然有一部分直线落在有效边界的下方因而是没有效率的。在切点 T 处决定了投资者将要选择的风险资产组合,该风险资产组合的

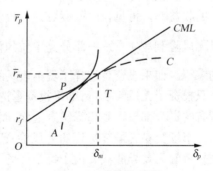

图6-3 资本市场线

收益率是 $\bar{r}_m$,风险水平是 δ_m,对所有的投资者而言,这个风险资产的组合都是相同的。无论投资者如何选择风险资产组合与无风险资产的投资比例,风险资产组合的构成都不会受到影响。也就是说,投资者对风险和收益的偏好状况与投资者选择的风险资产组合的最优构成是无关的,这就是著名的分离定律(separate theorem)。

对于这个最优风险资产组合,我们知道在均衡状态下,风险资产价格的调整会使投资者在持有最优风险资产组合时,每一种风险资产的总需求

☞ **分离定律**
投资者对风险和收益的偏好状况与投资者选择的风险资产组合的最优构成是无关的。

等于总供给。如果某一种风险资产的总需求小于总供给,这种风险资产的价格就会下降,预期收益率上升,对该种风险资产的需求就会上升,直到总需求与总供给相等为止。同理,我们可以推出,风险资产的总需求大于总供给的时候也不会出现均衡。所以,在均衡状态下,所有的投资者对每一种风险资产的需求之和等于该风险资产的总供给。这样,每一位投资者持有的风险资产的相对比例是相同的,风险资产的最优相对比例等于它们的市值的相对比例。如果每一种风险资产的构成比例相当于风险资产的相对市值,我们称这个风险资产组合为市场组合(market portfolio)。虽然风险资产也包括债券等金融资产,但是我们一般谈到市场组合时是指股票市场,因为股票市场上有来自不同行业上大量企业的股票,股票市场所有资产的组合,在一定程度上可以代表有效地分散了风险的最优风险资产组合。

市场组合
每一种风险资产的构成比例相当于风险资产的相对市值的资产组合。

资本市场线
代表了所有利用无风险资产和市场组合进行投资的市场交易者的收益率和风险的关系。

图 6-3 中,经过点 $(0, r_f)$ 和切点 $T(\delta_m, \bar{r}_m)$ 的直线我们称为资本市场线(capital market line,简称 CML)。资本市场线代表了所有利用无风险资产和市场组合进行投资的市场交易者的收益率和风险的关系。资本市场线用公式可以表示为

$$\bar{r}_p = r_f + \frac{\bar{r}_m - r_f}{\delta_m} \cdot \delta_p \qquad (6-3)$$

显然,当我们把点 $(0, r_f)$ 和切点 $T(\delta_m, \bar{r}_m)$ 代入公式 (6-3),公式是完全成立的。资本市场线的斜率是 $\frac{\bar{r}_m - r_f}{\delta_m}$,它是市场组合的收益率与无风险资产的收益率之差,除以市场组合的标准差的差值,代表了每单位风险带来的收益率。可见,在均衡状态下,投资者的收益率由两部分构成,一部分是无风险利率 r_f,另一部分是单位风险报酬 $\frac{\bar{r}_m - r_f}{\delta_m}$ 与组合的风险水平 δ_p 的乘积。如果投资者选择了资本市场线上的点 $(0, r_f)$,那么意味着投资者将只投资于无风险资产;如果投资者选择了点 $T(\delta_m, \bar{r}_m)$,那么投资者会把所有的资金都投入到市场组合上面,而不持有任何的无风险资产。

市场交易者最终选择的无风险资产与市场组合的比例还取决于市场交易者的无差异曲线。由于每个市场交易者的风险厌恶的程度不同,因此他们的无差异曲线可能有不同的陡峭程度。在图 6-3 中,画出了一位市场参与者的无差异曲线,从图中可以看出,无差异曲线与资本市场线的切点是点 P,也就是说,他选择把部分资金投资于无风险资产,部分资金投资于风险资产。如果点 P 越靠近点 $(0, r_f)$,说明投资者的组合中无风险资产占的比例越大,投资者的风险厌恶程度越高;如果点 P 越靠近点 $T(\delta_m, \bar{r}_m)$,则投资者的组合中无风险资产的比例越小,市场组合的比例越大,投资者的风险厌恶程度越低。事实上,点 P 也可能在点 T 的右边。如果点 P 在点 T 的右边,那说明投资者不仅把自己所有的资金都投资到了市场组合中,还以无风险利率借贷了资金,把借来的资金也投入到了市场组合中。

事实上,当市场达到均衡时,市场上所有投资于无风险资产的资金应该等于以无风险利率获得的贷款的资金之和。

> **重要问题 2　什么是资本市场线?**
>
> 　　资本市场线代表了所有利用无风险资产和市场组合进行投资的市场交易者的收益率和风险的关系。其中,市场组合中,每一种风险资产的构成比例相当于风险资产的相对市值。资本市场线的斜率是市场组合的收益率与无风险资产的收益率之差,除以市场组合的标准差的差值,代表了每单位风险带来的收益率。因此,资本市场线表现出有效资产组合的收益率是由无风险收益率和风险升水两部分组成的。

3. β 系数

　　资本市场线给出了有效的市场组合与无风险资产的组合的收益率和风险的关系。但是,在现实生活中,能够构造真正的市场组合的投资者还是为数不多的。大多数投资者拥有的盈余资金的数量是有限的,往往倾向于投资于一个或几个金融资产。同时,对于市场上的资金短缺者,如上市公司,他们更关心自己发行的股票的收益率和风险,从而确定筹资成本等信息,对公司治理方面的决策给出参考意见。因此,对于风险资产来说,我们还应该确定每一种资产的收益率与风险的关系。

　　我们通过数学推导可以得到市场组合的标准差又可以写成

$$\delta_m = \sqrt{X_{1m}\delta_{1m} + X_{2m}\delta_{2m} + X_{3m}\delta_{3m} + \cdots + X_{nm}\delta_{nm}} \tag{6-4}$$

其中,δ_m 表示市场组合的标准差。我们假设市场组合中一共有 n 种风险资产,每一种风险资产 $i(i=1, 2, \cdots, n)$ 的市值占市场组合的总价值的比例是 X_{im},每一种风险资产的收益率与市场组合的收益率的协方差是 δ_{im}。

　　通过公式(6-4)我们可以看出,市场组合的标准差等于所有风险资产与市场组合的协方差的加权平均数的平方根,其中权数等于各种风险资产在市场组合中占有的比例。显然,每一种风险资产的标准差的作用不是很重要,自身风险比较高的金融资产并不一定就对资产组合的风险和收益有多大的贡献。真正有重要影响的是风险资产与市场组合的协方差。也就是说,在权数等其他条件不变的情况下,协方差越大的风险资产,对市场组合的影响越大,因此,协方差越大的资产的收益率应该越高。

　　我们用 β 系数表示市场组合中的一个风险资产对市场组合的风险水平的影响。由于我们认为市场组合已经达到非系统性风险的充分分散的状况,因此,β 系数表示的实际是风险资产对系统性风险的贡献。我们用 β_{im} 表示第 i 种风险资产的 β 系数,可以得到如下计算公式,即

$$\beta_{im} = \frac{\delta_{im}}{\delta_m^2} \qquad (6-5)$$

β系数
单个风险资产与市场组合的协方差和市场组合的方差的比值。

也就是说,单个风险资产的 β 系数等于该风险资产与市场组合的协方差和市场组合的方差的比值。对于投资者持有的风险资产组合,该组合的 β 系数应该等于组合中各个风险资产的 β 系数的加权平均值,其中权数等于各种风险资产在风险资产组合中占有的比例。这样,对于一个由 n 种资产构成的风险资产组合 P 而言,组合的 β 系数为

$$\beta_p = \sum_{i=1}^{n} X_i \beta_{im} \qquad (6-6)$$

其中,X_i 表示第 i 种风险资产在资产组合中占的比例。

表 6-1 给出了美国的一些股票的 β 系数。

网络资源
波音公司
http://www.boeing.com/
通用汽车公司
http://www.gm.com/
宝洁公司
http://www.pg.com/

表 6-1　股票的 β 系数

股 票 名 称	β 系 数
IBM	0.73
波音(Boeing)	10.15
美国快运(American Express)	1.22
可口可乐(Coca Cola)	0.95
迪斯尼(Disney)	1.26
通用汽车(General Motors)	1.00
通用电器(General Electronics)	1.18
麦当劳(McDonald)	0.96
宝洁(Procter & Gamble)	0.87

资料来源:Merrill Lynch Security Evaluation Service;根据 1992 年 7 月 31 日前 60 个月每月的收益率测算,市场指数使用的是 S&P500 指数。

4. 证券市场线

证券市场线
表示单个风险资产与市场组合的协方差和预期收益率之间的关系。

在具备了以上的知识以后,我们来看证券市场线(security market line,简称 SML)。证券市场线表示了单个风险资产与市场组合的协方差和预期收益率之间的关系。用公式可以表示为

$$\bar{r}_i = r_f + \frac{\bar{r}_m - r_f}{\delta_m^2} \cdot \delta_{im} \qquad (6-7)$$

其中,$\bar{r}_i$ 表示第 i 种风险资产的收益率。从公式(6-7)中我们可以看出,如果某一种风险资产与市场组合的协方差为 0,那么这种风险资产的收益率就等于无风险利率。

如果我们把公式(6-5)代入公式(6-7),证券市场线可以写成

$$\bar{r}_i = r_f + (\bar{r}_m - r_f) \cdot \beta_{im} \quad (6-8)$$

这是证券市场线的又一种表达方式,这种表达方式就是我们所说的资本资产市场定价模型(CAPM)。从公式(6-8)中可以看出,如果某一种风险资产的 β 系数越高,该风险资产的收益率越高。我们可以用图形表示出证券市场线中 β 系数与风险资产收益率的关系,如图6-4。

如图6-4所示,横轴代表了风险资产的 β 系数 β_{im},纵轴代表了风险资产的收益率,证券市场线是一条过点 $(0, r_f)$ 和点 $M(1, \bar{r}_m)$ 的一条向上倾斜的直线。这条直线的斜率是 $(\bar{r}_m - r_f)$。如果知道某种风险资产的 β 系数,我们就可以求出这种风险资产的收益率。

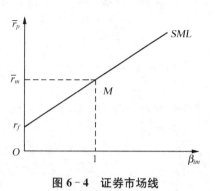

图6-4 证券市场线

例如,从表6-1中,我们知道可口可乐公司的 $\beta_{im} = 0.95$,如果当时的无风险利率是5%,市场组合的利率是10%,那么我们可以利用公式(6-8)计算出可口可乐公司的股票收益率为

$$5\% + (10\% - 5\%) \times 0.95 = 9.75\%$$

网络资源
可口可乐公司
http://www.coca-cola.com/

证券市场线可以广泛地应用于计算风险资产的收益率,对于资金盈余者,这是其投资的资产组合中该风险资产的贡献;对于资金短缺者,这是从资本市场进行筹资活动付出的成本。

由于无风险资产与市场组合不相关,β 系数等于零,而风险资产组合的 β 系数等于各种风险资产的 β 系数的加权平均数,因此资产组合的 β 系数也落在证券市场线上。当投资者仅仅持有无风险资产时,β 系数为零,投资者的收益率就落在了点 $(0, r_f)$ 上;如果投资者持有的全部是市场组合,组合的 β 系数等于1,投资者的收益率就落在了点 $M(1, \bar{r}_m)$ 上。证券市场线反映出在不同的 β 系数下,各种资产和资产组合应有的收益率水平。

重要问题3　什么是证券市场线?

证券市场线表示了单个风险资产与市场组合的协方差和预期收益率之间的关系。它是一条过点 $(0, r_f)$ 和点 $M(1, \bar{r}_m)$,斜率为 $(\bar{r}_m - r_f)$ 的一条向上倾斜的直线。证券市场线用公式可以表达为 $\bar{r}_i = r_f + (\bar{r}_m - r_f) \cdot \beta_{im}$,它反映出在不同的 β 系数下,各种资产和资产组合应有的收益率水平。这就是资本资产定价模型的主要内容。

参考资料　套利定价理论

资本资产定价模型是建立在一系列严格的假设条件下的。但是，一部分假设条件是不符合现实社会的真实环境的。例如，如果投资者对未来收益的预期不一致，那么投资者就会面临不同的有效边界，也会选择不同的市场组合，资本资产定价模型的应用价值也大打折扣。实证研究的结果表明，证券市场线在很多情况下并不符合市场数据的分布，因此不能充分地解释金融资产或资产组合的收益率的分布。

因此，学者们不断放松资本资产市场定价模型的假设条件，以更好地解释证券市场上金融资产和资产组合的价格变动规律。例如，罗伯特·莫顿(Merton)在1973年发展了多要素资本资产定价模型，引入了除了证券价格的标准差代表的风险以外其他因素的影响，例如未来收入水平的变化，投资机会的出现，商品和劳务价格的波动，等等。还有一些学者对传统的 CAPM 理论进行了发展和演绎，推导出其他的定价理论。其中最有影响力的就是1976年由斯蒂芬·罗斯(Ross)提出的套利定价理论(arbitrage pricing theory，简称 APT)。

套利定价理论假定资产的收益率受到多个因素的影响，强调套利行为在建立市场的均衡中发挥的作用。我们已经学过，套利是利用同一种资产的不同价格获取无风险收益的行为。因此，投资者发现了套利的机会就会立刻设法运用，获取无风险收益，在买卖资产的同时也消除了这些套利机会。在套利模型中，对相同的因素敏感性相同的金融资产或资产组合必须有相同的收益率，否则套利机会就会出现。套利者的存在是市场能够达到均衡的重要条件。

套利定价理论与 CAPM 模型相比有以下的区别：

① 套利定价理论的假设条件比较放松，它对市场交易者对于风险和收益的偏好的假定没有 CAPM 模型严格，也不需要对证券收益率的分布做出假设，因此比 CAPM 模型更加符合实际情况；

② 套利定价理论中考虑了多种会对金融资产和资产组合造成影响的因素，而 CAPM 模型可以看作是当影响因素只有市场组合一项时套利定价理论的特例；

③ CAPM 模型建立在马柯维茨有效组合的基础上，强调风险相同收益最大或者收益相同风险最小，其推导出的均衡状态是一个静态均衡。而套利定价理论建立在一价定律的基础上，最终得到的是一个动态均衡。

套利定价理论在解释资产收益率方面比传统的资本资产定价模型更具有说服力。

本章小结

理性预期理论认为理性预期与运用了一切可用的信息做出的最佳预测是一致的。理性预期建立在金融活动的参与者是具有完全的认知能力、行为能力和自利动机的理性人的基础上,对金融市场有重要的影响。

有效市场假说是现代微观金融理论分析的基础,该假说认为当金融资产的价格已经包含了所有的信息时,金融市场是有效的,可以把金融资产的价格视为理性的价格。根据金融市场的参与者可以获得的信息种类,有效市场的形式可分为弱式有效、半强式有效和强式有效三种。有效市场假说为微观金融的发展做出了重要的贡献,也受到了一些市场异常的挑战。

马柯维茨有效组合是理性投资人(风险厌恶者)面临的风险最小或者收益最大的资产组合。用图形表示出来的代表马柯维茨有效组合的弧线我们又称马柯维茨有效边界。有效边界和理性投资人的无差异曲线的切点共同决定最优投资组合。

资本市场线代表了所有利用无风险资产和市场组合进行投资的市场交易者的收益率和风险的关系,它表现出有效资产组合的收益率是由无风险收益率和风险升水两部分组成的。证券市场线表示了单个风险资产与市场组合的协方差和预期收益率之间的关系。它反映出在不同的 β 系数下,各种资产和资产组合应有的收益率水平。

复习思考题

1. 理性预期理论的基础是什么?
2. 什么是有效市场假说?有效市场假说有几种形式,如何区分这几种形式?
3. 请列举出几种与有效市场假说相悖的异常现象。
4. 马柯维茨的 M-V 理论中如何决定最有效投资组合?
5. 简要介绍资本市场线中的 β 系数的定义和内涵。
6. 证券市场线和资本市场线有什么异同?

网络学习导引

登录北京济安金信科技有限公司网站 www.jajx.com
点击进入"东方小屋＞相对风险指标 β 系数"
仔细阅读该网站上关于 β 系数的定义、分类等主要内容,该网站还提供下载有关沪市和深市 A 股市场 β 系数的排名情况。

然后请回答下列问题:
1. β 系数大于 1 还是小于 1 对股票的价格变化会有什么样的影响?
2. 请查阅最近一期沪深股市 A 股 β 系数排名前 20 位的股票和后 20 位的股票,请说出 β 系数的变动范围是多少?这有什么经济学意义?

讨论课题

请大家看一下 β 系数的排名,在沪深股市 A 股中是否有 β 系数小于 0 的股票?如果有,β 系数为什么会小于 0?如果没有,说明了什么问题?小于 0 的 β 系数有什么意义?请与小组同学交换一下各自的看法。

第七章

间接融资运行分析：商业银行经营管理

学习目标
- 了解商业银行制度的产生和发展
- 简要了解几种主要的商业银行业务
- 理解商业银行的经营原则及其关系
- 了解商业银行的几种主要的管理方法

基本概念
　　商业银行　资产业务　负债业务　中间业务　表外业务　商业银行的经营原则　商业银行的管理方法

参考资料
- 美国银行的分业经营和混业经营变迁
- 国有商业银行试点不良资产证券化
- 资本充足性管理

商业银行是世界各国金融系统中最重要的组成部分,是金融系统中历史最悠久、服务范围最广泛、对经济活动影响最大的金融中介机构。以商业银行为主体而进行的间接融资活动,是金融系统的非常重要的组成部分。本章我们将详细介绍商业银行的产生发展过程及其业务分类,并分析商业银行业务管理的原则和方法。

第一节 现代银行的产生和发展

重要问题

1. 商业银行的发展遵循哪两种模式?
2. 为什么要有商业银行?
3. 商业银行的组织制度有哪些?

一、商业银行的起源与发展

银行,作为专门从事货币信用业务的机构,古已有之。从历史上看,银行业的起源可以追溯到公元前 2000 年的古巴比伦王国,当时的寺庙已经有经营金银、从事借贷业务的活动。在后来的古希腊和古罗马史中,我们也可以找到相关记载。但是,以工商业为主要服务对象的现代意义上的商业银行则是随着资本主义的生产关系而产生和发展的。

中世纪的意大利城市威尼斯,由于其优越的地理位置,成为当时著名的世界贸易中心。云集于此的各国商人为了顺利地进行商品交易,须把携带的各地货币兑换成威尼斯地方货币,于是出现了专门从事货币兑换并收取手续费的货币兑换商。随着商品经济的不断发展和交易规模的不断扩大,为了避免长途携带大量货币的危险与不便,各地商人们便将用不完的货币委托当地货币兑换商保管,后来又发展到委托兑换商们办理支付和汇兑。手中集中了大量货币资金的兑换商们发现,这些长期存放的大量货币余额相对稳定,可以用来发放高利贷,收取高额利息。于是这些货币兑换商们变被动接受委托保管为主动揽取货币。这样,货币保管业务渐渐演变成为存款业务,货币保管商们也演变成为集存款、贷款、汇兑和支付结算于一身的早期银行。

但是,过高的贷款利率极大地影响了工商业的利润。1694 年,为了适应工商企业发展的需要,在英国政府的支持下,第一家股份制银行——英格兰银行成立了。它以不高于 6% 的利率向工商企业发放贷款,极大地动摇了高利贷在信用领域的垄断地位,并迫使他们大幅降低贷款利率。此后,各国纷纷效仿,现代银行制度正式产生。

我们从上面商业银行的历史可以看出,现代商业银行体系是通过两种途径产生的:一是旧的高利贷性质的银行为适应新的经济条件而转变过

网络资源
英格兰银行
www.bankofengland.co.uk

来的,二是按市场经济原则组织起来的股份制银行。其中,起主导作用的是后一条途径。

在其后的发展过程中,商业银行也大致遵循了两种经营模式。

一种是融通短期资金的英国模式。这一模式发源于英国,以短期的商业性贷款为主,业务主要集中于贴现票据和商品流通中的短期周转性贷款。一旦票据到期或产销完成,就可以收回贷款。这种模式由于同企业的产销活动紧密结合,期限较短,流动性高,银行经营的安全性很好,但银行业务的发展受到较大限制。采用该模式的国家,一般会立法对商业银行的经营范围作严格的限制。例如,美国于1933年颁布的《格拉斯—斯蒂格尔法》中便明确规定:银行分为商业银行和投资银行两大类,商业银行不能涉足属于投资银行经营范围的证券投资业务。其后,美国又相继颁布《1934年证券交易法》、《投资公司法》等一系列法案来强化和完善该制度。对于这种进行职能分工的银行经营制度,我们称之为分业经营。英国、美国和日本等国家的商业银行以短期商业性贷款为主。

另一种是综合性的德国模式。按照这种模式发展的商业银行,不仅提供短期商业性贷款,也提供长期贷款,并直接投资于企业,替企业包销证券,参与企业的决策与发展,为企业提供各种金融服务。这种模式有利于银行开展全方位的业务,深入了解客户情况,发展和巩固客户关系,但是会加大银行的经营风险。在这种模式下,商业银行可以不受限制地从事各种期限的存贷款和全面的证券投资业务,实行混业经营。德国、奥地利和瑞士等国家采用该模式。

网络资源
德意志银行就是在德国模式下建立起来的一家综合性银行。
www.db.com

第二次世界大战后,随着金融管制的放宽、银行竞争的加剧、信息技术的发展,这两种传统的商业银行经营模式逐渐淡化,并趋向于综合化、全能化经营。尤其是进入20世纪90年代,各国的商业银行均出现了业务国际化、创新多样化、融资证券化和经营电子化的新发展趋势。

重要问题 1　商业银行的发展遵循哪两种模式?

商业银行的发展遵循了两种模式:一是英国模式,银行业务主要集中于票据贴现和商品流通中的短期周转贷款,商业银行和投资银行实行分业经营;另一种是德国模式,在这种模式下,商业银行可以开展包括证券投资在内的各种业务,实行混业经营。目前这两种模式趋于淡化,并向综合化、全能化方向发展。

参考资料　美国银行业的分业经营和混业经营变迁

20世纪30年代以前,各国政府对商业银行经营活动很少给以限制，商业银行可以经营多种业务，美国也是实行混业经营的。但是，1929年至1933年，资本主义世界发生了一场空前的经济危机，期间美国共有一万多家金融机构宣布破产，信用体系遭到毁灭性的破坏。当时，人们普遍认为，银行、证券的混业经营是引发经济危机的主要原因，认定商业银行只适宜经营短期的商业性贷款。为了防止危机的进一步发展对金融系统造成更大范围的破坏，美国于1933年通过了《格拉斯—斯蒂格尔法》，将商业银行业务与投资银行业务严格分离。规定任何以吸收存款业务为主要资金来源的商业银行，不得同时经营证券投资等长期性资产业务；任何经营证券业务的银行即投资银行，不得经营吸收存款等商业银行业务。商业银行不准经营代理证券发行、包销、零售、经纪等业务，不得设立从事证券业务的分支机构。其后，美国政府又先后颁布了《1934年证券交易法》、《投资公司法》以及《1968年威廉斯法》等一系列法案，进一步加强了对银行业和证券业分业经营的管制。英国、日本等许多国家纷纷效仿。

20世纪80年代初到90年代初期，是美国金融业的逐步融合阶段。随着金融国际化趋势的不断加强，外资银行大举进入美国的金融市场，一些发达国家的所谓综合性商业银行以先进的技术手段、良好的经营信誉、优质的金融服务以及种类繁多的金融产品对美国金融市场进行着前所未有的冲击。为了保护本国银行业的利益，确保金融市场不出现大的动荡，美国政府在1980年和1982年先后通过了《取消存款机构管制和货币控制法案》和《高恩—圣杰曼存款机构法案》等有关法律，放开了存款货币银行的利率上限，从法律上允许银行业和证券业的适当融合。

从20世纪90年代中后期开始，美国金融业开始进入完全意义上的混业经营时期。经过80年代金融改革，美国金融业分业经营的经济基础逐步消失，分业经营的制度也已经不断被现实所突破。到90年代初，国际金融业并购浪潮席卷全球。这段时间的银行业的并购浪潮大大改变了国际银行业的整体格局，并表现出不同于以往并购的一些新特点：一是银行业并购的规模、金额不断扩大；二是跨行业合并成为新的热点；三是跨国界并购越来越多。在这种国际金融环境下，美国联邦储备委员会于1997年初修改了《银行持股公司法》中的个别条例，建立更有效率的银行兼并和开展非银行业务的申请和审批程序，取消了许多对银行从事非银行业务的限制，商业银行能够更加自由地从事财务和投资顾问活动、证券经纪活动、证券私募发行以及一些其他非银行业务。更加至关重要的是，美国联邦储备委员会扩大了银行持股公司附属机构可以承销和交易证券的范围，并大大减少了可能降低这些业务收益的限制。1999年11月12日，美

网络资源

美国联邦储备委员会

www.federalreserve.gov

国总统克林顿签署了《金融服务现代化法案》，由美国创立、而后被许多国家认可并效仿的金融分业经营、分业监管的时代宣告终结。在世界范围内，混业经营呈现勃勃生机，世界商业银行业进入了一个崭新的历史时期。

二、商业银行的职能

从上面商业银行产生和发展的历史我们可以看出商业银行有如下四方面的职能：支付中介职能、信用中介职能、信用创造职能和金融服务职能。

1. 支付中介职能

支付中介职能是指商业银行利用活期存款账户，为客户办理各种货币的结算、收付和汇兑。我们知道，工商企业都要在商业银行开立支票活期存款账户，当企业需要支付一项款项时，只要签发一张支票，并送交银行，银行就会自动为其转账。在这个机制中，客户委托银行为其代收或者代付一笔款项，商业银行就成了企业、个人等客户的货币保管者、出纳人和支付代理人，并成为社会经济活动的债权债务关系和支付中心，成为整个社会信用关系的枢纽。

支付中介是商业银行的传统职能，它大大减少了现金的使用，节约了现金的制造、保管、运输等流通费用，提高了结算效率，加速了货币资本的周转，从而促进了社会的扩大再生产。对于客户而言，要想获得商业银行的支付中介服务，首先要在银行开立活期存款账户，存入一笔资金，这样商业银行就获得了大量低息或无息资金，为其资产业务的开展提供便利。

2. 信用中介职能

信用中介职能是指商业银行通过吸收存款、同业拆借、发行债券等负债业务，把社会上的各种闲置资金集中起来，再通过贷款业务，把这些资金投入到需要资金的社会经济各部门。在这个过程中，商业银行充当资金盈余者和资金短缺者之间的中介，实现资金的融通。信用中介是商业银行最基本的职能之一。从历史上看，支付中介职能的应用要早于信用中介职能，但信用中介职能产生后，其就成为支付中介职能存在的前提和基础。商业银行进行货币的转账结算和支付汇兑主要是服务于他们的存、贷款客户，在客户开设的账户之间进行的。而支付中介职能的发挥，反过来又促进了信用中介业务的扩大。

3. 信用创造职能

作为商业银行的一项特殊职能，信用创造是在支付中介职能和信用中介职能基础上产生的。在支票流通和转账结算的环境下，商业银行在发放贷款时，并不以现金形式或并不完全以现金形式支付给客户，而是把贷款转移到客户开设的存款账户上，这就增加了商业银行的资金来源，形成大量的派生存款，这部分派生存款在扣除必要的存款准备金后，又可以用于贷款并派生出新的存款,最后在银行系统中形成数倍于原始存款的派生存款。可以看出,商业银行的信用创造只是信用工具的创造,而并非资本本身的创造。商业银行的信用创造受基础存款规模、贷款需求、中央银行存款准备金率和商业银行自身现金准备等因数的制约,不能无限制或凭空进行信用创造。

信用创造职能对社会经济的发展有着重要意义,当经济发展产生大量货币资金的需求时,商业银行就可以通过信用创造来为其注入必要的资金,从而推动经济迅速增长。另外,中央银行也可以通过各种手段的运用,控制和调节商业银行派生存款的规模,进而控制调节整个社会的货币供应量,对社会经济运行施加影响。

我们将在第九章介绍货币供给的时候进一步讨论信用扩张的问题。

4. 金融服务职能

金融服务职能也是在商业银行支付中介职能和信用中介职能的基础上产生的。商业银行凭借其在社会经济中的特殊地位,通过在支付中介和信用中介过程中获得的大量信息,利用自身技术优势、良好的信誉和雄厚的资金力量,能为客户提供汇兑、信托、承兑、代收、咨询和租赁等各种服务。

通过金融服务,商业银行可以不断开拓和巩固发展与客户的关系,并收取数量可观的服务费。不断开拓和创新的金融服务业务也进一步促进了商业银行传统的资产负债业务的扩大,并与之结合,通过新技术的运用,开拓新的服务领域。借助于日新月异的信息技术,金融服务发挥着越来越重要的作用,并迅速发展成为商业银行的一项重要职能。

重要问题 2　为什么要有商业银行?

商业银行是世界各国金融系统中最重要的组成部分,是金融系统中服务范围最广泛、对经济活动影响最大的金融中介机构。商业银行能为商品交易提供支付结算;能集中社会上各种闲置资金并把它们投入到社会生产需要资金的各个部门中去;能进行存款货币等的信用创造,为经济的迅速发展注入必要的资金;能通过自身资金、信息和技术优势,为社会提供优质的金融服务。

三、商业银行的组织制度

由于各国商业银行的发展历史不同,社会经济和政治环境不同,商业银行的组织制度也不尽相同,大体有以下几种形式。

1. 单一银行制度

单一银行制度是指银行业务只由一个独立的银行机构经营,不允许设

☞ **单一银行制度**
业务只由一个独立的银行机构经营而不设立分支机构的银行组织制度。

立分支机构。这种制度目前只部分地存在于美国,它规定商业银行不得控制其他银行,也不能受控于其他银行。由于美国是实行联邦制的国家,各州独立性较大,且经济发展很不均衡,为保护本州中小商业银行的发展,防止银行间的相互吞并,各州都通过颁布州银行法来阻止金融渗透,并长期实行完全的单一银行制度。随着经济的发展,各地区经济联系不断加强,银行业的竞争不断加剧,这类限制已大大松动,出现向分支行制度发展的趋势。

单一银行制度可以防止银行垄断,有利于自由竞争;确保商业银行的独立自主性,进而保证其业务经营的灵活性;有利于地方政府和商业银行间的协调,促进本地区的经济发展;可以减少银行管理层次,有利于央行政策的贯彻执行。但是,这种单一银行制度影响了商业银行的业务拓展和规模扩大,体现不出新技术、新设备使用的规模效益和成本节约。

2. 分支行制度

分支行制度又称总分行制度,是指在总行之外,可根据业务发展的需要,在各地设立若干分支机构。在这种制度下,各分支行的内部管理和经营业务统一按照总行制定的规章制度和指示进行。目前包括中国在内的大多数国家都实行分支行制度。

和单一银行制度相反,分支行制度有利于银行资金来源和经营规模的扩大,提高其竞争实力;便于新设备、新技术的使用,发挥规模效益,分摊成本,进而提供更优质的服务;便于银行调剂资金、分散放款,有利于降低风险;总行数量少,便于央行管理和控制;各分支行受总行统一管理,地方政府干预小。但是,分支行制度容易形成垄断,并且由于管理层次过多,会影响政策的贯彻执行。

3. 代理行制度

代理行制度是指商业银行之间互相签订代理协议,委托对方银行代办各种指定的业务。商业银行之间的代理关系一般是相互的,双方互为对方的代理行。在国际上,由于地域和规模的限制,代理关系十分普遍。而在各国国内,代理行制度发展最为流行的是美国,因为该制度在一定程度上解决了单一银行制度下不允许设立分支机构的问题。当然,在实行分支行制度的国家,代理关系也普遍存在。

例如,四大国有商业银行之一的中国建设银行便与我国台湾地区银行建立众多的代理关系。自 2002 年 7 月中国建设银行成功开出第一笔直接发往台湾地区银行的信用证以来,该行已与台湾玉山银行等几十家台湾地区银行建立了代理行关系,并且和瑞穗银行台北分行等外资银行台湾地区分行完成了汇款和信用证等业务的合作。目前,中国建设银行也已经与十多家外资银行台湾地区分行建立了代理行关系。

4. 银行控股公司制度

银行持股公司制度是指由某一集团成立股权公司,再由该公司收购或控制若干独立的银行。该股权公司可以由一家大银行组建,被收购的小银

代理行制度
商业银行之间互相签订代理协议,委托对方银行代办各种指定业务的银行组织制度。

网络资源
中国建设银行
www.ccb.cn
台湾玉山银行
www.esunbank.com.tw
瑞穗银行
www.mizuhobank.co.jp

银行持股公司制度
由某一集团成立股权公司,再由该公司收购或控制若干独立银行的银行组织制度。

行从属于这一大银行,也可以由非银行的大企业通过拥有某一银行的股份而组建。被控股银行在法律上是独立的,有自己的董事会,这一点不同于分支行制度。当然,其经营业务和内部运行由持股公司统一管理。银行控股公司制度使众多中小银行成为大银行的分支机构,从法律上回避了单一银行制度下商业银行不能设立分支机构的限制,因而在美国发展得较快。著名的美国花旗公司就是银行性持股公司,目前已经控制了300家以上的银行。

银行控股公司制度可以有效地扩大资本总量,提高抵御风险的能力,进而增强银行的竞争实力,弥补了单一银行制度的缺陷。当然,这样容易形成银行的集中,并产生垄断;另外,该制度也限制了商业银行经营的自主性和创造性。为此,美国联邦储备委员会多次修改《银行持股公司法》,对银行持股公司进行严格监管。

5. 连锁银行制度

连锁银行制度与银行控股公司制度有些相似,是指两家以上的商业银行受控于同一个人或集团,但不需要成立股权公司,而是以银行间相互持股的形式组建。连锁银行的成员一般是形式上独立的小银行,围绕在一家主要银行周围。该主要银行制定银行的经营模式,并以之为中心,形成银行间的各种联合。

重要问题 3　商业银行的组织制度有哪些?

各国商业银行的组织制度概括起来有五种:一是单一银行制度,银行业务只由一个独立的银行机构经营,不允许设立分支机构;二是分支行制度,银行根据业务发展的需要,可以在各地设立若干分支机构;三是代理行制度,商业银行之间可以互相签订代理协议,委托对方代办各种业务;四是银行持股公司制度,由某一集团成立股权公司,再由该公司收购或控制若干独立的银行;五是连锁银行制度,银行间通过相互持股的形式组建集团。

第二节　商业银行业务

重要问题

1. 负债业务有哪些?
2. 资产业务有哪些?
3. 什么是表外业务?表外业务有哪些?

一、负债业务

负债业务是指商业银行吸收资金的业务。商业银行资金的来源有两个方面,即商业银行的自有资金和吸收的外来资金。自有资金即银行的所有者权益部分,包括银行成立时所募集的股本和资本公积、未分配利润。外来资金包括吸收的存款、同业拆借、向中央银行借款以及发行债券筹集资金等。我们所讨论的银行负债是指吸收外来资金部分。

1. 吸收存款

吸收存款是商业银行的传统业务,是其重要的资金来源。我们可以将存款分为活期存款、定期存款和储蓄存款三大类。

（1）活期存款。活期存款是指可以让存款人随时支取其账户余额的一种存款方式。开设活期存款账户主要是用于日常交易和支付结算的。由于活期存款交易频繁,商业银行为其服务的成本比较高,所以活期存款一般不对客户支付利息,或支付很低的利息。

（2）定期存款。定期存款是指预先约定好期限的存款,存款利率也是固定的,且高于活期存款利率。定期存款期限最短为7天,常见的有3个月、6个月、1年期甚至更长。定期存款一般要到约定的期限才能提取,如果需要提前支取,则会受到较高的罚息。随着银行业竞争的加剧,为了满足存款客户对存款的流动性需求,商业银行对面额10万美元及以上的大额定期存单实行可转让制度,允许其在二级市场上进行转让,这一点我们已经在第二章作过介绍。

（3）储蓄存款。储蓄存款是指个人或非营利组织为积蓄货币和获取利息而开立的存款账户。储蓄存款使用存折或存单作为存取款凭证。储蓄存款有活期和定期两种,活期储蓄存款的存取无固定期限,凭存折便可办理,定期储蓄存款类似于定期存款,但不可以流通转让和提前贴现。储蓄存款的利率介于活期存款和定期存款之间。

图7-1和图7-2便表明了近几年来我国商业银行系统各种存款的具体增长情况。

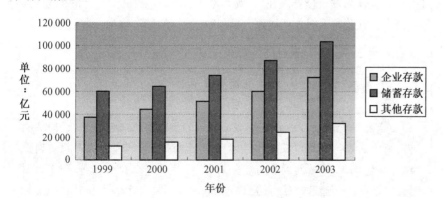

图7-1 我国银行系统各项存款统计

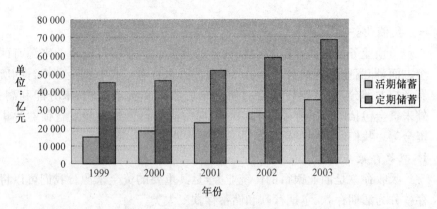

图 7-2 我国银行系统储蓄存款统计

资料来源：中国人民银行网站

2. 同业拆借

同业拆借是指商业银行为解决临时性的资金短缺及满足流动性需求，而进行的商业银行间的短期资金融通。同业拆借的期限较短，多数在一周以内，最长不超过12个月，一般是通过商业银行在中央银行的存款账户进行的，其利率基本控制在存款利率和短期贷款利率之间。

3. 央行借款

商业银行向央行借款主要是用来缓解暂时性的资金短缺，而并非用于盈利，其借款方式主要有再贴现和再贷款两种。再贴现是指商业银行把自己在贴现业务中买进的尚未到期的票据拿到央行申请再次贴现。在市场经济发达的国家，商业票据比较流行，贴现业务广泛开展，再贴现便成为商业银行向央行借款的主要途径，而在一些票据市场欠发达国家，商业银行利用自身信用或抵押有价证券向央行进行再贷款是其主要借款方式。

4. 发行债券

商业银行可以通过发行债券来满足其长期资金需求。商业银行在发行债券时，可凭自己的信用担保发行，或者可以以商业银行的资产作为抵押品或通过第三方担保来发行债券。在英、美等欧美国家，金融机构发行的债券归类于公司债券。在我国及日本等国家，金融机构发行的债券称为金融债券。

再贴现

商业银行把自己在贴现业务中买进的尚未到期的票据拿到央行申请的再次贴现。

 重要问题 1　负债业务有哪些？

商业银行吸收外来资金形成负债，负债具体包括吸收存款、同业拆借、向中央银行借款以及发行债券筹集资金等。其中，吸收存款是商业银行的传统业务，是其重要的资金来源，存款又可以分为三种，即活期存款、定期存款和储蓄存款。同业拆借和央行借款用于解决临时性的资金短缺及满足流动性需求，而发行债券是为了满足长期资金需求。

二、资产业务

资产业务是指商业银行把通过负债业务所筹集到的资金加以运用并取得收益的业务。我们常见的资产业务包括贴现、贷款和证券投资，另外，商业银行也可以通过经营性租赁或融资性租赁向外进行投资。与此同时，商业银行必须将其资金的一部分以现金资产的形式加以保留，以随时应对客户提取存款的需要，也就是说，商业银行必须保持一定的流动性。

1. 现金资产

商业银行的现金资产主要包括其库存现金、存放在中央银行的存款准备金和同业存款。库存现金是存放在商业银行金库中用于日常客户提现和零星开支的。保持一定数量的库存现金可以保证商业银行的清偿力，但由于库存现金不能给商业银行带来任何收益，而且需要花费保管费用，因此商业银行应尽量控制库存现金的规模。中央银行存款准备金是商业银行存放在中央银行的资金，包括法定存款准备金和超额准备金两部分。法定存款准备金是按照法定的比率（法定存款准备金金额与商业银行吸收的存款总额之间的比率）向中央银行缴存的准备金。法定存款准备金保证了商业银行有足够的资金来应对客户提取存款，避免因流动性不足而导致商业银行破产。超额准备金则是指商业银行存放在中央银行的，超过法定存款准备金的那部分存款。超额准备金可以随时支用，以补充法定存款准备金的不足，或用于商业银行间同业清算等。同业存款是指商业银行为了便于在银行间开展代理和结算支付业务而存放在其他商业银行的存款。商业银行设立的同业存款账户一般为活期的，可随时支取。

2. 贷款

贷款是商业银行将其吸收的存款按照约定的利率贷给客户并约定日期归还的业务。贷款一直以来就是商业银行的核心业务，是商业银行主要的盈利途径。与贴现、证券投资等业务相比，贷款的获利水平更高，当然贷款业务的风险也更大。

3. 贴现

贴现是指商业银行根据客户的要求，买进其尚未到期的票据。贴现原来以商业票据为主，现在已扩展到政府短期债券，由于政府债券信用较高，风险较小，且便于转让，商业银行对其贴现既能获利又可以满足流动性需求。办理贴现业务时，银行会向申请贴现的客户收取一定的利息，称为贴现利息，具体办理时表现为折价收购。

☞ 资产业务
商业银行把通过负债业务所筹集到的资金加以运用并取得收益的业务。

☞ 法定存款准备金
商业银行按照法定的比率向中央银行缴存的准备金。

☞ 超额准备金
商业银行存放在中央银行的，超过法定存款准备金的那部分存款。

☞ 贷款
商业银行将其吸收的资金按照约定的利率贷给客户并约定归还期限的业务。

☞ 贴现
商业银行根据客户的要求，买进其尚未到期的票据的业务。

> **重要问题 2　资产业务有哪些？**
>
> 资产业务是指商业银行把通过负债业务所筹集到的资金加以运

用并取得收益的业务。最主要的资产业务包括现金资产管理、贷款、贴现。商业银行的现金资产主要包括其库存现金、存放在中央银行的存款准备金和同业存款。贷款是商业银行将其吸收的存款按照约定的利率贷给客户并约定日期归还的业务。贴现是指商业银行根据客户的要求,买进其尚未到期的票据。

三、中间业务

中间业务是指商业银行不需要运用自己的资金而代理客户办理各种委托事项,并收取手续费的业务。

1. 汇兑

汇兑是指汇款人委托商业银行将其交付的现金款项支付给异地收款人的业务。商业银行接受汇款人交来的现金,经审查无误后,向收款人所在地的分支行或代理行发出通知,将款项转入收款人所开设的存款账户中,并由汇入银行向收款人发出收款通知。汇兑有电汇和信汇两种方式,即汇出银行通过电报或者信件的方式通知汇入银行进行支付操作。电汇的成本较高,收费也高;信汇的收费较低,但整个汇款过程持续较长。

2. 信用证

信用证是由商业银行提供付款保证的业务。信用证是在国际贸易中最广泛使用的支付方式,有效解决了异地商品交易的双方互不信任的矛盾。购货方向银行提出开具信用证申请,银行审核通过并收取一定的保证金后即开具信用证,并在信用证上注明付款条件,供货方在收到信用证后,按所列条件发货,并在发货后备齐所有单据向银行要求付款,银行对单据审核无误后即向供货方付款,并向购货方要求付款赎单。信用证支付方式下,商业银行的存在为买卖双方提供了便利和信誉,因此大大方便了国际贸易往来。

3. 承兑

承兑是指商业银行为客户开出的票据签章,承诺到期付款的业务。在票据到期时,客户应及时办理兑付,或提前将应付款项送交银行,并由银行代为支付。如果到期时客户无力支付款项,则承兑银行要负责支付。通过银行承兑,该票据便有了付款保障,可以在市场上方便地流通。我们在第二章金融工具中介绍票据时谈到的承兑票据就是银行承兑业务的主要形式。

4. 信托

信托是指商业银行接受他人委托,代为管理、经营和处理所托管的资金或财产,并为其盈利的活动。商业银行对信托业务一般只收取相应的手续费,而经营所获得的收入归委托人所有。商业银行在开展信托业务时,应忠实地执行委托人的指示,坚持谨慎稳健的原则,尽力保护和扩大委托人的收益。另外,商业银行的信托资金必须与其他业务资金分开,禁止银行挪用信托资金作其他用途。

5. 代收

代收是指商业银行接受供货方委托,向购货方收取款项的业务。而供货方开出票据,委托商业银行向购货方收取款项的业务称为托收。最常见的代收业务为代收支票款项,当客户收到其他银行的支票后,及时送交自己的开户行,并委托其代收款项。在国际贸易中,异地代收业务比较普遍,当然也有商业银行代收水电煤等公共事业费等。

☞代收
商业银行接受供货方委托,向购货方收取款项的业务。

四、表外业务

表外业务是指未列入商业银行资产负债表内,不影响资产负债总额的能为商业银行带来额外收益的业务。广义的表外业务包括前面提到的中间业务,狭义的表外业务则包括贷款承诺、备用信用证、贷款销售以及金融创新中出现的衍生工具交易等。我们通常谈及的表外业务专指狭义的表外业务。

☞表外业务
未列入商业银行资产负债表内,不影响资产负债总额的能为商业银行带来额外受益的业务。

1. 贷款承诺

贷款承诺是指商业银行向客户作出承诺,保证在未来一定时期内,客户可以随时按照事先约定的条件进行贷款。银行在提供贷款承诺时会向客户收取一定的费用,如果在规定的期限内客户没有提出贷款申请,费用也不予退还。贷款承诺实际上是一种期权合约。对于客户来说,贷款承诺可以避免未来贷款利率上升而多支出利息的风险,同时也可以通过该承诺支持其在融资市场上的信誉,降低其筹资成本。

☞贷款承诺
商业银行向客户作出承诺,保证在未来一定时期内,客户可以随时按照事先约定的条件进行贷款。

2. 备用信用证

备用信用证是指商业银行应借款人的要求向贷款人作出的付款保证。备用信用证独立于借款人和贷款人之间的借贷合同存在,与商业信用证承担第一付款责任不同的是,备用信用证开证行承担连带责任,只有在借款人未能履行其付款义务时才代其支付。银行支付后,借款人必须补偿银行的所有损失。

☞备用信用证
商业银行应借款人的要求向贷款人作出的付款保证。

3. 贷款销售

贷款销售是指商业银行通过直接出售或证券化的方式将贷款进行转让,以此来减低风险资产比例,提高资金的流动性。贷款售出后,购买方一般保留对出售银行的追索权。当然追索权也可以一次买断。

☞贷款销售
商业银行通过直接出售或证券化的方式将贷款进行转让。

4. 金融衍生工具交易

互换、期权、期货以及远期利率协定等金融衍生工具交易的内容和作用我们已在第六章中做过介绍,这里就不再详述。商业银行可以利用金融衍生工具交易进行套期保值,管理风险。

网络资源

瑞士信贷第一波士顿
www.csfb.com
中信证券股份有限公司：中信金融网
www.ecitic.com
中诚信托投资有限责任公司
www.c-finance.com

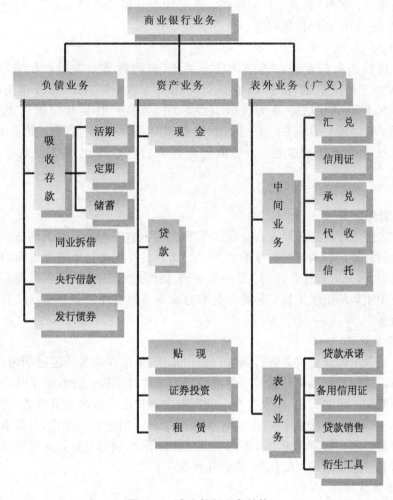

图7-3 商业银行业务结构

 重要问题3 什么是表外业务？表外业务有哪些？

表外业务是指未列入商业银行资产负债表内且不影响资产负债总额的能为商业银行带来额外受益的业务。广义的表外业务包括汇兑、商业信用证、承兑、代收、信托和银行卡等中间业务；狭义的表外业务则包括贷款承诺、备用信用证、贷款销售以及金融创新中出现的衍生交易工具等。

 参考资料 国有商业银行试点不良资产证券化

国有商业银行第一个不良资产证券化项目试点由中国工商银行

启动。2004年4月8日,工行分别与瑞士信贷第一波士顿、中信证券股份有限公司、中诚信托投资有限责任公司签署了相关协议,协议涉及工行宁波分行账面价值约26亿元的不良贷款,特殊目的信托价值约8亿元。此举标志着国有商业银行资产证券化将取得进展。

中国工商银行考虑到中国证券化市场还未真正形成,投资者对证券化产品的特点认识不足,从2003年9月项目正式启动之时起,对证券化相关资产进行了逐笔调查。在启动这个项目过程中,中国工商银行与多方进行了合作。为充分保护投资者利益,该证券化产品结构中设计了收益保证账户和部分回购条款,并由中诚信、大公两家机构分别出具独立评级报告。

中国工商银行年初透露,2003年该行实现经营利润621亿元,比2002年增盈178亿元,增长40%。2003年底工商银行不良贷款率为21.3%,而中国银行年初宣布,不良资产比率为15.9%。四大国有商业银行虽然都有盈利,不可否认,不良资产的存在压缩了它们的盈利空间。

国有商业银行在加速推进综合改革进程中面临的最大障碍之一是,巨额的不良资产和沉重的历史包袱。目前我国金融风险主要来自商业银行系统。因为我国银行信贷在企业融资总额中占90%左右,银行信贷的75%左右又是由四大国有商业银行贷出。而这些国有商业银行的制度迄今尚未得到根本性改革;作为负有帮助国有企业脱困任务的政府附属机构,国有商业银行在过去20年中积累了大量逾期贷款。银行系统存在的风险,最明显的、突出的外部表现就是银行大量的不良资产。从90年代后期,东亚金融危机发生以后,政府采取了一系列的措施来控制银行的系统风险,在2000年成立四大资产管理公司,并且剥离了将近14 000亿的四大银行的不良资产。

但是,这样的一些措施仍然是不够的。由于国有商业银行的企业制度和经营机制没有得到改革,到2001年,国有银行的不良资产又积累到1.8万亿元,达到占全部贷款26.6%的高水平,大大超过了四大商业银行的自有资金。因此,中国工商银行的不良资产证券化运作将是解决不良资产的新尝试,预示着中国证券化市场发展的广阔前景。

第三节 商业银行业务管理

重要问题

1. 商业银行管理的一般原则有哪些?
2. 商业银行的主要管理方法有哪些?

一、商业银行经营管理的一般原则

我们知道,商业银行作为一种企业,必然也以利润最大化作为其经营目标。而商业银行特殊的资金结构和经营方式,使得其资产的流动性和安全性备受关注。安全性、流动性和盈利性构成商业银行管理的三个基本原则,下面我们将一一介绍。

1. 安全性原则

商业银行作为经营货币的特殊企业,主要通过负债筹集资金,进行资产经营,其自有资金比重很小。商业银行的主要资金来源是吸收存款,如果其经营缺乏安全性,就很难吸收到资金。在其资产经营活动中由于受到外部环境和内部管理等不确定因素的影响,存在着众多风险,如信用风险和利率风险等。在贷款上,借款人可能到期不履行合同,或者因为经营失败等因素而根本就无力偿还。而在进行证券投资时,可能会因为市场利率的上升而导致证券价格下跌,投资出现亏损;或者资产与负债的期限结构不相匹配而导致资产流动性不足等。这些都会削弱甚至丧失银行的清偿能力,危及银行的生存。因此,商业银行必须格外谨慎,力求减小或避免各种资金损失的风险,确保银行经营的安全性。

2. 流动性原则

商业银行要想发展,要想获利,首先要能够生存下来,而其能够生存的直接原因就是能够到期偿还债务,这就要求银行能够保持资金的流动性,随时满足客户提取存款的要求。商业银行的大部分资金来自于吸收的各项存款,存款人随时可能会提取存款。虽然提款要求会保持相对的稳定性,有一定的规律,但有时会有突发性的大量提款要求,如果商业银行流动性不足,不能满足所有客户提款的需要,则会引起其他存款者的恐慌,使其失去对银行的信任,出现大量集中挤兑的现象,进而导致银行的破产清算。另外,保持银行资金的流动性还可以满足突如其来的贷款需求,如果商业银行不能满足现有客户的紧急贷款需求,该客户就会转向其他银行寻求贷款,贷款客户的流失会导致商业银行信贷市场份额的减少,削弱其盈利能力和市场竞争力。

因此,商业银行应随时保持其流动性,这可以通过两方面措施来实现。一方面,商业银行要保留足够多的流动性资产;另一方面,商业银行应加强负债管理,拓展更多的低成本融资渠道,保持较强的融资能力。

3. 盈利性原则

盈利并追求最大化的利润是商业银行的经营目标,是银行的企业性质的体现,也是银行生存和发展下去的内在动力和根本原因。之所以这样说,是因为:① 盈利可以增加商业银行的留存收益,进而提高资本金的充足率;② 盈利才能体现资金在运动周转中保值增值的本质属性,才能满足还本付息、有偿使用的要求,是借贷资金得以延续下去的内在动力;③ 盈利才能扩大经营规模,才能巩固自身信誉,提高竞争能力;④ 盈利才能满足股东获得较高回报率的要求,从而保证他们不会抽出资金去转投其他高利润的行业,等等,这里不再一一列举。

可见，在商业银行经营管理中，安全性、流动性和盈利性缺一不可，而这三个原则之间又存在着矛盾和统一的关系。一般来说，流动性和安全性是正相关的。流动性越好的资产，其风险就小，安全性也越高；反之亦然。前面已经谈到，银行要想盈利，前提是能够生存下来，因此只有在安全性和资产流动性的前提下，银行才有可能去实行盈利目标。同时，盈利给商业银行带来了更多的资金，确保了其流动性，通过盈利弥补资产经营中的亏损，保证了经营的安全性。如果商业银行长期不盈利，必然导致其负债大于资产，安全性和流动性从根本上得不到保证。当然，这三者间也存在着矛盾的一面。就某项资产而言，流动性越强，安全性越高，其盈利性就越低。例如，银行的库存现金流动性最强，几乎没有风险，但却没有任何收益。因此，商业银行在经营管理中要兼顾和协调这三方面的原则，找到最佳的平衡点。下面将要谈到的资产和负债管理均是在此协调的基础上产生和发展起来的。

> **重要问题1　商业银行管理的一般原则有哪些？**
>
> 商业银行管理的一般原则是安全性、流动性和盈利性。这三条原则之间存在着对立统一的关系。一般来说，流动性和安全性是正相关的，流动性越好的资产，其风险就小，安全性也越高。安全性和流动性是盈利性的前提和基础，商业银行先要生存下来，才能盈利；盈利又反过来增加了商业银行的资本金和其他资产，巩固了安全性和流动性。这三者间也存在着矛盾的一面，就某项资产而言，流动性越强，安全性越高，其盈利性就越低。

二、商业银行管理方法

1. 资产管理

资产管理是主要通过调整资产负债表的资产方项目进行管理，将银行资金在现金、贷款和证券等各种资产业务中进行合理分配，寻求其最佳组合。20世纪60年代以前，商业银行的存款种类和利率受到严格监管，且存款的来源比较单一，主要是吸收活期存款。从银行方面来看，资金来源不受其控制，于是便把精力集中到资产的管理上。具体来说，商业银行在进行资产管理时因尽可能做到：

（1）在保证流动性的前提下，尽可能降低现金的持有量。在现实经营中，库存现金的最低限额是很难掌握的，商业银行往往要花费大量的精力来尽量准确地预测未来现金流，并结合以往大量的经验作为指导。

（2）商业银行要尽量寻找信用良好且愿意支付较高利率的贷款对象。在进行评价时，商业银行通常使用"6C"标准来评判，该标准因为其六项指标均以字母C开头而出名，具体如下：Character，指借款人的品德和过去

资产管理
主要通过调整资产负债表的资产方项目进行管理，将银行资金在现金、贷款和证券等各种资产业务中进行合理分配，寻求其最佳组合。

的信用记录;Capacity,指借款人归还贷款的能力;Capital,指借款人的自有资金;Collateral,指抵押物品的价值;Condition,指借款人所处的经营环境;Continuity,指借款人连续经营的前景。

(3) 商业银行应尽量寻找高回报率低风险的证券。一般情况下,短期证券的安全性和流动性较好,风险小;长期证券的收益率要高于短期证券,但其风险也比较大。银行应尽量在这两者中找到平衡,在确保安全性和流动性的前提下,获得更大的盈利。

(4) 应通过资产多样化来分散风险。即商业银行应购买多种不同的债券,发放多种不同的贷款,在不改变资产预期收益率的前提下,降低投资风险。

> **参考资料 资本充足性管理**
>
> 银行要对应该持有多少资本金做出决策,这也是商业银行经营管理的一个重要方面,之所以这么说,是因为:
>
> 首先,充足的银行资本金可以防范银行倒闭;
>
> 其次,管理当局要求银行满足某一最低限度的资本金数额,即法定资本金;
>
> 最后,过高的资本金数额会影响银行持股者的收益。
>
> 下面我们对这三点分别做出说明。
>
> **1. 充足的银行资本金可以防范银行倒闭**
>
> 我们知道,一旦公司出现经营亏损、资不抵债,且股东不愿再追加投资情况,就会破产倒闭,商业银行也不例外。银行股东为了不让自己的投资化为泡影,愿意让银行持有较多的资本金,当银行出现经营亏损时,资本金可以起到缓冲作用,避免银行陷入破产困境。
>
> 例如,有两家资产总额均为 10 000 元的商业银行,这两家银行在留下存款准备金后,将其余部分投入到相同的资产组合中。A 银行拥有 20% 的资本金比率,即有 2 000 元的资本金,另外 8 000 元是吸收的存款等银行负债。而 B 银行只有 5% 的资本金比率,即 500 元,其余 9 500 元为银行负债。在一次金融风暴中,双方的资产业务均亏损 1 000 元,则此时双方的总资产都只剩下 9 000 元。A 银行有 8 000 元负债,资本金剩下 1 000 元。而 B 银行有 9 500 元负债,其资本金已经为 −500 元,出现资不抵债的情况。
>
> | | A 银行 | | B 银行 | |
> | --- | --- | --- | --- | --- |
> | 开始时 | 总资产 10 000 | 负 债 8 000
资本金 2 000 | 总资产 10 000 | 负 债 9 500
资本金 500 |
> | 亏损后 | 总资产 9 000 | 负 债 8 000
资本金 1 000 | 总资产 9 000 | 负 债 9 500
资本金 −500 |
>
> 图 7-4 资本充足性和银行破产风险

2. 法定资本金要求

法定资本金是管理当局对商业银行资本的一项管理规定,它要求商业银行必须满足某一最低限额的资本金持有数量。这对于降低商业银行的破产风险和避免存款人因银行倒闭而导致存款无法或部分无法收回的潜在风险非常重要。为了增强国际金融系统的安全性,加强银行系统的资本充足性监管,促进世界各国间的公平竞争,西方国家12国中央银行于1988年7月在瑞士巴塞尔达成了"关于统一国际银行的资本衡量和资本标准的协议",简称《巴塞尔协议》。

3. 过高的资本金数额会影响银行持股者的收益

对于这一点,我们仍以上面的两家银行为例来说明,假设A银行有20个股东,每人持股100元,B银行有5个股东,每人持股100元,此次两家银行均投资盈利1000元。那么,对于A银行的股东来说,每人可以分得50元,每股利润率为50%。而B银行股东每人可以分得200元,每股利润率为200%。可以看出,过高的资本金降低了股东的每股收益,在银行原有股东不增加持股的情况下,提高资本金会让新增加的股东夺去原有股东的一部分收益,使其收益下降。

☞ **法定资本金**
管理当局要求商业银行必须满足某一最低限额的资本金持有数量。

网络资源
中国银行业监督管理委员会的网站上有大量关于《巴塞尔协议》的新内容。
www.cbrc.gov.cn

2. 负债管理

负债管理是指主要通过调整资产负债表的负债方项目,来满足银行经营目标和方针。负债管理的发展要晚于资产管理,始于20世纪60年代。由于当时经济发展速度加快,社会贷款需求加大,商业银行资金来源面临不足,在此情况下,商业银行不得不通过创新去扩大资金来源。负债管理理论便是在此背景下产生的。该理论认为:商业银行不需要完全依靠资产管理来满足其流动性,向外借款也可满足需要。只要负债管理有效,借款途径较广,就不需要大量持有库存现金、短期债券等高流动性资产,而将这部分资产投资到利润更高的其他资产业务中去,以提高商业银行的盈利性。

负债管理大大丰富了银行处理流动性需求的新途径,变被动负债为主动向外借款负债,从而扩大了银行资产投资规模,提高了盈利性。但是,向外借款融资要支付高于存款的利息,提高了商业银行的融资成本。另外,也容易因为将富余出来的高流动性资产投入到中长期资产业务中而产生与短期借款期限不匹配的情况,增加银行经营风险。

☞ **负债管理**
主要通过调整资产负债表的负债方项目,来满足银行经营目标和方针。

3. 资产负债联合管理

资产管理和负债管理都只是从一个方面来看待银行管理的三大原则,但实际上这两者是密不可分的。于是在20世纪七八十年代产生了资产负债联合管理理论,强调通过协调处理资金来源和资金运用的相互关系来进行管理。我们常见的联合管理方法有以下两种。

☞ **资产负债联合管理**
强调通过协调处理资金来源和资金运用的相互关系来进行管理。

☞**资产分配法**
强调根据各种资金来源周转速度确定资产分配方向。

（1）资产分配法。资产分配法强调根据各种资金来源周转速度确定资产分配方向。即将周转速度很快的资金用于高流动性资产，如活期存款等。而将周转速度慢的资金用于长期投资，如银行自有资金等。

该方法通过周转速度和流动性的相互匹配，把负债和资产有机地联系起来，但其还存在不少缺陷。首先，周转速度并不能说明各种资金来源的变动性，活期存款周转速度很快，但如果活期存款在各个时刻点保持大致相等的存款金额和取款金额，则活期存款的余额长期保持稳定，相当于一项较长期的定期存款。其次，在利率及其他限制条件发生变化的情况下，该方法缺乏一种自动调整机制。该方法目前已经不大使用。

☞**缺口管理方法**
根据利率或期限等指标将资产和负债进行分类，然后对同一类型的资产和负债的缺口（差额）进行分析管理。

（2）缺口管理方法。为了降低利率波动给银行经营带来的风险，通过主动协调负债与资产之间的关系保持银行利息的正差额，各商业银行创造了多种控制和操作利率敏感性资金的方法，其中最主要的就是缺口管理方法。缺口管理方法是指根据利率或期限等指标将资产和负债进行分类，然后对同一类型的资产和负债的缺口（差额）进行分析管理。以利率敏感性缺口为例，其管理有三种战略：

① 当浮动利率资产等于浮动利率负债时，利率敏感性缺口为零，银行的净利差不受利率变化的影响（图7-4a）；

② 当浮动利率资产超过浮动利率负债时，利率敏感性缺口为正，则利率的上升将增大利息收入与利息支出之间的差额，也就是使得净利差变大；利率下降时则净利差变小（图7-4b）；

③ 当浮动利率资产少于浮动利率负债时，利率敏感性缺口为负，则利率的上升将使得净利差减小（图7-4c）。

图7-5 银行利率敏感性缺口管理

商业银行应根据对利率未来走势的预测，来选择不同的缺口战略。例如，当商业银行预测利率将上升时，可以有意识地发放更多的浮动利率贷款，多吸纳固定利率的存款，维持正的资金缺口。而当商业银行预测利率将下降时，则应当创造负的资金缺口以从中获益；银行也可以通过保持零资金缺口来规避利率波动带来的风险。

重要问题 2　商业银行的主要管理方法有哪些?

　　商业银行的主要管理方法包括资产管理,负债管理和资产负债联合管理。其中,资产管理的寻求现金、贷款和证券等各种资产业务中合理分配银行资金,寻求其最佳组合。负债管理认为商业银行不需要完全依靠资产管理来满足其流动性,向外借款也可满足需要。资产负债联合管理把资产和负债业务的管理结合在了一起,其中最主要的就是控制和操作利率敏感性资金的缺口管理方法。

本章小结

　　商业银行的发展模式可分为英国模式和德国模式两种,在第一种模式下商业银行和投资银行实行分业经营,在后一种模式下商业银行可以混业经营。目前这两种模式趋于淡化,并向综合化、全能化方向发展。

　　商业银行是世界各国金融系统中最重要的组成部分,它主要有资金融通、信用创造和提供金融服务等功能。各国商业银行的组织制度概括起来有五种:单一银行制度、分支行制度、代理行制度、银行持股公司制度和连锁银行制度。

　　商业银行吸收外来资金形成负债,其中,吸收存款是传统业务,也是商业银行重要的资金来源,同业拆借和央行借款用于解决临时性的资金短缺及满足流动性需求,而发行债券是为了满足长期资金需求。商业银行把通过负债业务所筹集到的资金加以运用并取得收益,这方面的业务主要包括现金资产管理、贷款、贴现。

　　表外业务是指未列入商业银行资产负债表内且不影响资产负债总额的能为商业银行带来额外收益的业务。广义的表外业务包括汇兑、商业信用证、承兑、代收、信托和银行卡等中间业务;狭义的表外业务则包括贷款承诺、备用信用证、贷款销售以及金融创新中出现的衍生交易工具等。

　　商业银行管理的一般原则是安全性、流动性和盈利性。一般来说,流动性越好的资产,其风险就小,安全性也越高;安全性和流动性是盈利性的前提和基础,商业银行先要生存下来,才能盈利;盈利又反过来增加了商业银行的资本金和其他资产,巩固了安全性和流动性。

　　商业银行的主要管理方法包括资产管理,负债管理和资产负债联合管理。其中,资产管理寻求在现金、贷款和证券等各种资产业务中合理分配银行资金,寻求其最佳组合。负债管理认为商业银行不需要完全依靠资产管理来满足其流动性,向外借款也可满足需要。资产负债联合管理把资产和负债业务的管理结合在了一起,其中最主要的就是控制和操作利率敏感性资金的缺口管理方法。

复习思考题
1. 商业银行的发展模式有哪几种，各有什么特点？
2. 各国商业银行的组织制度包括哪几种？
3. 列举出几种商业银行的资产业务和负债业务。
4. 什么是商业银行的表外业务，其特点是什么？
5. 商业银行的经营原则是什么？这三个原则之间的关系是怎样的？
6. 请简单介绍商业银行资产负债联合管理方法的主要内容。

网络学习导引
登录中国银行主页：www.bank-of-china.com
1. 观察首页上列出的中国银行的主要业务内容，这些业务是属于资产业务、负债业务还是表外业务？
2. 点击进入"私人理财"，中国银行的私人理财业务包括了哪些内容？

讨论课题
点击进入"企业融资"，传统信贷业务、新型融资业务和特色融资业务有哪些？请大家与小组成员讨论一下，中国银行的新型融资业务与传统信贷业务有什么不同？特色融资业务的特色在哪里？

第八章

融资决策与资本结构

学习目标
- 掌握影响企业融资方式选择的主要因素,并了解它们都是怎样影响企业融资方式的选择的
- 了解 MM 理论的主要内容,理解其核心思想
- 认识其他主要的资本结构理论

基本概念

    资本成本 啄食次序理论 资本结构 无税 MM 理论 有税 MM 理论 破产成本理论 权衡理论

参考资料
- 时间价值对债务成本的影响
- 我国上市公司融资的股权偏好现象
- 不可能完成的任务——在十秒钟之内解释 MM 理论
- 信息理论对资本结构理论的发展

我们在前面章节中对直接融资活动和间接融资活动分别进行了介绍，可以看出这两种融资方式具有各自的特点，如何分析这两种融资方式的优缺点，进而在经济的融资结构中对两者进行合理选择与安排，确定最能发挥出各种功能的金融系统，就成为金融学的一个关键问题。我们首先在本章中从企业融资决策的角度，来对这两种融资方式进行比较分析，看看在现实中企业是如何在这两种融资方式中进行选择的。企业根据其融资决策而持续进行融资活动后，这些不同性质的资金来源就形成了企业的资本结构，资本结构问题是金融学中的一个非常重要的问题。

在本章中，我们将从企业的角度来看待如何选择融资方式，然后介绍融资方式选择的理论形式，即以 MM 理论为代表的资本结构理论。学完本章，你会对如何在各种长期资本融通方式之间做出选择，如何决定资本结构有一个比较全面的认识，从而加深我们对于微观金融活动运行机制的理解。

第一节 融资方式的选择

重要问题

1. 什么是资本成本？
2. 影响融资方式选择的其他因素有哪些？
3. 企业融资方式选择的现状如何？

本章所讨论的融资决策，都是针对企业长期融资而言的。由于企业短期资金融通主要通过各种形式的短期银行贷款或商业票据获得，主要是为了满足企业的流动性需求而不是为了企业获得长期资本增值，我们将其归入营运资金管理，在这里不作详细讨论。

在第一章中，我们已经介绍过，融资方式可以分为内源融资和外源融资。其中，企业常见的内源融资方式为留存收益再投资；外源融资可以分为直接融资和间接融资，常见的直接融资为发行长期债券和股票，而间接融资主要为长期借款。在这里，长期借款和长期债券都拥有固定的期限，且债权人不拥有企业所有权，我们将其统称为债务融资；而股权融资和留存收益再投资没有期限，融资过程中伴随着企业所有权的转移，我们将其统称为权益融资。在企业经营活动中，面对着这些不同的融资方式，如何进行选择就成为了一个非常重要的问题。影响企业融资决策的因素很多，其中最重要的是不同融资活动带来的资本成本的差异；此外，控制激励问题、风险问题、信息问题等因素也影响着企业融资方式的选择。在本节中，我们首先介绍资金成本问题，然后讨论其他影响融资方式选择的因素，最后介绍目前国际上企业融资方式选择的实际状况,并对这一状况的形成进行简要的理论分析。

一、资本成本——影响融资方式选择的最主要因素

资本成本的确定在企业的融资决策和财务管理中主要发挥了两方面的重要作用。第一,企业的资本有多种来源方式,使用银行借款、发行债券、发行股票和利用留存收益的成本都不同,带来的风险也有差别,因此如何选择融资方式,使资本成本最小化,对企业的成本、收益和风险都有着重要的影响。第二,在企业的长期投资决策中,资本成本是衡量投资项目净现值的折现率,换句话说,投资项目的收益率必须大于企业的资本成本,企业才能从中获益,因此,计算资本成本对企业有着重要的意义。

☞ **资本成本**
企业为筹集和使用长期资金付出的代价。

下面我们就来看看如何计算每一种长期资本融通方式的资金成本,如何计算企业的资本成本。

1. 债务融资的资金成本

(1) 长期借款成本。长期借款成本是企业向商业银行等发放贷款的机构寻求长期贷款时付出的成本,主要包括借款利息和筹集费用。我们知道,企业获得一笔金额为 L 的长期借款后,每年要按利率 R_L 支付一定的利息,则在不考虑企业所得税和筹资费用的条件下,我们可以很直观地看出,长期借款成本 $K_L = R_L$。

☞ **长期借款成本**
企业向商业银行等发放贷款的机构寻求长期贷款时付出的成本,主要包括借款利息和筹集费用。

但是,我们知道,企业财务制度规定,借款利息作为财务费用可以在税前列支,即借款利息可以抵税;另外,企业在筹资开始时会一次性支付一笔固定费用 F_L,这笔费用主要是借款的手续费(手续费很小时可以忽略不计)。于是,在考虑上述因素后,如果以 T 表示企业的所得税税率,长期借款成本可以表示为

$$K_L = \frac{L \cdot R_L \cdot (1-T)}{L - F_L} \qquad (8-1)$$

例如,某企业获得一笔 100 万元的长期借款,年利率为 10%,筹资费用为 1 万元,企业所得税税率为 33%。该项长期借款的成本为

$$K_L = \frac{100 万 \times 10\% \times (1-33\%)}{100 万 - 1 万} = 6.77\%$$

(2) 长期债券成本。长期债券的资金成本是企业在资本市场上发放债券筹集资金的成本。长期债券筹资的成本和收益与长期借款相似,它先按一定的价格 P_B 发行债券筹集资金,一次性支付发行费用 F_B,然后每期按照债券的票面利率 R_B 和本金的乘积支付利息,并在债券到期时以票面面值 B 偿付投资者。这里,我们要注意的是,债券融资与长期借款融资有一点不同:企业借款获得的资金通常就是借款合同面值,等于最终归还的本金;而发行债券筹得的资金(发行价格)不一定等于债券面值,债券可以溢价、平价或者折价发行。长期债券的资本成本为

$$K_B = \frac{B \cdot R_B \cdot (1-T)}{P_B - F_B} \quad (8-2)$$

例如,上述企业发行面额为100万元的长期债券,票面利率为10%,债券发行费用为5万元,该债券溢价发行,发行价格为110万元,企业所得税税率为33%。该债券的成本为

$$K_B = \frac{100\text{万} \times 10\% \times (1-33\%)}{110\text{万} - 5\text{万}} = 6.38\%$$

债券融资与长期借款有类似的特点,只不过债券融资面对的对象较多,较分散,因而债券融资的发行成本要高,其利率一般情况下也要高于长期借款。

相对于股权融资,债务融资在资金成本上具有的优势在于:一方面,对于信誉较好的企业,债务的利率所要求的风险溢价较低;另一方面,债务利息可以在税前抵扣,形成税盾效应,间接降低企业融资的资金成本。

参考资料　时间价值对债务成本的影响

当我们考虑到利息偿还和本金偿还的时间价值时,长期借款的成本将更加复杂,(8-1)式也将变形为

$$L - F_L = \sum_{t=1}^{n} \frac{L \cdot R_L}{(1+K_{LB})^t} + \frac{L}{(1+K_{LB})^n} \quad (8-3)$$

$$K_L = K_{LB}(1-T)$$

其中,n表示长期借款的年限,K_{LB}表示所得税前的长期借款成本。

类似地,长期债券融资的成本将为

$$P_B - F_B = \sum_{t=1}^{n} \frac{B \cdot R_B}{(1+K_{BB})^t} + \frac{B}{(1+K_{BB})^n} \quad (8-4)$$

$$K_B = K_{BB}(1-T)$$

其中,n表示债券的期限,K_{BB}表示所得税前的债券成本。

2. 股权融资的资金成本

发行股票是企业外源融资的主要方式之一,其中,最常见的股票种类就是普通股。由于受公司盈利水平和股利政策的影响,普通股的股利不固定,其资本成本计算难度较大。估计普通股融资成本通常有以下三种方法:资本资产定价模型法、股利增长模型法和风险溢价法。

(1) 资本资产定价模型法。我们在第六章已经学习过如何通过资本资产定价模型,即证券市场线(SML)计算股票的收益率。第六章所指的收益率是针对投资者而言的,对于发行股票的企业来说,投资者获得的收益

率就是企业筹资负担的成本。因此,根据资本资产定价模型,我们可以确定普通股的成本为

$$K_S = r_f + \beta \cdot (\bar{r}_m - r_f) \qquad (8-5)$$

其中,r_f 表示无风险收益率,β 是股票相对于平均风险的波动倍数,$\bar{r}_m$ 表示市场组合预期收益率。

例如,某期间市场无风险收益率为 10%,市场组合预期收益率为 10%,某股票的 β 系数为 1.5。该股票的成本为

$$K_S = 6\% + 1.5 \times (10\% - 6\%) = 12\%$$

(2) 股利增长模型法。如果普通股的发行价格为 P_S,发行成本为 F_S,第一年的股利为 D,以后每年的增长率为 g,则普通股的成本为

$$K_S = \frac{D}{P_S - F_S} + g \qquad (8-6)$$

这一方法与我们在第三章学到的现值计算方法和股票价格确定公式有紧密的联系。该方法的关键在于测定增长率 g,这一增长率主要通过历史数据的分析来估计。如果股利每期都不变,增长率就为零。

(3) 风险溢价法。风险溢价法是在公司债务成本的基础上加上一定的风险报酬率来估算普通股成本,该风险溢价一般通过经验来判断。由于前两种计算方法都涉及股票发行,对于那些未上市的公司,我们只有通过风险溢价方法进行计算。据统计,大部分股票投资者对风险溢价的范围在 3%—5% 之间,我们通常取 4%。则普通股成本为

$$K_S = K_B + 4\%$$

鉴于以上三种方法都是通过估算得到,企业通常取这三种方法算得的普通股成本的算术平均值作为最终的成本。

另外,优先股作为一种固定受益的证券,它具有债券和普通股的双重特性。优先股按期发放股息,没有到期日,股息不能在税前扣除,所以其融资成本计算比较简单,为

$$K_P = \frac{D_P}{P_P - F_P} \qquad (8-7)$$

其中,D_P 为优先股的股利,P_P 为发行价格,F_P 为发行费用。这里我们就不再详细说明。

相对于债务融资,股权融资在资金成本上具有的优势在于:普通股没有到期时间,并且没有固定的股利负担,企业可根据经营状况决定股利是否支付或支付额度。但是,由于股权尤其是普通股在企业清偿时优先级低于债务,所以对于投资者来说,投资股权的风险高于债权,因此会要求更高的报酬率;另一方面,股利支出并不能享受税盾待遇;还有就是,股票的发

行费用更高,程序更为复杂。

3. 留存收益成本

留存收益是企业缴纳所得税并发放股利后形成的,这部分的所有权也属于股东。企业将留存收益用于再投资,其资本成本与普通股相同,只是不需要考虑发行费用。当企业需要资金时,首先想到的就是从企业内部进行融资,即留存收益再投资,这种融资方式手续方便,资金容易获得,风险很小,且不会分散企业的控制权。但是,这种内源融资方式往往受到企业盈利水平的限制,不能满足大额的融资需求。而且,公司税后利润再投资,不派发现金股息,会影响到公司股价的表现。因此,留存收益的多少,很大程度上取决于公司的股利政策。

4. 资本成本

由于受到各种融资方式的风险与收益(或成本)的影响,企业往往同时使用多种融资方式,因此企业的资金运用的成本是指各种资金来源的加权平均资本成本(weighted average of cost of capital,简写为 WACC)。也就是说,总的融资成本为各资本成本与该资本来源占全部资金的比重的乘积之和。其计算公式为

$$WACC = \sum_{i=1}^{n} W_i \cdot K_i \qquad (8-8)$$

其中,W_i 为第 i 种资金占全部资金的比重,K_i 为第 i 种资金的筹集成本。

例如,某企业拥有长期资金 400 万元,其中长期借款 50 万元,应付长期债券 50 万元,普通股 300 万元;其成本分别为 5%,7%,10%。该企业的加权平均资本成本为

$$WACC = 5\% \times \frac{50}{400} + 7\% \times \frac{50}{400} + 10\% \times \frac{300}{400} = 9\%$$

当企业进行项目的投资决策时,通过计算项目的净现值是否大于零决定是否投资,或者说,是通过比较项目的预期收益率与资本成本来完成的。这里所指的资本成本是企业的总融资成本,而并非仅仅是针对该项目进行融资的那部分资本的成本。以上例为例,如果此时企业面临收益率为 8.5% 的项目,这一收益率低于 9% 的加权平均资本成本,因此企业很可能放弃这一投资项目。

重要问题 1　什么是资本成本?

企业的资金运用的成本是指各种资金来源的加权平均资本成本,即总的融资成本为各资本成本与该资本来源占全部资金的比重的乘积之和。

二、影响融资方式选择的其他因素

企业对于融资方式的选择并不局限于不同方式所带来的资本成本的差异,还受到其他一系列因素的影响。其中,较为典型的有以下三个因素。

1. 对企业控制管理权的影响

股权融资会增大企业的总股份,从而稀释现有股东对企业的控制权,因此有可能遭到现有股东的抵制。相比之下,债务融资不会对企业的股东产生直接的影响。但是,这并不意味着债务融资不会影响企业的经营和管理:对于通过银行借款进行融资的企业,银行出于对资金安全的考虑,会对企业的经营密切关注,并利用债权人的身份对企业的管理提出建议或施加压力。而对于发行债券进行融资的企业,它们所受到的外部约束则相对较为分散。

2. 风险因素

债务融资使企业承担着固定的利息支出,在经营业绩较好的时候企业并不会遇到什么麻烦,然而一旦业绩滑坡时,企业很可能会因为沉重的利息负担而陷入财务困境。这一风险是企业在进行债务融资时必须要考虑的。债务融资越多,企业享受的收益就越多,但同时面临的风险也就越高。我们可以采用财务杠杆(financial leverage)来反映企业的风险程度,它通常包含三个可以相互转化的指标:① 负债比率=总负债/总资产;② 负债权益比=总负债/股东权益;③ 权益乘数=总资产/股东权益。财务杠杆越高,企业的盈亏比放大的倍数就越高,所面临的财务困境的风险也就越大。

相对而言,股票没有偿还期限,同时也没有固定的利息支出,在企业经营状况不乐观的时候可以支付较少的股利,甚至不支付股利;另一方面,股权融资也充实了企业的资本金,使得企业抵抗风险的能力增强。

为了更清楚地说明这个问题,我们来举一个例子。假设投资一个资本为1 000万元的企业,有两种选择:一个是全部采用股权融资,另一个是从银行贷款500万元(利率10%)。我们来比较一下这两种选择在不同的环境下给投资者收益带来的影响。

如果运营状况不错,每年获得利润200万,则第一种情况下投资收益为 $200/1\,000 = 20\%$,第二种情况下投资收益为 $(200 - 500 \times 10\%)/500 = 30\%$;如果运营状况不好,每年亏损200万,则第一种情况下投资收益为 -20%,第二种情况下投资收益则为 $(-200 - 500 \times 10\%)/500 = -50\%$。

可见,存在着贷款等债务融资时,企业的收益情况就被成倍放大了。存在利润时利润率更高,存在亏损时损失情况也更严重。这在公司财务中被称为杠杆效应(leverage effect)。因此,企业在选择融资方式时应该考虑到这个因素的影响。

3. 信息因素

信息因素是影响企业融资决策的一个重要问题。信息不对称的存在使得企业在决定融资方式和资本结构时，往往要考虑其融资决策的执行会给外部投资者发出什么样的信号，并对企业的股票产生什么影响。

信息不对称对融资方式的影响主要可以从逆向选择和道德风险两方面的影响来考虑。逆向选择是发生在交易之前的信息不对称，而道德风险则是交易发生以后由于信息不对称引起的交易中的一方遭受损失的可能性。

在金融市场上，由于投资者拥有的信息量远不如企业的管理人员充分，他们往往不能识别出具有潜在高收益低风险的优质公司和具有潜在低收益高风险的劣质公司，因此投资者只愿意支付一个介于两种公司的证券价值之间的平均价格。优质公司发行的证券会被低估，因此不愿意发行股票或债券融资。理性的投资人由此可以猜到，金融市场上愿意发行证券的都是劣质公司，因此他们将放弃投资。这样，金融市场将吸引不到投资者，企业也很少会通过发行证券进行融资。事实也证明了这种逆向选择在现实社会中是存在的。统计数据证明，在许多国家，发行可流通转让的证券不是企业为经营活动融资的主要方式。例如，在美国，1970—1994年企业的外源资金来源中，依靠发行债券和股票占的份额不到一半。

不仅逆向选择会影响企业选择融资方式，道德风险也会对融资决策造成影响。例如，在股权融资方式下，企业的经营管理层往往只拥有少数甚至不拥有本公司的股票，这样企业的管理者与企业的所有者——控制了股权的股东，是分离的。所有权和控制权的这种分离使管理者成为了股东的代理人，代替股东管理公司的经营活动。但是，这种代理关系会带来道德风险，也就是说，股东投资以后，企业的管理者并不按照股东利益最大化进行决策，而是为了满足自己的私利损害股东的利益。例如，企业的管理者可能并不尽最大努力工作，因为即使他们工作勤奋，使企业获得很大的收益，他们也只能获得这一大笔收益中很小的一部分作为报酬。相反，企业的管理者可能更倾向于用股东的资金为自己购买豪华的办公用汽车，把大笔的资金用于装潢办公室。如果管理者有意欺瞒股东，他们甚至还可以把本来应用于投资项目的钱装进自己的口袋，然后谎报项目，开假发票欺骗投资者。

这些出现道德风险的情况都是由于股东并不能完全知道管理者的所作所为。如果企业的所有者同时兼任管理者的角色，道德风险就会自动消失。正是因为存在这种委托代理关系，道德风险不可避免，所以股票这种融资方式在选择的时候就受到了很多限制。尽管报纸等新闻媒体工具都使人们产生了股票是最重要的融资来源的印象，但是统计结果显示，在美国和其他许多国家中，发行股票并非工商企业融资的最重要的来源。在有的年份，部分国家的股票筹资的份额甚至成为了企业融资的负来源。

重要问题 2　影响融资方式选择的其他因素有哪些？

在资本成本之外，其他影响融资方式选择的因素主要有：① 对企业控制管理权的影响，股权融资会稀释现有股东对企业的控制权，而债权融资则不会；② 风险因素，债务融资的固定利息支出会使企业承担一定的财务风险；③ 信息不对称，它的影响主要可以从逆向选择和道德风险两方面的影响来考虑。

三、融资方式选择的现状

现实中企业对于融资方式的选择并不像我们所分析的这么简单，因为影响这一决策的因素来自方方面面，十分复杂。为了对目前世界范围内企业融资方式选择的特点有更直观的认识，我们透过历史数据探索观察一下企业的资金来源构成。

首先从 20 世纪前 80 年美国非金融机构企业的融资结构谈起，它反映在图 8-1 中。从图中我们清晰地看到，内源资金占据了美国企业资金来源的半数以上，而来自外部的资金波动较大，30 年代甚至出现了负债务融资。因此可以得出这样的结论：在美国，企业的融资方式选择的次序依次是内源融资、债务融资和股权融资。

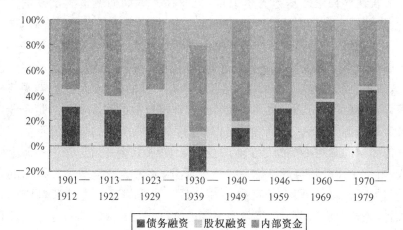

图 8-1　1901—1979 年美国非金融企业融资结构

数据来源：B. Friedman, *Corporate Capital Structure in the United States*, 1985.

接下来我们来看一看国际范围内企业外源融资的构成情况，它反映在图 8-2 中。

从图 8-2 中很容易发现，几乎在所有国家，银行贷款都是企业外部资金的主要来源，企业从银行获得的贷款远远多于通过发行证券获得的融资。以美国为例，外源资金中银行贷款占了 61.9%，而债券和股票总计只为企业提供了 31.9% 的外源资金。这种情况在其他国家更为显著,例如日本企业的外源资金有 60% 以上来源于银行贷款,而债券和股票融资加起来还不到 10%。这样的情况至今并没有发生较大的变化。

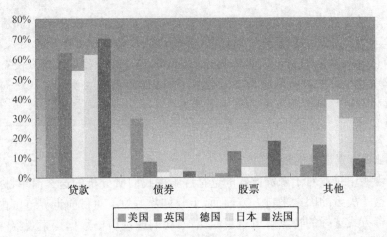

图 8-2　1970—1985 年间各国非金融机构外源资金结构

为什么企业对于融资方式的选择会呈现出这样的情况呢?或者说,为什么在外源融资中企业更偏好债务融资,而相对于外源融资,企业又更倾向于内源融资呢?啄食次序理论(pecking-order theory)为我们提供了一种较为合理的解释。

啄食次序理论
管理者的偏好对企业融资方式选择会产生影响:企业进行融资时,通常首先选择内源融资,其次选择债务融资,最后才会考虑股权融资。

啄食次序理论最基本的思想是,企业在考虑如何融资满足投资需求时,会先使用自身经营活动所产生的现金流,其次考虑低风险的借款,然后发行债券,最后才会选择普通股。我们可以从成本、风险、资金可得性和管理控制权几个方面来理解啄食次序理论。企业自身经营活动所产生的现金流,如果有的话,风险最小,是企业最容易获得的资金,企业不需要与外界签订合约就可以获得,而且不会带来管理权分散的问题,因此,是企业在考虑资金来源的首选。如果企业自身经营活动所产生的现金流不能或受到其他因素的影响不能满足企业的投资需求,那么企业就会考虑外源融资方式,由于企业必须与资金盈余方进行协商,并考虑资金盈余方提出的条款或附加条件,外部资金的可得性往往低于内部资金。在外源融资方式中,通常企业会优先考虑低风险的银行借款,然后选择债券,最后才会选择普通股。这是因为,银行借款的利息可以在税前扣除,有税盾效应,因此成本较低;借款一般数额确定,有固定的利息支付,风险较小;一旦企业与银行建立了密切的关系,特别是对于实力雄厚的大公司,从银行获得借款相对比较容易;而且银行一般情况下对企业的管理干预较少。债券与银行借款相比,对企业风险和管理控制权的影响差不多,但是由于要面对一级市场大量的投资者发行,发行成本要高一些,资金的可得性略低。如果对企业而言,债权融资不可行或仍然无法满足投资需求,企业就会发行股票。之所以股票是最后的选择,是因为股票的融资成本最高,风险较大,股票价格受到宏观经济走势、企业未来经营业绩和投资者心理预期等因素的影响，在股票发行时发行价格就难以控制（影响融资总额），发行后如果股价下跌，企业价值下降，企业的形象亦会大大受损；而且，从管理控制权的角度来看，新股发行会损害老股东的利息，会导致老股东"用脚投票"，而更多的股东会增加对企业管理层的干涉。

因此，考虑到成本、风险、资金可得性和管理控制权等因素，我们不难看出，企业倾向于优先选择自身经营活动所产生的现金流，其次使用银行借款，然后考虑发行债券，最后才会求助于普通股发行。当然，啄食次序理论并不是说企业一定是严格按照这个顺序融资，因为有些企业可能在某个金融市场会受到融资限制，但是啄食次序理论为理解企业的融资构成提供了参考。世界金融市场的发展历史也大致与这个顺序相同。最初，没有资金融通的情况下，企业只会利用自身经营活动所产生的现金流；然后，资金盈余和短缺者的出现，推动了银行业的发展；随着经济的进一步发展，对资金的需求增加，促成了债券和股票的诞生。因此，经过多年的积累，并考虑到啄食次序理论对各种融资方式优劣的剖析，出现图 8-2 的情况也就不难理解了。

啄食次序理论是有关资本结构的各种理论中的一种，我们在下一节会系统地介绍主要的资本结构理论及其相关的研究和发展。

> **参考资料　我国上市公司融资的股权偏好现象**
>
> 　　我国证券市场成立迄今已有十年多的发展历史，股票市场的大规模发展为上市公司进行外部股权融资创造了极其重要的场所。以上市公司境内的 A 股融资为例，1991—2000 年的十年期间，累计股权融资总额超过了 5 000 亿元，其中首次发行筹资额累计达到 2 967.98 亿元；配股融资累计达到 1 637.85 亿元；增发融资累计达到 256.91 亿元。
>
> 　　研究表明，我国上市公司的内源融资在融资结构中的比例是非常低的，外源融资比例远高于内源融资，而那些"未分配利润为负"的上市公司几乎是完全依赖外源融资。其次，在外源融资中，股权融资所占比重平均超过了 50%，其中上市公司通过股票市场公开发行 A 股进行的股权融资在全部股权融资资本中的比例平均达到了 17%左右的水平，并且随着股票市场的进一步发展，有理由认为这一比例的平均水平还将继续快速上升。这与啄食次序理论所揭示的融资顺序大不相同。
>
> 　　从美、英、德、加、法、意、日等西方七国平均水平来看，内源融资比例高达 55.71%，外源融资比例为 44.29%。而在外源融资中，来自金融市场的股权融资仅占融资总额的 10.86%，而来自金融机构的债务融资则占 32%。从国别差异上看，内源融资比例以美、英两国最高，均高达 75%，德、加、法、意四国次之，日本最低。从股权融资

比例看,加拿大最高达到19%,美、法、意三国次之,均为13%。英国、日本分别为8%和7%,德国最低仅为3%。从债务融资比例看,日本最高达到59%,美国最低为12%。可见,美国企业不仅具有最高的内源融资比例,而且从证券市场筹集的资金中,债务融资所占比例也要比股权融资高得多。

但是,我国上市公司的融资顺序表现为股权融资、短期债务融资、长期债务融资和内源融资,即我国上市公司的融资顺序与现代资本结构理论关于啄食次序理论存在明显的冲突。事实上,大多数上市公司一方面大多保持比国有企业要低得多的平均资产负债率,甚至有些上市公司负债为零,但从实际上看,目前1 000多家上市公司几乎没有任何一家会主动放弃其利用再次发行股票进行股权融资的机会。我们将中国上市公司融资结构的上述特征称为股权融资偏好。

中国上市公司股权融资偏好的具体行为主要体现在拟上市公司上市之前有着极其强烈的冲动去谋求公司首次公开发行股票并成功上市;公司上市之后在再融资方式的选择上,往往不顾一切地选择配股或增发等股权融资方式,以致形成所谓的上市公司集中性的"配股热"或"增发热"。但是,上市公司这种轻视债务融资而偏好股权融资的选择,并没有换来公司经营业绩的持续增长和资源配置效率的有效改善,上市公司无论是通过在一级市场首次公开发行A股还是通过配股或增发再融资的效率都是不能令人乐观的。

造成这一现象的原因在于:首先,监管机构对股票发行的额度控制、审批制形成一种制度惯性,企业发行股票的风险一部分由国家信用承担。现在虽然实行核准制,但这种惯性仍然存在。上市公司把配股、增发新股等当成管理层对其经营业绩好的一种奖励。其次,股权融资的成本低。上市公司单位资本的融资成本为2.42%,而目前三年期、五年期企业债券利率的最高限分别是3.78%和4.032%,银行贷款利率更高。现在很多上市公司根本不分红,股东及其董事会对企业的控制权也很弱,一般小股东更没有动力去监督企业。这些都归因于关于股利政策的不合理以及会计制度的不严格。相比之下债权融资的成本较高,现在银行体系加大了对风险的控制而导致惜贷,这一方面提高了上市公司的借贷成本,另一方面形成了一种硬约束。再次,上市公司考核制度不合理。上市公司的管理目标应该是实现股东利益最大化,但我国上市公司的管理及投资者衡量企业经营业绩,依然习惯以企业的税后利润指标作为主要依据,这个指标只考核了企业间接融资中的债务成本,未考核股本融资成本,即使考核,也总是很低,甚至为零。最后,内部人控制了结果。企业经理人出于对控制权本身的偏好,会通过融资结构影响控制权的分配。从这个角度出发,他会优先选择股权融资。

重要问题 3　企业融资方式选择的现状如何?

历史数据显示,企业在融资时倾向于首先选择内源融资,其次选择债务融资,最后才会考虑股权融资。啄食次序理论为这一现象提供了合理的解释。它认为这样的融资决策主要是基于财务信号和信息不对称而做出的。

第二节　资本结构理论

 重要问题

1. 无税 MM 理论的主要内容是什么?
2. 有税 MM 理论的主要内容是什么?
3. 什么是破产成本理论?
4. 什么是权衡理论?

所谓资本结构(capital structure),就是企业的债务资本和权益资本的构成及其比例关系。对于资本结构的分析即资本结构理论,它实质上是前一节所讨论的企业如何选择融资方式的一般性理论分析。资本结构理论研究的对象主要是资本结构与资本成本或者是企业价值之间的关系。早期的资本结构理论大多较为简单:杠杆理论认为公司可以通过降低杠杆比率来降低资金成本,增加公司总价值;净收入理论认为公司债务可以降低平均资本成本,并且公司资本结构中债务比重越高,平均资金成本就越低,公司的价值也就越高;净营业收入理论认为公司的资金成本不受财务杠杆的影响,同时也不存在所谓的最优资本结构,也就是说,企业的资金成本和其价值独立于企业的资本结构。1958 年到 1970 年间弗兰克·莫迪格里安尼(Franco Modigliani)和默顿·米勒(Merton H. Miller)的一系列论文标志着现代资本结构理论的诞生,人们将他们的理论称为 Modigliani-Miller 理论,也就是著名的 MM 理论。下面我们将揭开这一理论的神秘面纱。

资本结构
企业的债务资本和权益资本的构成及其比例关系。

一、无税 MM 理论

在莫迪格里安尼和米勒最早提出的 MM 理论中,并不考虑公司所得税的因素,这一理论的核心思想是,企业的资本结构变化不会影响企业的市场价值,即企业不能通过单纯增加或减小资本结构中债务资本的比例提高企业价值。由此也否定了传统理论所提出的企业可以在其他条件不变，如融资总额既定的情况下，通过找出最佳资本结构实现企业价值最大化的观点。当然，像所有金融理论一样，这样的结论是建立在一系列严格假设的基础之上的，其中最主要的前提是：① 资本市场是完善的，没有交易成本且所有证券都是无限可分的，投资者是理性的；② 企业的未来营业利润是一个随机变量，其期望值等于当前的营业利润；③ 企业所得税税率为0；④ 资本结构不会向资本市场传递任何重要信息。

MM理论最重要的结论在于：企业的价值与企业的资本结构无关。我们通过一个简单的例子来进行说明，假设公司A和B具有不同的资本结构，A公司全部用股权融资，B公司同时用股权和债权融资；公司A和B产生的息税前利润完全一致，而公司的所得税税率又为0。现在资本市场上的投资者有两种投资组合可供选择：一是购买A公司的全部股权；二是购买B公司的全部股权和债权。如果选择第一种投资组合，投资者获得的红利正好等于息税前利润C，因为A公司无需支付债务利息和所得税；如果选择第二种投资组合，在债务价值为D、利率为i时，投资者作为债权人可以获得$i \times D$的利息，作为股东又可以获得$(C-i \times D)$的红利，两者合计也等于C。由此可见，投资者从两种投资组合中获得的现金流量完全一致。

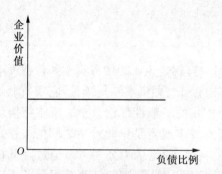

图8-3 无税MM理论的债务融资无关命题

根据我们在第三章的分析，在完全市场条件下，投资者每年可以获得的现金流量按一定的贴现率贴现之后就可以求得公司的市场价值，由于A公司和B公司给投资者带来的现金流量完全一致，在贴现率相同的前提下两者的市场价值也将完全一致。这就是所谓的债务融资无关命题（debt irrelevance proposition）。这一命题可以用图8-3表示。

重要问题1　无税MM理论的主要内容是什么？

无税MM理论是现代资本结构理论的先驱。这一理论的核心思想是，企业的资本结构变化不会影响企业的市场价值，即企业不能通过单纯增加或减小资本结构中债务资本的比例提高企业价值。由此也否定了传统理论所提出的企业可以在其他条件不变，如融资总额既定的情况下，通过找出最佳资本结构实现企业价值最大化的观点。

二、无税 MM 理论的发展

无税 MM 理论成功地运用数学模型找出了资本结构与企业价值之间的内在关系,是资本结构理论体系发展历程中的里程碑。但是,它的一些理论假设并不符合现实,因此后来的学者在 MM 理论的基础上加入了更多现实因素,产生了一系列更为现实的理论。

从无税 MM 理论开始,现代资本结构理论走上了两条截然相反的道路。一条是莫蒂格利安尼、米勒和税务学派所指引的,他们在无税 MM 理论的框架中考虑了企业所得税的因素,强调企业所得税会带给企业税盾效应,从而增加企业的价值,因此企业应当更多地进行债务融资;另一条则是由破产成本学派所引导的,他们认为税盾效应并不明显,债务的增长只会增大企业的破产成本,因此企业应当减少债务融资。人们幽默地将支持税盾效应的流派称为"左派",而把相对立的破产成本学派称为"右派"。

1. 有税 MM 理论

在无税 MM 理论提出之后,莫迪格里安尼和米勒对它进行了进一步的完善,在原来的框架中考虑了企业所得税对于企业价值和资金成本的影响,提出了有税 MM 理论。这一理论是建立在债务利息税前缴纳、普通股股息却在税后支付的基础上。由于企业的债务融资所带来的利息支出可以在税前扣除,这使得企业的税收基数减小,企业的税收支出降低,形成税盾效应(tax shield)。有税 MM 理论的主要结论就是:企业的价值等于相同风险的无负债企业的价值加上税盾效应的价值。

税盾效应事实上使得企业获得了隐性的收入,因此在其他条件不变的情况下,企业可以通过增加负债来增大税盾效应,从而提升企业价值。与无税 MM 理论的债务融资无关论相比,有税 MM 理论强调了债务融资所形成的税盾效应给企业带来的增值。我们用图 8-4 来表述有税 MM 理论的主要命题。

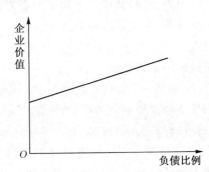

图 8-4 有税 MM 理论的债务融资有关命题

有税 MM 理论中所强调了税盾效应得到了后来的税收学派的有力支持,他们共同形成了无税 MM 理论发展的"左派";然而这种一味强调税盾效应的观点受到了破产成本学派的强烈反对,他们的破产成本理论则走上了"右派"的道路。

 参考资料 不可能完成的任务——在十秒钟之内解释 MM 理论

要真正理解 MM 理论的结论并不容易。米勒教授曾讲述了一个这样的故事。

"在去年的十月,弗兰克·莫迪格里安尼被授予诺贝尔经济学奖之后——当然,只是在经济学的部分领域,因为这是一个在金融领域的研究成果,我极其深切地感受到要简洁地概括 MM 理论的贡献是多么的困难!当时芝加哥当地电视台的电视摄影记者突然访问我。

'我们知道几年前您曾经与莫迪格里安尼共事,一起研究 MM 理论。所以我们希望你能向我们的电视观众简要地解释这个理论。'

'要多简要?'我问道。

'噢,给你十秒钟吧。'

'用十秒钟的时间解释一生的成果?!用十秒钟的时间描述两篇逻辑推理严密的论文,每篇论文的页数不仅超过 30 页,而且每篇都有 60 个甚至更多的脚注!'

当他们看到我脸上沮丧的表情时,说道:'你不必详述,只要用简洁的、常识性的术语说明主要观点就行了。'

第一篇论文或资本成本论文的主要观点至少在原理上比较简单,所以可以概述。它叙述了在经济学家眼中的一个理想世界中,存在完善的资本市场,所有市场参与者之间的信息完整且对称,公司发行的所有证券的总市值由证券所依附的真实资产的盈利能力和风险来决定,并且不受融资发行证券时在债务工具和权益资本之间混合分配方式的影响……

但是,这样的概述使用了太多简洁的术语和概念,比如完善的资本市场等,这些术语的涵义对经济学家而言是足以理解的,但对于普通人而言则几乎无法理解。因此,我考虑采用我们自己在原文中援引过的一个比喻。

'考察一家公司,'我说,'比如,考察一只盛着全脂牛奶的大桶。农场主可以卖出全脂牛奶,或者从全脂牛奶中分离出奶油,用相当高的价格卖出奶油(这相当于公司卖出低收益而高定价的债券)。当然,农场主留下的可能是低脂含量的脱脂牛奶,这种产品的价格比全脂牛奶低得多。这与杠杆权益相一致。MM 理论命题认为,如果不存在分离成本(当然,也不存在政府乳品供给计划),奶油加脱脂牛奶的价格与全脂牛奶相同。'

电视台人员商议之后回来告诉我,这样的说明太冗长、太复杂,并且太过学术性。

'难道你不能说得更简单一些了吗?'他们问道。

我想到了另一种方式,这段时期人们所提到的 MM 理论命题强调了市场完备性的概念,也强调了证券作为'划分'公司收益的工具在其资本供给群体中所处的每一种可能情形下的作用。

'设想有一个公司,'我说,'它就像一份巨尊比萨饼,被分成了四块。如果你现在把每一块再切一刀,那么它将被分成八份。MM 命

题所讲述的就是你将拥有更多份比萨而不是更多的比萨。'

这些记者私下商议之后,回来说:'教授先生,我们从新闻中得知有两个 MM 命题,你能试试另一个吗?'

我努力地试图解释第二个命题,然而这显然更难以解释清楚。

他们再次私下交谈之后,关了灯,折叠起设备,感谢我为他们抽出时间,并说以后会再来拜访。但我知道已经无缘于开始一个新职业的机会,即:在合适的十秒钟时间里为电视观众介绍一揽子的经济知识这样一个新职业。某些人有此天分,而某些人则没有。"

资料来源:摘自 S. A. Ross, *Corporate Finance* (6th edition), The McGraw-Hill Companies, Inc. p.406

 重要问题 2 有税 MM 理论的主要内容是什么?

有税 MM 理论是在无税 MM 理论基础上考虑了企业所得税对于企业价值和资金成本的影响而提出的。这一理论是建立在债务利息税前缴纳、普通股股息却在税后支付的基础上。由于企业的债务融资所带来的利息支出可以在税前扣除,这使得企业的税收基数减小,企业的税收支出降低,形成税盾效应。有税 MM 理论的主要结论就是:企业的价值等于相同风险的无负债企业的价值加上税盾效应的价值。

税盾效应事实上使得企业获得了隐性的收入,因此在其他条件不变的情况下,企业可以通过增加负债来增大税盾效应,从而提升企业价值。

2. 破产成本理论

破产成本理论认为,企业的债务融资比例越大,破产的风险越大,破产的成本也越高,增加企业负债会降低企业价值。企业如果发生财务危机,面临破产风险,将会产生很多不利因素,对企业的长期发展造成负面影响。例如,和企业有关的各个主体会有以下许多顾虑:① 债权人将不愿意提供贷款或为企业延长贷款。因为,尽管财务危机的发生不是必然的,但是一旦出现这种情况,债权人可能收不回本金,更不用说获得应得的利息了。② 供应商不愿和企业合作,很有可能减少供应的产品(或原材料)的数量,甚至中断供货,以免发生收不回货款的情况。③ 消费者信心下降。由于担心所购买的货物得不到售后服务、没有质量保证或难以获得所需的零部件,在竞争激烈的市场环境下,消费者会转而购买企业竞争对手的产品。企业的市场份额会大幅缩水。④ 企业的雇员发生动摇。一些雇员考虑到企业破产、失去工作所带来的种种负面影响,包括前途发展、个人声誉等等,会提前跳槽,甚至投入企业竞争对手的旗下,使企业蒙受人力资本损失,等等。可见,在发生财务危机对企业产生的各种负面影响的综合作用远远大于财务危机本身对企业的破坏的情况下,企业的财务危机成本大大上升。

因此,企业在做出资本结构决策时,必须考虑财务危机成本对企业价值的影响,而这种情况只会发生在有负债的企业,且随着负债比例的增加,其破产成本也会不断升高,这会降低企业的价值(参见图8-5)。

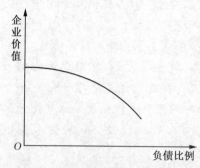

图8-5 破产成本所揭示的企业价值与资本结构之间的关系

 重要问题3　什么是破产成本理论?

破产成本理论是在MM理论的基础上发展起来的另一分支,它认为企业的债务融资比例越大,破产的风险越大,破产的成本也越高。企业在做出资本结构决策时,必须考虑财务危机成本对企业价值的影响,而这种情况只会发生在有负债的企业,且随着负债比例的增加,其成本也会不断升高,这会降低企业的价值。

3. 权衡理论

税收学派和破产成本学派的理论各有所长,但又都不免片面,因而在这两种学派的基础上,又出现了综合考虑税盾效应和破产成本的权衡理论,认为资本结构的选择是在税盾与破产成本的均衡中得到。在考虑以上两方面因数后,得到企业价值的计算公式为

有负债企业价值＝无负债企业价值＋税盾－破产和代理成本

或者,我们也可以把上面的计算公式更加精确地表示为

$$V_L = V_U + T \cdot D - (破产成本的现值) - (代理成本的现值) \quad (8-9)$$

权衡理论可以用图8-6表示。

如图8-6所示,当企业负债较低时(O到D_1点之间),破产和代理成本并不明显,税盾发挥了重要作用,增加了企业的价值,有税MM理论得到体现;随着负债比例的增加,破产和代理成本的影响开始显现,税盾作用被部分抵消,当负债比例到达一定值(D_2点)时,企业价值最大;负债比例再增大时,破产成本的影响大于税盾作用,企业价值下降。可以看出,企业存在着一个最优资本结构。

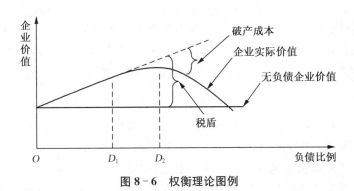

图 8-6 权衡理论图例

当然,在实际操作中,破产成本很难准确地测出来,故该方法不能用纯理论计算方法得到最优资本结构。但是,权衡理论为理解债务对资本结构多方面的影响提供了很好的示范。

> **重要问题 4　什么是权衡理论?**
>
> 权衡理论是综合考虑负债带来的税盾效应和破产成本的现代资本结构理论。该理论认为,在以上两种因素的作用下,企业的价值随着负债的增加先增加,税收减免效应大于破产威胁和代理成本的影响;然后负债达到一定程度以后,破产成本的影响会超过税收减免效应,企业的价值又会下降。这个转折点就是企业的最优资本结构点。

三、新资本结构理论

我们稍加思考就可以发现,现代资本结构理论所关注的重点是税收、破产成本等外部因素对于资本结构的影响,而忽视了内部因素的作用。因此从 20 世纪 70 年代起,一批新的资本结构理论应运而生,它们关注于内部因素对于企业资本结构的作用,从而弥补了现代资本结构理论的不足,填补了资本结构理论体系的真空地带。这批所谓的"新资本结构理论"以代理成本理论、财务契约理论、啄食次序理论和信号理论为代表。新资本结构理论的出现,大大丰富了资本结构理论体系的内涵。

> **参考资料　信息理论对资本结构理论的发展**
>
> 最早把不对称信息引入传统 MM 理论的资本结构模型的学者是罗斯(S. A. Ross),他的研究完全保留了传统 MM 理论的假设条件,仅仅放松了关于充分信息的假设。罗斯假设企业的管理者对企业未来收益和投资风险具有完全信息,而投资者没有这些内部信息,

他们只能通过企业公告通知的信息评价企业的市场价值。企业的资本结构就是管理者向投资者传递的一个重要信息。他认为,由于不对称信息的存在,管理者在融资时应该遵循这样的融资顺序:

使用留存收益→利用新债务→发行新股票

1984年,学者 Myers 和 Majluf 在一篇经典论文"在企业拥有信息而投资者没有信息的条件下的公司金融和投资决策"中,考察了非对称信息对企业的资本成本和传统的 MM 理论的影响。他们进一步诠释了不对称信息论对企业选择融资方式、决定资本结构的影响。提出了六点结论性的主张:① 如果要从外部筹资,债权筹资优于股权筹资,因为债权筹资的风险更小。② 如果企业已经用尽了低风险筹资的能力,例如,低成本的债权融资数额较大,已经不能再发行这种低成本低风险的债券,那么,即使企业面临好的投资项目,也可能会放弃。③ 当企业没有很好的投资机会时,可以限制股利发放,保留大量的税后利润作为"筹资准备"。④ 企业的股利变动与管理者对企业的资产价值评估高度相关,如果企业需要通过出售股票或其他风险证券的方式弥补现金的不足,那么就不会支付股利,投资者因此可以了解到企业的资金不足。⑤ 当企业占有信息优势并发行股票时,由于逆向选择的存在,股票的价格会下跌;如果企业发行低风险的债券筹资,现有股票的价格不会受到影响。⑥ 有投资机会但缺乏资金的企业和有资金但没有投资机会的企业合并可以使合并后的企业价值都增加。

这篇经典论文为以后的公司治理和投融资决策发展奠定了基石。

本章小结

广义的资本成本就是企业为筹集和使用资金付出的代价,狭义的资本成本仅仅指筹集和使用长期资金的成本,是各种资金来源的加权平均成本。资本成本是影响企业融资决策的最主要因素,主要体现在最小化企业的筹资成本和衡量项目的投资价值方面。在资本成本之外,对企业控制管理权的影响、风险因素和信息不对称也会影响企业对融资方式的选择。

历史数据显示,企业在融资时倾向于首先选择内源融资,其次选择债务融资,最后才会考虑股权融资。啄食次序理论为这一现象提供了合理的解释。它认为这样的融资决策主要是基于财务信号和信息不对称而做出的。

资本结构是企业的债务资本和权益资本的构成及其比例关系。资本结构取决于债务融资与权益融资的比较,也就是不同融资方式下企业的风险与收益。企业应该尽可能选择增加收益、减少风险的融资方式。对于资本结构的分析实质上是企业如何选择融资方式的一般性理论分析。资本结构理论研究的对象主要是资本结构与资本成本或者是企业价值之间的关系。

无税 MM 理论是现代资本结构理论的先驱。这一理论的核心思想是，企业的资本结构变化不会影响企业的市场价值，即企业不能通过单纯增加或减小资本结构中债务资本的比例提高企业价值。

有税 MM 理论是在无税 MM 理论基础上考虑了企业所得税对于企业价值和资金成本的影响而提出的。这一理论是建立在债务利息税前缴纳、普通股股息却在税后支付的基础上，其主要结论就是：企业的价值等于相同风险的无负债企业的价值加上税盾效应的价值。

破产成本理论是在 MM 理论的基础上发展起来的另一个分支，它认为企业的债务融资比例越大，破产的风险越大，破产的成本也越高。企业在做出资本结构决策时，必须考虑财务危机成本对企业价值的影响。

权衡理论是综合考虑负债带来的税盾效应和破产成本的现代资本结构理论。该理论认为，在以上两种因素的作用下，企业的价值随着负债的增加先增后减，其转折点就是企业的最优资本结构点。

复习思考题

1. 什么是资本成本，如何计算资本成本？
2. 在你看来，影响企业融资方式选择的内外因素有哪些？
3. 联系现实中上市公司的融资渠道，谈谈你对啄食次序理论的理解。
4. MM 理论的主要内容是什么？试着用一句话概括其核心思想。
5. 权衡理论认为企业的最优资本结构应当如何确定？
6. A 公司目前的资本金完全由股本构成，权益价值为 4 000 万元。股权成本为 15%，不存在税收。A 公司计划发行 1 000 万元的债券用于回购股票，债务成本为 10%。请计算：① 回购股票后该公司的资本成本；② 回购股票后的权益成本是多少？并对计算结果进行解释。如果公司所得税率为 20% 呢？
7. B 公司有 400 万元的债务，公司的市场价值是 2 000 万元。预期 EBIT 是永久性的。税前的债务利率为 10%，公司所得税率为 30%。如果公司完全采用股权融资，股东将要求 20% 的收益率。试问：如果公司完全采用权益融资，公司的价值将是多少？该杠杆公司股东的净收益又是多少？
8. C 公司的资本完全来自于股权融资，股东要求的收益率为 20%。公司的市场价值为 3 000 万元，已发行的股票有 600 万股。公司打算发行利率为 10% 的债券 1 000 万元，并以所获资金回购普通股。假设公司的财务危机成本不变，那么根据 MM 理论，该公司股权新的市场价值是多少？

网络学习导引

登录深圳发展银行主页：www.sdb.com.cn。

点击进入"投资者服务＞定期报告",仔细阅读深圳发展银行股份有限公司最近一份年度报告,重点考察资产负债表部分,然后回答下列问题:

1. 公司长期负债对股东权益的比例是多少?

2. 如果长期负债的平均成本是5％,股东权益的平均成本是8％,公司的平均资本成本是多少?

讨论课题

阅读最近几年的年度报告,你认为深圳发展银行股份有限公司近年来采取的融资政策是什么样的?请与小组成员交换一下意见,谈谈你们对深圳发展银行未来所应采取的融资政策的看法。

第三部分

宏观金融运行

在了解了微观金融运行的基本原理和机制后,我们将开始对金融运行展开宏观面的讨论。从经济总体的角度,在微观金融运行的基础上,分析金融系统如何在宏观经济运行中发挥分配资源、分散风险、提供流动性等功能,这就是宏观金融运行分析的主要内容。在宏观经济中,金融系统发挥上述功能,主要是通过对货币供求、利率、价格水平等宏观经济变量发挥影响而实现的。例如,货币供给与需求的变化,决定了整个经济的流动性情况;利率水平与物价水平的高低,决定了资源在宏观上的动员与分配情况。在微观金融分析中的一些影响融资活动运作的关键变量,例如利率,只有在宏观金融运行分析中才能更为准确地认识其变化规律。所以,金融学是由微观金融运行和宏观金融运行所构成的有机统一整体。我们在本部分中学习货币供给、货币需求、利率、物价水平这些宏观金融运行中的主要变量的变动规律。

第九章

中央银行与货币供给

学习目标
- 了解中央银行的类型和基本职能
- 掌握中央银行资产负债表主要内容,并能够结合银行体系资产负债表来解释信用创造机制
- 认识基础货币和货币乘数,以及影响它们的因素是什么
- 了解关于货币供给外生性和内生性的争论

基本概念

　　中央银行　中央银行资产负债表　基础货币　信用创造机制　货币乘数　货币供给外生性和内生性

参考资料
- 中国人民银行和美国联邦储备体系
- 中央银行的独立性问题
- 统一口径的中央银行资产负债表
- 中国货币供给的外生性和内生性争论

货币是金融活动的载体,在金融的宏观运行中发挥着不可替代的作用。因此,我们首先从货币入手,讨论货币供给和需求的相关问题。而在分析货币供给的时候,我们一定不能够遗忘一个重要的角色——中央银行,因为中央银行在货币供给的过程中处于核心地位。

通过这一章的学习,我们将对中央银行的基本特征和货币供给的内在机制有一个了解。关于货币需求的问题,我们留到下一章进行讨论。

第一节　中央银行概述

重要问题

1. 中央银行主要有哪几种类型?
2. 中央银行具有什么职能?
3. 中央银行的资产负债表包括哪些主要项目?

虽然中央银行也被称为"银行",但它和我们通常所说的银行并不相同。通常所说的银行是指商业银行,是以利润最大化为经营目标的金融机构,而中央银行却是非营利性的政府管理机构,它的根本目标在于维持金融系统的稳定和正常运转。中央银行制度始自于1694年的英格兰银行,第二次世界大战以来,它已经为世界各国普遍采用,并且得到了不断完善。中央银行已成为一国金融体系的核心。

一、中央银行的类型

世界各国基本上都实行中央银行制度,但并不存在统一的模式。受各国社会制度、政治体制、经济发展水平、金融发达程度等因素的影响,中央银行主要可以分为单一型、复合型、跨国型和准中央银行四种。

1. 单一型中央银行

这是指一个国家仅仅设立唯一的中央银行,作为中央金融管理机构,全面执行中央银行职能。这种类型的中央银行又分为两种类型。

(1) 一元式中央银行。中央银行的机构自身上下是统一的,机构设置一般采取总分行制,逐级垂直隶属。这种组织形式下的中央银行是完整标准意义上的中央银行,目前世界上绝大多数国家的中央银行都采取这种形式,如英国、法国、日本、意大利和瑞士等。这类中央银行的特点在于权力较为集中、职能齐全、有较多的分支机构。中国的中央银行即中国人民银行也是采用一元式组织结构。

(2) 二元式中央银行。中央银行由中央和地方两级相对独立的中央银行机构共同组成。中央级中央银行和地方级中央银行在货币政策制定

网络资源
中国人民银行
www.pbc.gov.cn
英格兰银行
www.bankofengland.co.uk
法兰西银行
www.banque-france.fr
日本银行
www.boj.or.jp

方面是统一的,中央级中央银行是最高金融决策机构,地方级中央银行要接受中央级中央银行的监督和指导。但是在具体业务的执行方面,地方级中央银行在其管辖范围内拥有一定的独立性,按照法律规定分别行使其职能。二元式中央银行一般存在于联邦制国家中,如美国、德国等。

网络资源
意大利银行
www. bancaditalia. it
瑞士中央银行
www. snb. ch

网络资源
美联储
www. federalreserve. gov
德意志联邦银行
www. bandesbank. de

> **参考资料 中国人民银行和美国联邦储备体系**
>
> 中国人民银行和美国联邦储备体系(Federal Reserve System)分别是一元式中央银行和二元式中央银行的典型代表。
>
> **1. 中国人民银行**
>
> 人民银行由总行和它的分支机构组成。总行作为国家管理金融业的职能部门,负责总量性业务的操作和金融监管;分支行是总行的派出机构,是贯彻货币政策、进行金融行政管理和金融业务监管的具体执行单位。
>
> 人民银行实行行长负责制。
>
> 货币政策委员会是货币政策的咨询议事机构。货币政策委员会由人民银行行长及两名副行长、国家外汇管理局局长、中国证监会主席,以及政府综合经济管理部门(计委、经贸委和财政部)和学术界代表等共11人组成。
>
> 过去人民银行的分支机构是按照行政区划来设置的。随着经济和金融体系的发展,这种设置的弊端越来越多地显示出来。1998年底人民银行对分支机构体系进行了重大调整,以经济区域作为新的划分标准,撤销了原来的省级分行,新设9个大分行:沈阳分行(辖黑龙江、吉林、辽宁),天津分行(辖天津、河北、山西、内蒙古),济南分行(辖山东、河南),南京分行(辖江苏、安徽),上海分行(辖上海、浙江、福建),广州分行(辖广东、广西、海南),武汉分行(辖湖北、湖南、江西),成都分行(辖四川、贵州、云南、西藏),西安分行(辖山西、甘肃、青海、宁夏、新疆)。另外,设两个总行营业部,分别在北京和重庆。1999年1月1日,这种新的体系正式开始运作。
>
> **2. 美国联邦储备体系**
>
> 美国联邦储备体系(简称联储)由联邦储备理事会(Board of Governors)、联邦公开市场委员会(Federal Open Market Committee, FOMC)和12家地区性的联邦储备银行构成。
>
> 联邦储备理事会是联邦储备体系的最高领导层,其7名理事由总统提名并征得参议院同意后任命。为防止政治因素影响,每个理事的任期长达14年且不能连任,同时理事的任期错开。主席在理事中产生,任期4年,可以连任,但传统上主席离任后就会退出理事会。

> 联邦公开市场委员会由联储理事会的7名成员加上纽约联储银行行长和另外4位联储银行行长(在余下的11家联储银行之间轮流分配)组成,它的主席由理事会主席同时担任。公开市场委员会并不直接从事证券买卖,而是向纽约联储银行交易部发出指令,由它实际操作。
>
> 12个联邦储备区各设有一家联储银行。这些银行的股份为本储备区内的联储体系成员银行(一般为私人商业银行)所持有,股息支付不超过6%。各联储银行董事会的9名成员由成员银行(6名)、职业银行家(1名),农、工、商知名企业家(1名)和联储理事会指定人选(1名)组成。
>
> 所有的国民银行(在货币监理局注册的商业银行)都必须加入联储体系,而在各州注册的商业银行则自愿加入。

2. 复合型中央银行

这是指一国不设立专门执行中央银行职能的中央银行机构,而是由一家大银行"一身二任",既行使中央银行职能,又从事一般商业银行业务。这种中央银行通常存在于实行计划经济体制、金融体系不发达的国家,如前苏联和曾经的东欧国家。我国在1983年之前也是实行的复合型中央银行制度。

3. 跨国型中央银行

若干国家可能会联合组建一家中央银行,由这家中央银行在其成员国范围内行使全部或部分中央银行职能。这种中央银行制度一般与区域性多国经济的相对一致性和货币联盟相适应。最典型的跨国型中央银行是欧盟的欧洲中央银行,其他还有西非货币联盟的"西非国家中央银行"、中非货币联盟的"中非国家银行"和东加勒比海中央银行等。

4. 准中央银行

有些国家或地区不设置完整意义上的中央银行,而设立类似中央银行的金融管理机构来执行部分中央银行的职能,并授权若干商业银行也执行部分中央银行职能。这种准中央银行一般存在于较小的国家或地区,并且在这些国家或地区内部通常有一家或几家银行在本国一直处于垄断地位。一些典型的准中央银行有:新加坡货币管理局、香港的金融管理局、马尔代夫的货币总局、沙特阿拉伯的金融管理局、阿联酋的金融局等等。

> **重要问题1　中央银行主要有哪几种类型?**
>
> 受各国社会制度、政治体制、经济发展水平、金融发达程度等因素的影响,中央银行主要可以分为单一型、复合型、跨国型和准中央银行四种。其中,单一型中央银行又可以进一步分为一元式中央银行和二元式中央银行。

二、中央银行的职能

我们可以用三个"银行"来概括中央银行的基本职能，即发行的银行、银行的银行和政府的银行。中央银行正是通过这些职能来影响货币供应量、利率等指标，实现其对金融领域乃至整个经济的调节作用的。

1. 发行的银行

中央银行首先应该是货币发行的银行，即国家赋予它集中与垄断货币发行的特权，使它成为国家唯一的货币发行机构。这是中央银行同商业银行和其他金融机构之间最大的区别，同时也是中央银行发挥其全部职能的基础。

2. 银行的银行

中央银行同商业银行一样，也办理存、贷业务，但它的业务对象并不是企业和个人，而是商业银行和其他金融机构。中央银行为商业银行和其他金融机构提供支持和服务，同时也是它们的管理者，作为"银行的银行"而存在。

"银行的银行"这一职能主要包括三个方面。

（1）集中保管存款准备金。为了保证商业银行和其他金融机构的支付和清偿能力，从而保障存款人的存款安全，各国一般以法律形式规定商业银行和其他存款金融机构必须按照存款的一定比例提取存款准备金，并存入中央银行。准备金的集中使得中央银行有能力在商业银行等存款金融机构发生支付和清偿困难时，为它们提供必要的支持。并且，集中准备金使得中央银行可以有效地组织起全国范围内的资金清算。另外，准备金存款也使中央银行的资金实力得到充实，为它更好地履行职责提供了资金支持。

（2）充当"最后贷款人"。当商业银行等金融机构发生资金困难而其他金融机构又无力或不愿对其提供帮助时，中央银行将扮演"最后贷款人"角色，向困境中的金融机构提供资金支持和援助，这实际上是发挥金融系统的流动性功能。中央银行对商业银行等金融机构的贷款主要是通过对商业银行办理的贴现票据进行再贴现的方式进行，这种贷款也被称为再贴现贷款。再贴现也为中央银行提供了一个有效的货币政策工具：中央银行可以通过调整再贴现率影响商业银行等存款机构的资金成本，从而导致存款金融机构的信用扩张能力发生变动，并进一步影响社会货币总量。

（3）组织全国范围内的清算。存款金融机构在中央银行设有准备金账户，这使得中央银行可以通过借记或贷记它们的准备金账户来完成存款机构之间的款项支付。这一方面加速了资金周转，减少了清算费用，提高了清算效率，解决了非集中清算带来的困难；另一方面也有利于中央银行通过清算系统对商业银行体系的业务经营进行全面及时的了解、监督和控制，强化了中央银行的金融监管职能。至今为止，大多数国家的中央银行都已成为本国的全国清算中心。

3. 政府的银行

中央银行同政府有着密切的联系，它既是政府管理金融的工具，又为

最后贷款人

当商业银行等金融机构发生资金困难而其他金融机构又无力或不愿对其提供帮助时，中央银行将主要通过再贴现的方式提供资金支持和援助。

政府提供金融服务。作为"政府的银行",中央银行具有以下职能。

(1) 代理国库。国家财政收支一般不会另外设立机构进行管理,而是交给中央银行代理,通过财政部在中央银行的账户进行核算。例如,按国家预算要求代收国库库款、按财政支出命令拨付财政支出、向财政部门反映预算收支执行情况等。

(2) 代理政府债券的发行。许多国家常常利用发行政府债券的方式来筹集资金,满足政府开支的需求。中央银行通常代理政府债券的发行并负责债券的还本付息等业务。

(3) 向政府提供资金融通。当政府财政收支出现失衡时(主要是入不敷出),中央银行有义务向其提供资金的融通,满足其资金需求。一种方式是直接向政府提供贷款或透支。这种信贷支持只能是短期的,用于解决财政收支的临时性失衡。有些国家(如美国)甚至规定其中央银行(美联储)不准向财政部发放贷款,这主要是为了避免中央银行沦为弥补预算赤字的工具。另一种方式则是中央银行通过购买政府债券为政府提供资金支持。中央银行可以在一级市场或二级市场购买政府债券,使得政府可以直接或者间接地获得融资。事实上,只要中央银行在某一时刻持有政府债券,就表明中央银行为政府提供了融资。

(4) 管理和调控金融活动。中央银行不以盈利为目的,不受任何经济利益集团的控制,处于相对超脱的地位,这样就可以保证其金融调控监管的客观性和公正性。中央银行不仅为政府制定和执行货币政策,而且是管理金融机构和调控金融市场的最高权力机构。中央银行还具有一国的金融立法权,从而使得金融机构和金融市场的活动有法可依、有章可循。

(5) 持有和经营国际储备。国际储备主要包括外汇、黄金、在国际货币基金组织(International Monetary Fund, IMF)中的储备头寸、国际货币基金组织分配的尚未动用的特别提款权等。中央银行通过对储备资金总量和结构进行调整,保证储备资产的收益,保持国际收支平衡和汇率的基本稳定。

除此之外,中央银行还代表国家政府参加国际金融组织和各项国际金融活动,为政府提供经济金融情报和决策建议,向公众发布经济金融信息等。

参考资料　中央银行的独立性问题

从中央银行出现之时起,中央银行就一直面临着一个重要的问题:如何保持自己的独立性呢?

要解决这个问题并不那么容易。让我们先来了解一下什么是中央银行的独立性:它指的是中央银行在履行自身职能时拥有的自主程度。中央银行的独立性问题的实质是如何处理中央银行与政府之间的关系,因为虽然两者的宏观经济目标是一致的,但需要分工合作,并且在实现目标的措施选择上有所不同。

目前对于中央银行的独立性问题有两种对立的观点：

支持中央银行独立的观点认为，如果中央银行受制于政府，很可能会导致通货膨胀。因为政府的行为具有短期性，政治家们为了自身目的(例如希望获得连任)更倾向于追逐短期目标，如较低的失业率或是利率目标，而不关注物价稳定等长期目标。另一方面，政府的财政赤字可能会对基础货币产生影响。如果政府能够要求中央银行向财政部直接融资以弥补财政赤字，那么将会导致政府债务的货币化，增加基础货币的数量。政府的这种行为将导致更加强烈的通货膨胀趋势。独立论者还认为，货币政策的制定和执行具有较强的专业性，不应交给政治家们来进行决策。

与此相反，一些人反对中央银行独立。他们认为，金融体系只是经济总体的一部分，中央银行只是整个宏观调控体系中的一个组成部分，不管它有多么的重要，也不可能超越所隶属的总体。另外，货币政策必须同财政政策相配合才能最大限度地发挥作用。而财政政策是由政府控制的，只有把两种政策集中于同一个机构，才能防止两种政策之间的冲突。同时，如果中央银行不对任何人负责，那么，把货币政策这样的重要工具交给中央银行来掌握是不民主的。因为政府及其成员绩效不佳可能会被解职，而中央银行的货币政策操作并不存在惩罚机制的约束。对政府目光短浅的指责是不全面的：政府官员也会关注长期目标，而中央银行的行为并不一定是为长远利益服务，官僚行为同样会影响中央银行的决策。

关于中央银行独立性的争论仍在继续，目前对这一问题的共识为中央银行应当对政府保持一定的独立性，但是这种独立性只能是相对的。

重要问题2　中央银行具有什么职能？

中央银行的主要职能可以用三个"银行"概括：(1)发行的银行。中央银行垄断国家的货币发行权。(2)银行的银行。中央银行为商业银行等存款金融机构保管存款准备金，充当"最后贷款人"，组织全国范围内的清算。(3)政府的银行。中央银行为政府代理国库和政府债券的发行，向政府提供融资，管理和调控金融活动，以及保管和经营国际储备等。

三、中央银行的资产负债表

中央银行通过各项具体业务活动履行它的职能,而它的各项业务又具体地反映在资产负债表中。因此,在讨论了中央银行的基本职能之后,让我们来了解一下中央银行的资产负债表(见表9-1)。

表 9-1 简化的中央银行资产负债表

资　　产	负　　债
国外资产	流通中现金
对金融机构债权	金融机构存款(准备金)
对政府的债权	财政部存款
其他资产	外国存款
	资本及其他负债

1. 资产项目

(1) 国外资产。中央银行存放在国外的资产,主要包括黄金储备、中央银行持有的外汇、地区货币合作基金、国库中的国外资产、对外国政府和国外金融机构的贷款、在国际货币基金组织的储备头寸、特别提款权等。

(2) 对金融机构的债权。中央银行对各类金融机构的债权,包括再贴现贷款、担保信贷、贷款和回购协议以及其他债权。

(3) 对政府的债权。中央银行对中央和地方各级政府的债权,包括中央银行持有的国库券、政府债券、财政短期贷款、对国库的贷款和垫款或法律允许的透支额。

2. 负债项目

(1) 流通中现金。这是货币当局资产负债表中的主要项目,它主要是指游离在银行体系以外、在社会公众手中流通的通货。

(2) 金融机构存款。各类金融机构在中央银行的存款,主要来源于存款金融机构提取的存款准备金以及各金融机构为方便同业间的资金清算而存放于中央银行的款项。

(3) 财政部存款。财政部存放在中央银行的款项,包括国库持有的货币、活期存款、定期以及外币存款等。

(4) 外国存款。国外的金融或非金融机构在本国中央银行存放的款项,是本国对外国的负债。

(5) 资本项目。包括中央银行的资本金、准备金、未分配利润等。

中央银行的资产负债表对于货币供给具有特殊的重要意义,这一点我们将在下一节进行揭示。

参考资料　统一口径的中央银行资产负债表

为了便于各国相互之间了解各自的货币金融运行状况,国际货币基金组织定期出版《国际金融统计》(International Financial Statistics, IFS),以相对统一的口径向公众提供各成员国的货币金融和经济发展的主要统计数据,其中也包括中央银行的资产负债表,即"货币当局资产负债表"。各国中央银行在编制资产负债表时一般都会参考国际货币基金组织的分类和口径。

下面我们来了解一下《国际金融统计》中货币当局资产负债表的主要结构(表9-2)。

网络资源:
国际货币基金组织
www.imf.org

表9-2　IFS 统一口径的货币当局资产负债表

资　产	负　债
国外资产	储备货币
对中央政府的债权	定期储备和外币存款
对各级地方政府的债权	发行债券
对存款货币银行的债权	进口抵押和限制存款
对非货币金融机构的债权	对外负债
对非金融政府企业的债权	中央政府存款
对特定机构的债权	对等基金
对私人部门的债权	政府贷款基金
	资本及其他负债项目

1. 资产项目

(1) 国外资产。主要包括黄金储备、中央银行持有的外汇、地区货币合作基金、国库中的国外资产、对外国政府和国外金融机构的贷款、在国际货币基金组织的储备头寸、特别提款权等。

(2) 对中央政府的债权。包括中央银行持有的国库券、政府债券、财政短期贷款、对国库的贷款和垫款或法律允许的透支额。

(3) 对各级地方政府的债权。包括中央银行持有的地方政府债券和其他证券、贷款和垫款等。

(4) 对存款货币银行的债权。包括再贴现、担保信贷、贷款和回购协议和其他债权。

(5) 对非货币金融机构的债权。基本内容与对存款货币银行的债权大致相同,区别仅仅在于债权对象不同。

(6) 对非金融政府企业的债权、对特定机构和私人的债权。通常含有更多的政策性因素。

2. 负债项目

(1) 储备货币。这是货币当局资产负债表中的主要项目,主要包括流通中的现金、存款货币银行的现金、存款货币银行在中央银行的存款(法定存款准备金和超额准备金等)、政府部门以及非货币金融机构在中央银行的存款，以及特定机构和私人部门在中央银行的存款等。以后我们将会看到储备货币在货币供给机制中的重要作用。

(2) 定期储备和外币存款。包括各级地方政府、非金融政府企业、非货币金融机构等的定期存款和外币存款，还包括反周期的特殊存款、特别基金以及其他外币债务等。

(3) 发行债券。包括自由债务、向存款货币银行和非货币金融机构发行的债券以及向公众销售的货币市场证券等。

(4) 进口抵押和限制存款。包括本国货币、外币、双边信用证的进口抵押金以及反周期的特别存款等。

(5) 对外负债。对国外机构的所有本国货币和外币的负债。

(6) 中央政府存款。包括国库持有的货币、活期存款、定期以及外币存款等。

(7) 对等基金。这是在外国援助者要求受援者政府存放一笔与外国援助资金相等的本国货币的情况下建立的基金。

(8) 政府贷款基金。中央政府通过中央银行渠道从事贷款活动的基金。

(9) 资本项目。包括中央银行的资本金、准备金、未分配利润等。

重要问题 3 中央银行的资产负债表包括哪些主要项目？

各国中央银行的业务大同小异，资产负债表的结构也相差不大。中央银行的资产项下主要包括国外资产、对金融机构的债权、对政府的债权和其他资产；负债和所有者权益项下则主要包括流通中现金、金融机构存款、财政部存款、外国存款以及资本项目。

第二节 货币创造机制

重要问题

1. 什么是基础货币？中央银行怎样影响基础货币？
2. 银行体系的信用创造机制是怎样运转的？
3. 货币乘数是什么？影响货币乘数的因素有哪些？

我们在第一章曾经了解到货币的供给可以分为不同的层次,如 M_0、M_1、M_2 甚至 M_3。其实,这些货币并非完全是中央银行投放的,而是经历了一个滚雪球一样的货币创造过程。

货币创造的过程可以用一个有趣的梯形很形象地来表现(见图 9-1)。

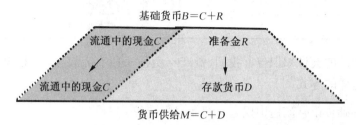

图 9-1 货币创造示意图

可以看到,货币创造的过程,其实就是一个以流通中的现金 C 与准备金 R 之和(称为基础货币)为基础,逐渐扩张的过程。由于流通中的现金 C 是不发生变化的,因此在货币供给的产生过程中,我们通常更关注剔除了右边平行四边形之后的小梯形,即准备金 R 到存款货币 D 的货币创造过程。

中央银行的资产负债表中实际上包含了有关这一过程的很重要的信息,即它反映了货币创造的起源。事实上,正是通过自身的资产负债表,中央银行才能够收集和掌握到更多的信息,并通过其具体业务操作来影响货币创造的基础,从而通过"货币创造梯形"作用于货币供应量。

在这一节里,我们将从中央银行的资产负债表出发,介绍"货币创造梯形"的构成,探索货币创造机制的内在原理。

一、基础货币

我们首先来看梯形的上底——基础货币。它是中央银行在讨论货币供应量的时候常常会考虑一个很重要的因素。那么,什么是基础货币呢?为什么它在货币供给的过程中这么重要呢?

基础货币(base money)又叫做货币基础(monetary base)或高能货币(high-power money)。顾名思义,基础货币是货币供应量中最核心和根本的部分。它是指在部分准备金制度下能够通过银行体系创造出多倍货币供应量的存款货币。它等于流通中的通货(C)与银行体系准备金总额(R)之和,即 $B=C+R$。基础货币是货币当局的净货币负债,这种负债是货币创造中的其他部分的基础和保证。

我们再次引入表 9-1 的简化中央银行资产负债表来进行考察:

> **基础货币**
> 在部分准备金制度下能够通过银行体系创造出多倍货币供应量的存款货币,等于流通中现金与银行体系准备金总额之和。

资　产	负　债
国外资产	流通中现金
对金融机构债权	金融机构存款(准备金)

续 表

资　产	负　债
对政府的债权	财政部存款
其他资产	外国存款
	资本及其他负债

基础的会计知识告诉我们,资产＝负债＋所有者权益,因此我们可以得到这样的等式:

基础货币＝流通中现金＋商业银行准备金
　　　　＝(国外资产－外国存款)＋(对金融机构的再贷款－金融机构存款)＋(对政府的债权－财政部存款)＋(其他资产－资本及其他负债)
　　　　＝国外资产净额＋对政府债权净额＋对金融机构净债权＋其他金融资产金额

由上面的等式可以看出,中央银行可以直接通过资产或负债的变动影响基础货币。

> **重要问题1　什么是基础货币？中央银行怎样影响基础货币？**
>
> 　　基础货币又叫做货币基础或高能货币,它是货币供应量中最核心和根本的部分,是指在部分准备金制度下能够通过银行体系创造出多倍货币供应量的存款货币。它等于流通中的通货与银行体系准备金总额之和,是货币当局的净货币负债。
> 　　中央银行对基础货币的控制可以通过它的资产负债表进行反映。中央银行资产项的增加会等额增加基础货币,而负债项的增加使得基础货币等额减少。

二、银行体系的信用创造机制

在考察了梯形的上底之后,我们来看看梯形的腰。首先观察"准备金梯形",它的两条腰代表了我们常说的信用创造过程。

什么叫做信用创造呢？这其实是一个创造新的存款货币的过程。当然,我们的存款会滋生利息,这些利息也可以算是"新存款货币"。可是事实上,即使我们不考虑利息收入,当我们在A银行中存入1 000元钱之后,它仍会创造出成倍的新存款。这听上去似乎难以相信,然而当我们通过下面的学习了解了银行体系的信用创造机制之后,就不会再感到不可思议了。

在讲述信用创造的故事之前,我们首先应当了解它的背景。事实上,银行体系的信用创造是建立在两个前提之上的:部分准备金制度和部分现金提取政策。

1. 银行体系信用创造的前提

(1) 部分准备金制度。我们在上一节曾经谈过准备金的问题。商业银行等存款金融机构在吸收存款后,只需按照存款的一定比例提取准备金,包括库存现金和存放中央银行的法定准备金,其余的资金可以灵活使用,如发放贷款或进行证券投资等。

制定部分准备金制度的目的在于保证存款金融机构的支付和清偿能力,从而保障存款人的权益。那么,为什么不规定100%的准备金制度呢——这样岂不是最安全吗?这主要是为了存款金融机构的收益性着想:因为所有的存款人一般不可能同一时间要求提款(例外的情况称为银行挤兑,我们将在以后介绍),存款金融机构总是能够维持稳定的存款额。

正是部分准备金的存在使得银行体系的信用创造成为可能,因为如果规定100%的准备金率,那么存款机构就不会有多余的资金可以供自己使用(如发放贷款),从而也就不可能创造出新的存款货币。

(2) 部分现金提取。我们在某家银行存入1 000元钱,假定法定存款准备金比率为10%,这家银行在收到1 000元存款之后,就把其中的900元又发放了新的贷款。然而,如果借款人在获得这笔贷款之后,立即以现金的形式全部提走,并且在归还贷款之前这笔现金始终在公众手中流通,此时银行实际上只充当了信用中介的作用,而不再有信用创造。

幸运的是,现实中这种100%的现金提取是不大可能的。在现代支付体系下,以活期存款为基础的转账结算使得现金交易的比重越来越小。通常银行向借款人发放贷款并不直接把现金交给借款人,而是将这笔贷款转到借款人在本银行的存款账户上。借款人进行支付通常也是直接采用转账方式,而不再提取现金。这样,部分现金提取使得存款的创造过程得以持续下去。

2. 银行体系的信用创造过程

我们从刚才存入 A 银行的 1 000 元钱开始,通过银行体系的资产负债表来考察信用创造的全过程:

当我们委托甲把 1 000 元存入在 A 银行的活期存款账户时,A 银行按照假设的 10% 的法定准备金率提取法定准备金之后,将剩余的 1 000 × (1−10%) = 900 元全部用于贷款,发放给乙。A 银行的账务处理为:

A 银行的 T 形账户

资产(万元)		负债(万元)	
在中央银行存款	100	活期存款	1 000
贷　　款	900		

在得到这笔贷款之后,乙将它存入了其开户银行 B 银行。同样地,B 银行按照 10% 的法定准备金率提取了 $900 \times 10\% = 90$ 元的准备金,然后把剩余的 $900 \times (1-10\%) = 810$ 元全部贷款给丙。B 银行的账务处理为:

B 银行的 T 形账户

资产(万元)		负债(万元)	
在中央银行存款	90	活期存款	900
贷款	810		

丙得到贷款之后,又将它存入了 C 银行……类似的过程将无限持续下去。在整个过程中,每一家参与的银行都在创造着存款货币。我们通常把这种由银行体系发放贷款而形成的新的存款称为派生存款。

☞ **派生存款**
由银行体系发放贷款而形成的新的存款。

我们把这一过程总结如表 9-3 所示。

表 9-3 存款创造过程

商业银行	活期存款增加额	准备金增加额	贷款增加额
A	1 000	100	900
B	900	90	810
C	810	81	729
D	729	72.9	656.1
⋮	⋮	⋮	⋮
⋮	⋮	⋮	⋮
⋮	⋮	⋮	⋮
总计	10 000	1 000	9 000

显然,各个银行的存款增加额组成了一个无穷递减的等比数列,因此我们也可以利用等比数列的求和公式计算出整个银行体系的存款增加额:

$$1\,000 + 1\,000 \times (1-10\%) + 1\,000 \times (1-10\%)^2$$
$$+ 1\,000 \times (1-10\%)^3 + \Lambda$$
$$= 1\,000 \times \frac{1}{1-(1-10\%)}$$
$$= 10\,000$$

其中派生存款为:$10\,000 - 1\,000 = 9\,000$(元)

现在我们终于明白,商业银行体系是如何创造出 10 倍于原始存款的派生存款的了。事实上,信用创造的过程就是一个"存款—贷款—存款—……"的无限循环过程。

同时我们也会发现,法定准备金总额的增加等于最初的原始存款增加额。这也意味着有原始存款增加引发的存款扩张过程实际上也就是这笔原始存款全部转化为法定准备金的过程。如果用 ΔD 代表活期存款增加额，ΔR 表示准备金增加额，我们有：

$$\Delta D = \frac{1}{r}\Delta R$$

上式反映了存款增加额与准备金变动之间的关系（也就是"准备金梯形"上下底之间的关系），是最简单的信用扩张方程式。显然，存款扩张的倍数取决于法定存款准备金率 r，r 越小则增加的存款总额越大，银行系统的信用扩张能力也就越强。$\frac{1}{r}$ 通常被称为存款乘数，因为它表示派生存款相对于准备金而言扩张的倍数。存款乘数反映了银行体系以准备金为基础创造存款货币的能力。这里我们没有考虑其他因素，因此 $\frac{1}{r}$ 也被称为简单存款乘数。

☞ **存款乘数**
反映存款变动额与准备金变动之间关系的系数。

 重要问题 2　银行体系的信用创造机制是怎样运转的？

> 银行体系的信用创造实际上就是一个创造新的存款货币的过程，它是以部分准备金制度和部分现金提取为前提的，依靠整个商业银行体系的存贷款业务形成了一个循环的传导机制，通过整个银行系统的资产负债表反映出来。信用创造的核心变量是存款乘数，它反映了存款增加额与准备金变动之间的关系。

三、货币乘数

最后让我们来讨论整个货币创造过程中的一个核心变量——货币乘数，它反映了货币创造梯形的上下底，即基础货币变动引起货币供应量变动倍数的关系。而货币创造梯形的腰则代表了货币乘数的形成过程（注意和存款乘数的区别）。

☞ **货币乘数**
表示基础货币的变动引起货币供应量变动倍数的系数。

我们曾经提到了简单存款乘数，并且得到了最简化的存款扩张方程式。事实上，货币的创造比这要复杂得多，货币乘数也由于受到很多现实因素的影响而远远不同于简单存款乘数。

1. 信用创造中的漏损

有时候，并不是除法定准备金之外的所有货币都参与到银行体系的信用创造过程中。让我们来看看到底是哪些因素会使得货币"漏损"，即使得这一部分货币退出信用创造机制。

（1）超额准备金。通常商业银行除了法定存款准备金要求外，为了应付存款者的取款和流动性管理需要，商业银行也会保留一些超额准备金。

提取超额准备金会降低商业银行创造存款货币的能力。下面我们来考察一下超额准备金是如何影响银行体系信用创造的。

假设所有银行在10%的法定准备金之外，都按照10%的比例提取超额准备金。与前面的例子相同，我们委托甲在A银行存入1 000元存款，则A银行首先提取1 000×10%=100元法定准备金，然后又根据需要提取了1 000×10%=100元的超额准备金。之后，A银行将剩余800元贷放给乙。

乙得到这笔贷款后，将它存入其账户银行B。B银行同样地在提取800×10%=80元法定准备金之后，留存了800×10%=80元的超额准备金。然后将剩余的全部款项800−80−80=640元发放贷款给丙。

……

以此类推，可以得到新的存款货币创造过程（参见表9-4）。

表9-4 新的存款创造过程

商业银行	活期存款增加额	法定准备金增加额	超额准备金增加额	贷款增加额
A	1 000	100	100	800
B	800	80	80	640
C	640	64	64	512
D	512	51.2	51.2	102.4
·	·	·	·	·
·	·	·	·	·
·	·	·	·	·
总　计	5 000	500	500	4 000

我们发现，当商业银行提取超额准备金时，银行体系的存款货币创造能力被大大削弱了。在银行体系只提取10%法定准备金时，我们存入银行的1 000元钱能够创造出10 000元派生存款，而当银行体系在10%法定准备金之外，再提取10%超额准备金时，同样的1 000元钱就只能创造5 000元派生存款，存款乘数也缩小为$1/(10\% + 10\%) = 5$。

(2) 现金漏损。使得货币流出信用创造过程的另一个重要因素是现金漏损。借款人在得到商业银行的贷款后，并不一定将所有的贷款都存入账户银行，而通常会保留一部分现金在手中，这一部分货币也就退出了银行体系的派生存款创造机制。我们可以通过与分析超额准备金影响相同的方法得出结论：现金漏损的存在同样会削弱商业银行的信用创造能力，导致存款乘数的减小。

(3) 定期存款准备金。至今为止，我们在考察信用创造机制时所提到的都是活期存款，事实上定期存款的存在将会影响总的准备金比率，从而影响存款乘数。因为定期存款也必须按照一定的法定准备金率提取准备金,这笔准备金尽管仍保留在商业银行手中,即让包括在实有准备金中,但它不能用于支持活期存款货币的创造。

2. 货币乘数模型的推导

我们在讨论信用创造中的漏损的同时,其实是在对简单的存款乘数进行不断的修正。那么,这样的一个修正形式的存款乘数究竟是什么样的呢?它的变动受到哪些因素的影响呢?要了解这些问题的答案,我们首先应该对货币乘数进行一个理论上的推导。

基本的货币供给方程式为

$$M = m \cdot B$$

其中 M 为货币供应量,B 为基础货币,m 就是我们所关注的货币乘数,表示基础货币的变动引起货币供应量变动的倍数。

设 C 为流通中现金,R 为准备金总额,RD 为活期存款的法定存款准备金,RE 为超额准备金,RT 为定期存款的法定准备金。那么我们可以得到

$$B = C + R = C + RD + RE + RT$$

我们再设流通中的现金比率为 c,法定存款准备金率为 rd,超额准备金率为 e,rt 为定期存款的法定存款准备金率,DT 表示定期存款,DD 表示活期存款,那么如下式子成立

$$B = c \cdot DD + rd \cdot DD + e \cdot DD + rt \cdot DT$$

最后我们设 t 表示定期存款与活期存款的比例,则有

$$B = c \cdot DD + rd \cdot DD + e \cdot DD + rt \cdot t \cdot DD$$
$$= DD(c + rd + e + rt \cdot t)$$

现在我们来看货币供应量 M。货币供应量具有不同口径,我们以最常用的 M_1 为例

$$M = C + DD$$

则 M_1 的货币乘数为

$$m = \frac{M}{B} = \frac{DD(1+c)}{DD(c + rd + e + rt \cdot t)} = \frac{1+c}{c + rd + e + rt \cdot t}$$

3. 影响货币乘数的因素

从货币乘数的表达式中我们可以很快地看出构成乘数的各个因素对它的影响。

(1) 法定准备金比率。在其他变量不变的条件下,中央银行提高法定准备金率(不管是针对活期存款还是定期存款)会迫使商业银行提取更多的储备,减少其可贷资金。由信用创造过程我们知道,这将减少存款货币的创造,并使得货币乘数减小。降低法定准备金率的效果则相反。

(2) 通货比率。我们在讨论现金漏损的时候已经看到,如果在信用创造的过程中的某一环节借款者提取一定比率的现金,那么商业银行体系创造存款货币的能力会被削弱,这也会使货币乘数缩小。反之,则使货币乘数增大。

(3) 超额准备金率。银行增加超额准备金虽然可以增强经营活动的安全性,但是这使得它的可用于贷款的货币减少,也会削弱银行体系创造存款货币的能力。相反,如果银行缩减超额准备金,那么它可以发放更多的贷款,从而创造出更多的货币供给。

(4) 定期存款数量。我们已经看到,更多的定期存款将使得准备金增多,可贷资金减少,从而减弱信用创造,使货币乘数降低。

重要问题3　货币乘数是什么?影响货币乘数的因素有哪些?

货币乘数是货币供给方程式中的系数,表示基础货币的变动引起货币供应量变动的倍数。

影响货币乘数的主要因素有法定准备金率、超额准备金率、通货比率和定期存款数量等,它们都与货币乘数呈反相关关系。

第三节　货币供给的外生性和内生性

重要问题

1. 货币供给的外生论和内生论是什么?为什么要围绕它们展开争论?
2. 外生论的支持者的主要观点是怎样的?
3. 内生论的支持者的主要观点是怎样的?

我们已经了解了货币供给的创造过程,现在我们来讨论一个重要的问题:货币供给到底是外生的还是内生的?围绕着这个问题,学术界一直进行着激烈的争论。在这一节,我们将对货币供给的外生性和内生性理论以及两者之间的纷争作简单的介绍。

一、外生性和内生性

> **☞ 货币供给外生性**
> 货币供给是经济系统运行的外生变量,不决定于经济体内部因素。

什么是外生性?外生性(exogenous)指货币供给是经济系统运行的外生变量,它不是由经济体内部因素所决定,而是由中央银行的货币政策所决定的。帕廷森把货币称为"神赐的食物",弗里德曼则把货币比作是"从直升机上撒下来的"。

那么，内生性又是什么呢？与外生性相对应，内生性（endogenous）则是指货币供给是经济体的内生变量，决定货币供给变动的因素来自于经济体系中实际变量及微观主体的经济行为，中央银行难以主动控制，只能够被动地适应。

通过它们的定义，我们其实可以发现为什么人们围绕着货币供给外生性或内生性这个话题争论了这么长时间：货币供给的外生性或内生性对于中央银行的货币政策具有极强的现实意义。事实上，如果货币供给是外生的，那么中央银行能够有效地通过对货币供给的调节来达到控制经济的目的；另一方面，如果货币供给是内生的，那么很不幸，货币供给被动地决定于客观经济因素，而货币当局并不能有效地控制其变动。当中央银行以货币供应量作为中介目标时，这种局限性将更为突出地表现出来，导致货币政策的效果大打折扣。

 货币供给内生性
货币供给是经济体的内生变量，取决于经济体系中实际变量及微观主体的经济行为。

 重要问题 1　货币供给的外生论和内生论是什么？为什么要围绕它们展开争论？

货币供给外生论指货币供给是经济系统运行的外生变量，不决定于经济体内部因素。而货币供给内生论则是指货币供给是经济体的内生变量，取决于经济体系中实际变量及微观主体的经济行为。

之所以围绕货币供给到底是外生的还是内生的这个问题争论了很长时间，主要是因为明确货币供给的外生性或内生性对于中央银行货币政策操作具有极强的现实意义。如果货币供给是外生的，那么中央银行将能够有效地控制它。而如果货币供给是内生的，中央银行则无法完全控制货币供应量的变动，货币政策的效果会大打折扣。

二、货币供给外生论

凯恩斯学派和货币学派尽管在货币政策的方针上持有截然相反的观点，但是他们的货币理论都是建立在货币供给外生性的基础之上的。

1. 凯恩斯学派

凯恩斯将货币的外生性作为宏观研究的一个重要假设前提，即中央银行可以完全控制货币供给，进而认为货币体系只是外加于实物经济上的一层面纱，与实物经济完全没有关系，是独立于实物经济的外生变量。凯恩斯主义盛行以后，货币的外生性一直是经济学主流学派的一个基本命题，并得到了货币学派的推崇，一度成为经济学的教条。

2. 货币学派

货币学派倡导货币供给外生论。他们认为：货币供给方程中的三个主要因素，即基础货币、准备金率和通货比率，虽然分别决定于中央银行的行为、商业银行的行为和公众的行为,但其中中央银行直接决定基础货币,而基础货币对于准备金率和通货比率具有决定性影响。这也就是说,中央银行只要控制或变动基础货币,就必然能够在影响准备金率和通货比率的同时决定货币供应量的变动。在这种情况下,货币供应量自然应当是外生变量。

弗里德曼(M. Friedman)和施瓦茨(A. J. Schwartz)于1963年在《1867—1960年的美国货币史》一书中通过实证得出结论:基础货币的变化是货币供给长期性变化和主要的周期性变化的主要因素。准备金率和通货比率的变化对金融危机条件下的货币的运动具有决定性的影响,而通货比率的变化则对货币的温和的周期性的变化起到重要的作用。他们认为基础货币是受中央银行直接控制的。

卡甘(P. Cagan)在1965年的《1875—1960年美国货币存量变化的决定及其影响》一书中使用弗里德曼和施瓦茨对货币供应量和基础货币的定义,重新对货币供给模型进行了推导和分析,得出了这样的结论:长期的和周期性的货币存量的变动决定于基础货币、通货比率和准备金比率这三个因素;基础货币增长是货币存量长期增长的主要原因;通货比率的变动则是货币存量周期性波动的主要原因。

20世纪60年代末,乔顿(Jerry L. Jordan)发展了弗里德曼、施瓦茨和卡甘的理论,导出了较为复杂的货币乘数一般模型。得出的结论是货币乘数受多种复杂因素的影响,这些因素大多是中央银行可以直接或间接控制的。

重要问题2　外生论的支持者的主要观点是怎样的?

支持货币供应外生的主要是凯恩斯学派和货币学派;凯恩斯将货币供给看作是与实物经济没有联系的外生变量;货币学派则认为长期的货币供给增长主要受基础货币的影响,而中央银行对基础货币有极大的控制权。另外,构成货币乘数的各个变量,中央银行也都能直接或者间接影响,从而能够对货币乘数施加控制。因此,中央银行能够有效地控制住货币供应量,这是外生性的突出表现。

三、货币供给内生论

后凯恩斯学派认为,货币的创造源于经济体对货币的需求。格利和肖第一次提出内生货币的概念,区分了内生货币和外生货币,认为货币的发行是与增长、储蓄和投资等问题联系在一起的。也就是说,货币供给具有内生性。

托宾认为,不能把货币供给与基础货币、存款准备金率和通货比率的关系简单地用乘式来表示,因为这三个变量及其决定因素之间的关系非常复杂。存款准备金率和通货比率常常受经济环境的影响,波动较大,因此不应当作为货币供给方程中的固定参数。实际经济数据反映出通货比率常常呈现周期性特点,而存款准备金率的变动主要取决于商业银行的行为。商业银行超额准备金比率取决于收益与风险偏好程度以及与此相关的利率结构。这几个变量都不是中央银行所能够完全控制的,因而中央银行也就无法掌握货币乘数进而控制货币供应量。因此,简单地从中央银行角度研究货币供给的方法是不合适的,真正的存款创造过程应该是一个反映银行与其他私人单位的经济行为的内生过程。

另一方面,银行和公众存在一种自发调整的机制,这会削弱甚至抵消中央银行对货币供给的影响。在经济繁荣时期,企业的资金需求扩大,商业银行会减少超额准备金,并通过货币市场进行融资,以增加贷款发放。这使得银行体系的准备金率降低,增大了银行体系的经营风险。中央银行为了维护金融体系的安全,预防挤兑而导致的金融危机,不得不增加基础货币的投放。而当经济衰退时,公众由于缺乏信心,会自动缩减信贷需求,中央银行即使采用扩张性货币政策来促进生产和扩大就业也不会有太大效果。

后凯恩斯学派关于货币供给内生性的理论被称为货币供给新论,在货币供给理论的发展中,货币供给新论占据了非常重要的位置。

重要问题3　内生论的支持者的主要观点是怎样的?

拥护内生论的主要是以托宾为代表的后凯恩斯学派。托宾的货币供给新论以资产组合的分析方法来取代货币乘数分析方法,认为货币供应量是一个反映银行和其他经济主体行为变化的内生变量。中央银行无法掌握货币乘数进而控制货币供应量。

参考资料　中国货币供给的外生性和内生性争论

中国的货币供给究竟是外生的还是内生的呢?这一问题是直接从中央银行能否有效控制货币供给这一角度提出的。

认为中央银行能够有效控制货币供给的主要观点为:(1)经济体系中的全部货币都是从银行流出的,更进一步地,根本上来源于中央银行的资产负债业务。中央银行处于货币供给的源头,自然能够有效地控制货币供应量。(2)中国的中央银行并不是没有控制货币供给的有效手段,而是没有利用好这个手段,中央银行无法完全抵挡来自各方面的压力而始终不渝地按照稳定通货、稳定物价的政策目标调控货币供给。

> 一种观点从"究竟谁是货币当局"的角度出发,认为目前中国人民银行并没有独立的决策地位,货币政策实际上大部分出自更高的决策层。因而只能认为,货币政策的执行权在中央银行,而决策权并不在中央银行。这种观点实际上是从另一角度肯定了货币供给的外生论,因为他们认为是真实经济活动之外的因素(更高的决策层)在决定货币供给。
>
> 著名的"倒逼机制"观点可视为货币供给的内生论。这种论点认为,在中国现行经济体制下,货币供给往往是被动地适应货币需求,中央银行实施调控具有较大的难度。
>
> 首先,政策性因素使得商业银行难以拒绝大中型国有企业(不论经济效益如何)的贷款需求,从而无法选择经营状况较好的贷款对象以实现其利润目标;其次,银行的各地分支结构不可避免地会遇到来自当地政府的压力,要求获得贷款以发展地方经济;再次就是工人的工资收入具有刚性的特点,即"上升容易下降难",这也通过国有企业对国有商业银行的资金依赖迫使货币供给增长。
>
> 由此,政府、企业和公众追求各自利益最大化的行为就对货币供给产生了巨大的影响。中央银行无法对货币供给施加有效的控制也就不难理解了。
>
> 倒逼机制不过是特定历史阶段的产物,关于中国货币供给外生性和内生性的争论仍然没有结束,在新的经济体制条件下,如何考察货币供给的外生性或内生性问题,还有待于讨论。

本章小结

中央银行是非营利性的政府管理机构,它是一国金融体系的核心,其根本目标在于维持金融系统的稳定和正常运转。

受各国社会制度、政治体制、经济发展水平、金融发达程度等因素的影响,中央银行主要可以分为单一型、复合型、跨国型和准中央银行四种。其中,单一型中央银行又可以进一步分为一元式中央银行和二元式中央银行。不论中央银行的结构如何,其主要职能都可以概括为:(1)发行的银行,(2)银行的银行,(3)政府的银行。

各国中央银行的业务大同小异,资产负债表的结构也相差不大。中央银行的资产项下主要包括国外资产、对金融机构的债权、对政府的债权和其他资产;负债和所有者权益项下则主要包括流通中现金、金融机构存款、财政部存款、外国存款以及资本项目。

以中央银行资产负债表为基础的银行体系资产负债表构成了信用货币的创造机制。基础货币是货币创造的核心和根基,它是指在部分准备金制度下能够通过银行体系创造出多倍货币供应量的存款货币。它等于流通中的通货与银行体系准备金总额之和,是货币当局的净货币负债。基础货币通过"货币创造梯形"进行扩张,形成货币供给,其扩张机制的核心是货币乘数。

影响基础货币和货币乘数的因素十分复杂,这导致了对货币供给性质认识上的分歧,即外生论和内生论的争论。货币供给外生论指货币供给是经济系统运行的外生变量,不决定于经济体内部因素。而货币供给内生论则是指货币供给是经济体的内生变量,取决于经济体系中实际变量及微观主体的经济行为。明确货币供给的外生性或内生性对于中央银行货币政策操作具有极强的现实意义。

复习思考题

1. 为什么说中央银行在金融体系中占据核心地位?
2. 简要比较一下各种中央银行制度的优劣。
3. 世纪之交,在全球范围内掀起了金融改革的浪潮。例如我国于2003年4月18日正式成立了中国银行业监督管理委员会,这会改变中央银行的传统职能吗?
4. 影响我国货币供给的因素主要有哪些?
5. 2003年3月,中国人民银行出台了差别准备金制度,这一政策将产生什么影响?
6. 运用货币乘数来简单地分析一下信用收缩的过程。
7. 你认为货币供给是外生的还是内生的,这将对政府和公众的决策产生什么样的作用,为什么?

网络学习导引

登录中国人民银行主页www.pbc.gov.cn。

1. 点击进入"支付结算",了解一些国家的支付结算系统,比较它们的异同和优劣;
2. 点击进入"报告与统计数据",观察历年的中央银行资产负债表中主要项目的变动,讨论一下它们的变动趋势对基础货币和货币供给的影响。

讨论课题

1. 我国的货币供给是内生的还是外生的?
2. 在我国的货币供给过程中,中国人民银行发挥了什么样的作用?你认为中国人民银行对我国货币供给的控制力如何?

第十章

货币需求

学习目标
- 了解古典货币数量论的主要内容,理解其核心思想
- 掌握凯恩斯的流动性偏好货币需求理论以及凯恩斯学派对于该理论的进一步发展
- 掌握弗里德曼的现代货币数量说,并且能够知道它与凯恩斯货币需求理论的区别

基本概念

  古典货币数量论　流动性偏好理论　现代货币数量论　交易方程式　剑桥方程式　货币流通速度　货币的交易性需求　货币的预防性需求　货币的投机性需求　永久性收入

参考资料
- 货币流通速度是常数吗?
- 惠伦的理论模型——立方根公式
- 开放经济中的货币需求:货币替代的影响

我们已经学习了什么是货币供给,货币供给的决定和中央银行在货币供给中的作用。现在我们开始讨论与之相对应的货币需求。货币供给揭示了经济中影响货币数量的各种因素,它是我们理解货币政策如何对经济发生作用的基础。而货币需求则告诉我们,在一定的经济条件下,究竟多少的货币才是最适合的。

本章的主要目的在于介绍货币需求理论的演变历史。我们先从古典货币数量论开始,然后转向凯恩斯学派的货币需求理论,最后讨论以弗里德曼为代表的货币学派的现代货币数量论。

第一节 古典货币数量论

重要问题

1. 什么是交易方程式?
2. 什么是剑桥方程式,它与交易方程式有何区别?

19 世纪末 20 世纪初,由费雪(I. Fisher)、马歇尔(A. Marshall)和庇古(A. C. Pigon)等古典经济学家发展和完善的货币数量论,是一种探讨货币需求与名义国民收入之间关系的理论。这种理论认为,货币本身是没有内在价值的,而仅仅起到了交易媒体的作用。货币只是覆盖于实物经济上的一层面纱,对经济不发生实质的影响。这就是著名的"货币面纱论"。

货币数量论的代表理论有两个:现金交易说和现金余额说。

一、现金交易说——交易方程式

美国经济学家费雪在 1911 年的《货币购买力》一书中论述了现金交易的货币数量论,提出了著名的交易方程式(也称为费雪方程式),即

$$M \cdot V = P \cdot Y$$

其中,M 表示一定时期内的货币供应量,V 代表货币的流通速度(即货币周转率,指每一单位货币一定时期内用于购买经济中最终产品和劳务的平均次数),P 为价格水平,Y 则是实际总产出。

费雪认为,人们持有货币的主要目的是为了购买最终产品或者劳务,因此货币在一定时期内的支付总额应当等于该时期内的总产出。交易方程式的左边为货币的总价值,右边是交易的总价值,该等式必然成立。

货币流通速度受到经济中影响个人交易方式的制度和技术因素的影响,如人们的支付习惯、信用的发达程度、交通运输通讯条件等。由于经济中的制度和技术特征只有在较长时间内才能对流通速度产生轻微的影响,故在短期内货币流通速度可以视为常数。

☞ **交易方程式**
$MV = PY$,即货币数量与货币流通速度的乘积等于名义总产出。

☞ **货币流通速度**
每一单位货币一定时期内用于购买经济中最终产品和劳务的平均次数。

另一方面，包括费雪在内的古典经济学家认为，工资和价格是有完全弹性的，所以他们相信实际总产出总是维持在充分就业的水平上。这一实际产出取决于资本、劳动、资源以及生产技术水平等非货币因素，它同样独立于货币因素而存在。

正因为 V 和 Y 在短期内都可视为常数，我们根据交易方程式所得出的结论就是：货币供应量的增加会引起一般物价水平的等比例上升，即货币数量决定着物价水平。

应当注意的是，费雪并未完全否定 V 和 Y 的变动，在长期内它们都会发生变化，但这种变化的速度很慢，并且是实际面因素的作用，与货币供应量 M 无关。

作为一种货币需求的数量理论，我们将交易方程式进行变形，两边同除以货币流通速度 V，得到

$$M = \frac{1}{V} \cdot P \cdot Y$$

当货币市场均衡的时候，人们手中持有的货币数量 M 就等于货币需求 Md，因此我们可以得到如下货币需求的方程式：

$$Md = \frac{1}{V} \cdot P \cdot Y$$

由于 $1/V$ 是常数，所以由名义收入 PY 引致的交易水平就决定了整个经济体的货币需求量。我们可以得出的结论是：货币需求仅为收入的函数。

参考资料　货币流通速度是常数吗？

古典经济学家得出的货币数量决定名义收入的结论，是建立在他们将货币流通速度 PY/M 视为常量的基础上的。那么，这样做合理吗？让我们来看一看我国20世纪90年代以来的货币流通速度变化状况(图10-1)。

图10-1　1990—2003年中国货币流通速度

很明显地,中国的 M_1 流通速度在 14 年间发生了较大的波动,呈现出先下降,后上升,再持续下降的变化过程,而 M_2 的流通速度则一直保持着下降趋势。从整体上看,中国的货币流通速度是不稳定的,更谈不上是常数了。

事实上,我国货币流通速度的持续下降早已引起人们的注意,并且把由此引发的货币现象称之为"货币的流失"。我们从交易方程式中看到,在名义国民收入不变的条件下,如果货币流通速度 V 下降,那么货币供应量 M 将无形中被"放大"。但事实上,货币供应量是没有发生变化的,因此这部分"新增"的货币供应量就被称为"流失的货币",这种由于货币流通速度的下降导致的货币供应量的消失就称为"货币的流失"。

我们不妨分析一下导致中国货币流通速度下降,并进而产生货币流失的原因:

首先,改革开放以来中国货币化程度的加深导致货币流通速度下降。所谓的货币化就是指国民收入中以货币为媒介的商品交易越来越多,以及人们以更多的货币等金融资产作为财富的储藏手段。这种货币化的现象就要求经济体吸收更多的货币,从而导致在名义国民收入不变的情况下货币流通速度的下降。

其次,我国居民储蓄近年来持续快速增长,使得货币的价值储藏职能得到强化,在货币总量不变的情况下,减少了作为交易媒介的流通中的货币。非流通货币比重的增大,也会导致货币平均流通速度的降低。

再次,金融市场快速发展,吸收了一部分货币用于金融资产的交易,从而使得货币平均流通速度下降。

最后,资本外逃也会降低货币的平均流通速度。流入到国外土地上的国内资本并不参与国内商品劳务的交换,这使得本国流通中的货币减少,从而降低了货币的平均流通速度。

 重要问题 1　什么是交易方程式?

现金交易说的交易方程式(又称费雪方程式) $M \cdot V = P \cdot Y$ 表明,货币数量与货币流通速度的乘积等于一般价格水平与实际总产出的乘积(也就是名义总产出)。由于货币流通速度在短期内为常数,所以货币数量的增加会导致物价水平的等比例上升。交易方程式的核心变量是货币流通速度,而影响货币流通速度的主要是制度和技术因素。

二、现金余额说——剑桥方程式

与费雪同一时期,以马歇尔和庇古为代表的大批英国剑桥大学的古典经济学家提出了另一种货币需求数量说——现金余额说。与费雪不同,他们不仅将交易水平和制度因素作为研究货币需求的关键性决定因素,更强调人们对于货币的主观需求因素,即人们在一定条件下愿意持有的货币数量。

剑桥经济学家们认为,人们之所以愿意持有货币,是因为货币的交易媒介和价值储藏职能。他们一方面认为货币需求与交易水平正相关,由交易引起的货币需求与名义收入成正比。另一方面,人们的财富水平的增加使得需要通过持有更多的财产来进行储藏,货币正是一种重要的财产。而名义财富水平同名义收入之间存在正比例关系,从而货币需求与名义收入之间也存在正相关关系。

剑桥方程式
$Md = KPY$,即货币需求量等于名义收入的某一比例。

他们由此推出了著名的剑桥方程式,即

$$Md = K \cdot P \cdot Y$$

其中,Md 为货币数量,也就是所谓的现金余额,P 为一般价格水平,Y 为实际收入,K 是一个常数,它可以被看作是名义收入中以货币形式持有的比例。

这一方程看上去与现金交易说的交易方程式一模一样,而且也确实能够得出与交易方程式相似的结论,即货币数量的增长只会导致一般价格水平从而名义收入的同比例上升,而不会影响实际总产出。

然而事实上,在相同的外表下,两者却存在着本质的区别:首先,现金交易说强调的是货币的交易媒介功能,而现金余额说强调货币的价值储藏功能。其次,现金交易说着重于支出流量分析,而现金余额说却是存量分析,强调货币的持有而不是支出。剑桥大学的罗伯逊(D. H. Robertson)将前者的货币称作"飞翔的货币"(money on the wing),而把后者的货币叫做"栖息的货币"(money sitting)。最后,虽然剑桥经济学家常常把 K 视为常量,并同意费雪的货币数量决定名义收入的观点,但他们却强调了个人对于货币的意愿持有量的选择权。是否选择以及选择多少货币用于储藏财富取决于其他可以作为财富储藏手段的财产的回报率,因此当利率发生变化时,人们的意愿货币持有量会随之改变。即短期内 K 可能会受利率的影响而发生波动,这一点与费雪强调制度与技术因素并排除短期利率对货币需求影响的理论完全不同。

重要问题2 什么是剑桥方程式,它与交易方程式有何区别?

现金余额说的剑桥方程式 $Md = K \cdot P \cdot Y$ 表示货币需求是名义总收入的一定比例。它从资产选择的角度研究货币需求,认为货币的需求来源于人们储藏财富的需要。剑桥方程式同样说明了货币数量与价格水平成正比。

> 剑桥方程式与交易方程式的区别主要在于：(1) 前者偏重存量分析，后者着重于流量分析；(2) 前者强调个人的资产选择，系数 K 在短期内可能会受到利率变动的影响，而后者强调制度和技术因素对货币流通速度的影响，利率对货币需求短期内没有影响。

第二节　凯恩斯学派的货币需求理论

重要问题

1. 凯恩斯的货币需求理论的主要内容是什么？
2. 凯恩斯学派对货币需求理论进行了哪些发展？

凯恩斯在《就业、利息和货币通论》一书中放弃了古典学派把货币流通速度视为常量的观点，发展了强调利率重要性的货币需求理论——流动性偏好理论。后来的凯恩斯学派经济学家们对该理论进行了发展，使它的内涵得到了进一步的丰富。

网络资源
www.cam.ac.uk
剑桥大学的主页中可以找到关于凯恩斯的更多信息。

一、凯恩斯的流动性偏好理论

作为马歇尔的学生，凯恩斯采取了与前辈剑桥经济学家们相同的研究方法，但却得出了更为深入的结论。他的货币需求理论之所以被称为流动性偏好理论，是因为他强调流动性偏好在货币需求中的关键作用。所谓流动性偏好，就是指人们宁愿持有不能生息的现金和活期存款以保持流动性，而不愿意持不易变现的收益性资产，如股票和债券等。因此，流动性偏好理论与现金余额说相同，也强调个人选择货币以储藏财富的货币需求动机。

在阐述个人持有货币的动因时，凯恩斯远比他的前辈们精细。他认为人们对于货币的需求出于三个动机：交易动机、预防动机和投机动机。

流动性偏好
人们宁愿持有不能生息的现金和活期存款以保持流动性，而不愿意持不易变现的收益性资产，如股票和债券等。

1. 交易动机

古典货币数量论认为，人们持有货币主要是由于货币具有交易媒介的功能，可用以应付日常交易。凯恩斯进一步地将交易动机区分为个人的收入动机和企业的营业动机。个人从取得收入到发生开支和企业获得营业收入到支出成本费用总会有一段时间，在这段时间内需要保留一定的货币来支持日常交易。凯恩斯赞同古典经济学家的观点，即交易型货币需求与收入水平呈正相关关系，收入越高，交易性货币需求就越大。

交易动机
人们持有货币主要是由于货币具有交易媒介的功能，可用以应付日常交易。

2. 预防动机

除了日常交易所需货币之外，人们通常还会持有一定的货币以应付意

预防动机
人们持有一定的货币以应付意料不到的支出或未能预见的有利机会。

料不到的支出或未能预见的有利机会。例如,你不幸患上感冒,痛苦不堪,需要花钱到医院看病;也可能你路过一家服装店,它正在以极低的折扣进行大甩卖,你会忍不住掏钱买上几件。在这种时候,预防性货币持有就会发挥巨大的作用。

凯恩斯认为人们意愿持有的预防性货币数量主要取决于人们对于未来交易水平的预期,而这种交易与人们的收入成正比。因此,预防性货币需求同收入水平呈正相关关系。

3. 投机动机

凯恩斯货币需求理论的最大创新在于引入了货币需求的投机动机,从而强调了利率对货币需求的影响。投机动机是指人们为了在未来某个时候进行投机活动以获取利益而持有的一定数量的货币。凯恩斯由货币的财富储藏功能发展出了这一动机。同时,他也赞成古典经济学家的观点,即财富与收入密切相关,因此他认为货币的投机性需求与收入相关。与古典经济学派不同的是,凯恩斯强调了利率的重要作用。

投机动机
人们为了在未来某个时候进行投机活动以获取利益而持有的一定数量的货币。

凯恩斯将可用来储藏财富的资产分为货币和债券(代表生息资产)两类,而影响人们在其中进行选择的主要因素是利率。我们知道,债券的价格与利率水平呈反相关关系,当预期利率上升时,债券的预期价格会下降,从而持有债券可能会遭受损失,人们会更多地选择货币作为财富储藏的手段。相反,如果人们预期利率下降,债权价格的预期上升将会使得目前持有的债券带来资本收益,因此人们会用货币购买更多的债券。

凯恩斯假定每个经济个体都认为利率会趋向某个正常值。当利率高于这一正常值的时候,经济个体预期未来利率将会下降,从上面的分析我们知道,货币需求会降低;相反,当利率低于这一正常值的时候,人们的货币需求会增大。一种极端的情形是利率降低到极低的水平,这时人们预期利率只会上升而不会下降,因此人们只会持有货币而彻底放弃债权,即对货币的需求为无限大。这就是所谓的"流动性陷阱"。

4. 完整的凯恩斯货币需求函数

将三种动机的货币需求综合起来,我们可以得到完整的凯恩斯货币需求函数。但是我们首先要明确的是,在凯恩斯的货币需求函数中,使用的变量都是实际值,即排除了价格因素的影响。凯恩斯强调,人们所持有的是一定数量的实际货币余额,而凯恩斯的三种货币需求动机表明,这一数额与实际收入 Y 和利率 i 有关,因为交易性货币需求和预防性货币需求与 Y 正相关,而投机性货币需求与 i 负相关:

$$L_1 = L_1(Y), \frac{dL_1}{dY} > 0$$

$$L_2 = L_2(i), \frac{dL_2}{di} < 0$$

由于实际货币需求等于三种动机的货币需求量之和,因此我们得出凯

恩斯的货币需求函数,也就是流动性偏好函数:

$$\frac{Md}{P} = L_1 + L_2 = f(i, Y)$$

其中,实际货币需求同利率 i 负相关,同实际收入 Y 正相关。

凯恩斯的这一结论与费雪的利率对货币需求没有影响的观点大相径庭,与剑桥经济学家不排除利率作用的含糊其辞相比,则明确提出了利率在决定货币需求中的重要作用。

根据凯恩斯的货币需求函数,货币流通速度并不是一个常量。即使是在短期内不存在技术条件变化时,货币流通速度也是不稳定的。为了证明这一点,我们把流动性偏好函数变换一下形式:

$$\frac{P}{Md} = \frac{1}{f(i, Y)}$$

当货币市场均衡时,货币供给 M 应当等于货币需求 Md,则

$$V = \frac{PY}{M} = \frac{Y}{f(i, Y)}$$

由于货币需求与利率反向变动,所以当 i 上升时,$f(i, Y)$ 下降,从而货币流通速度加快。也就是说,利率上升使得人们在既定收入水平上持有较少的真实货币余额,则货币的周转率(流通速度)必须上升。因此我们看到,利率水平的波动导致了货币流通速度的不稳定。

另一方面,人们对于未来正常利率水平的预期也会对货币流通速度产生影响。如果人们预期未来的正常利率水平高于现在,债券的预期价格会下降,从而人们会出售债券以避免资本损失,于是对货币的需求 $f(i, Y)$ 增加。这样的结果是货币流通速度 V 下降。

正因为上面两个原因,凯恩斯反对将货币流通速度视为常数,而将其看成是受到利率水平和公众预期因素双重影响的变量。

我们必须认清这一点:货币流通速度的不稳定也就意味着货币量 M 和名义收入 PY 之间不可能有稳定的关系,因而古典货币数量论提出的货币数量决定于名义收入的观点就不能够成立。这是凯恩斯货币需求理论对古典经济学派提出的一个有力挑战。

重要问题1　凯恩斯的货币需求理论的主要内容是什么?

凯恩斯区分了人们货币需求的交易动机、预防动机和投机动机,从而将货币需求分解成为交易性货币需求、预防性货币需求和投机性货币需求。交易性货币需求和预防性货币需求与收入正相关,而投机性需求与利率负相关,从而货币需求同时受到收入和利率水平的影响。由于利率和预期因素的影响,货币流通速度并不是常数。

二、凯恩斯学派对货币需求理论的发展

凯恩斯所提出的货币需求的三个动机在货币理论的发展中具有十分重要的地位。但是他的一些观点,如认为交易性货币需求不受利率的影响而只与收入水平正相关、投机性货币需求只取决于货币与债券的相对回报率等,与现实并不相符合。第二次世界大战之后,凯恩斯学派的经济学家们进一步地发展和完善了凯恩斯的货币需求理论。而在货币理论中,利率是一个非常关键的因素,所以理论研究的焦点也集中在利率对货币需求的影响上。

1. 交易性需求

鲍莫尔(W. J. Baumol)和托宾(J. Tobin)深入地探讨了交易性货币需求和利率的关系,分别发展了相似的理论模型,证明了交易性货币需求同样受到利率的影响。他们的模型被合称为鲍莫尔—托宾模型。

鲍莫尔认为,由于人们的收入和支出通常不会同时发生,并且一般而言,日常交易的支出是平稳的,因此人们没有必要把收入中所有用于交易的货币都以现金形式持有,因为现金无法带来利息收入。可以把一部分转化为生息资产,需要时再变现,这样能够获得更大的收益。利率越高,生息资产的收益就越高,由非现金资产变现的次数就可以越多,人们就会持有更多的现金。如果利率较低,使得成本大于利息收入,那么人们将全部持有现金。因此鲍莫尔认为,即使持有现金仅仅为了满足当前交易的需要,现金的需求也同样是利率的减函数。

鲍莫尔假定一个消费者(或企业)每隔一段时间就获得一定的收入 Y,并且在这段时间里把它均匀地花出去。我们很容易算出他平均的货币持有额为 $\frac{Y}{2}$(期初和期末的简单平均)。由于持有货币没有利息收入,因此如果债券的利率为 i 的话,在这段时期内消费者损失的利息收入就为 $i \cdot \frac{Y}{2}$。这种利息损失事实上是持有现金的机会成本。

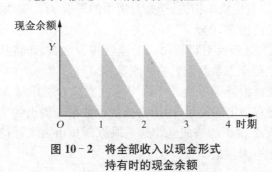

图10-2 将全部收入以现金形式持有时的现金余额

为了最大限度地获得利息收入,消费者可以在期初将全部收入转换为债券,然后在每笔支出发生时卖出一部分债券。然而,这样做是有成本的,消费者必须花费时间和精力来出售债券,并且需要支付一定的手续费(佣金),这些成本统称为交易费用。假设每次出售债券的交易费用为 b,当交易次数达到一定程度时,消费者的交易费用甚至可能超过利息收入。

因此，消费者必须在利息收入和交易成本之间进行权衡，他持有的货币余额越少，机会成本就越少，但需要出售债券的次数就越多，从而交易成本就越大。理性的消费者会选择一个最优的货币持有量，使得持有货币的机会成本和变现债券的交易成本之和最小。

假设消费者每次出售债券与前一次的时间间隔以及每一次的出售额 K 都相等，则债券出售的次数为 $\frac{Y}{K}$，交易成本为 $b \cdot \frac{Y}{K}$；其平均货币持有额为 $\frac{K}{2}$，持有现金的机会成本就为 $i \cdot \frac{K}{2}$。

消费者的总成本 C 为

$$C = i \cdot \frac{K}{2} + b \cdot \frac{Y}{K}$$

消费者通过选择 K 来实现成本最小化，因此上式对 K 求一阶导数，并令其等于零，得到

$$\frac{\partial C}{\partial K} = \frac{i}{2} - b \cdot \frac{Y}{K^2}$$

$$K^* = \sqrt{\frac{2bY}{i}}$$

由于 $\frac{\partial^2 C}{\partial K^2} = \frac{2bY}{K^3} > 0$，所以当每次出售 K^* 数量的债券时，总成本 C 最小。与之相对应，最优的交易性货币需求为

$$L_1^* = \frac{K^*}{2} = \frac{1}{2}\sqrt{\frac{2bY}{i}}$$

这就是著名的"平方根公式"（square root formula），它表明货币的交易性需求同收入和交易成本的平方根成正比，而同利率的平方根成反比。也就是说，交易性货币需求的收入弹性和利率弹性分别为 0.5 和 -0.5。

由此，鲍莫尔—托宾模型有力地表明了，交易性货币需求并非只与收入有关，它还受到利率水平和交易成本的影响。

2. 预防性需求

探讨货币需求的预防性动机的理论主要是由美国经济学家惠伦（E. L. Whalen）发展起来的，它的分析思路与鲍莫尔—托宾模型相类似。

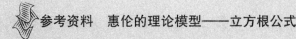
参考资料　惠伦的理论模型——立方根公式

假定出现非流动性资金不足时的损失为 b，出现的概率为 P，则非流动性成本为 Pb；用 i 代表利率，用 M 表示预防性货币余额的平均持有量，则持有预防性货币余额的机会成本为 Mi。总成本为

$$C = P \cdot b + M \cdot i \tag{1}$$

现在我们面临的问题是,如何估计 P 的大小?

我们假定未来某一时间内的净支出 X(支出—收入)遵循某一随机分布,且均值为 0,方差为 S^2。根据切比雪夫不等式①,可以得到净支出与均值之间的偏差大于预防性货币余额的概率 P 满足的条件,即

$$P\{|X-0| \geqslant M\} \leqslant \frac{S^2}{M^2} \tag{2}$$

假定企业和个人都是风险规避者,所以(2)式变形为

$$P = \frac{S^2}{M^2} \tag{3}$$

将(3)式代入(1)式,得到

$$C = \frac{S^2}{M^2} \cdot b + M \cdot i \tag{4}$$

对 M 求一阶导数,并令其为 0,则有

$$\frac{\partial C}{\partial M} = i - \frac{2S^2}{M^3} \cdot b = 0$$

于是我们得到

$$M^* = \sqrt[3]{\frac{2S^2 b}{i}} \tag{5}$$

同时由(4)式得到

$$\frac{\partial^2 C}{\partial M^2} = \frac{6S^2}{M^4} \cdot b > 0$$

使得总成本 C 成立的二阶条件也得到了满足,因此由(5)式确定的 M^* 即为最优的预防性货币持有额。

(5)式即为著名的"立方根公式"(cube root formula),它表明最优的预防性货币需求同净支出分布的方差以及非流动性成本大小同向变动,而同利率负向相关。并且,预防性货币需求的利率弹性为 $-1/3$。

3. 投机性需求

凯恩斯学派对凯恩斯的货币需求理论的另一个重大发展是对投机性

---

① 切比雪夫不等式是一个概率论定理,它的含义是:如果随机变量 X 的均值为 $E(X)$,方差为 $D(X)$,则有 $P\{|X-E(X)| \geqslant \varepsilon\} \leqslant \frac{D(X)}{\varepsilon^2}$,其中 $\varepsilon > 0$。

货币需求的分析进行了完善。

事实上,凯恩斯虽然引入投机性货币需求大大丰富了货币需求理论的内涵,但是他对投机性需求的分析却是比较简单的。他假定人们对于货币和债券这两种可用于储藏财富的资产的选择仅仅取决于两者的预期回报率。当债券的预期回报率高于货币,人们将只持有债券。而当货币的预期回报率更高时,人们将只持有货币。这样,凯恩斯就排除了人们同时持有货币和债券来储藏财富的可能性。而在现实中,人们常常会同时持有多种资产作为财富储藏手段,凯恩斯的理论无法解释这一点。

20世纪50年代,托宾将马柯维茨的均值—方差分析方法(mean-variance approach)引入到货币需求的分析中,奠定了货币需求的资产组合分析法的基础。

托宾认为,人们在选择持有的资产时,不仅仅依据各种资产的预期回报率,而且还要考虑持有每种资产所包含的风险。我们在第四章曾经学习过,风险是指未来遭受损失的可能性。并且,我们也知道,"高收益,高风险"是资产的普遍特征,较高的预期收益会伴随着相对较高的风险。

托宾假定大多数人属于风险规避型,即他们为了降低风险而宁愿持有收益率相对较低的资产。货币的收益是固定的(托宾假定为零),而债券相对而言具有较高的收益率,但债券的价格波动较为剧烈,收益具有很强的不确定性。因此,即使债券的预期收益率超过货币,人们仍愿意持有货币来储藏财富,因为它的风险几乎为零。

因此,根据托宾的货币需求理论,投机性货币需求不仅取决于利率的高低,而且还取决于各种金融资产的相对收益率和风险状况。另外,托宾的分析还表明,通过同时持有货币和债券这一多样化措施,人们可以减小所持资产的总风险。这样,资产选择理论就解释了凯恩斯的流动性偏好理论无能为力的人们同时持有货币、债券和其他资产的现象。

总的说来,凯恩斯学派对凯恩斯的流动性偏好理论的进一步发展,丰富和完善了该理论的内涵,增强了它的说服力。

重要问题2　凯恩斯学派对货币需求理论进行了哪些发展?

凯恩斯学派针对凯恩斯货币需求理论中的一些不符合现实的假定进行了修正和完善。同时,他们着重考察了利率对货币需求的影响。

鲍莫尔认为交易性货币需求不仅与收入有关,还受到利率和交易成本的影响;惠伦考察了预防性货币需求,发现利率、非流动性成本和支出的方差共同决定了人们的预防性货币持有额;托宾则从收益和风险对资产选择影响的角度发展了凯恩斯的投机性货币需求理论。

第三节 弗里德曼的现代货币数量论

重要问题

1. 弗里德曼货币需求函数的基本形式是怎样的？
2. 弗里德曼货币需求函数的深层含义是什么？

凯恩斯的流动性偏好理论推翻了自18世纪以来占统治地位的传统货币数量说理论，引起了学术界的共鸣。而弗里德曼却在对货币数量论的一片反对声中，重新诠释了"货币数量论"的观点。他在1956年那篇著名的"货币数量论：一种新的解释"一文中，发展了货币需求理论，提出了"现代货币数量论"。伴随着这一理论的产生而出现的，还有一个崭新的宏观经济学派——货币主义学派。

一、弗里德曼的货币需求函数

弗里德曼同凯恩斯等人一样，把货币视为一种可以用于储藏财富的资产，从而把货币需求当作人们的资产选择行为来加以考察。然而与凯恩斯不同的是，他不是用债券来代表除货币以外的所有金融资产，从而把资产选择限定在货币和债券之间，而是把债券、股票以及各种实物资产都作为货币的替代资产。这样根据他的理论，影响其他资产需求的因素也必然会影响货币需求。

弗里德曼认为，影响货币需求的主要因素有如下四个。

1. 财富总量

作为储藏财富的工具，各种资产的需求量自然是与财富总量正向相关的，货币也不例外。在现实生活中，财富是一个有些抽象的概念，因此人们通常用收入来代表财富。但是，弗里德曼不赞成用当期收入指标来衡量财富水平，因为当期收入会受到经济周期等因素的影响而波动较大，而认为应当用永久性收入作为财富水平的计量指标。永久性收入是弗里德曼在消费理论中提出的概念，它是个人在其一生中获得的预期收入的平均值。永久性收入在短期内的波动非常小，因为有很多收入都是短期过渡性收入，而短期的收入波动对于永久性收入的影响很小。

2. 人力财富占财富总量的比重

弗里德曼把财富分为人力财富和非人力财富。人力财富就是指个人赚钱谋生的能力，而非人力财富则是指以各种资产表现的财富。人力财富只有转化为非人力财富，才能够为个人带来实质的效用。但是，这种转化受到制度因素的约束，因而并不是那么容易的，因此人力财富的流动性是

网络资源

想了解更多弗里德曼及货币学派的观点？
弗里德曼的主页
www.friedman-foundation.org
斯坦福大学的胡佛学院也能了解到关于弗里德曼的信息
www-hoover.stanford.edu

永久性收入
个人在长期内获得的预期收入的平均值。

比较低的,并不像资产那样可以迅速变现。于是,如果一个人的财富总额中人力财富的比重较大的话,那么他/她会通过持有较多的货币来增加其流动性。也就是说,货币需求与人力财富占财富总量的比重呈正相关关系。

3. 持有货币的预期回报率

这主要包括两个方面:首先,从存放于银行的货币余额可以获得利息收入[①];其次是银行对货币存款会提供各种服务,例如将过期的注销票据作为收据交给存款人或自动支付账单(如水电费)等,增加这些服务会提高持有货币的预期回报率。

4. 其他资产的预期回报率

债券、股票以及其他资产的预期回报率是持有货币的机会成本。它同样包括两个部分:一是当期的收入,如债券的利息、股票的股息或是实物资产的租赁费用;二是资产价格变动带来的资本利得和价差收益。

在以上分析的基础上,弗里德曼推导出了他的货币需求函数

$$\frac{Md}{P} = f(Y_p, w, r_m, r_b, r_e, \dot{\pi}, u)$$

其中:$\frac{Md}{P}$ = 对真实货币余额的需求;Y_p = 永久性收入;w = 人力财富占财富总额的比重;r_m = 货币的预期回报率;r_b = 债券的预期回报率;r_e = 股票的预期回报率;$\dot{\pi}$ = 预期通货膨胀率,也就是商品价格的预期变动率,它代表实物资产的预期回报率;u 代表其他影响货币需求的因素。

在这些变量中,Y_p、w 和 r_m 与货币需求呈正相关关系,而 r_b、r_e 和 $\dot{\pi}$ 则与货币需求反向相关,u 对货币需求的影响无法确定。

我们可以发现,虽然弗里德曼和凯恩斯都是从资产选择的角度来分析货币需求,但两者之间存在着很大差别。弗里德曼的资产所包含的内容更为丰富,而不像凯恩斯那样仅仅把资产划分为货币和债券。另外,弗里德曼也不再把货币的预期回报率视为零,这使得货币需求的影响因素更为多元化了。

重要问题1 弗里德曼货币需求函数的基本形式是怎样的?

弗里德曼认为应当用永久性收入作为财富的衡量指标。他把可以用于储藏财富的资产区分为货币和其他资产,其他资产中包括股票、债券以及其他实物资产。他认为影响货币需求的主要因素有财富总量、人力财富占财富总量的比重、持有货币的预期回报率和其他资产的预期回报率。在此基础上提出了他的货币需求函数,即

---

① 弗里德曼把货币定义为 M_2,而我们知道,对于 M_2 中的储蓄存款和定期存款,银行是支付利息的。

$$\frac{Md}{P} = f(Y_p, w, r_m, r_b, r_e, \dot{\pi}, u)$$

其中，永久性收入 Y_p、人力财富占财富总量比重 w 和持有货币的预期回报率 r_m 与货币需求呈正相关关系，而债券预期回报率 r_b、股票预期回报率 r_e 和预期通货膨胀率 $\dot{\pi}$ 则与货币需求反向相关，u 对货币需求的影响无法确定。

二、对货币需求函数的进一步分析

弗里德曼的货币需求理论并未结束，他对货币需求函数进行了更加深入和细致的分析，发现函数中的许多自变量在某些条件下对货币需求的影响非常小。如果剔除掉这些自变量，会使得货币需求函数的意义更为显著。

弗里德曼首先排除了 w 和 u，因为它们在短期内较为稳定，不会发生无规则的大幅度波动；其次剔除了 r_m、r_b 和 r_e，因为影响货币需求的是货币与其他资产的相对预期回报率，而事实上它们通常是同方向变动的，因此对于货币需求的影响会相互抵消；最后，弗里德曼通过实证分析发现，只有在持续的高通胀时期，物价水平或者通货膨胀率才直接影响货币需求，因而忽略了 $\dot{\pi}$ 的影响。

于是，弗里德曼的货币需求函数就变成了更为简洁的形式：

$$\frac{Md}{P} = f(Y_p)$$

在排除了次要因素之后，我们清楚地看到，影响货币需求的主要因素实际上只是永久性收入。而由于永久性收入在短期内是较为平稳的，所以货币需求也是稳定的，这是弗里德曼货币需求理论的一个重要结论。

由此可以得出另一个重要结论，即货币流通速度是一个稳定且可以预测的指标。由交易方程式可知，在货币市场达到均衡时，货币流通速度为

$$V = \frac{Y}{Md/P} = \frac{Y}{f(Y_p)}$$

因为货币需求是稳定和可测的，所以货币流通速度也是稳定和可测的。如果我们把货币流通速度的预测值代入交易方程式，那么就可以估计出名义收入的变动。也就是说，货币供给是决定名义收入的主要因素，这一点即使是在货币流通速度不再为常量时仍然成立。因此正如我们所看到的，弗里德曼运用不同的分析方法，得出了同古典货币数量论相同的结论。也正是因为弗里德曼对货币数量论进行了重新表述，他的货币需求理论被称为现代货币数量论。

重要问题 2　弗里德曼货币需求函数的深层含义是什么?

弗里德曼对其货币需求函数进行了更为细致的研究,剔除了相对稳定从而在短期内对实际货币需求影响不大的因素 w、u、r_m、r_b、r_e 和 π,将他的货币需求函数简化为 $\dfrac{Md}{P}=f(Y_p)$,即实际货币需求主要受永久性收入的影响。由于永久性收入较为稳定,所以货币需求也是稳定的并且可以预测。由此,弗里德曼根据交易方程式得出了货币流通速度也是稳定且可测的结论。

 参考资料　开放经济中的货币需求:货币替代的影响

无论是古典的货币数量说、凯恩斯的流动性偏好理论还是弗里德曼的现代货币数量说,都只是在封闭经济条件下讨论货币需求。事实上,开放经济条件下的货币需求更为复杂,因为开放经济中有更多的资产可以供人们选择。货币替代就是国际范围内资产选择的一个典型例子。

货币替代是指本国居民以外币代替本币来在本国履行货币的种种职能。例如,当我们到周边国家如缅甸、泰国等地旅游时,会发现很多交易可以直接使用人民币,这其实就是交易媒介层次上的部分货币替代。另外,很多时候人们从取得外币到支出外币会相隔一段时间,在这段时间里,外币事实上在储藏着购买力。这是价值储藏功能上的货币替代。

货币替代会影响对本国货币的需求。一般而言,货币替代程度越强,对本国的货币需求越少;反之,如果货币替代较弱,则对本国的货币需求量会相应增加。这是因为,当经济体系中可供人们购买的商品量一定时,需要作为交易媒介的货币数量也是确定的。那么,外币使用的量越大,对本币的需求就会越少。而当人们的储蓄总量一定时,外币存款总量越多,对本币存款的需求就越少。总之,货币替代与本国货币的需求之间存在着此消彼长的关系。

正因为如此,一切影响货币替代的因素都会作用于对本国货币的需求,而影响货币替代的因素主要有国内外的利率水平、预期的汇率变动、国内外其他资产的预期回报率的差异和货币兑换的成本等。

首先,当国内外存在利差时,就会产生套利机会。举例来说,当本国的利率低于外国时,人们会将本币兑换成外币以获取更高的利息收入,然后再兑换回本币。相反,如果本国的利率高于外国,则人们会减少外币的持有量。因此,国内外的利率差异会影响对本币的需求,国内利率相对于国外利率越高,货币替代越少,对本币的需求也就越大。

其次,预期的汇率变动也会影响货币替代。当人们预期未来本币将相对于外币贬值时,人们会提前将本币兑换成外币,等到贬值发生后再兑换回本币,以从中获利(这其实是套汇的一种)。反之,当预期未来本币升值时,人们会在当期增加对本币的需求。因此,预期本币汇率升值会增加当期对本币的需求,而预期本币贬值则会降低当期对本币的需求。

国内外其他资产的预期回报率对本币需求的影响和封闭经济条件下其他资产预期回报率对货币需求影响的原理相同,因此我们最后来看看货币兑换成本对货币需求的影响。

货币兑换成本是指把本币兑换成外币或把外币兑换成本币所花费的时间、精力以及承担的各种费用。在一些发展中国家,货币不能够自由兑换,因此货币的兑换成本将更高。很明显,货币的兑换成本越高,人们将本币兑换成外币的倾向就越低,货币替代就越少,从而对本币的需求越多。反之则结论相反。

本章小结

古典经济学家的货币数量论认为货币只是覆盖在实体经济上的一层面纱,对实体经济没有作用。具有代表性的理论是现金交易说和现金余额说。前者的交易方程式表明货币数量与货币流通速度的乘积等于名义总产出。由于货币流通速度在短期内为常数,所以货币数量的增加会导致物价水平的等比例上升。而后者的剑桥方程式则从资产选择的角度研究货币需求,认为货币的需求来源于人们储藏财富的需要。剑桥方程式同样说明了货币数量与价格水平成正比。

凯恩斯提出了流动性偏好货币需求理论,区分了人们货币需求不同动机,从而将货币需求分解成为交易性货币需求、预防性货币需求和投机性货币需求。交易性货币需求和预防性货币需求与收入正相关,而投机性需求与利率负相关,从而货币需求同时受到收入和利率水平的影响。并且由于利率和预期因素的影响,货币流通速度并不是常数。

凯恩斯学派针对凯恩斯货币需求理论中的一些不符合现实的假定进行了修正和完善。同时,他们着重考察了利率对货币需求的影响。鲍莫尔认为交易性货币需求不仅与收入有关,还受到利率和交易成本的影响;惠伦考察了预防性货币需求,发现利率、非流动性成本和支出的方差共同决定了人们的预防性货币持有额;托宾则从收益和风险对资产选择影响的角度发展了凯恩斯的投机性货币需求理论。

弗里德曼认为应当用永久性收入作为财富的衡量指标。他把可以用于储藏财富的资产区分为货币和其他资产,其他资产中包括股票、债券以及其他实物资产。他认为影响货币需求的主要因素有财富总量、人力财富占财富总量的比重、持有货币的预期回报率和其他资产的预期回报率。

复习思考题
1. 什么是现金交易说和现金余额说,它们的主要区别是什么?
2. 凯恩斯流动性偏好货币需求理论的主要内容是什么?
3. 凯恩斯学派对流动性偏好货币需求理论主要进行了哪些发展?
4. 现代货币数量论与凯恩斯货币需求理论有什么区别?
5. 现代货币数量论是如何推出货币流通速度稳定这一结论的?
6. 在现实中有哪些因素会影响货币需求?

网络学习导引
登录国研网www.drcnet.com.cn。
点击进入"宏观经济>国内宏观经济",了解最新的国内宏观经济形势,讨论一下经济基本面的变化对我国货币需求的影响。

讨论课题
货币需求是否有外生性和内生性之分? 如果有,你认为我国的货币需求是外生的还是内生的呢?

第十一章

利 率

学习目标
- 认识什么是利率,了解利率的类型及其在经济中的作用
- 掌握主要的利率决定理论
- 掌握利率的风险结构和期限结构

基本概念

利率　古典利率理论　流动性偏好利率理论　可贷资金理论　利率风险结构　利率期限结构　预期理论　分割市场理论　优先聚集地理论

参考资料
- 我国为什么连续八次下调利率?
- 古典经济学家各具特色的利率决定理论
- 利率在凯恩斯理论中的重要地位

在了解了货币的供给和需求之后,让我们来关注一个同货币有着紧密联系的变量——利率。我们在第三章曾经讨论过利率,但主要是从微观角度进行的分析,在这一章我们将着重于宏观方面的分析。我们先对利率进行简单的回顾,然后重点考察利率是如何被决定的这一理论问题,并探讨一下利率的结构理论。

第一节 认识利率

重要问题
1. 什么是利率?
2. 利率主要有哪些类型?
3. 利率在经济中起着什么作用?

一、什么是利率

利率到底是什么?这是在研究利率理论之前我们必须首先弄清楚的一个问题。事实上,我们很难对利率下一个明确的定义,因为它包含的范围实在是太广了。我们只能简单地将利率定义为:对于金融债务(信贷、债券等)所支付的利息占债务本金额的比率。利率是衡量利息高低的指标,它也正是货币的时间价值的具体表现。

☞利率
对于金融债务(借贷、债券等)所支付的利息占债务本金额的比率。

对利率的计量方法有很多种,如贷款利率、债券票面利率、贴现率、到期收益率、当期收益率和贴现收益率等。其中,到期收益率是公认的相对比较精确的计量指标,但这一指标同利率仍然存在偏差。

重要问题1 什么是利率?

简单地说,利率就是对于金融债务(信贷、债权等)所支付的利息占债务本金额的比率,它是衡量利息高低的指标,也是货币的时间价值的具体表现。

二、利率的主要类型

现实生活中,利率总是以某种具体形式存在的,具有许多种不同的类型。而按照不同的标准,这些利率可以作不同的划分。下面我们就来考察一些典型的利率。

1. 名义利率与实际利率

这主要是考虑通货膨胀率对利率的影响而作的区分。名义利率(nominal interest rate)是指不考虑通货膨胀率因素的利率,也就是我们表面上所看到的利率。名义利率剔除了通货膨胀率的影响之后的利率就称为实际利率(real interest rate),它随预期价格水平的变化而变动,从而能够更精确地反映真实的资金成本。关于名义利率和实际利率的相互转换,可以复习第三章的内容。

2. 固定利率和浮动利率

> **固定利率**
> 整个债务期间内不发生变动的利率。

对于这两种利率,我们应当再熟悉不过了。固定利率(fixed interest rate)就是指整个债务期间内不发生变动的利率。它方便计算债权债务双方的成本和收益。但是,固定利率会导致债权人和债务人的相对利益受到物价水平变动的影响:在通货膨胀时期,债权人的利益受损,因为当债务到期时债务人需要偿还的实际货币减少了,而在通货紧缩时则债务人利益受损。浮动利率(floating interest rate)就是针对固定利率的这一缺陷提出的,它是指在债务期间内可以调整的利率,一般由债务双方协定根据一定的市场利率进行调整。这样,在通货膨胀和通货紧缩时期,债权人和债务人都可以协商调整利率以保证自身利益。但是,调节利率的手续较为繁杂,且成本较高,所以浮动利率通常适用于长期债务。

> **浮动利率**
> 债务期间内可以调整的利率。

3. 长期利率和短期利率

> **短期利率**
> 期限在1年以下的金融债务的利率。

显然,长期利率和短期利率的划分标准是金融债务行为的期限长短。期限在1年以下的金融债务为短期信用,相应的利率称为短期利率;而1年以上的债务的利率就是长期利率。

> **长期利率**
> 期限在1年以上的金融债务的利率。

一般而言,在同类型的信用工具中,长期利率会高于短期利率,因为期限长的债务包含更多的机会成本和风险,因此债务人会要求更高的补偿。但期限与利率正相关的情形并不一定总会出现,在第三节讨论利率的结构时,我们将会遇到这个问题。

4. 年利率、月利率和日利率

另一种以时期长短为标准的划分把利率分为年利率(annual interest rate)、月利率(monthly interest rate)和日利率(daily interest rate)。然而,与长短期利率按照信用期限划分不同,这里的时期是指计算利率的单位期限。年利率、月利率和日利率分别以年、月、日为计息单位。

> **市场利率**
> 由市场机制运行而自发形成,随市场状况变化而变动的利率。

发达国家通常采用年利率作为主要的标示形式,中国曾经用月利率作为主要形式,现在已经改用年利率标示。

5. 市场利率、官方利率和行业利率

市场利率(market interest rate)是指由市场机制运行而自发形成,随市场状况变化而变动的利率。它是市场自身力量作用的结果,反映了市场机制对经济的自发调节作用。

> **官方利率**
> 由政府金融管理机构如中央银行等制定的利率。

与市场利率相对应,官方利率(official interest rate)是指由政府金融管理机构如中央银行等制定的利率,也称为法定利率。官方利率是一国为

了实现宏观经济目标而使用的一种强制性的经济手段,反映了非市场的力量对市场的强力干预。

行业利率则是非官方的金融组织为了维护行业内部公平竞争而制定的利率。这种利率属于行业自律性质的利率,只在组织成员内部发挥作用。

行业利率
非官方的金融组织为了维护行业内部公平竞争而制定的利率。

6. 一般利率与优惠利率

如果按照是否附有优惠条件来划分,利率可以分为一般利率和优惠利率。

优惠利率(preferential interest rate)是指低于一般利率的利率,如商业银行的优惠贷款利率等。债权人一般只会向信用度高、经营业绩良好并且发展前景较好的债务人提供优惠利率。

在市场经济国家,是否提供优惠利率以及向谁提供优惠利率主要取决于经济行为主体的市场行为。而在很多发展中国家,优惠利率很大程度上是一种官方利率,被政府用于同产业政策相配合。这种优惠利率一般提供给国家认为应当重点扶持的行业、部门和企业。例如,我国20世纪80年代的贴息贷款,即由政府以财政支出为重点企业补贴贷款利息,就是一种典型的优惠利率行为。

优惠利率是否能够发挥积极作用,主要取决于债权人能否有效地管理和控制,以及债务人是否努力经营等。

重要问题2 利率主要有哪些类型?

根据不同的标准,利率可以作不同的划分:按照是否考虑物价因素可以分为名义利率和实际利率;按照利率是否变动可以分为固定利率和浮动利率;按照信用期限的长短可以分为长期利率和短期利率;按照计息的单位时间可以分为年利率、月利率和日利率;按照利率的决定机制可以分为市场利率、官方利率和行业利率;按照是否具有优惠性质可以分为一般利率和优惠利率。

三、利率的作用

我们都知道利率是经济中的一个重要变量,那么,它的重要性表现在哪些方面呢?换句话说,它在经济体中的作用到底有哪些呢?为了回答这个问题,我们必须从微观和宏观两个方面着手进行探索。

1. 利率在微观经济中的作用

从微观角度上看,利率的主要功能表现在两个方面。

(1)利率会促使资金使用效率的提高。利率反映了利息水平的高低,而利息说到底是债务人的资金成本,会对其利润产生抵减作用。因此,以利润最大化为经营目标的债务人为了自身利益,就必须加强经营管理,加速资金周转,减少借款额,通过提高资金使用效率来减小利息成本。

(2) 利率会影响家庭和个人的投资决策。人们在选择金融资产进行投资组合的时候,主要考虑的是资产的收益性和风险,而资产的收益性同利率有着密切的关系。因此,利率的变动会影响各种金融资产之间的相对收益率,从而在风险一定的情况下影响人们的资产选择。

2. 利率在宏观经济中的作用

相对于微观层面,利率在宏观经济中起着更大的作用。

(1) 促进资本的积累。资本的短缺会导致生产的停滞和经济发展的迟缓。对资金支付利息,可以吸引社会公众手中的零散闲置资金,集中起来投入生产,促进经济增长。因此,利率作为利息水平的表现,可以有效地聚集闲置资金,避免资本和资源的浪费。

(2) 调节信用规模。利率是银行体系信用调节的重要工具,在货币扩张中起着重要作用(回忆第九章的内容)。商业银行通过调节贷款利率和贴现率,可以影响借款人的资金成本,进而影响信贷规模:当银行贷款利率上升时,企业贷款的利息成本增大,于是企业会尽量减少贷款量;当银行贷款利率下降时,企业贷款的利息成本减小,企业会抓住有利时机增大贷款量。另一方面,商业银行向中央银行申请再贴现贷款时,中央银行对再贴现率的调整会影响基础货币,从而对社会的信用规模产生影响。

(3) 抑制通货膨胀。利率的这一作用其实是通过调节信用规模来实现的。当通货膨胀压力增大时,中央银行可以通过提高银行体系的利率来收缩信用规模,从而减少货币供应量,降低通胀可能性。事实上,利率正是中央银行货币政策的一种重要工具(关于这一点我们将在第十三章展开分析)。

(4) 调整国民经济结构。利率可以配合产业政策,通过差别利率和优惠利率实现资源的倾斜配置,进而对国家打算扶持和重点发展的行业、企业提供良好的资本和资源支持,而对于国家加以限制的行业或企业则实行较高的利率,增大其获得资金的难度。

(5) 平衡国际收支。当一国从国外获得的收入小于对国外的支出时,该国可以通过提高利率水平的方法来阻止本国资金流向国外,并且吸引外国资金流向本国,从而使得国际收支获得平衡。

重要问题 3　利率在经济中起着什么作用?

在微观层面,利率的主要作用有两个:(1) 促使资金利用效率的提高;(2) 影响家庭和个人的投资决策。

在宏观层面,利率的主要作用有五个:(1) 促进资本积累;(2) 调节信用规模;(3) 抑制通货膨胀;(4) 调整国民经济结构;(5) 平衡国际收支。

参考资料　我国为什么连续八次下调利率?

自 1996 年 4 月 1 日起停办保值储蓄以来,我国央行已八次下调利率,以一年期存款利率为例,从过去的 10.98% 下降为目前的 1.98%;贷款利率从过去的 12.28% 下调为目前的 5.31%。据不完全统计,前七次降息累计减少了企业财务成本 2 000 多亿元,同时促进了资本市场的快速发展。

第一次降息:试探性微调

1996 年 5 月 1 日,存款利率平均降低 0.98 个百分点,贷款利率平均降低 0.75 个百分点,同时人民银行与金融机构的存贷款利率也作了相应下调。

首次降息是国家成功控制通货膨胀、国民经济在长达 33 个月的调整中实现了软着陆的背景下决定的。针对 1993 年以来的经济过热和物价攀升情况,人行先后 4 次调高利率,但自 1995 年 10 月份开始,零售物价指数回落至低于一年期银行存款利率,为减息提供了空间。

该次降息是人行及时运用货币政策工具进行的宏观调控,是对经济软着陆后的一次起跑推动,减轻了企业尤其是国有大中型企业的利息负担,因为这些企业在国家拨改贷体制后自有资本金很低,负债率很高,降息直接提高了企业经济效益。同时,居民消费倾向也很快上升 6.6 个百分点,股市由此开始了一个历时两年多的大牛市。

第二次降息:方向性改变

1996 年 8 月 23 日,存款利率平均降低 1.5%,贷款利率平均下调 1.2%,这是 8 次降息中幅度最大的一次。而且,活期存款、3 个月和 6 个月定期存款利率降幅超过 30%;流动资金贷款利率降幅不到 10%,而固定资产贷款利率降幅却超过了 10%。

该次降息是宏观调控进入一个新阶段的显著标志。可以认为,第一次降息是货币政策试探性微调,而第二次降息是一个对"适度从紧货币政策"的方向性改变。

本次降息已达到当时物价涨幅所能允许的最大极限,即用足了降息空间,是央行进一步支持大中型国有企业、防止经济滑入低谷的及时举措。对股市带来了更猛的刺激,股市在当年年底创了历史新高。

第三次降息:应对金融危机

1997 年 10 月 23 日,存款年利率平均下调 1.1%,各项贷款利率平均下调 1.5%。与此同时,人民日报还特地发了评论员文章,指出本次降息是坚持适度从紧货币政策下适时掌握调控力度的重大举措。

这次降息是适应物价增幅持续走低,进一步减轻企业利息负担,支持国有企业改革,促进国民经济持续、快速、健康发展的需要。1997年1至9月份,社会商品零售价格和居民消费品价格分别比上一年同期仅上涨1.3%和3.4%,存款实际利率仍然偏高,比发达国家正常利率水平高出了2%。

1997年亚洲爆发了较大规模的金融危机,央行及时降息,拉动内需,减少企业成本,抑制本外币利差,成功捍卫了人民币币值和保证了高增长、低通胀的经济形势。此时,由于股市前期涨幅较大,市场对利率变化的敏感性不大,但随后发行的两个长期品种的国债异常火暴。

第四次降息:增加货币投放

1998年3月25日,存款利率平均下调0.16%,贷款利率平均下调0.6%,利率下调幅度不大,但法定存款准备金率由13%下调至8%。

这次降息同样是顺应物价的走势和宏观经济状况做出的。1998年头2个月社会商品零售物价指数比去年同期平均降低1.7%,消费需求有些不足,投资需求增幅不旺,因此,央行及时微调利率,发出刺激经济的信号,为国企进一步减负。与利率相比,这次作用更猛的工具应是中央银行法定存款准备金率的下调,大幅下调此率意味着增加货币投放,促进商业银行主动发放贷款。

第五次降息:刺激住房消费

1998年7月1日,金融机构存款利率平均下调0.49%,贷款利率平均下调1.12%,中长期存、贷款利率下调幅度均大于短期存、贷款利率下调幅度,同时降低了中央银行准备金存款利率和再贷款利率。

针对物价持续下跌、实际利率持续升高,有效扩大内需而做出的。尤其是中长期贷款利率的下调对于加快基础设施建设、刺激居民住房消费是个积极利好。据当时估算,企业从这次降息中可以减少400多亿元的净利息支出。这次降息为完成当年8%的宏观经济增长目标做出重大贡献,与股市的相关性不是很大。

第六次降息:拉动内需

1998年12月7日,金融机构存、贷款利率平均下调均为0.5%。

1998年市场呈现疲软,许多商品出现买方市场迹象。当年前十个月商品零售物价同比下降2.5%,因此,实际存款利率依然偏高,加上人民币坚挺,国际投机资本存在非法套利空间,国内企业平均利润率与贷款利率呈现了倒挂,减息顺理成章。

这次减息进一步拉动了内需,也为股市的发展准备了较充足、低廉的资金。

第七次降息：配合财政政策

1999年6月10日，存款利率平均降1%，贷款利率平均降0.75%。存款利率降幅大于贷款利率降幅，金融机构存贷款利差有所加大，同时央行准备金存款、再贷款和再贴现利率同时调低。

本次因是第七次降息，央行综合考虑了居民、企业和银行的利益。1999年4月份全国零售物价同比下降3.5%，内需仍然不强劲，因此，这次降息是对积极的财政政策的有力配合。可以肯定，为股市的5·19后的行情做了铺垫。

第八次降息：顺应新形势

2002年2月21日，存款利率平均下调0.25%，贷款利率平均下调0.5%。

时隔3年的第八次降息，是顺应了新的形势做出的。一是国际经济增幅的放缓，加上积极的财政政策仍然没有很好地解决内需不振问题，实际物价水平仍在低位徘徊，为降息打开了空间。这次降息是在股市大幅深调之后，肯定对股市有较大推动作用。

第二节 利率决定理论

重要问题

1. 古典利率理论主要包括哪些内容，它的理论核心是什么？
2. 凯恩斯认为利率是如何决定的？
3. 可贷资金利率理论的主要观点是什么？
4. IS-LM 模型有关利率决定的观点是什么？

在前面两章中，利率被作为影响货币需求和货币供给的因素来进行分析，这实际上是把利率看成是外生变量。在这里，我们将利率作为内生变量，运用供求分析来研究这样一个重要的问题：利率是如何决定的？同其他的货币理论一样，利率的决定理论也经历了一个不断发展的过程。

一、古典利率理论

古典经济学派认为，产品市场的均衡决定了真实利率，即利率决定于储蓄和投资。庞巴维克和马歇尔构建了古典利率理论的基础，而维克塞尔和费雪等经济学家则将其发展为完整的古典利率决定理论。

如图11-1，S 和 I 分别代表储蓄和投资，储蓄为利率 i 的增函数，而投

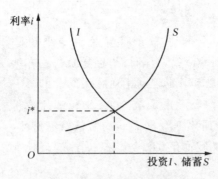

图 11-1 古典利率决定理论

资是利率的减函数。利率决定于两条曲线相交的那一点,即 i^*。

古典学派认为,储蓄取决于人们对于消费的时间偏好。不同的人对于消费是具有不同的时间偏好的:有些人偏好在当期进行消费,而有些人则偏好于在未来进行消费。现实中更多的人偏向于当期消费,因此要使他们放弃当期的消费,增加储蓄,投资者就必须给予其利息补偿。利率越高,对于这种放弃的补偿就越多,从而人们也更愿意延迟消费,让渡资金以增加储蓄。

另一方面,投资主要取决于资本的边际收益(即每一单位新增资本投入能够产生的收益)和利率。资本的边际收益代表了投资的收益,而利率代表了投资的成本,因为企业为了获得用于投资的资本,必须向资本所有者支付利息以弥补他们对资本的让渡。只要资本的边际收益率高于利率,投资就有利可图,企业也就越倾向于增加投资。由于资本的边际收益率随资本投入量递减,因此企业增加投资的行为将持续到资本的边际收益率下降到与利率相等为止,此时企业实现了投资的利润最大化。也就是说,利率越高,投资越少;利率越低,投资将越多。

在古典经济学家的眼中,投资代表了对资本的需求,储蓄是资本的供给,而利率则是资本的租金价格。因此,当资本的供求达到均衡时,就决定了资本的均衡价格,也就是均衡的利率水平。由于储蓄和投资均是由实物层面因素所决定的,因此古典理论中的利率也是指实际利率。并且,利率对于投资和储蓄具有自发调节均衡的作用。当投资达于储蓄时,对于资金的需求大于愿意放弃当期消费的人们所能够提供的资金,此时利率上升,一方面使得投资的成本上升,减少投资,另一方面使更多的人愿意延迟消费,增加消费,从而使得储蓄和投资重新达到均衡。反之亦然。

正是因为如此,古典经济学家们认为,经济不会出现长期的供求失衡,它将通过利率的自发调节作用自动趋于充分就业水平。

参考资料 古典经济学家各具特色的利率决定理论

让我们来了解一下古典经济学家们主要的利率决定理论,它们共同构成了古典利率决定理论的框架体系。

1. 庞巴维克的价值时差说

奥地利学派的代表人庞巴维克认为,现在的物品通常比将来的同样物品更有价值。因此,如果要使人们放弃现在的高价值物品,去换取将来的低价值物品,就必须对人们做出补偿。这种补偿的具体形式就是利息,它产生于迂回生产。所谓迂回生产就是指先从原材料生产出中间产品,再由中间产品生产出最终产品。迂回生产比直接生产需要更长的时间,但是具有更高的生产力。正是在这种时间间隔中,初始价值的增长就成为了利息,用以补偿生产资料所有者的最初投入。

迂回生产
先从原材料生产出中间产品,再由中间产品生产出最终产品。

庞巴维克的利息理论的核心是价值时差论,他的理论基础在于:(1) 不同时期的需要与资历不同;(2) 对将来欲望及其满足手段的评价较低;(3) 现在的财富比将来的财富具有技术优越性。

2. 马歇尔的等待和资本收益说

马歇尔将他著名的均衡价格分析方法运用到了利率的决定中。他认为利率决定于资本的供求。资本的供给方为公众,影响资本供给的主要因素是人们的"等待",即放弃现在的消费,等待未来的收益。而资本的主要需求方是厂商,他们的资本需求主要受资本的边际收益决定。等待和资本边际收益两种力量的均衡状态就决定了利率水平。

3. 维克塞尔的自然利率说

瑞典学派的创始人维克塞尔提出的自然利率理论将一般均衡分析引入利率的决定,开创了研究利率问题的新途径。

维克塞尔的理论建立在马歇尔的利率决定理论基础之上。他认为,资本供求达到均衡,也就是储蓄和投资相等时的利率就是所谓的自然利率。自然利率独立于物价因素,相当于资本(或投资)的预期收益率,也是保持适度投资规模的利率。而货币利率是现实市场的利率,也就是资金供求均衡的利率。当自然利率等于货币利率时,资本的收益和成本相等,厂商实现利润最大化,不再会变动生产规模。此时货币供给量不发生变化,所以投资不会对物价产生影响,经济在中性货币条件下实现均衡,既不扩张也不收缩。

自然利率
资本供求均衡也就是储蓄等于投资时决定的利率。

可见,货币利率和自然利率是否相等,对经济是否达到均衡起着重要的作用。然而在现实中,货币利率常常会背离自然利率。当货币利率低于自然利率时,资本的收益高于成本,厂商会增大投资,扩大生产。对生产要素的需求扩张会使得原材料、劳务以及土地等的价格上涨,生产要素所有者的收入增加,进一步扩大消费品需求,拉动消费品的价格上涨。厂商为了满足最终消费品的需求而增加对资本品的需求,导致资本品价格上扬。这样,货币利率低于自然利率将会导致经济的累积性扩张。反之,当货币利率高于自然利率时,将形成经济的累积性收缩。

4. 费雪的时间偏好说

费雪也把利率的决定同跨期选择问题联系在一起,他认为利息是人们以当期物品交换未来物品所要求的补偿。决定利息率的因素有主观和客观两个方面。主观因素主要是指人们的时间偏好,客观因素则是指可能的投资机会。

企业会根据不同的投资机会,选择适当的投资组合,使投资的收益最高,时间安排最好。因此,企业在筹集资本时,总是选择最有利的时间安排。而企业在选择投资机会时,则将利率作为首要的因素加以考虑。当利率较低时,可以选择生产周期较长的投资,而当利率较高时,他们会选择生产周期较短的投资。而且,企业还必须考虑利润因素,即只有当利润率大于利率时,利润高于成本,企业才会继续投资。投资导致的资本需求会一直持续到利润率与利率相等为止。这一资本需求也是通过货币市场和证券市场来得到满足的。

因此,人们的时间偏好决定了资本供给,而企业对投资机会的选择则决定了资本需求。资本供需的均衡决定了利率水平,也就是说,利率决定于人们的偏好和企业的投资选择。

值得指出的是,在利率理论的发展史上,费雪首先展开了对实际利率和名义利率的研究。他认为,物价的变动会引起名义利率和实际利率的背离。因为当物价有上涨趋势时,出让当期资本的人们会考虑到物价因素而要求更多的补偿,从而名义利率会高于实际利率。

重要问题1 古典利率理论主要包括哪些内容,它的理论核心是什么?

庞巴维克的价值时差说和马歇尔的等待与资本收益说为古典利率理论奠定了基础,维克塞尔的自然利率说和费雪的时间偏好说则将其发展成为较为完整的利率决定理论体系。

古典利率理论的理论核心在于储蓄和投资共同决定实际利率,并且利率具有自发调节经济失衡的作用。

二、凯恩斯的流动性偏好理论

古典利率决定理论的核心是利率对经济的自发调节作用,而这一点在20世纪30年代爆发的世界性经济危机中受到了巨大的挑战。在这次危机中,凯恩斯提出了他的流动性偏好理论,奠定了凯恩斯主义的基础,而利率决定理论正是其中的重要组成部分。

参考资料　利率在凯恩斯理论中的重要地位

利率在凯恩斯的整个理论体系中占据着举足轻重的地位，可以说它是凯恩斯理论的核心变量。这是为什么呢？

我们知道，凯恩斯理论诞生于20世纪30年代的世界性经济危机，是在对古典利率理论进行批判的基础上发展起来的。凯恩斯认为，古典利率理论中储蓄和投资决定利率的理论是不成立的。这是因为，储蓄主要取决于收入，而收入又取决于投资，所以储蓄和投资是相互关联的，一者的变动必然会影响另一者。例如，投资的增加将引起收入的增加，而收入的增加又使储蓄增长。此时将无法判断均衡的利率水平，因为要知道利率水平，就必须了解储蓄的增长量，而储蓄取决于收入，收入决定于投资，而投资又受利率的决定。由此，根据古典利率的理论推导出的结论是：要知道利率是多少，必须先知道利率是多少，也就是"利率决定利率"。这是非常滑稽的。

正是在此基础上，凯恩斯在自己的《通论》中提出了全新的以利率为核心的理论体系，使经济学从此进入了全新的"凯恩斯主义时代"。

凯恩斯把人们用于储存财富的资产分为货币和债券两种，人们可以根据自己的需要进行选择。货币具有极好的流动性，但是持有货币无法获得收益；债券能够获得利息收入，具有良好的收益性，但是流动性相对于货币较差。人们只有将手中的货币转换为债券才能获得收益，但这也就意味着他们放弃了流动性。因此，利息是对人们放弃流动性的补偿，也可以看作是流动性的报酬，而并不像古典学派所认为的那样，是对"等待"的补偿。既然利息是对放弃流动性的补偿，那么，利率就是对人们的流动性偏好的衡量指标。所谓的流动性偏好就是指人们持有货币以获得流动性的意愿程度。

利率是一种价格，但它并不是使储蓄和投资相等的价格，而是公众愿意以货币形式持有的财富总量（即货币需求）恰好等于现有的货币存量（即货币供给）的价格。当利率过低时，人们放弃流动性将得不到满意的报酬，因此他们宁愿持有货币，这使得人们愿意持有的货币量超过现有的货币供给量；反之，当利率过高时，人们为了较高的收益将把货币转换为债券，从而使得货币的意愿持有量小于现有货币存量。正因为这样，凯恩斯认为利率是一种纯粹的货币现象，利率的决定应当取决于货币的供需。

回顾前面两章对货币供给和货币需求的分析可以使我们更好地理解凯恩斯的利率决定理论。货币供给是由中央银行和商业银行体系通过信用创造机制共同决定的，它同利率之间存在正相关关系。在其他条件不变的情况下，利率上升，银行持有超额准备金的机会成本就提高，因此银行会

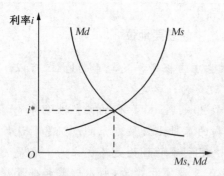

图 11-2 流动性偏好利率理论

减少超额储备,扩大信贷规模,从而扩张货币供给;利率下降则货币供给收缩。另一方面,根据凯恩斯的流动性偏好货币需求理论(回顾第十章内容),货币需求同利率呈反相关系,因为利率的提高会减少投机性货币需求。

当货币供给等于货币需求时,均衡利率就产生了。我们用图 11-2 直观地反映这一点。

然而,我们上面的分析忽略了一个重要因素,即在凯恩斯的理论体系中,货币供给是外生决定的(回顾第九章内容)。也就是说,货币供给是由中央银行控制的一个常量。那么,凯恩斯的利率决定理论应当表述为图 11-3。

当利率低于均衡利率 i^* 时,货币需求大于现实中的货币存量,人们会卖出手中的债券来满足对流动性的需求。这样会使得债券的价格下跌,而我们已经知道债券的价格同利率是反向相关的,所以利率将会升高,直到达到均衡水平为止。

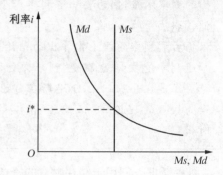

图 11-3 凯恩斯的流动性偏好利率理论

反之,当利率高于均衡水平时,人们将减少货币的持有量以买进债券,使得债券价格上升,利率下降,直至均衡水平为止。这就是凯恩斯的流动性偏好利率理论中的自发均衡机制。

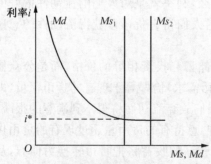

图 11-4 凯恩斯的流动性偏好利率理论

一种极端的情形出现在利率降低到非常低的水平之时。人们会认为利率只有可能上升而不会继续下降,因此他们将只持有货币,对货币的需求就会无限大。在这种情况下,即使是货币供给增加,也不会导致利率的下降(见图 11-4)。这也就是我们常常说的"流动性陷阱"。

流动性偏好利率理论为我们提供了一种货币传导的利率机制,即货币供给的变化将通过利率的变化影响投资和实际总产出。事实上,在整个凯恩斯主义理论体系中,利率始终是最核心的变量之一,它是连接货币市场和产品市场的主要桥梁。

重要问题 2　凯恩斯认为利率是如何决定的？

凯恩斯将人们储藏财富的资产分为货币和债券两种。他认为利息是对人们放弃流动性追求收益性的补偿,而利率则是衡量人们的流动性偏好的指标。利率是一种纯粹的货币现象,它决定于人们意愿持有的货币量与现实中的货币存量相等,也就是货币需求等于货币供给之时。利率水平的失衡会通过人们对于货币和债券的选择来自发地进行调整。

三、可贷资金利率理论

凯恩斯的流动性偏好利率理论将利率视为纯粹的货币现象,而完全不考虑实际面因素对利率的影响,这一点受到了很多批评。在凯恩斯之后,他的学生罗伯逊(D. H. Robertson)提出了可贷资金利率理论(loanable-funds theory of interest rate),试图综合考虑货币面和实际面因素对利率的影响。这一理论得到了俄林(B. G. Ohlin)、勒纳(A. P. Lerner)等经济学家的发展和完善。

可贷资金理论将利息视作是借贷资金的代价,因此,利率应当由可用于贷放的资金的供求来决定。可贷资金的需求主要包括:① 投资,这是可贷资金需求的主要部分,它与利率呈负相关关系;② 货币的窖藏(hoarding),这是指储蓄者并不把所有的储蓄都贷放出去,而是以现金形式保留一部分在手中。窖藏之所以构成可贷资金的需求,是因为我们在计算可贷资金供给的时候是把储蓄者的所有储蓄都记入在内的,如果不在需求方加上窖藏,会导致供给被高估。显然,货币的窖藏是与利率负相关的,因为利率代表了窖藏的机会成本的高低。

货币的窖藏
储蓄者并不把所有的储蓄都贷放出去,而是以现金形式保留一部分在手中。

可贷资金的供给主要来源于三个渠道:① 储蓄,它是可贷资金的主要来源,与利率同向变动;② 货币供给增加额,这主要是指有时银行体系会通过扩张货币供应量来满足资金贷放的需求,它与利率正相关;③ 货币的反窖藏(dishoarding),即人们把前一期窖藏的货币用于贷放,显然它与利率也是正相关的。

我们可以把货币的窖藏和反窖藏合并计算出当期的货币净窖藏(即窖藏减去反窖藏之后的余值),这实际上是当期新增的货币需求量,它与利率负相关,并且构成了可贷资金需求中的一项。

于是我们得到:

$$可贷资金的供给＝储蓄＋货币供给增量$$

$$可贷资金的需求＝投资＋货币需求增量$$

通过上面的分析我们知道,可贷资金的供给是利率的增函数,而可贷资金需求则是利率的减函数。当供给等于需求时,均衡的利率被决定下来,即图 11-5 中的 i^*。

可贷资金利率理论的一种特殊情况是,可贷资金供求双方之间的借贷都采取发行债券的形式。这时,当期的可贷资金供给和需求可以分别用新增债券发行和新增债券需求来代替。于是,均衡利率就决定于债券的供求(如图 11-6)。

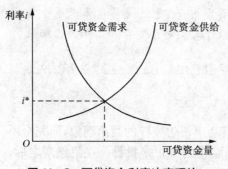

图 11-5 可贷资金利率决定理论　　图 11-6 债券供求与利率决定

由此我们可以看出,可贷资金利率理论实际上是在古典利率理论的框架中引入了货币层面的因素,从而综合考虑货币面和实物面的因素,弥补古典学派的不足。正因为如此,它也被称为"新古典利率理论"。

另一方面,我们在可贷资金利率理论中看到了凯恩斯流动性偏好利率理论的影子。我们来看看凯恩斯的分析框架:凯恩斯将作为财富储藏手段的资产划分为货币和债券两种,因此经济中的财富总量就等于货币总量和债券总量之和,即等于货币供给量(Ms)与债券供给量(Bs)之和。由于人们购买资产的数量要受制于所拥有的财富总量,所以人们意愿持有货币(Md)和债券(Bd)的数量也必须等于其财富总量。也就是说,货币和债券的供给总量和需求总量应当相等,即

$$Ms + Bs = Md + Bd$$

上式等价于

$$Md - Ms = Bd - Bs$$

这个变形后的等式告诉我们,如果货币市场处于均衡状态,即 $Md = Ms$,那么也一定有 $Bd = Bs$,这意味着债券市场也处于均衡状态。这样,通过使债券的供求相等或者货币的供求相等来决定均衡利率在逻辑上并没有什么区别。可贷资金理论与流动性偏好理论的区别主要在于分析方法的不同,前者采用了流量分析的方法,而后者则更多地运用存量分析方法。

正因为如此,可贷资金利率理论可以看成是对古典利率理论和流动性偏好利率理论的一种融合。它从可贷资金市场的供求出发,既考虑了实际面因素的影响,又融入了货币面因素的作用,从而使得利率的决定更加符合现实。我们从上面的分析中可以看出,如果假定产品市场始终是均衡

的,那么对可贷资金供求的分析就等同于对货币供求的分析。而如果假定货币市场始终均衡的话,那么可贷资金利率理论就等同于古典利率理论。

可贷资金利率理论的最大缺陷是,虽然它兼顾了商品市场和货币市场,但是忽略了两个市场各自的均衡。当可贷资金市场实现均衡时,并不能保证商品市场和货币市场同时达到均衡。

> **重要问题3　可贷资金利率理论的主要观点是什么?**
>
> 可贷资金利率理论将利息视作是借贷资金的代价,因此,利率应当由可用于贷放的资金的供求来决定。可贷资金的需求主要包括投资和货币的窖藏,而供给主要来源于储蓄、货币供给增加额和货币的反窖藏。可贷资金市场的供求达到平衡时,均衡的利率水平也就随之确定。可贷资金利率理论实际上是在古典利率理论的框架中引入货币层面的因素,从而综合考虑了货币面和实物面的因素。

四、IS-LM 模型分析的利率理论

以上的三种利率决定理论,都存在不同的缺陷:古典利率理论不考虑货币面因素,流动性偏好利率理论忽略了实际面因素,而可贷资金利率理论则在兼顾商品市场和货币市场的同时却忽略了两个市场的各自均衡。为了弥补它们的弱点,完善利率理论,许多学者进行了有益的尝试,其中希克斯和汉森(A. H. Hanson)的 IS-LM 模型分析是相对最为成功的一种。IS-LM 模型的内涵事实上远远超过了利率理论的范畴,但是当把它作为一种利率决定理论来使用时,确实是比较有效的。

汉森把上述三种理论的共同不足归结为,它们都没有考虑收入因素。因为储蓄和投资都是收入的函数,并且货币需求中的投机性货币需求也与利率变动直接相关,因此若事先不知道收入水平,就不可能知道利率是多少。另一方面,投资引起收入变动,而投资又受到利率的制约,因此如果不知道利率,就无从计算出收入。收入和利率存在相互决定的关系,并且它们只能是同时决定的。

于是汉森认为,应当以投资需求函数、储蓄函数、流动性偏好函数和货币供给为基础,借鉴流动性偏好利率理论和可贷资金利率理论,综合考察商品市场和货币市场的均衡情况,考察收入和利率的相互决定关系。

从可贷资金理论的表述中,可以得出一组在各种不同收入水平下的储蓄表(也就是可贷资金供给表),根据储蓄表以及 $I、r、Y$ 之间的关系,推导出表示 Y 和 r 之间函数关系的曲线——IS 曲线,也就是商品市场的均衡曲线(图 11-7)。

从凯恩斯流动性偏好理论的分析中,导出一组在各种不同收入水平下

的灵活偏好表,并通过货币需求 L 与收入 Y 和利率 r 之间的关系,推导出表示 Y 与 r 之间函数关系的曲线——LM 曲线,也就是货币市场的均衡曲线(图 11-8)。

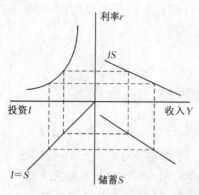

图 11-7 *IS* 曲线的推导

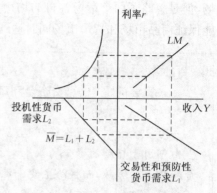

图 11-8 *LM* 曲线的推导

将 IS 曲线和 LM 曲线放在同一个坐标系中,我们就可以求出在商品市场和货币市场同时均衡,也就是投资等于储蓄和货币供应等于货币需求同时成立时的均衡利率水平以及相应的收入(如图 11-9)。

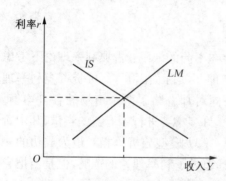

图 11-9 *IS-LM* 曲线的推导

IS-LM 模型对流动性偏好理论和可贷资金理论进行了融合,并且它尝试从一般均衡的角度进行分析,在兼顾商品市场和货币市场的同时,考虑了它们的各自均衡。虽然 IS-LM 曲线本身在解释利率形成过程中还是存在着不少欠缺,模型的说服力也有待加强,但不可否认,它确实是目前对利率决定机制相对最为完善的解释。

 重要问题 4 IS-LM 模型有关利率决定的观点是什么?

IS-LM 模型认为,应当以投资需求函数、储蓄函数、流动性偏好函数和货币供给为基础,借鉴流动性偏好利率理论和可贷资金利率理论,综合考察商品市场和货币市场的均衡情况,考察收入和利率的相互决定关系。

从可贷资金理论的表述中,推导出商品市场均衡曲线——IS 曲线;从凯恩斯流动性偏好理论的分析中,推导出货币市场均衡曲线——LM 曲线。进一步地,将两条曲线置于同一坐标系中,就可以求出在商品市场和货币市场同时达到均衡时的利率水平。

第三节 利率的结构理论

重要问题
1. 利率的风险结构是什么,它受到哪些因素的影响?
2. 主要的利率期限结构理论有哪些,它们的主要观点是什么?

在现实生活中,我们会注意到,不同期限的债券具有不同的利率,有时即使是期限相同的债券,它们的利率也不相同。这是为什么呢?这个问题的答案实际上隐藏在利率结构理论中。所谓的利率结构,就是不同类型的利率之间的关系,它主要有风险结构和期限结构两种。前者主要反映不同风险的信用工具上所附着的利率之间的相对高低,而后者则反映信用工具的期限对利率水平的影响。

☞**利率结构**
不同类型的利率之间的关系。

一、利率的风险结构

利率的风险结构就是指期限相同的不同风险的信用工具(主要指债券)利率之间的关系,它主要受三个因素的影响,即违约风险、流动性风险和税收。

☞**利率风险结构**
期限相同的不同风险的信用工具(主要指债券)利率之间的关系。

1. 违约风险

人们购买了债券,就一定能够获得债券发行人所承诺的收益吗?恐怕不是这样。因为人们持有债券时,必须面对这样一种风险,即债券发行人可能会由于业绩不佳等原因无法按时还本付息。极端的情况是债券发行人破产了,这时债券的持有人将血本无归。这种债券发行人未按时支付本息的风险就是违约风险。

☞**违约风险**
债券发行人未按时支付本息的风险。

正是由于违约风险的存在,使得人们在购买债券的时候,要求债券发行人就这部分风险支付补偿。这种补偿就是违约风险的溢价,它构成债券的风险溢价的一部分。一种债券的违约风险越高,相应的风险溢价也就越高,债券的利率也就越高。

一般而言,中央政府发行的债券即国债被认为是没有违约风险的,因为只要国家还存在,中央政府总可以通过税收,在极端情况下甚至可以增发货币(如我们所知,这在大部分国家都已经被禁止)来偿付债券的本息。地方政府发行的债券风险也较小,但是由于它们控制税收的能力相对于中央银行比较弱,所以地方政府债券的风险要高于中央政府债券。通常公司债券的风险是最高的,因为公司债券的本息偿付完全依赖于其利润,不论是外部环境的变化还是内部决策中的失误,都可能会使公司的经营面临困境。这种更大的不确定性导致了公司债券较高的违约风险,从而其利率通常也相对政府债券更高。当然我们也要看到公司之间的差别,那些资信和业绩较好的大公司的债券风险通常是很低的,债券利率可能不会比国债利率高多少;而那些信誉和经营较差或是不为人知的公司发行的债券,则需要制定更高的利率才能顺利地卖出去。

2. 流动性风险

我们在第四章讨论过流动性风险,它是指金融主体由于资产流动性的不确定性而遭受损失的可能性。在这里,流动性风险是指债券持有人在需要资金时不能把债券迅速变现的风险。有一些债券的还本付息可能不会有问题,但是缺乏流动性。在收益率和风险一定的条件下,人们总是偏好流动性更强的债券,因为它可以随时变现以满足临时的资金需要。对于流动性较差的债券,人们会要求得到补偿。这种补偿就是流动性溢价,它构成了债券风险溢价的另一部分。因此,在其他条件相同时,债券的流动性越高,人们要求的流动性溢价就越少,它的利率也就越低。

 流动性风险
债券持有人在需要资金时不能把债券迅速变现的风险。

债券的流动性可以用债券变现所需支付的成本来衡量。债券变现的成本主要包括:(1)佣金,即买卖债券时需要支付给经纪人的手续费;(2)买卖差价(ask-bid spread),也就是债券的卖出价和买入价之间的差价。一般来说,在市场中交易活跃的债券,其买卖差价会更小一些,因为市场中存在大量的买主和卖主。而交易不够活跃的债券则有较大的买卖差价,因为寻找买主和卖主更为困难。

通常政府债券在二级市场上交易较为频繁,不仅仅是个人和机构投资者,就连中央银行和商业银行也会参与到政府债券尤其是中央政府债券的买卖中来(回想中央银行的资产负债表和货币创造)。相对而言,公司债券的买卖则平静很多。因此,政府债券的利率往往会低于公司债券。

3. 税收因素

税收之所以影响债券的利率,是因为债券持有人真正关注的是债券的税后收益。如果债券利息收入的税收待遇因债券的种类不同而存在差异的话,这种差异应当会反映在税前的利率上。在其他条件相同的情况下,债券利息收入的税率越高,它的利率也应当越高,否则债券持有人的税后实际收入将减少。

税收因素能够解释一些违约风险和流动性风险所无法说明的问题。例如,美国的地方政府债券的利率曾经在很长一段时期内高于联邦政府债券,如果只根据违约风险和流动性风险来看,这应当是不合理的,因为不论是就违约风险还是流动性风险而言,联邦政府债券都低于地方政府债券。然而,事实上的原因是,美国的税法规定地方政府债券可以免缴联邦所得税,从而相对于联邦政府债券具有税收优惠,因此利率低于联邦政府债券也就不难理解了。

重要问题 1　利率的风险结构是什么,它受哪些因素的影响?

利率的风险结构就是指期限相同的不同风险的信用工具(主要指债券)利率之间的关系,它主要受三个因素的影响,即违约风险、流动性风险和税收。在其他条件不变的情况下,违约风险越大,或者流动性风险越大,又或者利息税率越高,信用工具的利率则越高。

二、利率的期限结构

在现实中,我们常常会发现,一些期限不同的债券的违约风险、流动性和利息税率都相同,但是它们还是具有不同的利率。为什么会出现这种现象呢? 在了解各种利率期限结构理论之后,我们将能够回答这个问题。

我们把那些其他条件都相同,而仅仅在期限上有所区别的债券的利率放在同一个坐标系中,连成一条曲线,称为收益率曲线。收益率曲线的可能形状有三种,如图 11-10 所示。

☞**收益率曲线**
其他条件相同的不同期限债券的利率所构成的曲线。

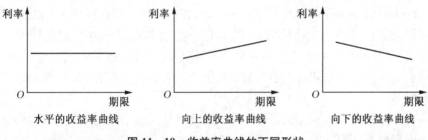

图 11-10　收益率曲线的不同形状

如图 11-10 所示,水平的收益率曲线表示各种期限的债权的利率相等,向上的收益率曲线代表期限越长的债券利率越高,而向下的收益率曲线则表明债券的期限越长,利率越低。

现在我们能够理解利率期限结构是什么了。事实上,利率期限结构就是收益率曲线所反映的利率与金融资产(这里主要指债券)期限之间的关系,也就是在某一时点上因期限不同而产生的利率水平的差异。

在现实中,收益率曲线(也就是利率期限结构)呈现出三个典型的特征:(1) 不同期限债券的利率随时间有共同的变动趋势;(2) 如果短期利率较低,收益率曲线更倾向于向上倾斜,而如果长期利率较低则收益率曲线倾向于向下倾斜;(3) 收益率曲线几乎都是向上倾斜的。图 11-11 给出了美国不同期限联邦政府债券的收益率曲线图,它就是一条典型的向上的收益率曲线。

因此,利率期限结构理论除了回答为什么不同期限债券的收益率会不同之外,还需要对上述三个现实问题进行解释。

☞**网络应用**
美国财政部
www.ustreas.gov
提供了不同期限政府债券的利率信息。
中国债券信息网
www.chinabond.
com.cn
提供了每天的中国债券收益率曲线。

☞**利率期限结构**
收益率曲线所反映的利率与金融资产期限之间的关系,也就是在某一时点上因期限不同而产生的利率水平的差异。

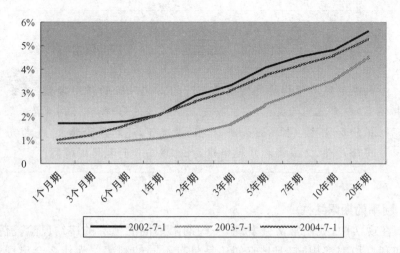

图 11-11 美国联邦政府债券收益率曲线

资料来源：美国财政部官方网站

主要的利率期限结构理论有三个：预期理论、分割市场理论和优先聚集地理论。

1. 预期理论

预期理论（expectation theory）也叫无偏预期理论（unbiased-expectation theory），它的理论假定是，债券市场中不同期限的债券之间是可以完全替代的。在这种前提下，人们并不会偏好某一种特定期限的债券，只要某种债券的预期回报率低于期限不同的另一债券，人们就不会再持有这种债券。这实际上意味着，互为完全替代品的债券的预期收益率必须相等。

☞ **预期理论**
利率的期限结构是由人们对未来短期利率的无偏预期所决定的。

在此基础上预期理论认为，人们的预期是无偏的，长期债券的利率等于长期债券到期之前人们对于短期利率预期的平均值。例如，目前人们预期在未来的 10 年里，短期利率的平均值为 5%，那么预期假说认为 5 年期债券的利率就应当是 5%。如果人们预期 10 年后的短期利率将上升，从而在未来 20 年里短期利率的预期平均值为 6%，则 20 年期的债券利率为 6%，高于 10 年期债券。因此，根据预期理论的观点，利率的期限结构是由人们对未来短期利率的无偏预期所决定的。如果人们预期未来短期利率上升，长期利率就高于短期利率，则收益率曲线向上倾斜；反之，如果人们预期未来的短期利率下降，收益率曲线则向下倾斜。当人们预期未来短期利率保持不变时，收益率曲线则为水平的。

☞ **分割市场理论**
不同期限的债券市场是相互独立的，各种期限的债券的利率仅仅取决于该种债券的供求，而不受其他期限债券预期收益率的影响。

2. 分割市场理论

分割市场理论（segmented market theory）将不同期限的债券市场分割开来，视为完全独立的市场，各种期限的债券的利率仅仅取决于该种债券的供求，而不受其他期限债券预期收益率的影响。

分割市场理论的关键在于它假定不同期限的债券并非替代品，因而持有一种期限债券的预期收益率对另一种期限债券的需求没有任何影响，这一点与预期理论正好相反。之所以这样假定,是因为分割市场理论认为,投资者对债券的选择是具有偏好的,这种偏好主要源自于他们对于意愿的债券持有期的选择。投资者必须使得债券的期限与持有期相匹配,才能够完全避免债券的利率风险。而意愿持有期则受制于投资者的投资动机、收入流和负债结构等因素。

根据分割市场理论,收益率曲线的不同形状是不同期限债券的市场供求决定的,而各种期限债券的供求又受到投资者期限偏好的影响。如果较多的投资者偏好期限较短的债券,则对短期债券的大量需求将导致较低的短期利率,收益率曲线向上倾斜;相反,如果更多的投资者是偏好长期债券的,那么收益率曲线将向下倾斜。

由此,分割市场理论为利率期限结构的第三个现实特征——通常收益率曲线向上倾斜提供了最直接的解释,即人们会更加偏好期限较短、利率风险较低的债券。

但是,分割市场理论却无法解释前两个现实特征。它将不同期限的债券市场彻底隔离开来,各种债券的预期收益率相互独立,因此根本无从解释为什么不同期限债券的利率会同向波动。而它不认为短期利率的变动会影响长期利率,因此也就没有办法解释为什么短期利率较低时收益率曲线向上倾斜,而短期利率较高时收益率曲线向下倾斜。

预期理论能够解释利率期限结构的前两个现实特征而对第三个的解释无法令人信服;分割市场理论则能够有效地解释第三个现实特征,却对前两个特征无能为力。因此,出现了将两种理论结合起来的优先聚集地理论。

3. 优先聚集地理论

优先聚集地理论(preferred habitat theory)也称为期限选择和流动性溢价理论,它是为了弥补预期理论和分割市场理论各自的缺陷而发展起来的利率期限理论。它认为,长期债券的利率应当等于该种债券到期之前短期利率预期的平均值,加上该种债券随供求变化而变化的流动性溢价。

优先聚集地理论的关键假设在于,它认为不同期限的债券相互之间是可以替代的,这也就意味着一种债券的预期收益率会影响其他期限债券的预期收益率。但是另一方面,该理论又强调这种替代性并不是完全的,也就是说,人们对不同期限的债券是具有偏好的。这种偏好使得人们聚集到他们所希望购买的债券市场中,也就是所谓的"优先聚集地"。为了满足对流动性和收益性的组合需要,人们将不会轻易地离开他们所偏好的期限的债券市场,即使这个市场中的预期收益率略低于其他市场。

但是,这并不是绝对的。如果偏好短期债券的人们能够获得足够多的补偿,也就是流动性(风险)溢价,那么他们可能会放弃流动性强的短期债券,而转向风险更大的长期债券市场。对于偏好长期债券的人们来说,只要在他们支付了一定的补偿之后,短期债券市场能够给他们提供更多的流动性,他们可能会转向短期债券市场。

> **优先聚集地理论**
> 长期债券的利率应当等于该种债券到期之前短期利率预期的平均值与该种债券随供求变化而变化的流动性溢价之和。

事实上,优先聚集地理论是对预期理论进行了修正,在描述长期利率和短期利率的式子中加入了一项流动性溢价,也就是

$$i_{nt} = \frac{i_t + i_{t+1}^e + i_{t+2}^e + \cdots + i_{t+n-1}^e}{n} + l_{nt}$$

其中,l_{nt}为时间 t 上 n 期债券的流动性溢价。

对于偏好短期债券的人们而言,流动性溢价是正值。而对于偏好长期债券的人们而言,流动性溢价则是负值。由于一般而言长期债券对于利率更加敏感,风险更大,所以流动性溢价通常是为正的。

回忆我们在讨论预期理论时的分析,它在这里同样适用。上面的式子反映了长期利率和短期利率的联动关系,解释了利率期限结构的第一个现实特征。同样,通过当期短期利率和预期短期利率之间的联动,也能够解释为什么当短期利率较低时收益率曲线向上倾斜,而短期利率较高时收益率曲线向下倾斜。

优先聚集地理论的一个重要贡献在于,它能够非常合理地解释利率期限结构的第三个现实特征。投资者通常偏好流动性强、利率风险小的短期债券,因此随着债券期限的延长,流动性溢价将会增大。在这种情况下:(1)如果对未来短期利率预期的平均值提高,长期利率将高于短期利率,从而使收益率曲线向上倾斜,并且由于正的流动性溢价的存在,收益率曲线将更加陡峭(图11-12a);(2)如果对未来短期利率预期的平均值不变,由于流动性溢价的存在,长期利率也将高于短期利率,从而收益率曲线向上倾斜(图11-12b);(3)对未来短期利率预期的平均值下降可能会根据下降的程度导致三种不同的结果,即如果预期下降不足以完全抵消流动性溢价则收益率曲线微微向上倾斜(图11-12c1),如果预期下降恰好抵消流动性溢价则收益率曲线保持水平(图11-12c2),如果预期下降程度较大则

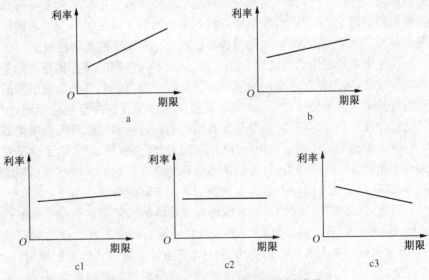

图11-12 优先聚集地理论的收益率曲线

收益率曲线向下倾斜(图 11-12c3)。

我们看到,流动性溢价的存在,使得长期债券利率小于短期债券利率的概率大大减小,从而收益率曲线也更多地向上方倾斜。利用上面的分析思路,也可以反过来通过已知的市场利率期限结构来考察市场对于未来短期利率的预期。

总而言之,优先聚集地理论合理地将预期理论和分割市场理论综合起来,令人信服地解释了利率期限结构的主要现实特征。此外,它还提供了一种根据市场利率期限结构判断市场预期的机制。正是因为这些优点,使得优先聚集地理论成为目前最为流行的利率期限结构理论。

> **重要问题2 主要的利率期限结构理论有哪些,它们的主要观点是什么?**
>
> 主要的利率期限结构理论包括预期理论、分割市场理论和优先聚集地理论。
>
> 预期理论认为长期利率等于债券到期日之前的未来短期利率预期的平均值,而分割市场理论则将各种期限债券的利率决定视为各种债券市场供求的结果。
>
> 为了弥补上面两种理论在解释利率期限结构现实特征方面的不足,优先聚集地理论将它们进行了综合。该理论认为长期利率等于债券到期之前未来短期利率预期的均值加上流动性溢价。这种理论也使我们可以从收益率曲线中获知市场对未来短期利率走势的预期。

本章小结

利率是对于金融债务(信贷、债权等)所支付的利息占债务本金额的比率,它是衡量利息高低的指标,也是货币的时间价值的具体表现。根据不同的标准,利率可以进行不同的分类。

利率在微观层面能够促使资金利用效率的提高并影响家庭和个人的投资决策,而在宏观层面则起着促进资本积累、调节信用规模、抑制通货膨胀、调整国民经济结构和平衡国际收支的作用。

古典利率理论的理论核心在于储蓄和投资共同决定实际利率,并且利率具有自发调节经济失衡的作用。

凯恩斯的流动性偏好利率理论认为,利息是对人们放弃流动性追求收益性的补偿,而利率则是衡量人们的流动性偏好的指标。利率是一种纯粹的货币现象,它决定于人们意愿持有的货币量与现实中的货币存量相等,也就是货币需求等于货币供给之时。利率水平的失衡会通过人们对于货币和债券的选择来自发地进行调整。

可贷资金利率理论将利息视作是借贷资金的代价，因此，利率应当由可用于贷放的资金的供求来决定。可贷资金的需求主要包括投资和货币的窖藏，而供给主要来源于储蓄、货币供给增加额和货币的反窖藏。可贷资金市场的供求达到平衡时，均衡的利率水平也就随之确定。

IS-LM 模型认为，应当以投资需求函数、储蓄函数、流动性偏好函数和货币供给为基础，借鉴流动性偏好利率理论和可贷资金利率理论，综合考察商品市场和货币市场的均衡情况，考察收入和利率的相互决定关系。

利率的风险结构就是指期限相同的不同风险的信用工具（主要指债券）利率之间的关系，它主要受三个因素的影响，即违约风险、流动性风险和税收。在其他条件不变的情况下，违约风险越大，或者流动性风险越大，又或者利息税率越高，信用工具的利率则越高。

利率期限结构理论主要包括预期理论、分割市场理论和优先聚集地理论。预期理论认为长期利率等于债券到期日之前的未来短期利率预期的平均值，而分割市场理论则将各种期限债券的利率决定视为各种债券市场供求的结果。优先聚集地理论将它们进行了综合，认为长期利率等于债券到期之前未来短期利率预期的均值加上流动性溢价。

复习思考题

1. 利率和收益率有什么区别和联系？
2. 现实中影响利率发挥其作用的因素有哪些？
3. 主要的利率决定理论有哪些，它们的核心观点是什么？
4. 为什么利率会呈现出顺周期的特征？运用流动性偏好理论和可贷资金理论来进行解释。
5. 债券风险增加对利率将产生什么样的影响？运用流动性偏好理论和可贷资金理论分析的结果相同吗？
6. 影响利率风险结构的因素是什么？
7. 长期以来，我国的国债利率一直高于同期银行存款利率，试从利率风险结构角度来分析这一现象。

网络学习导引

登录中国债券信息网 www.chinabond.com.cn。

1. 点击进入"债市分析"，观察各类债券利率变动趋势及债券市场分析报告，讨论一下是哪些因素影响了利率的变动；
2. 点击进入"中国债券收益率曲线"。

观察债券收益率曲线，了解它的绘制方法，并运用我们所学过的利率决定理论分析利率的期限结构。

讨论课题

1. 哪一种利率决定理论更贴近现实？我国的利率能够依据这些理论

来决定吗，为什么？

2. 中国的利率市场化开展得如何？在这过程中出现了什么问题，应当如何解决？

第十二章

通货膨胀和通货紧缩

学习目标
- 认识物价水平和通货膨胀、通货紧缩
- 了解通货膨胀的形成原因和影响,以及如何治理通货膨胀
- 了解通货紧缩的形成原因和影响,以及如何治理通货紧缩

基本概念

物价水平　通货膨胀　总需求—总供给模型　需求拉上论　成本推进论　结构论　菲利普斯曲线　通货紧缩

参考资料
- 《中国统计年鉴》中的物价指数
- 历史上著名的恶性通货膨胀
- 日本的通货紧缩
- 我国历史上的通货膨胀及其治理
- 我国1997—1999年的通货紧缩

物价水平在经济中居于一个很重要的地位,这是因为物价水平的波动不仅对一国的经济,甚至对政治和社会生活都将产生巨大的影响。物价水平波动的两种具体表现是通货膨胀和通货紧缩,它们代表了物价水平变动的两个方向。在这一章里,我们将从对物价水平的基本认识出发,学习通货膨胀与通货紧缩的相关知识。

第一节 认识通货膨胀和通货紧缩

重要问题
1. 物价水平是什么,它的衡量标准主要有哪些?
2. 什么是通货膨胀和通货紧缩?

要理解什么是通货膨胀和通货紧缩,首先我们应该弄明白什么是物价水平,因为通货膨胀和通货紧缩说到底就是物价水平的变动。并且,不同的物价水平指标也就是通货膨胀和通货紧缩不同的衡量标准。

一、物价水平

所谓物价水平,也称一般价格水平,是指整个社会所有商品和服务的价格总水平。在现实生活中,人们并不会去计算全部商品和服务的绝对价格水平,而通常用价格指数来反映物价水平。价格指数一般都是相对值,计算公式为

$$价格指数 = \frac{特定商品和劳务的当期价格}{相同商品和劳务的基期价格} \times 100$$

☞**物价水平**
整个社会所有商品和服务的价格总水平。

因此,人们关注的往往不是绝对物价水平,而是相对物价水平的变动。我们可以在任何一本《中国统计年鉴》中发现形形色色的价格指数,但是从世界各国的实践来看,用来反映一般价格水平的指数主要有三种:消费价格指数、批发物价指数和国民生产总值平减指数。

1. 消费者价格指数

消费者价格指数(consumer price index,CPI)是根据家庭消费的代表性商品和劳务的价格变动状况来编制的。它是与人们的日常生活关系最为密切的物价指数,反映了与人们生活直接相关的衣服、食品、住房、水、电、交通、医疗、教育等等商品和劳务价格的变动。这一指数的主要优点是资料比较容易搜集,便于及时公布,能够综合并且迅速地反映人们生活消费的物价趋势;缺点则是包含的商品和劳务范围较为狭窄,不能够反映资本品和中间品的价格变动情况。

☞**消费者价格指数**
根据家庭消费的代表性商品和劳务的价格变动状况来编制的价格指数。

2. 批发价格指数

批发价格指数 根据企业所购买商品的价格变化状况编制的价格指数。

批发价格指数(wholesale price index, WPI)是从生产者角度出发,根据企业所购买商品的价格变化状况编制的。它反映了包括原材料、中间产品和最终产品在内的各种商品批发价格的变化,所以又称为生产者价格指数(producer price index)。它反映了生产者的成本变化,并且通过生产者成本对最终消费品价格的影响,预示着消费者价格指数的变动方向。它的缺点则在于无法涵盖所有的劳务价格变动,并且对人们的生活没有直接影响。

3. 国民生产总值平减指数

国民生产总值平减指数 按照现行价格指数计算的国民生产总值与按不变价格计算的国民生产总值的比率。

国民生产总值平减指数(GNP deflator)是按照现行价格指数计算的国民生产总值与按不变价格计算的国民生产总值的比率。它是一个涵盖面非常广的价格水平指标,不仅包括消费品和劳务,还纳入了资本品和进出口商品等,因此能够较为全面地反映一国的整体价格水平变化。然而,由于编制这个指数需要大量的数据,因此它无法经常性地公布,通常一年只能公布一次或两次。

很多时候,国民生产总值平减指数可以用国内生产总值平减指数(GDP deflator)来代替。

参考资料　《中国统计年鉴》中的物价指数

当我们打开一本《中国统计年鉴》,翻到"物价指数"这一章时,我们会发现,中国的统计部门所公布的物价指数主要为这样几种:

(1) 商品零售价格指数(retail price index)　反映一定时期内城乡商品零售价格变动。商品零售物价的变动直接影响到城乡居民的生活支出和国家的财政收入,影响居民购买力和市场供需的平衡,影响到消费与积累的比例关系。因此,该指数可以从一个侧面对上述经济活动进行观察和分析。

(2) 居民消费价格指数(CPI)　反映一定时期内城乡居民所购买的生活消费品价格和服务项目价格变动,是对城市居民消费价格指数和农村居民消费价格指数进行综合汇总计算的结果。

(3) 工业品出厂价格指数(ex-factory price indices of industrial products)　反映一定时期内全部工业产品出厂价格总水平变动,包括工业企业售给本企业以外所有单位的各种产品和直接售给居民用于生活消费的产品。

(4) 原材料、燃料、动力购进价格指数(purchasing price indices of raw material, fuel and power)　反映一定时期内全部企业购买原材料、燃料或动力价格变动。

(5) 固定资产投资价格指数(investment in fixed assets price index)　反映一定时期内固定资产投资品及项目的价格变动。

（6）房地产价格指数（price indices of real estate） 反映一定时期内房地产价格变动，包括房屋销售价格指数、房屋租赁价格指数和土地交易价格指数。

重要问题1 物价水平是什么，它的衡量标准主要有哪些？

物价水平，也称一般价格水平，是指整个社会所有商品和服务的价格总水平。在现实生活中，人们通常用价格指数来反映物价水平。

反映一般价格水平的指数主要有三种：消费价格指数、批发物价指数和国民生产总值平减指数。

二、物价水平的波动：通货膨胀与通货紧缩

现在我们来认识一下本章的两个主角——通货膨胀和通货紧缩。事实上，它们无非就是物价水平变动的两个方向。

1. 什么是通货膨胀？

通货膨胀（inflation）简称通胀，是我们非常熟悉的一个名词。虽然学术界对于通货膨胀的定义存在很大分歧，但是普遍性的观点认为，通货膨胀就是一般价格水平的持续显著上涨。衡量通货膨胀的指标是通货膨胀率，它是一定时期内一般价格水平上涨的百分比。

理解通货膨胀的概念必须注意以下几点：(1)"一般"。通货膨胀指的是一般价格水平的上涨，局部的物价上涨并不是通货膨胀，而当通货膨胀发生时也并不意味着不存在局部的物价下跌。例如，当我们在考虑是否应该给自己的电脑加一条内存时，可能会发现数码广场里内存条的价格正在一路飙升，但如果这种涨价只发生在内存上，而硬盘的价格却在下降的话，我们并不能说它是通货膨胀。(2)"持续"。季节性、暂时性或偶然性的价格水平上升也不能算作是通货膨胀。例如，洪涝灾害导致的粮食歉收会导致农产品价格普遍上涨，进一步带动一般价格水平暂时上升，这就不能算是通货膨胀，因为来年农产品价格又会恢复正常。只有一般价格水平呈现出长期的上升趋势才能称之为通货膨胀。(3)"显著"。轻微的价格波动并不是通货膨胀，只有物价水平发生幅度较为明显的上涨，才能称为通货膨胀。

依据不同的标准，通货膨胀可以进行不同的划分。

按照市场机制是否发挥作用，可以分为显性通货膨胀（evident inflation）和隐性通货膨胀（hidden inflation）。显性通货膨胀是指一般物价水平持续显著上升，隐性通货膨胀则是指货币工资水平没有下降，物价总水平也没有提高，但是人们的实际消费水平下降的现象。隐性通货膨胀

☞ **通货膨胀**
一般价格水平的持续显著上涨。

在实行计划经济体制的国家出现较多,苏联、东欧和我国都曾经出现过这样的通货膨胀。

按照价格上涨的速度,可以分为爬行式通货膨胀(creeping inflation)、温和式通货膨胀(moderate inflation)、奔腾式通货膨胀(runaway inflation)和恶性通货膨胀(hyperinflation)。事实上,关于这四种通货膨胀并没有一个严格的界定,通常认为,爬行式通货膨胀是指年通货膨胀率不超过2%—3%;温和式通货膨胀的通货膨胀率高于爬行式通货膨胀,通常小于10%;奔腾式通货膨胀是指通货膨胀率在10%和100%之间,且发展较快的通货膨胀;恶性通货膨胀则是物价水平最为猛烈的上升,一般而言年通货膨胀率在100%以上,并且有不断加速的趋势。

按照人们是否存在预期,可以分为预期通货膨胀和非预期通货膨胀。顾名思义,预期通货膨胀是指人们预期到通货膨胀的发生,并且由于采取补偿性措施而引发的物价上升;非预期性通货膨胀则是指人们没有预期到的通货膨胀。

按照对价格影响的差别,可以分为平衡的通货膨胀和非平衡的通货膨胀。前者是指各种商品和劳务的价格水平按相同幅度上涨,而后者则指不同商品和劳务水平的价格上升的幅度并不一致。

按照通货膨胀的成因,可以分为需求拉上型通货膨胀(demand-pull inflation)、成本推进型通货膨胀(cost-push inflation)、供求混合推动型通货膨胀和结构性通货膨胀(structural inflation)。关于通货膨胀的形成原因,我们留到下一节进行详细分析。

 参考资料　历史上著名的恶性通货膨胀

从公元2世纪中叶最早记载的物价上涨开始,通货膨胀已经有1 850多年的历史了。历史上的通货膨胀中,大部分是较为缓和的物价上涨,并且间隔周期长,危害较小。然而,当出现重大事件如战争、革命和自然灾害等的时候,也有可能爆发严重的通货膨胀。

下面我们来看看最为典型的两次恶性通货膨胀,它们分别发生在第一次世界大战之后的德国和第二次世界大战之后的匈牙利。

1. 德国一战后的恶性通货膨胀

德国在一战期间靠借债维持军费开支,战败后又负担了巨额的战争赔款,因此到1918年已经不得不靠印发纸币来维持政权。通过信贷扩张,德意志银行的货币发行量从1922年1月的58 070亿纸马克增至1923年12月的202 232 341 000 000万亿纸马克,全国30家造纸厂生产印钞用纸,约100多家印刷厂全力印制马克纸币。随着货币的面值越来越大,物价攀升的幅度也达到了令人咋舌的地步。1910年至1923年间,德国的年均通胀率为1 174%,40种基本商品的

> 批发价格指数上升了约14 200亿倍。马克的急剧贬值使美元兑马克的汇价从1914年7月的1∶4变为1923年11月的1∶4 200 100 000 000。针对这种恶性通胀,政府于1923年10月以1∶1万亿的比率用新马克取代了旧马克,1924年8月政府又宣布以1∶1的比价用德国马克取代新马克,完成了从恶性通货膨胀到价格稳定的过渡。
>
> **2. 匈牙利二战后的恶性通货膨胀**
>
> 第二次世界大战后的匈牙利政府面对被毁的家园和崩溃的经济,也求助于印刷纸币来筹集预算资金。由于政府错误地实施了货币价格指数化的政策,把记账货币变为全能货币使用,致使纸币的印刷严重失控,货币发行量从1946年1月底的164.6万彭格增至1946年7月底的17 300 000万亿彭格。恶性通货膨胀造成了物价飞涨,以至于在1946年7月物价上涨的速度要以小时来计算。从1945年7月到1946年7月,匈牙利的物价指数上升了$399\,623\times10^{22}$倍。货币贬值使货币流通速度进一步加快,并增加了通货膨胀的预期和汇率的贬值。为了遏制通胀,匈牙利政府进行了货币改革和物价管制。1946年8月,新的货币体系建立,福林以$1∶400\times10^{27}$的比率取代了彭格,匈牙利的通货膨胀和物价上涨得到了控制。
>
> 除此之外,历史上的较为典型的恶性通胀还有:美国独立战争期间的恶性通胀、法国大革命期间的恶性通胀、美国南北战争期间的通胀、俄国一战后的恶性通货膨胀、中国解放前国民党统治区的恶性通胀、二战后的德国和日本等国的恶性通胀等等。这些恶性通胀大都与战争、动乱和自然灾害有关,但引发通胀的直接根源都是政府为了维持统治、支付战争费用或弥补财政赤字而滥发货币。

2. 什么是通货紧缩?

在认识了通货膨胀之后,我们也就不难理解通货紧缩的概念了。通货紧缩(deflation)简称通缩,是与通货膨胀相对立的概念。通常意义上的通货紧缩是指一般价格水平的持续下降或币值不断上升的现象。和理解通货膨胀概念时相同,我们仍然需要注意其中的几个关键词:(1)"一般"。这里考察的仍然是一般价格水平,也就是说,局部的价格下跌不能认为是通货紧缩。(2)"持续"。由于人们偏好变化、季节性因素或偶然性因素所导致的物价水平短暂下跌不能称为通货紧缩,只有物价呈现长期的持续下降趋势时,才能算作通货紧缩。(3)"币值"。通货紧缩是一个货币现象,因为价格是价值的货币表现,它可以看作是商品与劳务的价值与货币价值的相对值。因此,货币价值的上升就意味着一般价格水平的下降,两者只是同一问题的不同表述。

事实上,对于什么是通货紧缩,学术界也并没有达成共识。在对这个问题的认识上,分为了"单一标准"和"多重标准"两种观点。

通货紧缩
一般价格水平的持续下降或币值不断上升的现象。

"单一标准"认为通货紧缩应当仅仅以物价水平的变动作为标准,而不应当考虑过多的因素。莱德勒在《新帕尔格雷夫财政金融大辞典》中对通货紧缩的定义是"一种与通货膨胀相对应的价格下降和货币升值的过程";托宾在《经济学百科全书》中将通货紧缩解释为"一种货币现象,即每单位货币的商品价值和商品成本的上升";萨缪尔森在《经济学》(第16版)中认为"通货紧缩是指物价总水平的持续下跌";斯宾塞在《当代经济学》中将通货紧缩定义为"所有商品和服务的一般价格水平的下降,或者说是单位货币购买力的上升";另外,斯蒂格利茨、巴罗、布兰查德、戈登、雷诺兹等经济学家都在各自的著作中将通货紧缩定义为一般物价水平的持续下跌。由此可见,"单一标准"是西方经济学的主流观点(我们上面的定义也采用了"单一标准"的观点)。

"多重标准"则是指通货紧缩不仅包括物价总水平的持续下降,还包括货币供应量的持续下降、经济增长的持续放缓或衰退。这种观点容易混淆通货紧缩的原因和后果,并且不适用于对实际经济状况的判断,因此它的支持者并不是很多。

通货紧缩按照程度的不同,可以分为轻度通货紧缩、中度通货紧缩和严重通货紧缩。通货膨胀率持续下降,从正值变为负值,这可以称为轻度通货紧缩;当这种负通胀率持续一年以上时,形成中度通货紧缩;中度通货紧缩持续两年以上,或者物价下降的幅度超过10%,则成为了严重通货紧缩。

通货紧缩按照持续时间的长短则可以分为短期通货紧缩和长期通货紧缩。对于短期和长期的界定并没有明确的说法,通常可以把5年以下的通货紧缩认为是短期性的,而5年乃至10年以上的通货紧缩则为长期性的。

 参考资料　日本的通货紧缩

日本在经历了1986—1990年高度繁荣的"平成景气"时期后,经济泡沫在20世纪90年代初期破灭,日本的经济增长进入低潮。从1991年开始,日本的通货膨胀率持续下降,到1995年通胀率已降为负值。政府的扩张性政策使得经济增长在1996和1997两年有所恢复,但是1998年开始经济增长再度陷入停滞,到2003年为止通胀率仍然没有摆脱负增长(见图12-1)。

一般认为,两次通货紧缩的形成原因并不相同。1991—1995年的通货紧缩主要是三个因素导致的:(1)经济周期循环;(2)80年代后期政府未能有效控制经济过热和泡沫成分的膨胀;(3)泡沫经济破灭直接导致居民消费增长减缓。另外,日元的持续升值也加大了通货紧缩压力。

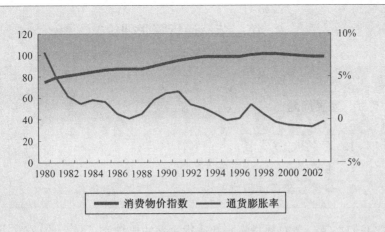

图 12-1　1948—2003 年日本消费物价指数变动情况
（2000 年＝100）

而 1998—1999 年通货紧缩则主要是由于政策性紧缩因素和金融机构不良资产因素导致的，这是日本自 20 世纪 60 年代以来最严重的一次经济危机。具体来说，主要是由于：（1）1996—1997 年上半年的经济回升主要是政府投资带动的结果，泡沫经济破灭带来的深层次矛盾并没有得到根本解决；（2）政府实施了上调消费税和调低财政支出增长率的紧缩性政策；（3）1995—1998 年期间日元的连续贬值导致进口商品价格下降，进而带动综合物价下降；（4）不良资产问题的恶化对经济产生了严重的收缩效应。

重要问题 2　什么是通货膨胀和通货紧缩？

通货膨胀就是一般价格水平的持续显著上涨。通货膨胀按照市场机制是否发挥作用，可以分为显性通货膨胀和隐性通货膨胀；按照价格上涨的速度，可以分为爬行式通货膨胀、温和式通货膨胀、奔腾式通货膨胀和恶性通货膨胀；按照人们是否存在预期，可以分为预期通货膨胀和非预期通货膨胀；按照通货膨胀的成因，可以分为需求拉上型通货膨胀、成本推进型通货膨胀和结构性通货膨胀。

通货紧缩是指一般价格水平的持续下降或币值不断上升的现象。通货紧缩按照程度的不同，可以分为轻度通货紧缩、中度通货紧缩和严重通货紧缩；按照持续时间的长短则可以分为短期通货紧缩和长期通货紧缩。

第二节　通货膨胀理论

重要问题

1. 通货膨胀是怎样形成的？
2. 通货膨胀的影响有哪些？
3. 如何治理通货膨胀？

我们在第一节对通货膨胀和通货紧缩的概念有了初步的理解，下面我们先来了解通货膨胀的一些相关理论，下一节我们将考察通货紧缩的相关理论。

一、通货膨胀的形成原因

我们曾经提到过，通货膨胀按照成因可以划分为需求拉上型、供给推进型、供求混合推动型和结构性通货膨胀。这四种类型的通货膨胀其实各代表了一种有关通货膨胀形成机制的理论。

在介绍这几种主要理论之前，让我们来认识一种重要的分析工具——总需求—总供给模型，在下面的分析中我们将频繁地使用它。总需求—总供给模型有两条曲线组成，它们是总需求曲线（aggregate demand curve，AD）和总供给曲线（aggregate supply curve，AS）。总需求曲线描述物价水平与总需求量之间的关系，总供给曲线则描述物价水平与总供给量之间的关系。一般而言，物价水平同总需求负相关，而同总供给正相关。因此，总需求曲线向右下方倾斜，而总供给曲线向右上方倾斜，两者的交点即为均衡点，在这一点上物价水平和总产出达到均衡（如图12-2）。

☞ **总需求曲线**
描述物价水平与总需求量之间关系的曲线。

☞ **总供给曲线**
描述物价水平与总供给量之间关系的曲线。

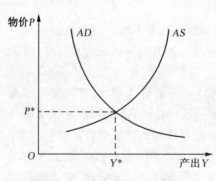

图12-2　总需求—总供给模型

总需求—总供给模型在我们研究物价和产出的关系时具有非常重要的作用。当我们考察物价水平的变动时，很容易把它同总需求曲线和总供给曲线的变动联系起来。事实上，在我们即将考察的几种通货膨胀成因理论中，"需求拉上"、"供给推进"和"供求混合推动"都是基于总需求和总供给的分析，它们的区别仅在于侧重点不同。

1. 需求拉上论

需求拉上论主要是从总需求的角度来考察通货膨胀的形成原因，它认为通货膨胀是由于总需求超过总产出所引起的。需求拉上论是一种较为"古老"的理论。20世纪50年代中期之前,它在该领域内占据着绝对的统治地位。

一般意义上的需求拉上型通货膨胀可以用图12-3来表示。如图,当总需求从 AD_1 增加到 AD_2 时,在总供给曲线不变的情况下,物价水平从 P_1 上升到 P_2。

☞ **需求拉上论**
认为通货膨胀是由于总需求超过总产出所引起的。

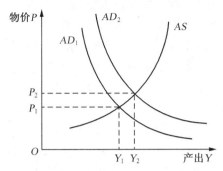

图 12-3　需求拉上型通货膨胀

2. 成本推进论

与需求拉上论相反,成本推进论主要是从总供给的角度来分析通货膨胀的成因。这种理论假设厂商对他们的产品采用成本加成定价法,即商品的价格等于生产成本加上既定的利润额。因此,厂商生产成本的普遍上升将导致总供给曲线向上移动,在总需求不变的情况下,一般价格水平将上涨。如图12-4,当总供给曲线从 AS_1 上移到 AS_2 乃至 AS_3 时,物价水平将随之上升。

☞ **成本推进论**
认为通货膨胀主要来源于货币工资增长所导致的生产成本增加和垄断利润等供给面因素。

成本推进型通货膨胀主要来源于工人货币工资增长所导致的生产成本增加。这是以强大的工会的存在为前提的,也就是说,劳动力市场并非是完全竞争,而是卖方拥有垄断权的。通常情况下,工会为了维护工人的利益,同企业协商制定的工资水平将会高于完全竞争条件下劳动力供需均衡时的工资水平,从而货币工资的增长率会超过劳动生产率提高的速度。于是,企业为了弥补过高的劳动力成本,将提高产品的价格以维持利润。因此,工资的增长导致一般价格水平的上涨,而一般价格水平的上涨又会使得工会为工人要求更高的工资……这就是所谓的"工资—价格螺旋"(wage-price spiral)。正如我们前面所提到的,预期因素也可能会导致"工资—价格螺旋",进而加剧成本推进型通货膨胀的程度。

除了工资成本之外,原材料成本、间接成本等其他成本的增加也会导致总供给曲线的向上移动,进而可能促使通货膨胀的发生。

另一个推进通货膨胀的供给面因素是垄断利润。现实中完全竞争的商品市场是不存在的,一些具有垄断力量的企业会为了获得垄断利润而提高商品价格,使得价格上涨速度超过成本支出增加的速度,这种行为可能会带动其他商品价格一同上涨,进而导致通货膨胀的危险。

成本推动论的目的在于揭示,即使没有需求面因素的作用,通货膨胀仍然可能发生。正因为如此,这个理论是以总需求不变作为前提的,从而专注地考察供给方因素对物价水平的影响。而从图12-4我们看到,在总需求不变的情况下,物价水平上涨时,要达到总供给与总需求均衡,实际产出必然会下降,相应地,失业率会提高。因此,这种均衡是一种非充分就业的均衡,这一点同需求拉上论有很大区别。

由此看来,成本推动论确实较好地解释了需求拉上论所无能为力的"滞胀"现象(即通货膨胀与高失业率并存)。但是,不论是需求拉上论还是成本推进论,都只是从总需求或总供给中的一个方面进行分析。因而有些学者提出,应当从总需求和总供给两个方面以及两者的相互关系中探索通货膨胀的内在原因,这就形成了通货膨胀的"供求混合推动理论"。这一理论实际上就是需求拉上论和成本推进论的综合,在分析方法上也并没有什么明显的区别。

另一方面,需求拉上论和成本推进论在解释一些国家的长期通货膨胀方面不具有充分的说服力,这促使经济学家们寻找总需求和总供给之外的原因,由此诞生了又一种新的解释通货膨胀成因的理论,即结构性通货膨胀论。

3. 结构性通货膨胀论

☞ **结构性通货膨胀论**
认为通货膨胀来源于一国经济结构的变化。

结构性通货膨胀论从一国经济结构的角度寻找通货膨胀的原因。这种理论认为,即使是在总需求和总供给处于均衡状态时,一国经济结构的变化也可能会导致通货膨胀,也就是我们所说的结构性通货膨胀。结构性通货膨胀论中包含了一系列有所差异的观点,主要的有需求转移论、不平衡增长模型、劳动供给论和北欧模型等。

重要问题1　通货膨胀是怎样形成的?

关于通货膨胀形成原因的解释主要有三种:(1)需求拉上论。其中凯恩斯认为当总产出处于充分就业状态时,总需求的过度增长会导致物价上涨,而产出并不会增长。而货币学派则把通货膨胀看成是纯粹的货币现象,货币供给的增加是通货膨胀的根源。(2)成本推进论。该理论认为是生产成本的变动导致了总供给曲线的上移,从而在物价上升的同时产出下降,也就是"滞胀"现象的形成原因。(3)结构性通货膨胀论。

二、通货膨胀的影响

通货膨胀对社会经济的影响主要体现在它对于产出、就业和财富再分配的作用上。

1. 通货膨胀与产出

几乎没有人会喜欢通货膨胀,但通胀率为零的经济繁荣也是基本上不存在的。因此为了经济增长,我们必须能够忍耐一定限度以下的通货膨胀。事实上,关于通货膨胀对产出的影响到底如何,并没有一种统一的意见。主要的观点有三种：促进论,促退论和中性论。

(1) 促进论。支持促进论的学者大多遵循凯恩斯有效需求分析的传统,认为现实经济中通常存在有效需求不足的问题,这使得实际产出低于潜在的产出,因此,实施扩张性宏观经济政策能够在使物价水平上升的同时有效地促进产出的增长。

首先,通货膨胀的直接表现是国家过量发行货币。这部分过剩的货币成为政府的收入,在经过政府购买之后进入流通领域。这时,通货膨胀已使得到达公众手中的货币实际购买力下降,这部分隐性的损失由政府获得,用于投资。因此,通货膨胀实质上相当于政府对公众的一种隐含的强制税收,即通常所说的"通货膨胀税"。只要政府支出增加大于民间消费或投资的减少,那么通过乘数的作用,产出就将更大幅度地上升。

其次,通货膨胀的初期,人们通常会存在一种"货币幻觉"(money illusion),即忽视货币购买力的变化,而仅仅满足于货币名义价值。工人们会把名义工资的增加看成是实际收入的增加,因而愿意提供更多的劳动;而企业会将物价的上涨当作产品价格相对于成本的提高,因而倾向于增加投资,扩大生产规模。因此,经济体中的就业增加,总产出扩张。

最后,通货膨胀使得货币的实际购买力下降,因此人们不愿意持有过多的现金,而增加当期消费或对实物资产的需求,这分别会导致消费和投资的增长,进而带动产出增加。

(2) 促退论。促退论者认为,虽然通货膨胀在初期对产出确实有一定的促进作用,但是从长期来看,通货膨胀不仅不能促进经济增长,反而会降低效率,阻碍经济增长。

首先,虽然通货膨胀在短期内会通过货币实际购买力的下降促使人们增加当期消费和投资,但这会导致人们储蓄倾向的下降。另一方面,通货膨胀也减少了人们的实际可支配收入,削弱了储蓄能力。因此从长期来看,通货膨胀不利于经济的持续发展,因为未来的投资可能会得不到足够的储蓄作为支持,从而生产会出现萎缩。

其次,通货膨胀会影响资本和资源配置的效率。通货膨胀会使得生产周期短的部门获得可观的利润,而生产周期长的部门则面临成本上升,而未来的产品价格并不确定风险。因此,企业的生产将追求短期效益,一部分资本和资源将从经营周期长的产业流向经营周期短的产业,尤其是从生产部门流向非生产部门(因为商业资本和金融资本周转速度更快),这将导致生产资本缩减,生产萎缩,不利于经济的发展。

再次,通货膨胀将增加纳税人的实际税收负担。包括我国在内的许多国家都对收入实行累进的所得税,而通货膨胀会使得纳税人的名义收入增加,则纳税人将不得不承担更高的税率。同时考虑到通货膨胀税的影响,税收因素会影响生产和消费的积极性,不利于经济的长期发展。

最后,通货膨胀会使得市场的不确定性增大,价格信号失灵,增大生产和经营中的风险,从而使投资者不敢贸然进行投资,使得生产得不到资本的支持,制约产出的增长。

(3) 中性论。还有少数经济学家认为,人们会对通货膨胀产生理性的预期,并根据这种预期针对物价的上涨适当地调整自己的行为,从而抵消通货膨胀的各种作用。因此,通货膨胀对产出的增长既没有促进作用,也没有阻碍作用。

关于通货膨胀对经济的作用的争论仍然在继续,但是不少经济学家已经在这样一点上达成了共识,即通货膨胀通常只有可能在开始阶段对经济增长产生一定的促进作用,长期内通货膨胀对于经济的增长则有害无益。

2. 通货膨胀与就业

☞ **菲利普斯曲线**
反映货币工资率变动即通货膨胀率与失业率之间此消彼长关系的曲线。

关于通货膨胀与就业相互关系的最经典论述莫过于菲利普斯曲线(Phillips curve),它是英国经济学家菲利普斯(A. W. Phillips)通过对英国1861年至1957年统计资料进行分析得到的,反映了货币工资率的变动与失业率之间存在的此消彼长的关系。萨缪尔森和索洛等经济学家将菲利普斯曲线的原始形式进行了转换,导出了通货膨胀率与失业率之间的关系。他们的依据是现实中普遍运用的成本加成定价法,这使得产品价格的变动率,也就是通货膨胀率,就等于货币工资的变动率(见图12-5)。

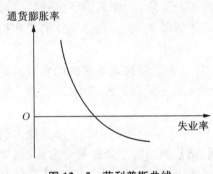

图12-5 菲利普斯曲线

与原来的形式相比,图12-5中的菲利普斯曲线具有更强的现实意义,因为通常政策制定者更加关注通货膨胀率而不是货币工资的变动率。这条曲线表明,在通货膨胀率同失业率之间存在此消彼长的负相关关系。当失业率降低时,通货膨胀加重,而当通货膨胀率降低时,就业将变得更加困难。因此,物价稳定和充分就业这两个宏观经济政策目标是不可能同时达到的,政策制定者必须有所抉择,根据现实的经济状况选择合适的组合。

然而进入20世纪70年代,西方发达国家普遍出现的高通胀、高失业的"滞胀"(stagflation)现象使得菲利普斯曲线受到了严重的挑战,经济学家们为此对菲利普斯曲线进行了进一步的发展,引入了预期等因素的影响,得出了更丰富的结论。

3. 通货膨胀与收入(财富)再分配

通货膨胀除了对产出和就业产生影响之外,还会引起收入(财富)再分配效应,也就是人们的实际收入和财富的相对变化。通常在充分预期的情况下,通货膨胀对收入和财富的再分配效应并不明显,只有在发生非预期的通货膨胀时,通货膨胀的这种影响才更加显著地表现出来。

首先,固定收入者如工薪阶层和依靠养老金、救济金或其他转移支付维持生活的人们会遭受损失,因为通货膨胀使得他们的实际收入减少。而浮动收入者将能够及时调整收入以避免损失,并且如果名义收入的上升先于一般物价水平,那么他们还能够从通货膨胀中得到好处。

其次,债权人遭受损失,而债务人获得好处。这是因为在债务人偿还债务时,货币的实际购买力已经下降了,等额的货币变得更"不值钱"了。这样的结果是,债务人的实际债务负担减轻了,从债权人的损失中获得了利益。例如,去年你向一位朋友借入10 000元钱,购买了一套家具,而今年还钱的时候你发现,相同的家具每一套的价格已经涨到了12 000元。不考虑其他因素,在归还10 000元之后,你会发现从中获得了2 000元的隐含利益。而你那位可怜的朋友本打算去年买一台10 000元的笔记本电脑,但现在发现由于通货膨胀的影响,在你还钱之后,他还必须为相同的电脑支付更多的钱。

再次,在通货膨胀期间,现金、存款、债券等货币财富的实际价值随物价的上涨而下降,而不动产等实物财富以及代表实际财富所有权的股票,其真实价值将随物价的上涨而上升。因此,通货膨胀导致货币财富的持有者遭受损失,实物财富的持有者获得利益。

最后,通货膨胀使得政府成为最大的受益者,因为一方面政府的实际债务负担会由于物价的上升而缩减,另一方面政府可以通过通货膨胀税和累进所得税制从通货膨胀中获得更多的收入。与之相对应,公众尤其是纳税人则成为最大的牺牲者。

重要问题2 通货膨胀的影响有哪些?

通货膨胀对经济的影响从它对产出、就业和收入(财富)再分配的作用中表现出来。

经济学家们并没有就通货膨胀对产出的影响得出一致的观点。有些人持"促进论"观点,认为通货膨胀可以促进产出的增长;有些人持"促退论"观点,即通货膨胀将使得生产萎缩,产出下降;也有些人认为人们的理性预期会抵消通货膨胀的各种效应,从而通货膨胀对于产出没有作用——这是"中性论"的观点。大部分经济学家认为通货膨胀对产出的促进作用只会在初期短暂出现,长期内通货膨胀对产出增长有害无益。

通货膨胀对就业的影响通过菲利普斯曲线表现出来。通货膨胀同失业率之间存在此消彼长的关系,即通货膨胀率的增大会降低失业率。

通货膨胀的收入(财富)再分配效应则主要表现为:(1)固定收入者受损,浮动收入者获利;(2)债权人受损,债务人获利;(3)货币财富持有者受损,实物财富所有者获利;(4)公众受损,政府获利。

三、通货膨胀的治理

上面的分析使我们认识到,通货膨胀对经济的影响是十分复杂的,并且总体而言弊大于利。因此,当通货膨胀出现时,如何治理它就成了政策制定者的一个重要课题。通常用于治理通货膨胀的工具主要有四种,即需求政策、收入政策、供给政策和结构调整政策。

1. 需求政策

对于需求拉上型通货膨胀,由于形成原因来自于总需求的过度增长,因此采取紧缩性的需求调节政策通常会比较有效。具体的措施主要有两种:紧缩性货币政策和紧缩性财政政策。

紧缩性货币政策被认为是比较有效的,因而也是经常被采用的治理通货膨胀的手段。因为正如弗里德曼指出的那样,通货膨胀是一种货币现象,是由于"过多的货币追逐过少的商品"造成的,因此紧缩货币供给量或者减缓货币供给的增长速度,使货币供给增长同经济增长相一致,就成为抑制通货膨胀的有效手段。在第十三章讨论货币政策时我们会发现,这正是货币主义所强调的"单一规则"的货币政策。

另外,提高利率水平也是紧缩性货币政策的重要方面。事实上,提高利率和紧缩货币供给常常是一致的。利率的上升将提高人们的储蓄倾向,减少消费需求,同时也提高了融资成本,抑制了投资需求。

中央银行可以通过各种货币政策工具来实施紧缩性的货币政策,这些工具我们将在第十三章中详细介绍。

紧缩性的财政政策则通常包括增加税收和缩减政府支出(包括政府购买和转移支付)。增加税收和减少转移支付可以减少公众的可支配收入,从而使得消费和投资需求降低;而缩减政府购买则直接抑制了总需求的增长,因为政府购买正是构成总需求的一部分。

2. 收入政策

收入政策又称为工资—物价管制政策,是指政府通过直接干预工资和物价的上涨来抑制通货膨胀,它主要是针对成本推进型通货膨胀采取的政策措施。

3. 供给政策

以拉弗(A. Laffer)为代表的供给学派认为,应当从供给的角度来解决通货膨胀问题。通货膨胀形成的主要原因是有效需求过剩,换一种说法,也就是供给不足。因此,要治理通货膨胀,关键在于扩大生产从而增加供给,而不是一味地紧缩总需求。采用供给政策可以避免单纯依靠紧缩性需求政策所引起的经济衰退。

4. 结构调整政策

前面几种政策都是从总需求—总供给的角度提出的通货膨胀治理措施,因此它们对于需求拉上型和成本推进型通货膨胀具有相对较明显的效果。与之相对应,结构调整政策则是针对结构性通货膨胀提出的治理措施。

考虑到通货膨胀的结构性，一些经济学家认为，应当使各产业部门之间保持相对的平衡，以避免某些产品的供求结构性失衡而导致一般价格水平的上升。为了实现这一点，政府在财政方面可以调整税收和政府支出的结构，在货币方面则可以调整利率结构和信贷结构。

重要问题3　如何治理通货膨胀？

针对通货膨胀的不同形成原因，经济学家们分别提出了相应的治理措施：紧缩性需求调节政策主要适用于需求拉上型通货膨胀，它是通过压缩总需求来降低通货膨胀率，具体的措施为紧缩性货币政策和紧缩性财政政策；收入政策是指政府对工资和物价实施直接干预，从而遏制通货膨胀，它主要针对成本推进型通货膨胀；供给政策从供给的角度出发，认为解决通货膨胀的根本途径在于扩大生产，增加总供给；结构调整政策则是针对结构性通货膨胀，认为应当保持各产业部门之间的相对平衡，防止局部价格的上升引起一般价格水平的上涨。

参考资料　我国历史上的通货膨胀及其治理

新中国成立后的30年间，物价水平总体上比较稳定。"文化大革命"期间，国家采取冻结物价的措施，使我国的价格结构日趋扭曲，1979年以后，不得不对扭曲的价格进行较大规模的调整。改革开放以来物价上涨率较以前明显增大，特别是20世纪80年代中期和90年代前期，我国物价水平上涨较快，曾出现了严重的通货膨胀（见图12-6）。

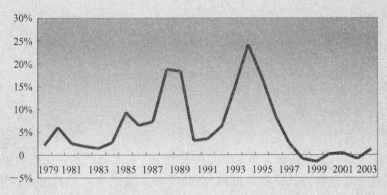

图12-6　1979—2003年我国通货膨胀率变动情况

对于我国通货膨胀的成因,不同的学者有不同的观点:(1)需求拉上。一种是把货币供给增长过快归因于财政赤字,而财政赤字又是由于投资,特别是基础建设投资过大引起的;另一种观点则直接归因于信用膨胀。事实上,两者交错地发生影响。(2)成本推进。一种观点强调工资因素的影响,而另一种观点则认为原材料价格调整也同时发挥作用。但是无论如何,成本的上升都会直接导致企业产品价格的上升。(3)结构说。这种观点认为在总需求和总供给达到均衡时,某些关键产品供求失衡也会引起通货膨胀。中国初级产品的短缺造成其价格不断上涨,成为结构性通货膨胀的主要促成原因。(4)体制说。由于产权关系不明晰,资金运用不承担风险,投资效益很低,而且国有企业缺乏约束机制,即使没有效益也能维持。在这种扭曲的关系下总供给和总需求的增加必然不成比例,需求的过度积累最终带来物价的上升。(5)摩擦说。主要是指在目前特有的情况下,由于国家计划需要的经济结构和过去需要的经济结构不相适应,引起经济摩擦,从而导致通货膨胀。具体的表现是,国家追求高增长,这往往带来消费需求膨胀和价格上涨。

我国对于通货膨胀采取了综合治理的措施,如深化体制改革;压缩过热的基础建设规模;控制消费基金尤其是集团消费的过热增长;调整产业结构,增加有效供给;提高利率以抑制投资和消费需求;在物价上涨较快的时期对储蓄存款提供保值补贴,以稳定存款;中央银行控制信贷规模,提高再贴现率以紧缩货币供给。这些措施使得我国通货膨胀的治理获得了较好的效果。

第三节　通货紧缩理论

重要问题

1. 通货紧缩的形成原因有哪些?
2. 通货紧缩对经济有什么影响?
3. 如何治理通货紧缩?

这一节我们来讨论通货紧缩的相关理论。按照分析通货膨胀的思路,我们将首先探索通货紧缩形成的原因,然后考察通货紧缩对于经济的影响,最后讨论通货紧缩的治理问题。

一、通货紧缩的形成原因

通货紧缩是通货膨胀的对立面,但是我们不能够简单地认为,当导致通货膨胀的因素反向变动时,就会产生通货紧缩。通货紧缩在形成原因上,具有自己的特征。经济学家们对于通货紧缩的形成原因,也提出了一系列理论,我们遵循从实物层面到货币层面,再到其他的思路来理解其中的主要观点。

1. 通货紧缩的形成原因——实物层面的分析

(1) 凯恩斯的有效需求不足论。凯恩斯把通货紧缩归结为有效需求的不足。他认为在封闭经济中,有效需求包括消费、投资和政府开支,它决定了社会的总产出水平。由于在有效需求中,消费较为稳定,因此凯恩斯认为产出的波动主要是由于企业投资的不稳定所导致的。投资需求取决于企业对于利润的预期,因此经济衰退的主要原因在于企业预期利润的下降使得投资的收益减少甚至无利可图。投资的下降将通过乘数效应使得总产出更大幅度地下降。

凯恩斯认为,当投资萎缩、经济衰退时,企业对利润的预期非常悲观,以至于利率对于投资不再具有影响。因此,货币政策对于抑制通货紧缩和经济衰退不会有明显的效果,只有通过扩张性的财政政策才能促进有效需求的增长,促进经济的恢复。

(2) 投资过度论。马克鲁普(Machlup)、罗宾斯(I. Robbins)和斯特利哥(R. Strigl)等经济学家认为,经济繁荣时期没有节制的生产扩张蕴藏了通货紧缩的可能性。在繁荣时期,储蓄的增加会导致消费需求的降低,而促进生产性投资的增长。生产规模的扩大提高了消费品的供给能力,于是消费品的供给增加和需求降低将导致消费品的价格水平下降,从而带动一般价格水平下跌。

(3) 消费不足论。马尔萨斯(T. Malthus)、西斯蒙第(Sismondi)和福斯特(Foster)等经济学家强调消费不足在通货膨胀中的作用,认为无论是货币数量减少、投资过度还是结构失调,引起通货膨胀的起因归根到底是消费量的不足。导致消费不足的原因既可能是过高的储蓄倾向,也可能是收入分配的不平等、人口老龄化和社会保障的恶化等等。

(4) 技术进步论。熊彼特(Schumpeter)认为,技术进步会降低单位商品的成本,或者使产量增加,而这两者都会导致产品价格下降,因此从长期来看,一般价格水平必然有不断下降的趋势。例如,某个企业由于采取了新技术,获得了丰厚的利润,于是其他企业纷纷采取同样的技术以追求高利润,从而导致了在采取新技术的部门出现了过度繁荣。当繁荣过后,部门的生产将出现过剩,从而导致价格水平下降,通货紧缩发生。

(5) 债务—通货紧缩论。费雪在剖析 20 世纪 30 年代美国大萧条的成因时,提出了债务—通货紧缩理论。他认为经济中的创新(新发明、新产业的出现或新资源的开发)导致企业对利润前景充满信心,因而会过度借债。当债权人意识到这一点时,为了其资金的安全,将倾向于债务清算。清算导致企业的销售困难,因此企业将低价抛售产品,使得一般价格水平随之下降。物价的下跌会加重债务人的负担,降低企业的利润,从而使得企业破产风险增大。于是,企业会进一步压低产品的价格,以求获得流动性资金来偿还债务……这种恶性的债务—通货紧缩循环将一直持续到经济体中的过度负债被大规模的企业破产消除为止。

2. 通货紧缩的形成原因——货币层面的分析

货币主义学派强烈反驳了凯恩斯认为货币政策对于刺激经济恢复无效的观点,他们认为货币对于经济活动的重要性是不可忽视的。

弗里德曼把货币存量的大幅度变动看成是一般价格水平大幅度变动的充分必要条件,当货币紧缩时,货币的边际收益上升,人们会将资产更多地以货币形式持有,直到新的资产组合使得各种资产的边际收益率相等。对其他资产需求的减少可能会导致它们的价格下降,并进一步导致通货紧缩。

3. 通货紧缩的形成原因——结构性观点

奥地利学派的米塞斯和哈耶克认为,通货紧缩并不是独立形成的,而是由促成经济萧条的生产结构失调所引起的,是一个派生过程。

米塞斯和哈耶克以维克塞尔的自然利率说作为其分析的理论基础。他们假定经济处于充分就业状态,则银行系统的货币增长将促使市场利率下降至低于自然利率,企业家受到这个错误信号的引导而将投资从消费品转向资本品。这种资本的转移最终会导致消费品的供给出现短缺,从而消费品价格相对于资本品上升。为了使经济恢复均衡,只有提高利率,消除过度投资。

银行体系在通货紧缩的形成中起到了重要的作用。过度投资使得资本品生产部门的预期收益不能实现,银行贷款质量恶化,于是银行体系为了经营的安全性,将收缩信贷,由此导致了通货紧缩的产生。

通过上面一系列理论的分析,我们会发现在现实中,导致通货紧缩的主要原因无非有如下几种:(1)投资和消费的有效需求不足;(2)技术进步和创新;(3)供给结构不合理;(4)紧缩性的宏观经济政策。另外在开放经济中,我们不能够忽视本币汇率对于通货紧缩的影响。

重要问题1　通货紧缩的形成原因有哪些?

经济学家们提出了解释通货紧缩成因的种种理论,从实物层面进行分析的主要有有效需求不足论、投资过度论、消费不足论、技术进步论和债务—通货紧缩论,从货币层面进行分析的主要是货币主义学派,而奥地利学派则从经济结构角度对通货紧缩的成因进行了解释。

总的来说,在现实经济中,导致通货紧缩的主要原因无非有如下几种:(1)投资和消费的有效需求不足;(2)技术进步和创新;(3)供给结构不合理;(4)紧缩性的宏观经济政策。另外在开放经济中,我们不能够忽视本币汇率对于通货紧缩的影响。

二、通货紧缩的影响

对于通货膨胀,人们至少还承认其在短时期内对产出的促进作用,而相比之下通货紧缩更令人们反感。

首先,通货紧缩会抑制消费和投资,导致经济衰退。通货紧缩使得货币的实际购买力增加,面对不断下降的物价,人们总是预期未来的商品价格会更低,因此将推迟消费而增加当期的储蓄。另一方面,物价的下降使得在名义利率不变的条件下,实际利率升高,这增大了投资的成本,制约了企业投资的增长。

其次,通货紧缩容易引起银行业危机。一方面,银行发放的贷款中很大一部分为抵押贷款,而通货紧缩使得抵押资产的价值逐步降低,并且在经济衰退时客户可能会无法提供追加的抵押资产,或是归还贷款。因此,银行贷款资产的质量将下降,经营风险增大。当借款企业大规模地破产时,银行可能会因为过大的资产损失而受到牵连。另一方面,通货紧缩与通货膨胀相反,加重了债务人的负担。持续下降的物价使得企业的盈利水平下降,削弱了贷款者的还款能力,增大银行的经营风险。银行经营环境的恶化会使得公众对银行的信心发生动摇。一旦发生大规模的集中提款,银行将出现严重的流动性危机,甚至倒闭。

重要问题 2　通货紧缩对经济有什么影响?

通货紧缩一方面会抑制消费和投资,导致经济衰退,另一方面则使得银行的资产质量下降,容易引起银行业危机。

三、通货紧缩的治理

通货紧缩是经济健康运行的"顽敌",有时治理通货紧缩比治理通货膨胀更加困难。对于通货紧缩的治理问题,主要集中在需求调节政策上,除此之外还没有较为有效的政策手段。政府通常通过再膨胀政策(reflation policy)来解决通货紧缩问题,使物价水平"膨胀"到合理水平,刺激经济的恢复性增长。具体的政策工具则是扩张性的货币政策和财政政策。

扩张性的货币政策是指中央银行通过多种政策工具增大货币投放量,利用货币供给的扩张促进经济的恢复性增长。它在通货紧缩治理中的一个主要目的是制造公众的通货膨胀预期。因为在公众的心目中,中央银行长期以来一直在同通货膨胀进行着不懈的斗争,于是公众会形成这样一种预期,即任何扩张性的货币政策都是暂时性的,中央银行最终还是会以反通货膨胀作为自己的主要目标。为了治理通货紧缩,货币政策的主要任务就是打破这种"预期陷阱"(expectation trap),使公众产生通货膨胀的预期。

扩张性的财政政策则是指从政府支出的总量和结构两个方面进行调整,促进经济增长。总量方面,政府可以直接通过对基础设施和技术改造的投资增加社会总投资,也可以运用税收工具刺激企业和民间的投资;另外,可以通过转移支付增加居民的收入,拉动消费需求。结构方面,需要对财政支出的结构进行最优化,增大其乘数效应,最大限度地带动民间投资,增加社会总需求。

重要问题3　如何治理通货紧缩?

对通货紧缩的治理主要运用再膨胀政策,使物价水平膨胀到正常水平,刺激经济的恢复性增长。具体的政策工具是扩张性的货币政策和财政政策。扩张性货币政策在通货紧缩治理中的主要目的是制造公众的通货膨胀预期。扩张性财政政策从政府支出的总量和结构两方面进行调整,促进经济恢复。

参考资料　我国 1997—1999 年的通货紧缩

我国在 1997 年至 1999 年间,出现了物价总水平的总体持续下降,消费物价定基指数(1980 年=100)从 1997 年的 337.1 下降到 1999 年的 329.7,被公认为出现了通货紧缩现象。

这次通货紧缩与通常意义上并不完全相同,它的突出特点有:

(1) 它的程度较轻。持续时间两年多,物价水平下降 2%—3%,这与世界历史上发生过的持续时间在二三十年以上,物价下降程度超过两位百分数的通货紧缩相比,程度是比较轻的。

(2) 它具有一定的矫正性。20 世纪 90 年代初的通货膨胀使得价格水平中的"泡沫"成分较多,这次物价总体水平的下降对前期的高通胀和价格泡沫起到了一种矫正作用。

(3) 与它相伴随的不是经济衰退或萧条,而是经济的持续较快增长。在通货紧缩的同时,我国的经济增长率虽然有所下降,但仍保持着 7% 以上的年增长率。

那么,是什么造成了这种特殊的通货紧缩现象呢?

货币层面的原因主要是货币流通速度的下降,这使得实际的货币供应量下降,难以支撑经济的快速增长,导致物价水平下降。

实物层面的主要原因则应当从总需求和总供给两方面分别探讨。

先看总需求方面。首先,1997年金融危机对我国出口的沉重打击导致国外需求下降;其次,国内需求也出现了不足。就投资需求而言,市场体制改革产生的资金约束硬化趋势使得企业的投资决策更加谨慎,出现了"慎借"倾向,而银行则更注重资产安全,出现了"惜贷"现象。这限制了间接融资的渠道,使得投资需求受到了制约。就消费需求而言,一方面,经济结构重组导致的下岗等现象使人们的预期未来支出增大,从而人们倾向于增加储蓄,降低最终消费;另一方面,收入差距的增大也使得全社会平均消费需求降低。

再来看看总供给方面的原因。首先,多年来盲目投资、重复建设所形成的工业生产能力和产品结构性过剩,以及农业连年丰收导致的农产品阶段性过剩使得总供给出现过度增长;其次,多年来粗放式增长形成了低水平的过剩生产力、无效的供给和结构扭曲,使得市场缺乏淘汰机制,企业缺乏创新能力,而得不到及时有效的纠正。这种供给的刚性既限制了需求对供给的导向作用,又限制了供给本身创造需求的空间,加剧了供需的不平衡。

我国政府针对这种紧缩的趋势,实施了一系列的扩张性政策。连续降息的扩张性货币政策被证明效果并不理想,而政府加大财政支出力度以扩大内需的政策则起到了较大的作用。2000年起,这种通货紧缩得到了及时的遏制。

本章小结

物价水平是指整个社会所有商品和服务的价格总水平。现实生活中反映一般价格水平的指数主要有三种:消费价格指数,批发物价指数和国民生产总值平减指数。

通货膨胀是指一般价格水平的持续显著上涨。关于通货膨胀形成原因的解释主要有三种:需求拉上论,成本推进论和结构性通货膨胀论。

通货膨胀对经济的影响从它对产出、就业和收入(财富)再分配的作用中表现出来。就通货膨胀对产出的影响,有些人持"促进论"观点,有些人持"促退论"观点,也有些人持"中性论"的观点。菲利普斯曲线表现出通货膨胀同失业率之间存在此消彼长的关系。通货膨胀的收入(财富)在分配效应则主要表现为:(1) 固定收入者受损,浮动收入者获利;(2) 债权人受损,债务人获利;(3) 货币财富持有者受损,实物财富所有者获利;(4) 公众受损,政府获利。

针对通货膨胀的不同形成原因,经济学家们分别提出了相应的治理措施,主要有紧缩性需求调节政策、收入政策、供给政策和结构调整政策。

通货紧缩则是指一般价格水平的持续下降或币值不断上升的现象。对于通货紧缩的成因,从实物层面进行分析的主要有有效需求不足论、投资过度论、消费不足论、技术进步论和债务—通货紧缩论,从货币层面进行分析的主要是货币主义学派,而奥地利学派则从经济结构角度对通货紧缩的成因进行了解释。

在现实经济中,导致通货紧缩的主要原因有如下几种:(1)投资和消费的有效需求不足;(2)技术进步和创新;(3)供给结构不合理;(4)紧缩性的宏观经济政策。在开放经济中还要考虑本币汇率对于通货紧缩的影响。

通货紧缩一方面会抑制消费和投资,导致经济衰退;另一方面则使得银行的资产质量下降,容易引起银行业危机。对通货紧缩的治理主要运用再膨胀政策,具体的政策工具是扩张性的货币政策和财政政策。

复习思考题

1. 什么是物价水平?衡量一般物价水平的指数有哪些?它们各有什么优缺点?
2. 通货膨胀的成因理论主要有哪些,它们各自有什么优劣?
3. 从理论和实践两方面进行讨论:是否存在零通货膨胀率的经济增长。
4. 当考虑了人们的预期因素之后,菲利普斯曲线会发生怎样的变化?这种变化具有什么样的政策含义?
5. 20世纪90年代我国从通货膨胀突然转入通货紧缩,但同时经济又保持了快速的增长。运用所学的知识对这种现象进行简单的解释。
6. 通货紧缩很可怕吗,是否真的有百害而无一利?
7. 目前关于世界性通货紧缩的争论越来越多,真的会出现这种情况吗?

网络应用

登录中国国家统计局主页:www.stats.gov.cn

点击进入"统计数据>年度统计数据"

1. 检索2002年的物价指数,重点考察全国居民消费价格分类指数,这一指数包括了哪些重要的消费品?
2. 检索1996年到2002年的全国居民消费价格分类指数,这一指数呈什么样的变化趋势?这一指数中的不同类别的消费项目价格变化呈现出什么样的结构特征?

讨论课题

中国未来的物价情况变动趋势如何?谈谈你的推测理由。

第四部分

金融调控管理

由于金融活动对经济的突出影响,以及金融活动自身具有的脆弱性等特征,使得政府需要以各种方式来对金融活动进行管理。在当今世界各国,金融系统的正常运行,金融系统各项功能的有效发挥,都是与政府的干预与管理分不开的,因此政府对金融活动的管理是金融学的重要内容。政府的金融管理活动可以分为三个方面:短期内,通过货币政策来对主要宏观金融变量进行控制,从而达到宏观调控的目的;针对金融系统的脆弱性以及金融危机等问题,为了维持金融稳定而进行金融监管;在长期内,通过金融发展政策,来推动金融深化、金融创新与金融优化,进一步完善金融系统的功能,发挥金融系统对经济发展的促进作用。

第十三章

货币政策

学习目标
- 掌握货币政策目标体系中各类目标之间的关系,以及政策目标的选择
- 掌握主要的货币政策工具,以及它们的优缺点
- 理解主要的货币政策传导机制的运转和货币政策的有效性

基本概念

货币政策 最终目标 中介目标 操作目标 一般性货币政策工具 选择性货币政策工具 货币政策传导机制 货币政策时滞

参考资料
- 中央银行为什么不能同时选择货币供应量和利率?
- 各国货币政策目标的历史演变
- 为什么出现世界范围内的降低法定存款准备金率的现象?
- 中国的货币政策实践

📖 **货币政策**
中央银行通过对货币供应量和利率施加影响以实现特定宏观经济目标所运用的各种措施的总称。

货币政策是指中央银行通过对货币供应量和利率施加影响以实现特定宏观经济目标所运用的各种措施的总称。货币政策是政府进行宏观经济调控的重要内容，一般由中央银行来实施。通过这一章的学习，我们将对货币政策的目标、工具以及传导机制有一个总体的了解。

第一节 货币政策目标

重要问题

1. 为什么货币政策要区分不同层次的目标？
2. 货币政策的最终目标有哪些，它们之间的关系如何？
3. 可供选择的货币政策中介目标有哪些，如何选择？
4. 可用的货币政策操作目标主要有哪些？

一、货币政策目标体系

📖 **货币政策最终目标**
中央银行通过执行货币政策所希望达到的最终目标。

在讨论货币政策问题时，各国中央银行经常会提到四个基本目标：(1) 物价稳定；(2) 充分就业；(3) 经济增长；(4) 国际收支平衡。这些是中央银行通过执行货币政策操作所希望达到的最终目标。

现在中央银行面临的问题是，它无法直接控制这些政策目标。它拥有一系列的工具可以使用，并且这些工具能够在一段时间之后（通常是一年以上）间接地影响到这些目标。然而，中央银行不可能等到这些影响在最终目标上反映出来再对政策进行修正——此时可能已经无法弥补所犯的错误了。因此，中央银行需要在政策工具和最终目标之间选择一系列与最终目标联系密切的变量作为目标，对货币政策的力度和效果进行及时和准确的监控。这些作为监控指标的变量就是我们通常所说的中介目标（intermediate targets），例如货币供应量和利率。

📖 **货币政策中介目标**
中央银行在政策工具和最终目标之间选择的一系列与最终目标联系密切的变量，用以对货币政策的力度和效果进行监控。

然而，这些中介目标也不是中央银行的政策工具所能够直接影响的，因此中央银行又选择另一套被称作操作目标（operating targets）的变量，诸如储备总量（准备金、基础货币等）或利率，作为中介目标的"中介目标"来进行跟踪。这些变量对中央银行政策工具的反应较为敏感，是政策工具的操作能够直接引起变动的指标。

📖 **货币政策操作目标**
中央银行选择的一系列对政策工具反映较为敏感的变量，用来对中介目标进行跟踪。

于是，我们所了解的货币政策目标就分成了三个层次：操作目标、中介目标和最终目标（见图13-1）。中央银行为什么要实施这样的战略呢？这是因为，直接瞄准最终目标难度较大，而操作目标和中介目标能够使中央银行迅速而准确地判断它的政策是否处在正确的轨道上。我们可以举一个类似的例子：在西昌卫星发射中心利用火箭将"神州五号"载人飞船送入太空的过程中，地面控制中心就采用了不同层次的目标。在火箭升空之前,控制中心利用各种工具使火箭的状态调整到最佳(这就是控制中心的"操作目标");当火箭升空之后,控制中心需要实时地监控火箭的轨迹,并及时地调整推进器动力(政策工具),避免其脱离预定轨道(控制中心的"中介目标");最后,"神州五号"脱离火箭,进入预定的地球轨道(控制中心的"最终目标")。

图 13-1 货币政策目标体系

中央银行在执行货币政策时的操作也相类似。中央银行不可能对经济增长率实施直接影响,也无法直接控制物价水平,而只能通过政策工具影响操作目标,进而通过中介目标来监控最终目标的实现情况。事实上,操作目标、中介目标和最终目标,三者的宏观性从弱到强,可控性从强到弱,构成了一个完整的目标体系。归根到底,操作目标和中介目标还是为实现最终目标服务的。

 重要问题 1　为什么货币政策要区分不同层次的目标?

中央银行并不能直接控制货币政策所要实现的最终目标,因为这些目标的宏观性较强而可控性较弱。中央银行政策工具作用到最终目标所需的时间较长,当政策效果在最终目标上反映出来时,已经错过了修正偏差的机会。所以,中央银行有必要选择一系列与最终目标联系紧密的经济变量作为中介目标,以及时对货币政策的效果进行监控,并适时利用工具调整政策。而中介目标也不是中央银行所能直接控制的,因此操作目标作为"中介目标的中介目标"而出现,以跟踪中央银行政策工具对中介目标的作用。三个不同层次的目标构造了货币政策完整的目标体系。

二、货币政策的最终目标

我们已经知道了货币政策的四个最终目标包括物价稳定、充分就业、经济增长、国际收支平衡。下面我们对它们展开进一步的讨论。

1. 物价稳定

物价水平的持续上涨会造成经济中的不确定性,从而使得消费者、企业和政府的决策更加困难,同时也使得资源跨期分配的难度增大。物价不稳定的极端例子是恶性通货膨胀,它的危害性我们已经在第十二章进行了讨论。因此,各国中央银行均把物价稳定作为主要的货币政策目标。

☞物价稳定
在一段时期内总体价格水平相对保持稳定。

我们必须注意的是,物价稳定是指在一段时期内总体价格水平相对保持稳定,这并不意味着每一种商品的价格都是绝对稳定的。整体价格的稳定与个别市场的价格波动并不矛盾,个别市场的供需变化所导致的价格变动是价格机制自动发挥作用的结果,这种价格变动有助于资源的有效分配,提高社会总体福利。所以,货币政策的目标并不是简单地抑制物价水平的上涨,而是维持总体物价水平的相对稳定,它的实质是控制通货膨胀即物价水平普遍、持续和快速的上涨。从各国中央银行的货币政策实践来看,一般将通货膨胀率控制在2%—3%之间。

另一方面,物价稳定的目标也并不意味着通货膨胀率越低越好。当物价水平的增长率下降到零以下,即出现负通货膨胀率时,通货紧缩将随之而来。正如我们已经认识到的那样,通货紧缩将严重影响公众和企业的投资和消费预期,造成一系列严重影响,使得经济增长放缓、停滞甚至衰退。

因此,控制通货膨胀和防止通货紧缩是物价稳定的货币政策目标不可分割的两个方面。

2. 充分就业

较高的失业率会导致社会经济资源的闲置,同时会造成人们生活的困难,增加社会和政治危机出现的可能性。因此,各国政府一般都将充分就业作为货币政策的主要目标之一。然而,究竟怎样才是充分就业呢?是不是指经济中不存在任何失业者呢?

事实上,所谓的充分就业并非指劳动力的失业率为零。充分就业与失业的存在并不矛盾,因为在任何社会中都无法避免两种失业的存在:一种是摩擦性失业(frictional unemployment),即人们在变换工作——通常是寻找更好的工作——的间歇内的暂时性失业;另一种则是完全的自愿性失业,我们不能排除有一部分人宁可不要工作而失业在家或是四处流浪的可能性。因此,我们通常所说的充分就业是指劳动力供需达到均衡的状态,

☞充分就业
劳动力供需达到均衡的状态,这种均衡使得所有愿意就业的劳动者都能在较短的时间内找到适当的工作。

这种均衡使得所有愿意就业的劳动者都能在较短的时间内找到适当的工作(也就是不存在非自愿的失业者),此时存在的失业率称为自然失业率(natural rate of unemployment)。

☞自然失业率
不存在非自愿失业时的失业率。

现在我们面临另一个问题:什么样的失业率才算是自然失业率呢?遗憾的是,对于这一点并没有定论,因为适当的失业率目标必须依据各国特定的经济发展状况来确定。在美国,大多数经济学家认为失业率在5%左右就可以认为是充分就业,对于这个问题的争论仍在继续。

3. 经济增长

经济增长既可以指一国在一定时期内所生产的商品和劳务总量的增加,也可以指一国生产商品和劳务能力的增长。相比而言,后者更加强调增长的长期性和动态效应。

在讨论经济增长时,我们不得不考虑两个因素:首先是经济增长的外部性问题,依靠污染环境或是破坏生态平衡而带来的经济增长,不能算是真正意义上的增长;其次,物价水平的上涨会带来名义经济变量的增长,这样不是经济增长。

事实上,我们通常采用剔除了价格因素的实际国民生产总值(GNP)或国内生产总值(GDP)来衡量经济增长,但是不同的国家处于不同的发展阶段,因此对于具体的经济增长率的选择往往存在很大差异。大多数发展中国家倾向于将目标定位于较高的经济增长率,并且随着宏观经济形势的变化而进行修正。

长期以来,人们对于货币政策能在多大程度上影响经济增长一直存在激烈的争论。目前多数人的看法是,中央银行只能运用手中的政策工具,通过执行适当的货币政策,创造和维持一个适合经济发展的货币金融环境,以此促进经济增长。

4. 国际收支平衡

国际收支(balance of payment)是指一国与他国在一定时期内(通常为一年)各项经济交易的货币价值总和。保持国际收支的平衡对于经济安全和增长具有极为重要的意义,因为无论国际收支是逆差还是顺差,都会给一国经济带来不利的影响。以固定汇率制国家为例,巨额的国际收支逆差使得外汇市场对本币的信心下降,资本外流,外汇储备减少,可能会导致本币大幅贬值,并伴随货币危机的到来。而长期的巨额顺差既使大量的外汇储备闲置,造成资金的浪费,又会影响中央银行货币政策的独立性,使得中央银行为了维持外汇市场平衡而被迫增发本国货币,进而可能造成通货膨胀。因此,中央银行通常会将国际收支平衡作为货币政策的重要目标。当然,相对而言国际收支逆差的危害更大一些,因此正如我们所看到的,中央银行调节国际收支主要是为了减少或消除国际收支逆差。

国际收支
一国与他国在一定时期内(通常为一年)各项经济交易的货币价值总和。

中央银行主要通过货币政策工具的使用,影响利率和汇率,进而对国际收支账户进行调节。

我们所讨论的货币政策最终目标中有很多是相一致的:经济增长为其他目标的实现提供物质基础,物价稳定是经济增长的前提,充分就业可以促进经济增长,国际收支平衡有利于其他目标的实现。然而,我们也不得不面对这样的事实:在各目标之间也存在不少的冲突,这使得中央银行在选择货币政策目标的时候必须有所取舍。

首先,菲利普斯曲线揭示了物价稳定与充分就业之间的矛盾(参考宏观经济学教材),即当失业率下降时,通货膨胀率将上升,两者此消彼长;其次,如果通过扩张性的货币政策来推动经济增长,则货币供应量的增加可能会导致物价水平的上涨,激化物价稳定与经济增长之间的矛盾;再次,保持国际收支平衡的经济增长具有很大的难度,因为经济增长会导致进出口的变化,从而会对国际收支平衡产生不利影响。

由此我们看到，中央银行要在各个目标中进行选择，是多么的艰难。在不同的经济发展阶段，中央银行会根据当时的宏观经济状况和货币金融环境来权衡各目标之间的轻重，并选择适当的目标进行最优组合。

重要问题 2 货币政策的最终目标有哪些，它们之间的关系如何？

货币政策的最终目标有物价稳定、充分就业、经济增长和国际收支平衡四个。

一方面，目标之间存在一致性：经济增长为其他目标的实现提供物质基础，物价稳定是经济增长的前提，充分就业可以促进经济增长，国际收支平衡有利于其他目标的实现。

另一方面，目标之间也存在许多冲突：物价稳定与充分就业和经济增长之间，以及经济增长与国际收支平衡之间均存在不同程度的矛盾。中央银行必须有所取舍，选择目标的最优组合。

三、货币政策的中介目标

1. 中介目标的选择标准

我们已经了解了中介目标对于货币政策的顺利实施所具有的重要意义，那么，怎样选择合适的、性能良好的货币政策中介目标呢？

依据中央银行制定中介目标的动机，可以推导出中央银行选择中介目标的三个主要标准：相关性、可测性和可控性。

(1) 相关性。中央银行选择的中介目标必须与货币政策最终目标有密切的联动关系，这样才能通过调控中介目标促使货币政策最终目标实现。相关性反映了中介目标对最终目标的影响力，更重要的是，中介目标对最终目标的影响力必须是能够计量的，从而能够预测出这种影响力的大小。中央银行不会以证券市场上的某一指数作为中介目标——虽然它可以及时和准确地得到这一指标，因为证券指数与最终目标的实现并没有足够的相关性。

(2) 可测性。不难理解，作为中介目标的变量，必须能够迅速和精确地计算，因为中介目标的有效性正体现在当货币政策偏离"轨道"时它能够比最终目标更快地发出警报。一方面，中央银行应该能够迅速获取这些指标的准确数据；另一方面，这些指标必须有明确的定义，并且方便观察、分析和监测。举例而言，中央银行不会以公众对通货膨胀的预期作为中介目标，因为它根本无法去度量这个抽象的指标。

(3) 可控性。中央银行不会选择自己无法运用货币政策工具进行有效控制的变量作为中介指标，因为如果中央银行不能有效地控制中介指标，那么即使发现其偏离政策目标时也无法把它拉回"轨道"上来。例如,名义变量(名义利率、名义 GDP 等)是不会在央行的考虑范围内的,因为央行无法对它们进行直接控制。可控性也包括中介目标能够抵抗来自外部因素的干扰,如果充当中介目标的指标对外部冲击敏感度较高,则会造成货币政策执行过程中的不确定性增大,从而严重影响货币政策的有效性。

2. 可供选择的中介目标

根据以上所提出的相关性、可测性、可控性和抗干扰性四个条件,结合各国中央银行货币政策的实践,可供选择的中介目标主要有货币供应量和利率。在一定条件下,其他经济变量也可能成为中央银行所选择的中介目标。

(1) 货币供应量。货币供应量作为货币政策中介目标的优点在于:① 货币供应量的变动与经济活动(总产出、就业水平、物价水平等)之间有着密切的联系;② 货币供应量具有较强的可测性,因为无论是 M_1 还是 M_2 都反映在银行体系的资产负债表中(回顾第九章内容);③ 由货币供给方程式看出,在货币乘数稳定的条件下,中央银行能够通过控制基础货币来间接影响货币供应量,并且能够较为有效地抵抗外部冲击。

另一方面,我们也必须看到货币供应量作为中介目标的缺点:中央银行对货币供应量的控制并不是绝对的,货币供给的外生性和内生性问题也使得中央银行在选择货币供应量作为中介目标的时候有了更多顾虑——当货币乘数不可控时,货币供应量的可控性将大大降低。并且,中央银行通过货币政策工具对货币供应量进行调整存在一定的时滞。

我们在第一章讨论了货币供给的层次划分,那么,在 M_0、M_1 和 M_2 中,中央银行应该选择哪一个作为重点目标呢?这主要取决于各国经济的实际情况和金融市场的发展程度。

(2) 利率。另一个重要的中介目标选择是利率,它具有这样的优点:首先,由第十一章的利率决定理论可以发现,利率与总产出之间具有密切的联系,因此中央银行能够通过控制利率来影响投资和储蓄,进而影响经济总量;其次,中央银行几乎能够立即从市场中获得准确的利率数据;最后,中央银行可以通过在债券市场上进行买卖来改变债券的供求,从而对利率施加有力的控制。

当然我们也决不能忽视利率所存在的缺陷。最重要的一点是,中央银行所能够控制的是名义利率,而对经济运行产生实质影响的却是预期实际利率——它等于名义利率减去预期通货膨胀率。而我们并没有直接计量预期因素的手段,因此中央银行对预期实际利率的控制具有很高的难度。另一个不足是,利率对经济活动的影响依赖于市场主体对经济收益变动的敏感度,即货币需求的利率弹性,而货币需求的利率弹性受到很多宏观方面经济因素的影响。

参考资料　中央银行为什么不能同时选择货币供应量和利率？

为什么中央银行不同时选择货币供应量和利率作为中介指标呢？事实上，这两个变量之间存在较大的冲突，同时选择两个目标，可能会使中央银行陷入两难(dilemma)的境地。

首先，我们来看为什么选择货币总量的目标会使得利率失去控制。图13-2是一个货币市场供需图。中央银行预期货币需求曲线位于 Md^*，然而由于产出意外变化或物价水平变动等不确定因素的影响，使得事实上的曲线在 Md_1 和 Md_2 之间波动。如果中央银行确定了货币总量增长的目标，从而将货币供给确定在 M^* 位置，那么中央银行预期利率将为 i^*。然而，Md 事实上的波动将使得利率在 i_1 和 i_2 之间波动。因此，追求货币总量目标意味着利率将无法保持稳定。

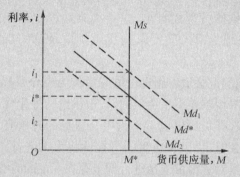

图13-2　以货币供应量为中介目标的结果

图13-3为我们揭示了为什么以利率作为中介目标时无法保持货币供应量的稳定。中央银行通过在债券市场上买进卖出债券来干预利率，但这样的举措会使得基础货币以及货币供应量发生相应的变动。

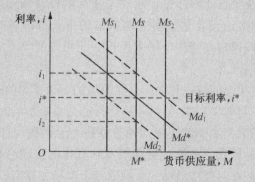

图13-3　以利率为中介目标的结果

> 因此我们得出结论:货币供应量目标和利率目标是互不相容的,中央银行无法兼顾这两个目标。然而,货币供应量和利率指标难以通过选择指标的标准直接进行比较。中央银行一般根据一定时期的经济状况来进行选择:通常情况下当把物价稳定作为主要任务时,往往选择货币供应量,而当以经济增长为核心目标时,中央银行则更多地选择利率作为中介指标。

(3) 其他可作中介目标的指标。除了我们已经分析过的货币供应量和利率,中央银行也可能在一定条件下选择信贷总量和汇率作为货币政策的中介目标。

信贷总量是指银行体系对社会公众和企业的存贷款总额,它与货币供应量有一定程度的相似。选择信贷总量作为货币政策中介目标的中央银行通常所面对的是计划经济体制或是较不发达的金融市场。对于发达的市场经济,信贷总量一般只作为非常时期的特殊手段来使用。

汇率也是一个可以充当中介指标的变量,尤其是在实行钉住汇率制度的国家,汇率可能会成为重要的中介目标。

> **重要问题3** 可供选择的货币政策中介目标有哪些,如何选择?
>
> 通常中央银行选择的货币政策中介目标主要有货币供应量和利率,一定条件下信贷总量和汇率也可能成为中央银行的关注对象。
> 中央银行选择中介目标主要依据三个标准,即相关性、可测性和可控性。

四、货币政策的操作目标

货币政策操作目标的选择是建立在与评价中间目标所使用的相同标准之上的,因为操作目标正是作为中介目标的"中介目标"而存在的。通常,中央银行选择的主要操作目标为准备金和基础货币,货币市场利率也可以作为操作目标运用。

1. 准备金

中央银行可以通过调整法定准备金率直接影响准备金的变动,进而影响中介目标;再贴现率的变动通过告示效应影响市场利率,同时通过再贴现贷款的变化影响商业银行的借入储备;央行还通过债券的买卖影响商业银行的非借入储备,进而影响中介目标。

由此我们看到,中央银行能够有效地运用其政策工具来控制准备金的变动,从而对中介目标施加影响。

我们必须看到,准备金有不同的计量口径:准备金总额、法定准备金、超额准备金、借入储备、非借入储备等。不同的准备金指标的影响是不同的,然而对于具体应当选择哪一个准备金指标作为操作指标还存在分歧。

2. 基础货币

从货币供给方程式中可以看出基础货币对于货币供应量的重要作用,在货币乘数稳定或可控的条件下,中央银行只要控制住了基础货币,就等于是控制住了货币供应总量。

我们知道,基础货币由准备金和流通中的现金组成。作为操作指标,综合考虑两个货币创造基础因素的基础货币比准备金更为有利,尤其是在现金流通比例较高的不发达金融市场中。例如,中央银行通过购买债券来影响货币供应量的效果取决于债券的出售者是把得到的货币留在手中还是存入银行。前者对准备金不会产生影响,而后者则增加准备金总额。但是,无论是哪一种处理方式,对基础货币的影响都是相同的。因此,基础货币相对于准备金具有更强的可控性。

另一方面,中央银行通过控制基础货币对货币供应量产生的作用也不是完全的,还要受到政策工具选择和货币乘数稳定性的影响。

3. 货币市场利率

货币市场利率尤其是银行同业拆借利率也常常被中央银行选为主要的操作目标,但是由于短期利率对经济产生作用存在时滞,并且是顺经济周期的,容易形成货币供给的周期性膨胀和紧缩,因此中央银行一般更多地选择前两个经济变量。

重要问题 4　可用的货币政策操作目标主要有哪些?

中央银行经常考虑的货币政策操作目标为准备金、基础货币或货币市场利率,但是由于三个变量均存在局限性——准备金具有多种口径,基础货币的有效性受制于货币乘数稳定性,货币市场利率作用存在时滞并且顺经济周期,故到底使用哪一个变量作为操作目标,需要结合各国具体经济条件进行选择。

参考资料　各国货币政策目标的历史演变

1. 美国

二战期间,美联储为帮助财政部发行巨额债券以筹集军费,将利率钉在低水平上,这种政策导致了20世纪50年代初美国的通货膨胀。经联储和财政部协商,1951年取消利率钉住。1952年联储被赋予完全的自由来实现其政策目标。50年代到60年代,联储将货币市场状况作为政策目标,主要目标变量为自由储备和短期利率,然而这种顺周期的政策导致日益增多的批评。70年代联储开始将货币总量作为中介目标,然而以联邦基金利率为操作指标的顺周期政策使得美国经历了1972—1973年的过度膨胀和之后两年的过度紧缩。1979年联储放弃联邦基金利率,改用非借入储备作为基本操作目标。但是,事实上联储仍然采用利率作为操作目标的顺周期政策导致了对货币供给控制的软弱无力和高利率水平。1982年联储宣布将货币量关注中心从 M_1 转向 M_2,因为它认为 M_2 更加稳定,但90年代初期,联储又重新回到利率目标上来。

2. 英国

在1973年引入 M_3 作为政策目标以对抗日益加重的通货膨胀,但并未严格实施,导致货币供给变化无常。1983年以后,有关金融创新的争议使得英格兰银行逐步以 M_0 代替 M_3,到1987年 M_3 被彻底摒弃。

3. 德国

德国联邦银行于1975年采取货币目标以对付70年代早期上升的通货膨胀。它采用了一个范围较窄的货币总量,称为"中央银行货币",即银行存款总额乘以1974年法定准备金率再加上流通中货币的总额。1988年,联邦银行将目标由"中央银行货币"转换为 M_3,在保持较低的通胀率方面取得了成功。

4. 日本

20世纪70年代初日本银行开始将注意力集中在货币供应量上,1978年日本银行开始在每季度之初公布 M_2+CDs 的预测,以货币因素作为货币目标的侧重点。日本银行以银行同业市场利率作为每日操作目标,在1978年到1987年期间成功地抑制了通货膨胀,但90年代日本泡沫经济的破灭使得日本陷入了长期的萧条。

第二节　货币政策工具

重要问题

1. 一般性货币政策工具有哪些?
2. 选择性货币政策工具有哪些?
3. 其他的货币政策工具有哪些?

一般性货币政策工具
中央银行从扩张和收缩两个方向调整银行体系的准备金和货币乘数,从而改变货币供应量的一般性货币信用管理。

法定存款准备金政策
中央银行通过调整商业银行的法定准备金率来改变货币乘数,控制商业银行的信用创造能力,进而间接地控制货币供应量的政策。

一、一般性货币政策工具

我们常常说中央银行拥有"三大法宝",其实指的就是中央银行的三种一般性货币政策工具。所谓一般性货币政策工具就是指中央银行从扩张和收缩两个方向调整银行体系的准备金和货币乘数,从而改变货币供应量的一般性货币信用管理,它影响的是信用总量,属于宏观措施。

一般性货币政策工具主要包括法定存款准备金政策、再贴现政策和公开市场操作。

1. 法定存款准备金政策

我们在第九章讨论货币供给时已经了解,法定存款准备金率的变动会改变货币供给乘数,进而导致货币供给总量的变化。正是由于这一点,拥有法定存款准备金率控制权的中央银行自然会将它作为最主要的货币政策工具之一。因此,我们可以对法定存款准备金政策给出一个定义:中央银行通过调整商业银行的法定准备金率来改变货币乘数,控制商业银行的信用创造能力,进而间接地控制货币供应量的政策。

首先应该了解法定存款准备金的主要作用:首先,它为商业银行提供了一种缓冲装置,能够保证商业银行等存款机构的流动性和支付能力;其次,它能够帮助中央银行集中一部分信贷资金,用以履行中央银行的各项职能;最后也是我们在这里最关注的,法定存款准备金率的调整将通过超额准备金的变动直接影响存款机构的信用扩张能力,进而使中央银行间接但却有力地控制货币供应量。

以法定存款准备金作为货币政策工具的最大优点是:它对于所有的银行都是平等的,并且对货币供应量具有极强的影响力。但是,作为最强有力的工具,它可能是弊多利少的。法定存款准备金政策的最大缺陷就是它的"杀伤力"过强,因为银行系统的规模是很大的,对于法定存款准备金率的微调将带来法定存款准备金进而货币供应量的巨大波动。例如,我国存款金融机构 2002 年底存款总额为 17.09 万亿元,哪怕法定存款准备金率仅仅变动 0.1 个百分点,也将使超额准备金变动 170.9 亿元,通过货币乘数的放大作用,将对货币供给总量产生更加巨大的影响。另一个缺陷是,法定存款准备金率的提高可能会使超额准备金率较低的银行立即陷入流动性困境,而法定准备金率的频繁调整也会给银行体系的流动性管理带来困难。

> **参考资料　为什么出现世界范围内的降低法定存款准备金率的现象?**
>
> 近年来,世界上许多国家的中央银行降低甚至取消了法定存款准备金率。在美国,联储分别于 1990 年和 1992 年取消了定期存款的法定准备金,并将可签发支票存款的法定准备金率从 12% 降至 10%。加拿大于 1992 年取消了所有 2 年以上期限存款的法定准备金。瑞士、新西兰、澳大利亚的中央银行也已完全取消了法定准备金。

> 我国 1984 年开始实施存款准备金制度时，规定的存款准备金率为 3 档：企业存款 20%，农村存款 25%，储蓄存款 40%。1985 年改为统一的 10%，后来为了配合紧缩性货币政策，1987 年上调为 12%，1988 年上调为 13%，1989 年进一步规定各专业银行在 13% 的法定准备金之外再缴存 5% 的备付金。直到 1998 年对存款准备金制度进行改革，合并了法定存款准备金和备付金账户，统一将法定准备金率下调为 8%，同时调低了存款准备金利率。1999 年进一步降低为 6%，虽然 2003 年 9 月上调为 7%，2004 年 4 月又调整为 7.5%，但总的来说也呈现了下降趋势。
>
> 如何解释世界范围内的法定存款准备金率下降这一现象呢？
>
> 事实上，法定准备金就像是中央银行对存款金融机构的征税，因为典型的中央银行是不对准备金存款支付利息的（我国的人民银行较为特殊）。这样一来，存款机构在中央银行的存款非但没有收益，反而要承担机会成本，即如果将这笔准备金用于贷款所能够得到的利息收入。这无形中削弱了存款金融机构的竞争力。调低法定准备金率，其实出于降低存款金融机构资金成本，加强其资金实力，增强竞争力的考虑。
>
> 当然，正如许多经济学家所提出的，对法定准备金存款按市场利率支付利息，也是解决存款机构竞争力问题的一个方法。

2. 再贴现政策

我们已经知道，当票据的持有者需要获得流动性时，会向商业银行等金融机构申请贴现。那么，当商业银行出现临时性的资金短缺问题时该怎么办呢？通常商业银行会向"银行的银行"——中央银行求助。它们将通过贴现业务所得到的票据向中央银行办理再贴现，以此来获得一定的资金来缓解流动性不足。这就是"再贴现"的由来，而中央银行向商业银行发放贴现贷款的设施就称为"贴现窗口"。随着中央银行职能的不断完善，再贴现业务逐渐演化成一种调节货币供给总量的货币政策工具。

目前经常所说的再贴现政策就是指中央银行通过改变再贴现率，影响存款金融机构的贴现贷款数量和基础货币，从而对货币供应量发生影响。它主要包括两方面内容：一是再贴现率的调整，二是规定向中央银行申请再贴现的资格。

再贴现率之所以成为中央银行的一项重要政策工具，主要是因为中央银行可以通过调整再贴现率来影响商业银行的资金成本和超额准备金，进而影响它们的贷款量和货币供给量。贴现率的提高增加商业银行从中央银行贷款的成本，减少其贴现贷款，进而使商业银行的准备金相应缩减，最终使货币供应量收缩；较低的再贴现率则导致相反的结果。

再贴现率的作用并不仅仅在于调节货币供给，并且：（1）中央银行通

☞再贴现政策
中央银行通过改变再贴现率，影响存款金融机构的贴现贷款数量和基础货币，从而对货币供应量发生影响。

过调整再贴现率能够影响信贷结构,这主要通过两种方法来实现:一是规定合格再贴现票据的种类从而引导商业银行的资金投向,二是对再贴现票据实行差别再贴现率。(2)再贴现率的变动会产生告示作用,影响公众预期。再贴现率的提高预示着中央银行将实施紧缩的货币政策,反之则表明中央银行将执行扩张的货币政策。(3)再贴现是中央银行发挥"最后贷款人"作用的主要工具,可以最大限度防范金融恐慌。

再贴现政策的最大缺陷则在于它的主动权并不完全掌握在中央银行手中,因为中央银行虽然可以调整再贴现率,但是无法强迫商业银行借款或不借款,因此再贴现政策的效果具有不确定性。而且再贴现率的调整也是相对的,有时并不能准确反映中央银行货币政策的意图:如果市场利率相对于再贴现率上升,则再贴现贷款将增加,此时即使中央银行并没有紧缩政策的意图,为了控制再贴现贷款规模和调节基础货币的结构,它也会提高再贴现率以使其保持与市场利率变动的一致。

3. 公开市场操作

公开市场操作
中央银行在金融市场买进或卖出有价证券,以此改变商业银行等存款机构的准备金,进而影响货币供应量和利率的政策。

公开市场操作是指中央银行在金融市场买进或卖出有价证券(主要是政府债券),以此改变商业银行等存款机构的准备金,进而影响货币供应量和利率的政策。根据目标的不同,公开市场操作可以分为能动性的公开市场操作和保卫性的公开市场操作。前者旨在改变准备金水平和基础货币,后者旨在抵消影响基础货币的其他因素的变动。

我们可以从曾经学习过的中央银行和银行体系的资产负债表中摸索出公开市场操作的机制:当中央银行在公开市场买入债券时,如果债券持有者将所得货币存入银行,则银行的准备金增加;如果债券持有者自己保留现金,则流通中现金增加。也就是说,无论怎样,中央银行买入债券的行为会使得基础货币增加,从而货币供给扩张。当中央银行卖出债券时正好相反。

公开市场操作是最重要的,也是目前绝大部分中央银行所采用的主要货币政策工具,因为它是决定基础货币变动的基本因素,也是货币供给波动的主要根源。同时,公开市场操作也可以用于调节利率水平和利率结构:公开市场操作一方面会影响证券的供需,从而影响市场利率水平,另一方面则通过改变货币供应量来影响利率水平;在不同期限证券市场上的操作则会导致长短期利率的相对变化[①]。

与其他一般性政策工具相比,公开市场操作具有较为明显的优势:(1)中央银行对于公开市场操作拥有完全的主动性,对于其操作规模可以有效地控制;(2)非常灵活,可以适时地进行不同规模的调整;(3)具有极强的可逆性,当中央银行发现错误时,可以立即反向操作以使政策回归到"轨道"中来;(4)时滞相对较短,能够迅速地执行。正是这些优点使得公

---

① 如果对长期和短期债券进行金额相等的反向操作,则中央银行可以在保持货币供应量不变的条件下对利率结构进行调整。这称为掉期业务。

开市场操作成为了大部分中央银行的主要货币政策工具。

公开市场操作的局限性则表现在三个方面：第一个是技术性较强，政策的告示作用较弱；第二个是需要以发达的且具有深度、广度和弹性的金融市场为前提，中央银行也必须持有相当的库存证券才有能力进行操作；第三个则是公开市场操作受制于银行体系的超额准备金。

重要问题 1　一般性货币政策工具有哪些？

中央银行的一般性货币政策工具主要有三个：法定存款准备金政策、再贴现政策和公开市场操作。

法定存款准备金政策直接影响银行体系的信用扩张能力，是最强力的货币政策工具，但也正是因为其效果过于激烈，各国中央银行很少选择它作为主要政策工具。

再贴现政策能够影响商业银行等存款金融机构的资金成本，使银行体系的超额准备金发生变化，进而影响货币供应量。但是，由于中央银行无法完全主动地控制再贴现政策的效果，因此这项政策也并不常用。

公开市场操作相对于以上两种政策，具有主动、灵活、可逆和迅速等优势，是最合适也是目前世界范围内最为普及的一般性货币政策工具。

二、选择性货币政策工具

与一般性货币政策工具对应的是选择性货币政策工具，它是指中央银行针对某些特殊的经济领域或特殊用途的信贷而采用的信用调节工具。选择性货币政策工具主要有消费者信用控制、证券市场信用控制、不动产信用控制、优惠利率和进口保证金制度等。

☞**选择性货币政策工具**
中央银行针对某些特殊的经济领域或特殊用途的信贷而采用的信用调节工具。

1. 消费者信用控制

消费者信用控制是指中央银行对不动产以外的其他耐用消费品的消费信贷实施管理，以达到抑制过度消费需求或刺激消费的目的。它的主要内容包括：(1) 规定分期付款购买耐用消费品的最低首付额；(2) 规定消费信贷的最长期限；(3) 规定可以用消费信贷方式购买的耐用消费品种类。

2. 证券市场信用控制

证券市场信用控制是指中央银行对有价证券交易中的各种贷款进行限制，主要目的是抑制过度的投机。这样的措施一方面可以控制证券市场的信贷资金需求，稳定证券市场价格；另一方面也起到调节信贷供给结构，通过限制大量资金流入证券市场，使较多的资金用于生产和流通。

3. 不动产信用控制

这是中央银行对金融机构向客户提供不动产抵押贷款的管理措施,和消费者信用控制类似,主要是规定贷款的最高限额、贷款最长期限和最低首付额等,目的在于限制房地产投机和泡沫。

4. 优惠利率

通常中央银行会对国家重点发展的某些部门、行业和产品规定较低的利率,以鼓励其发展。例如基础产业、能源产业、新兴产业等。优惠利率一般被用于配合产业政策使用。

5. 进口保证金制度

类似于证券交易保证金制度,中央银行常常要求进口商事先缴纳进口商品总值一定比例的保证金存款,主要目的是抑制进口的过快增长。这项措施更多地被国际收支经常性逆差国家的中央银行所采用。

重要问题 2　选择性货币政策工具有哪些?

选择性货币政策工具是指中央银行针对某些特殊的经济领域或特殊用途的信贷而采用的信用调节工具。主要的选择性货币政策工具有消费者信用控制、证券市场信用控制、不动产信用控制、优惠利率和进口保证金制度等。

三、其他货币政策工具

在介绍了一般性货币政策工具和选择性货币政策工具之后,我们来了解其他一些货币政策工具。这些政策工具可以划分为两大类:直接信用控制和间接信用指导。它们通常作为上述一般性和选择性货币政策工具的补充而出现。

1. 直接信用控制

直接信用控制是指中央银行从质和量两方面以行政命令的方式直接对商业银行等金融机构的信用活动所进行的控制。中央银行的主要手段包括:利率最高限额、信用配额、流动性比率和直接干预等。

对存贷款利率的最高水平进行限制,是中央银行最常用的直接信用管制工具。美国 1980 年以前的 Q 项条款和 M 项条款就规定了商业银行对活期存款不准支付利息,对定期存款和储蓄存款支付的利息不得超过最高限额。其目的在于防止商业银行为吸收存款而采用提高利率的方法恶性竞争,以及为谋取收益而进行风险存贷活动。

中央银行也会根据金融市场状况,分别对各存贷款金融机构的信用规模进行分配,从而对整个信用规模施加控制。信用配额是一种计划经济手段,在资金供给相对紧张的发展中国家得到了较为广泛的运用。

中央银行还可能会对商业银行的流动性比率（流动资产对存款之比）进行规定，以此来限制信用扩张。因为一般来说，流动性比率与收益是成反比的。

当其他方法无法奏效时，中央银行甚至可能直接对商业银行的信贷业务、放款范围等加以干预。例如，对经营不当的银行拒绝再贴现或采取高于一般利率的惩罚性利率，或是直接干预商业银行吸收存款等。

2. 间接信用指导

除直接信用控制以外，中央银行还可以通过道义劝告和窗口指导的方式间接影响金融机构的信用创造。

我们通常所说的道义劝告，其实就是指中央银行利用其声望和地位，对商业银行和其他金融机构经常发出通告、指示或者与各金融机构的负责人举行面谈，交流信息，解释政策意图，劝告它们自觉遵守和贯彻中央银行的政策。例如在房地产和证券市场投机泡沫严重时，中央银行可能会要求商业银行缩减对这两个市场的信贷。

窗口指导则是指中央银行根据产业行情、物价趋势和金融市场动向，规定商业银行的贷款重点投向和贷款变动数量等。如果商业银行不执行规定，中央银行可能会减少甚至停止对该银行的贷款。窗口指导虽然没有法律约束力，但是有时候它也会显示出较大的作用。

总的来说，间接信用指导较为灵活，但它的有效性取决于中央银行在金融体系中的地位、威望和权力。

> **道义劝告**
> 中央银行利用其声望和地位，对商业银行和其他金融机构经常发出通告、指示或者与各金融机构的负责人举行面谈，交流信息，解释政策意图，劝告它们自觉遵守和贯彻中央银行的政策。
>
> **窗口指导**
> 中央银行根据产业行情、物价趋势和金融市场动向，规定商业银行的贷款重点投向和贷款变动数量等。

重要问题 3　其他的货币政策工具有哪些？

作为一般性货币政策和选择性货币政策的补充，其他的货币政策工具主要可以分为两类，即直接信用控制和间接信用指导。前者包括利率最高限额、信用配额、流动性比率和直接干预等，后者主要是指道义劝告和窗口指导。

第三节　货币政策传导机制及效果

重要问题

1. 主要的货币政策传导机制有哪些？
2. 货币政策如何才能充分体现其效果？

一、货币政策传导机制

货币政策传导机制
中央银行运用货币政策工具,通过操作目标和中介目标的变动,实现货币政策最终目标的过程。

什么是货币政策传导机制？既然已经了解了货币政策的目标体系和工具,我们应该不难给出一个定义：货币政策传导机制就是中央银行运用货币政策工具,通过操作目标和中介目标的变动,实现货币政策最终目标的过程。

当然货币政策的传导过程事实上并不像我们所说的这么简单,相反,它是一个非常复杂的过程。有关这个过程的认识始终存在很多分歧和争论,下面就让我们来了解一些主要的货币政策传导机制。

1. 传统的利率传导机制

利率传导机制是凯恩斯学派的核心货币传导机制。传统的凯恩斯主义 $IS-LM$ 模型关于货币传导机制的基本思路可以表示为 $M \rightarrow r \rightarrow I \rightarrow Y$。中央银行增加货币供给会导致利率降低,而利率的降低则通过资本边际收益率的变化影响投资,进而作用于国民收入 Y。

这一机制中的核心变量为利率 r,这也是凯恩斯学派的基本观点——强调利率在经济中的核心作用。

凯恩斯学派的传统利率传导机制的前提条件是利率对消费和投资支出的巨大影响。然而,利率在经济中的作用一直是人们争论的焦点,这就导致传统的利率机制受到越来越多的质疑,从而激励着人们去寻找其他的货币政策传导机制,尤其是信用渠道。

2. 资产价格渠道

货币主义学派反对用 $IS-LM$ 模型来分析货币政策对经济的影响的一个重要原因就是,它只专注于一种资产价格即利率,而不是考虑许多资产价格。在货币学派提出的传导机制中,货币政策是通过其他相关的资产价格以及真实财富作用于经济的。因此,与凯恩斯学派观点不同,货币主义学派不认为利率在传导机制中具有重要作用,而是强调货币供应量在整个传导机制中的直接作用。

那么,有哪些资产价格是中央银行所应该关注的呢？除债券以外,还有两种重要的资产——外汇和股本。

(1) 汇率渠道。随着经济全球化的发展和浮动汇率的出现,汇率对净出口的影响已成为一个备受关注的货币政策传导机制。货币供应量的增加会使得利率下降,此时与用外币计价的存款相比,国内的本币存款吸引力降低,导致其相对价值下跌,即本币贬值。本币的贬值会造成本国商品相对于外国商品便宜,因而会增加净出口 NX,继而总产出增加。故货币政策的汇率传导机制为：$M \rightarrow r \rightarrow e \rightarrow NX \rightarrow Y$。

(2) 股本价格渠道。对于货币传导机制而言,有两种重要的与股本价格相关的渠道：托宾的 q 投资理论和消费的财富效应。

① 托宾的 q 理论。詹姆斯·托宾发展了一种货币政策通过影响股票价格而作用于投资支出的理论,通常被称为托宾的 q 理论。这里的 q 被定义为企业的市场价值除以其资本的重置成本。如果 q 高,那么相比之下企

业的市价就高于其资本的重置成本。于是公司可以发行股票并且获得相对于购买设备资本的费用较高的价格。因此投资会增加,因为企业可以只发行少量的股票就能买到许多新的投资品。当 q 较低时,结果正好相反。

这一论述的关键在于,在托宾的 q 和投资之间存在一种联系。但货币政策又是怎样影响股票价格的呢?货币主义学派认为,当货币供给增加时,公众发现手中有了多余的货币,于是便通过增加开支以减少现金持有量。而股票市场正是一个好去处,于是对股票需求的上升导致股票价格上升。我们可以得到托宾 q 理论的货币政策传导机制:$M \rightarrow Pe \rightarrow q \rightarrow I \rightarrow Y$。

② 财富效应。另一种货币通过股本价格进行传输的渠道是依靠消费的财富效应运转的。一种观点认为,消费支出是由消费者毕生的资财所决定的。这种资财由人力资本、实物资本以及金融财富所构成。金融财富的一个主要组成部分便是普通股。因此,当货币扩张导致股价上升时,金融资产的价值也上升,导致消费者毕生资财增加,从而消费上升。于是,我们得到财富效应的货币传导机制:$M \rightarrow Pe \rightarrow 财富 \rightarrow 毕生资财 \rightarrow 消费 \rightarrow Y$。

3. 信贷渠道

传统的利率效应对货币政策如何影响长期资产成本的解释并不能令人满意,由此导致了一种强调金融市场上信息不对称的新货币传导机制的观点的产生。信贷市场上的信息不对称问题产生了两条基本的货币传输渠道:银行贷款渠道及资产负债表渠道。

(1) 银行贷款渠道。银行贷款渠道的出发点在于商业银行在金融体系中扮演的特殊角色,即它们不仅为大型企业提供间接融资,而且更重要的是它们能够为一些无法在资本市场进行融资的中小型企业提供信贷资金。就货币政策的传导而言,扩张性货币政策将增加银行的准备金,从而使得银行的贷款量上升,而贷款量的增加将刺激企业投资和公众的消费。因此,简化的银行贷款渠道就是:$M \rightarrow 银行存款 \rightarrow 银行贷款 \rightarrow I \rightarrow Y$。

这种信贷观点的一点重要启示就是:货币政策对那些更依赖银行贷款的小公司的作用,要大于对那些可以不通过银行而由股票和证券市场直接进入融资市场的大公司的作用。

(2) 资产负债表渠道。尽管银行贷款渠道的重要性正在下降,然而另一种信用渠道及资产负债表渠道却并非如此。资产负债表渠道也产生于信用市场中的信息不对称。公司的资产净值越低,贷款给这些公司所产生的逆向选择和道德风险就越大,因为净值较低意味着贷款人对其贷款只拥有较少的抵押品,则违约带来的损失也更高。净值的下降使逆向选择问题更严重,因为这会致使用于金融投资的贷款减少;净值的下降也使道德风险上升,因为它意味着所有者所拥有的公司的股本价值下降,这就更加促使他们去参与更高风险的投资项目。而进行风险更高的投资项目使得贷款人得不到偿还的可能性增大,故公司的资产净值下降会导致贷款的减少,进而引起投资下降。

货币政策可以通过几条途径影响公司的资产负债表。

首先,扩张性的货币政策使股票价格上升,增加公司的资产净值。由于逆向选择和道德风险下降,使得投资增加,引起总需求上升。即:$M \rightarrow Pe \rightarrow 净值 \rightarrow 贷款 \rightarrow I \rightarrow Y$。

其次,降低名义利率的扩张性货币政策改善了公司的资产负债表,因为它增加了现金流,因而降低了逆向选择和道德风险。于是又形成了另外一条资产负债表渠道:$M \rightarrow i \rightarrow 现金流 \rightarrow 贷款 \rightarrow I \rightarrow Y$。

最后,由于债务一般是事先确定的,并且利率通常是固定的,因此通货膨胀率的变化会使债务的实际价值减少,降低企业的债务负担,然而却不会降低公司资产的实际价值。所以,货币扩张会使公司实际净资产价值增加,降低逆向选择和道德风险,从而使投资和总产出增加。即:$M \rightarrow 净值 \rightarrow 贷款 \rightarrow I \rightarrow Y$。

在了解了种类繁多的货币政策传导机制之后,为了提供一个总体的概览,我们可以把它们反映在图 13-4 中。

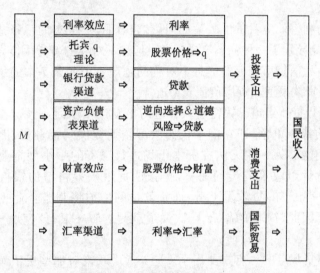

图 13-4 货币政策的传导机制

重要问题 1　主要的货币政策传导机制有哪些?

凯恩斯主义的利率渠道($M \rightarrow r \rightarrow I \rightarrow Y$)作为传统的货币政策传导机制,强调利率的核心作用。而对利率在经济中地位的争论导致了对这一机制的质疑,从而激励着人们寻找新的货币传导机制。

这些新的探索首先包括货币主义强调除利率之外其他资产价格的传导机制,如汇率渠道和股本渠道。前者的基本思路为 $M \rightarrow r \rightarrow e \rightarrow NX \rightarrow Y$,后者则包括托宾的 q 理论($M \rightarrow Pe \rightarrow q \rightarrow I \rightarrow Y$)和财富效应($M \rightarrow Pe \rightarrow 财富 \rightarrow 毕生资财 \rightarrow 消费 \rightarrow Y$)。

> 另一个重要的发现是信贷渠道,主要来自于信贷市场的信息不对称问题。它主要包括银行贷款渠道($M \to$ 银行存款 $\to$ 银行贷款 $\to I \to Y$)和资产负债表渠道($M \to Pe \to$ 逆向选择和道德风险 $\to$ 贷款 $\to I \to Y, M \to i \to$ 现金流 $\to$ 逆向选择和道德风险 $\to$ 贷款 $\to I \to Y, M \to$ 非预期 $P \to$ 逆向选择和道德风险 $\to$ 贷款 $\to I \to Y$)。

二、货币政策的效果

1. 影响货币政策有效性的因素

现在中央银行已经明确了货币政策的目标体系,拥有了货币政策的工具,也知道了货币政策工具发挥作用的传导机制。然而它仍然不能保证货币政策会达到预期的效果,因为货币政策的效果还受到很多因素的影响。

(1) 政策时滞。中央银行不可能在宏观经济形势需要货币政策行动时立即制定出适当的政策,而政策制定之后不可能立即实现最终目标,这其中所必然经过的时间就是政策时滞(time lag)。时滞通常分为三种:一是认识时滞(recognition time lag),即从宏观经济形势需要执行适当的货币政策到中央银行认识到这一点所需的时间。二是决策时滞(decision time lag),即从中央银行认识到采取货币政策行动的必要性到实际采取行动所需要的时间。这两种时滞加起来就称为内部时滞(inside time lag),因为它们都发生在中央银行内部。三是外部时滞(outside time lag),是指从中央银行采取货币政策措施到取得预定效果所需的时间。内部时滞的长短主要取决于中央银行对经济形势的预见能力、制定政策的效率和执行的决心等因素,而外部时滞则受客观经济和金融条件影响。相对于财政政策而言,货币政策的内部时滞较短而外部时滞较长,这是因为货币政策的制定并没有过多的行政拖沓而在执行时则必须通过各种传导机制,经操作目标和中介目标来影响最终目标。

(2) 预期因素。当一项货币政策措施被中央银行推出之后,公众将会迅速根据所得的信息对未来经济形势进行预测,并以此制定相应的对策,这可能会削弱甚至完全抵消货币政策的效果。如果公众了解到中央银行准备推行长期的扩张政策,他们会预测货币供应量将大幅度增加,物价将上升,从而通胀率会上升。因此,雇员会要求提高工资,企业会预期人力成本增大而不愿增大规模。或者,人们会为了避免货币购买力的下降而提前抢购商品。这些反应最终会导致物价上涨而总产出却没有变化,从而抵消了货币政策的效果。

(3) 其他因素。货币政策的效果还受到客观经济条件变化和政治因素等外来和体制因素的影响。在货币政策出台后,经济条件的非预期变化将会影响政策的效果;而不同利益集团的政治压力也可能会迫使中央银行对政策进行调整。

> **认识时滞**
> 从宏观经济形势需要执行适当的货币政策到中央银行认识到这一点所需的时间。
>
> **决策时滞**
> 从中央银行认识到采取货币政策行动的必要性到实际采取行动所需要的时间。
>
> **内部时滞**
> 认识时滞和决策时滞之和。即从宏观经济形势需要执行适当的货币政策到中央银行采取货币政策行动所经历的时间。
>
> **外部时滞**
> 从中央银行采取货币政策措施到取得预定效果所需的时间。

2. 货币政策的执行原则——"相机抉择"与"单一规则"

货币政策实践中的复杂性带来了货币政策失效的危险,因此在如何才能有效地执行货币政策这个问题上产生了较大分歧。

凯恩斯学派主张中央银行采取"逆风向"的"相机抉择"政策,因为市场经济并没有自动调节和稳定的趋向,私有经济由于内在的需求扰乱而具有天生的不稳定性,而包括货币政策在内的宏观政策具有调整需求扰乱的作用。因此,中央银行应该同财政部相协调,根据具体经济条件的变动,适时地主动制定正确的货币政策,运用相应的政策工具,选择合适的操作和中介目标来实现最终目标。

货币主义学派则强烈批判了"相机抉择"的货币政策,而主张中央银行应以"单一规则"作为执行货币政策的准则。他们认为以私有经济为基础的自由市场经济总体上是稳定的,主动进行货币供应量的调控通常只会成为宏观经济稳定的干扰因素。因此,中央银行不应考虑短期因素的制约,而应当在长期内严格控制货币供应量的增长率,使之同长期的经济增长率相一致。货币主义的政策基本思路是:货币政策的意义并不在于寻求一种高度敏感的工具来抵消由其他因素引起的不稳定,而是要防止货币政策本身成为经济运行不稳定的根源。

凯恩斯学派和货币学派的争论仍在继续,我们无法判断到底是哪一种观点更为正确,中央银行只能根据所面临的复杂的经济和金融形势进行最合适的选择。

> **相机抉择**
> 中央银行根据具体经济条件的变动,适时地主动制定正确的货币政策,运用相应的政策工具,选择合适的操作和中介目标来实现最终目标。

> **单一规则**
> 中央银行不应考虑短期因素的制约,而应当在长期内严格控制货币供应量的增长率,使之同长期的经济增长率相一致。

重要问题 2　货币政策如何才能充分体现其效果?

货币政策的效果受到很多因素的制约,主要有政策时滞、货币流通速度、预期因素和其他外来因素等等。

对于如何最大限度摆脱这些约束,发挥货币政策作用,凯恩斯学派的"相机抉择论"和货币学派的"单一规则论"产生了激烈的争论。我们无法判断两者谁对谁错,中央银行只能根据所面临的复杂的经济和金融形势进行最合适的选择。

要充分发挥货币政策的效力,必须注重货币政策与其他政策的相互配合,如财政政策、收入政策和产业政策等。

参考资料　中国的货币政策实践

1984年中国人民银行专门行使中央银行职能以后,中央银行体制在中国正式确立,现代意义上的货币政策开始形成。1984年到现在,中国的货币政策按主要任务和调控方式可以分为两个阶段:1984年到1997年为第一阶段,货币政策的主要任务是治理通货膨胀,调控方式以贷款限额管理为主;1998年以来为第二阶段,这期间货币政策的主要任务是治理通货紧缩,以1998年1月1日取消贷款规模限额控制和扩大公开市场业务操作为主要标志,中国货币政策调控基本实现了由直接调控向间接调控的转变。

改革开放以来,中国经济在经历了较长时期快速增长之后,90年代后期特别是1997年亚洲金融危机以后,经济增长速度有所放慢。中国人民银行执行稳健货币政策方针,在以下三个方面采取了一系列措施,保证了国民经济的健康发展。

(1) 1998年1月,中国人民银行取消了对商业银行的贷款限额控制;1998年和1999年先后两次下调法定存款准备金率,由13%下调到6%;从1996年到1999年连续七次降息,对启动投资、促进消费和抑制通货紧缩趋势发挥了重要作用;1998年5月恢复公开市场操作,1998、1999两年通过公开市场扩大基础货币投放累计2 600多亿元。另外,连续三年每月召开国务院有关综合经济部门、主要商业银行参加的经济、金融形势分析会,对商业银行及时进行窗口指导。

(2) 我国经济中的问题更多的是结构问题。在金融市场还不发达的情况下,中央银行很难仅仅只靠总量政策手段完全达到预期政策目标。1998年以来,中国人民银行对信贷政策进行了一系列调整,同时对再贷款政策也进行积极调整。一系列信贷政策的调整使得商业银行贷款结构更加符合国民经济发展的要求。

(3) 为解决商业银行不良资产问题,人民银行组建了信达、长城、东方、华融等四家金融资产管理公司,向资产管理公司发放再贷款,支持其从国有独资商业银行收购不良资产和支持债转股;为确保少数严重资不抵债地方金融机构顺利退出市场,确保居民存款支付,确保金融和社会稳定,根据从严掌握的原则,适当给予再贷款支持;支持和配合财政部发行2 700亿元特别国债,补充国有独资商业银行资本金,提高其资本充足率,等等。

货币政策作用是通过一定的传导机制实现的。1998年以来,中国人民银行努力推进货币政策传导机制改革,主要包括三个方面:一是取消贷款规模限额控制和推进存款准备金制度改革,二是稳步推进利率市场化改革,三是积极推进货币市场的发展。这三个方面的改革,增强了金融机构的活力,提高了金融市场的效率,在这个基础上,中国货币政策调控基本实现了从直接调控向间接调控的转变。

本章小结

货币政策是一个很广泛的概念,它包括中央银行通过对货币供应量施加影响以实现特定宏观经济目标所运用的各种措施。

货币政策目标体系由最终目标、中介目标和操作目标三个层次构成。最终目标主要有经济增长、物价稳定、充分就业和国际收支平衡,中央银行必须有所取舍,选择目标的最优组合。中介目标主要有货币供应量和利率,一定条件下信贷总量和汇率也可以作为中介目标使用。中央银行选择中介目标主要依据相关性、可测性和可控性。可供选择的操作目标主要有准备金、基础货币和货币市场利率,需要结合各国具体经济条件进行抉择。

一般性货币政策工具是指中央银行从扩张和收缩两个方向调整银行体系的准备金和货币乘数,从而改变货币供应量的一般性货币信用管理。主要有三个:法定存款准备金政策、再贴现政策和公开市场操作。其中,公开市场操作是中央银行最重要的货币政策工具。

选择性货币政策工具是指中央银行针对某些特殊的经济领域或特殊用途的信贷而采用的信用调节工具。主要的选择性货币政策工具有消费者信用控制、证券市场信用控制、不动产信用控制、优惠利率和进口保证金制度等。

作为一般性货币政策和选择性货币政策的补充,其他的货币政策工具主要有直接信用控制和间接信用指导。前者包括利率最高限额、信用配额、流动性比率和直接干预等,后者主要是指道义劝告和窗口指导。

货币政策的传导机制主要有传统的利率渠道、资产价格渠道和信贷渠道。货币政策的效果受到很多因素的制约,主要有政策时滞、货币流通速度、预期因素和其他外来因素等等。对于如何最大限度地摆脱这些约束,发挥货币政策作用,凯恩斯学派的"相机抉择论"和货币学派的"单一规则论"产生了激烈的争论。另外,要充分发挥货币政策的效力,必须注重货币政策与其他政策的相互配合,如财政政策、收入政策和产业政策等。

复习思考题

1. 从各国货币政策实践来看,对货币政策最终目标的选择并不相同,可以分为"单目标"和"多目标"。试分析影响最终目标选择的因素。

2. 资本市场的发展对货币政策的实施有什么影响?近年来关于是否应当将资本市场纳入货币政策目标体系的讨论越来越多,对此你的观点是什么?

3. 搜集资料,比较一下主要国家货币政策的原则和措施。

4. 资本市场是否会构成货币政策传导机制的一个环节?

5. 中国的国有企业改革改变了国企和民企的相对比重,由于不同类型的企业对于利率的敏感度不同,试分析一下国有企业改革对于货币政策实施的影响。

6. 在我国 20 世纪 90 年代末期的通货紧缩中,货币政策显得无能为力,而主要依靠扩张性的财政政策支撑。简要分析一下这种现象的原因。

7. 2003年4月,中国银行业监督管理委员会正式成立,标志着银行业监管职能从我国中央银行体系中脱离出来,这对人民银行货币政策的实施将造成什么影响?

网络应用

登录中国货币网www.chinamoney.com.cn

点击进入财经纵横＞研究分析＞货币政策:

1. 近期有哪些货币政策出台?
2. 这些政策的实施将对经济产生什么影响?
3. 你预计这些政策的时滞会怎样?

讨论课题

我国主要的货币政策传导机制有哪些,它们受到哪些因素的影响? 你认为在这些传导机制中,哪一个占据主导地位?

第十四章

金融稳定与金融监管

学习目标
- 了解什么是金融脆弱性,理解金融脆弱性的来源
- 掌握金融危机的定义、形成机制和防范措施
- 掌握金融监管的定义、金融监管体系和制度,了解主要的行业监管

基本概念

　　金融脆弱性　信息不对称　逆向选择　道德风险
金融危机　金融监管　金融监管体系　金融监管制度

参考资料
- 庞氏骗局的来龙去脉
- 泡沫——从荷兰郁金香狂潮说起
- 20世纪30年代的全球金融大危机
- 金融危机的扩散
- 国外金融监管体制扫描
- 国际银行业监管的"圣经"——《巴塞尔协议》

金融系统具有天生的脆弱性,这种脆弱性导致了它内在的不稳定性。当不稳定性积累到一定程度时,最终会爆发出来,形成杀伤力极强的金融危机。因此,各国政府都将金融稳定性作为密切关注的政策目标之一,并试图通过不断地加强和完善金融监管来保证金融系统的稳健运行。在这一章里,我们将从金融系统的脆弱性谈起,进而了解金融危机的相关知识,最后看看政府是怎样对金融系统进行监管的。

第一节 金融脆弱性

重要问题
1. 什么是金融脆弱性?
2. 金融脆弱性来源于何处?

金融脆弱性是造成金融危机的根源,也是政府对金融系统进行监管的原因之一。因此,在分析金融危机和金融监管之前,我们先来认识一下金融脆弱性,并了解一下它的来源。

一、什么是金融脆弱性

金融业一向是以高资产负债率进行运作的,从而经营中的风险就极易导致行业的损失乃至崩溃,这就是狭义的金融脆弱性(financial fragility)。广义上的金融脆弱性则是指在金融系统中的一切风险积累。因此,金融脆弱性同金融风险是紧密联系在一起的。

通常用于反映金融脆弱性程度的指标主要有:(1)货币供应量增长率;(2)通货膨胀率;(3)M_2对官方储备的比率;(4)利率;(5)短期债务与外汇储备比例;(6)经常项目逆差;(7)财政赤字;(8)资本流入中短期资本比重;(9)汇率高估程度;(10)金融机构不良资产比例。

金融脆弱性的概念看上去与金融风险差不多,然而两者并不相同。我们在第四章讨论过金融风险的问题,它是指金融活动中的不确定性,而金融脆弱性则强调金融风险的积累——它是金融风险积累到一定程度时的那种状态。

我们知道,金融活动中的主要风险有市场风险、违约风险、流动性风险、操作风险等,这些风险的逐渐积累也就造成了金融的脆弱性。然而这仅仅是从概念上对金融脆弱性的理解,在下面的分析中,我们将介绍几种解释金融脆弱性来源的理论。

金融脆弱性
狭义的金融脆弱性是指金融业的高资产负债率运作使得经营风险极易导致行业的损失乃至崩溃;广义的金融脆弱性指在金融系统中的一切风险积累。

> **重要问题1　什么是金融脆弱性?**
>
> 狭义的金融脆弱性是指金融业一向是以高资产负债率进行运作的,从而经营中的风险就极易导致行业的损失乃至崩溃;广义上的金融脆弱性则是指在金融系统中的一切风险积累。金融脆弱性同金融风险是紧密联系在一起的。

二、金融脆弱性的来源

对于金融脆弱性的研究,最早是从信贷市场和资产价格两个领域展开的,前者根据企业和银行的行为来解释金融脆弱性,而后者则认为金融脆弱性主要来自于资产价格的波动性。目前,更一般的分析是信息经济学的信息不对称理论。

1. 金融脆弱性——来自信贷市场的解释

明斯基(H. Minsky)的"金融脆弱性假说"认为,信用创造机构尤其是商业银行和其他贷款者的内在特性使得它们不得不经历周期性的危机和破产浪潮,而它们的困境又会被扩散到经济体的其他部分。

明斯基将采用分期还本付息形式归还债务的借款人分为三类:第一类是套期保值的借款人,他们的预期现金流较为乐观从而能够正常还本付息;第二类是投机性借款人,他们依靠"借新还旧"来维持经营;第三类则是"庞氏(Ponzi)借款人",他们的正常现金流不足以维持日常支出,为了持续发展必须将"后加入者"的投资充当投资收益分给"先来者"。随着债务的累积越来越多,潜伏的危机将越来越大。在经济上升阶段,企业的预期收入将普遍增加,因此企业将更加积极地借款。这将导致越来越多的借款人从第一类向第二类或第三类转化,从而加速金融体系中的风险积累,金融脆弱性更加严重。

与明斯基相对应,克瑞格(J. A. Kregel)则从贷款人即银行的角度对金融脆弱性进行了解释。他提出了"安全边界"(margins of safety)的概念,也就是银行收取的利息中包含有必要风险报酬的"边界"。贷款人和借款人会确定一个双方都能够接受的安全边界。

在经济扩张的时期,投资成功的概率较大,借款人也能够顺利归还贷款,从而使得借款人的良好信用记录增加。银行根据借款人的信用记录,会降低其贷款的安全边界,使得能够从银行获得贷款的借款人越来越多。另一方面,借款人也由于经济的高涨而对自己的还款能力越来越有自信。这样,借贷双方都不会意识到逐渐增大的信用风险,从而金融脆弱性会慢慢增强。

> **参考资料　庞氏骗局的来龙去脉**
>
> 　　1920年,一位移居美国的意大利人查里斯·庞氏(Charles Ponzi)一鸣惊人:他在7个月内吸引了3万名投资者,开出了总价值在1500万美元的票据,造就了20世纪初美国最大的骗局。
>
> 　　庞氏向投资者许诺,他能够为投资者赚大钱,因为他可以利用国际回复邮券进行套利。庞氏骗局吸引了最初的投资者,当这些投资者赚得大量的钱后,便将自己的成功故事讲述给另一轮的投资者。这轮投资者进行了更多地投资,从而允许骗子能够支付第一轮投资者的报酬,第二轮投资者的成功故事吸引了更大一轮的投资者,依此类推。这一骗局注定要终结,因为投资者不可能永远增长下去,骗局的策划者庞氏无疑是知道这一点的。庞氏希望不付钱给最大一轮投资者便退出,然后逃离法律的制裁(当然,如果足够幸运的话,他或许能够发现很好的投资机会,从而挽救整个骗局)。"庞氏骗局"由此得名。
>
> 　　庞氏骗局最终曝光,他在监狱中度过了五年的时光。出狱后他又故伎重演,结果蹲了更长时间的监狱。1934年庞氏被遣送回意大利,他像是吃了豹子胆,竟然野心膨胀到去诈骗墨索里尼,最终落得在巴西的一个慈善堂里身无分文地死去。
>
> 　　但是,庞氏骗局并没有结束,它仍然像幽灵一般游荡在世界各地:在20世纪90年代的一个著名事件中,家庭主妇雷吉米·勃汉姆在阿拉斯加的一个乡村小镇上建立了一个巨大的庞氏骗局。她许诺说,投资者在两个月之内会拿到50%的收益,这个骗局从1989年至1995年吸引了来自42个州的1200名投资者,总收益在1000万至1500万美元之间。
>
> 　　1996年至1997年,在阿尔巴尼亚发生了一个更富戏剧性的事件。许多庞氏骗局都许诺能够提供绝好的收益率,这些骗局吸引了这个国家的相当一部分人。七个庞氏骗局积聚了20亿美元的资金,这相当于阿尔巴尼亚当年GDP的30%!当1997年这些骗局败露时,愤怒的抗议者抢劫了银行,焚烧了建筑物,以至于政府不得不动用军队来进行镇压,许多肇事者被杀。总理亚历山大·迈克斯因此事被迫辞职,他的内阁也不得不解散。

2. 金融脆弱性——来自资产价格的解释

这种观点认为,金融资产价格的过渡波动是金融体系脆弱性的重要来源。

我们曾经学习过各种金融资产的定价,它们的价格通常是根据未来能够带来收入和影响未来收入的各种风险因素来确定的。资产的持有者通常无法了解所有的风险因素,因此他们只能通过自己对于未来收入的预期来确定金融资产的价格。于是,人们的预期将影响金融资产的价格。由此在金融市场上,不再仅仅是交易行为决定资产价格,反过来资产价格也会通过市场心理影响交易行为。这样,通过资产价格和交易行为的相互循环作用,资产价格间接地决定自身,从而当资产价格出现上升时,这种上升将被价格自身所放大,推动一轮又一轮的价格上升,形成所谓的"金融泡沫"(financial bubble)。当这种力量释放完毕时,市场必将出现反向运动趋势,资产价格急剧下跌。这种资产价格的不稳定加剧了金融体系的脆弱性。

  参考资料　泡沫——从荷兰郁金香狂潮说起

这里要讲述的是一个发生在17世纪欧洲的故事。郁金香在17世纪传入荷兰,没过多久时间,贵族就疯狂爱上了它。这美丽兼稀有的花朵顿时成了权力和威望的象征,只要是有钱人都千方百计找几朵种在自己的庭院供玩赏。当越来越多人知道贵族们愿意为一束郁金香付出高昂的价格时,他们发现已经寻到梦寐以求的"金矿"。

1634年,荷兰百业荒废,全国上下都为郁金香疯狂,进行郁金香的交易,甚至买卖还未种植的花朵。就像现代的期货市场,交易员都在买卖见也未见过的石油或棉花。传说当时单个球茎可以卖到5 500荷兰盾——那时候,120荷兰盾就能买1头牛或4只猪,192荷兰盾能买2吨黄油。荷兰盾是金币,5 500个货币单位含黄金110盎司,以现今的金价计,值33 000美元!

像所有的投机泡沫,人们都在开始时赚了钱。由于价钱节节上升,你只须买低卖高,买高卖更高。得到甜头后,大家信心大增,倾家荡产把更多的钱投入郁金香买卖,希望赚取更多的钱。原本旁观的人也受不了诱惑,都加入疯狂抢购的队伍。这就是投资行家所讲的"连巴刹里的阿嫂也谈股票"现象。这是价钱达到巅峰的征兆。人们都普遍认为郁金香的供不应求将永远持续下去,价钱一定会上升,因为在他们眼里,全世界会有越来越多的人爱上它。

郁金香的价值达到这个地步,已没有多少人是买它来种在庭园里。多数的人都想从中牟取暴利,而不是纯粹想欣赏它,所以真正的需求被夸大了。终于,可怕的泡沫在1637年的某一天破了。一位荷兰人最先清醒过来,他在一次交易中拒绝以原先约定的高价购入郁金香。消息一传十,十传百,神话破灭了。像所有的泡沫,要把它吹涨需要一段时间,可是轻轻一戳,它即刻破灭了。人们的信心一旦丧失,就难挽回,结果价钱一跌再跌,只剩高峰时期的一成。瞬息间,贵族变贫民,富翁成乞丐,荷兰陷入一片萧条。

——这就是著名的"郁金香狂潮(Tulipmania)"。

3. 金融脆弱性——来自信息经济学的解释

随着金融理论和实践的发展,上述对于金融脆弱性来源的分析已经不能够完全令人信服。目前对于金融脆弱性最有力的解释,是来自于信息经济学的信息不对称理论,它适用于各种金融市场的分析。

信息不对称就是指交易的一方对另一方不充分了解,从而会影响其做出准确的决策,它是金融市场中的一种常见的现象。信息不对称的存在,导致了逆向选择和道德风险问题。

逆向选择(adverse selection)是交易之前发生的信息不对称问题。就借款人而言,投资的预期收益率越高,他们能够承受的银行贷款利率就越高。对于一定的贷款利率,那些积极地寻找贷款的往往是风险较高的借款者,因为他们的预期收益率较高;而低风险的借款人由于预期收益率较低,可能会不愿意借款。就贷款人而言,在借款之前,由于信息的不对称,他们无法区分借款人的风险高低,因此稳妥的方法是提高贷款的利率。然而,这就会使得更多的低风险借款人退出市场,借款人的平均风险程度进一步增大。于是贷款人再次提高利率……如此循环下去,最终的结果是,寻求贷款的是那些风险最高的借款人,风险较低的借款人全部退出市场。而贷款人为了自身资金的安全,将不愿意发放贷款。

道德风险(moral hazard)则是交易之后的信息不对称。借款人获得贷款之后,可能会从事那些贷款人最不愿意看到的高风险活动,因为即使失败了,他们最多是破产或者违约而不归还贷款,而一旦成功他们将获得较高的收益。而对于贷款人而言,这些高风险的活动很可能会使得贷款的归还发生困难。因此,贷款人为了自身资金的安全,宁可不发放贷款。

逆向选择和道德风险降低了金融系统的效率,使得金融市场丧失了流动性,构成了金融脆弱性的深层次原因。虽然金融机构的存在可以在一定程度上减少信息不对称的危害——因为相对于零散的贷款人而言,金融机构拥有更多的信息——但是这一作用要受到两个前提条件的限制,一是存款人对于金融机构具有足够的信心,二是金融机构对借款人的筛选是高效率和低成本的。然而,金融机构同样面临信息不对称的困扰,因为没有人能够比借款人更了解自己的风险。因此,上述两个前提都是不成立的。也就是说,金融机构的存在并不一定能消除金融系统的脆弱性;相反,我们在下面的讨论中会看到,有时候正因为他们的存在,金融体系变得更加脆弱了。

不论金融脆弱性来源于何处,有一点是毫无疑问的:金融体系是具有内在不稳定性的。当这种不稳定性积累到一定程度而导致金融体系无法承受时,它会以猛烈的形式爆发出来——这就是金融危机。

> **信息不对称**
> 交易的一方对另一方不充分了解,从而会影响其做出准确的决策。
>
> **逆向选择**
> 交易之前的信息不对称,即寻求贷款的是风险最高的借款人,贷款人为了自身资金的安全而不愿发放贷款。
>
> **道德风险**
> 交易之后的信息不对称,即借款人获得贷款之后,可能会从事那些贷款人最不愿意看到的高风险活动,因此贷款人宁可不发放贷款。

 重要问题 2　金融脆弱性来源于何处?

对于金融脆弱性的解释从几个不同角度展开:一种观点从信贷

市场出发,认为造成金融脆弱性的原因是信用创造机构的内在特性;另一种观点从市场交易的角度出发,认为人们的预期导致了金融资产价格的波动,进而造成了金融体系的脆弱性。更一般的解释是信息经济学提出的信息不对称理论,它认为逆向选择和道德风险是造成金融脆弱性的罪魁祸首。

第二节 金融危机

重要问题

1. 什么是金融危机?
2. 金融危机是怎样形成的?

一、什么是金融危机

关于什么是金融危机的问题,有很多答案,同时也存在不少概念上的误区。我们可以把金融危机看成是一次金融市场的瓦解,它是金融脆弱性到达一定程度,也就是金融风险积累到一定程度爆发出来,导致的金融市场部分或全部丧失功能,经济活动急剧减弱的现象。《新帕尔格雷夫经济学大辞典》中将金融危机定义为"全部或大部分金融指标——短期利率、资产(证券、房地产、土地)价格、商业破产数和金融机构倒闭数——的急剧、短暂和超周期的恶化"。

金融危机具有这样的基本特征:(1)马太性。金融危机一旦爆发,将随着信用基础的丧失而加速扩散。以银行危机为例,当银行出现流动性问题时,存款人失去信心,发生挤兑,而挤兑导致银行陷入更严重的流动性危机,流动性问题越是严重,存款人就越倾向于参与挤兑,从而形成恶性循环的马太效应。(2)连锁性。因特网的高速发展使得金融交易趋于无形化,并且资本能够更为迅速地在各国之间流动。这也使得各国的金融系统更易于受到国际金融环境变化的冲击,并且一国的危机很容易发生扩散,产生连锁反应。(3)破坏性。金融系统一旦出现动荡,将严重影响资源的配置效率,并且对整个经济体系产生冲击,甚至引发社会动荡和政治危机。

国际货币基金组织(IMF)把金融危机分为了三类:(1)货币危机(monetary crisis),即某种货币出现持续性贬值;(2)银行业危机(banking crisis),即银行不能如期偿付债务,并且一家银行的危机可能会引起银行系统的危机;(3)外债危机(foreign debt crisis),即一国不能按期偿还所欠外债。

> **金融危机**
> 金融脆弱性达到一定程度,导致的金融市场部分或全部丧失功能,经济活动急剧减弱的现象。

> **网络资源**
> 国际货币基金组织
> www.imf.org

参考资料　20世纪30年代的全球金融大危机

1929—1933年间的世界金融大危机使得资本主义国家遭受了前所未有的沉重打击。1929年美国证券交易所的破产拉开了金融危机的帷幕，危机迅速蔓延，导致全球股市的暴跌，从而引起借贷市场的混乱。1931年5月，奥地利信贷银行破产成为触发各国银行信用危机的导火线，而信用危机加剧了世界经济危机的程度，首当其冲的是德国。当时德国本身存在严重的国际收支危机，每年要支出大量战争赔款和利息，不得不向英美等国筹借短期银行信贷，奥地利信贷银行宣布破产后，美英等西方担心资金安全，纷纷从德国提取短期资金。由于外资大量抽走，从5月到7月，德国黄金储备减少42%，德国政府于1931年7月宣布停业两天，德国四大银行中的两家随即破产，同年9月宣布停止支付外债，禁止黄金自由输出；德国中止对外支付后，英国在德国的资金不能够调回，加之大量资金从英国抽走，同年9月底，英国宣布停止黄金支付，停止纸币兑换，放弃金本位，英镑贬值31%。由于英国放弃金本位，与英镑关系密切的国家也纷纷放弃了各种类型的金本位。与此同时，许多国家的银行大批破产倒闭。1931—1932年，美国银行倒闭达5 096家。1933年春，美国又爆发了信用危机的新浪潮，存款大量提取，银行资金周转不灵，发生挤兑风潮，又有4 000家银行倒闭，引起资金外逃，联邦储备银行黄金储备锐减，于是美国不得不放弃金本位，美元贬值。其他国家也纷纷贬值，截至1936年，欧、美、亚、非、拉几大洲就有44个国家货币先后贬值，几乎没有一个国家得以幸免。截至1933年底全世界有25个国家停止偿付国债，一系列政府宣布破产，这也是世界经济史上绝无仅有的现象。

 重要问题1　什么是金融危机？

金融危机是一次金融市场的瓦解，它是金融脆弱性到达一定程度，也就是金融风险积累到一定程度，所导致的金融市场部分或全部丧失功能，经济活动急剧减弱的现象。金融危机具有马太性、连锁性和破坏性的基本特征。金融危机可以分为货币危机、银行业危机和外债危机。

二、金融危机的形成机制

金融危机是如何形成的？对于这个问题，人们从不同角度提出了各自的答案。总的来说,可以从金融交易行为、金融系统运行和政府政策影响三方面对金融危机的形成机制进行分析。

1. 金融交易行为

金融交易主体的各种行为有可能会导致金融危机的产生。

(1) 过度交易。随着经济的增长,人们会产生投机性交易需求,争相把货币转换为实物资产和金融资产,从而形成过度交易。过度交易会导致人们的恐慌和经济崩溃,形成金融危机。持有这种观点的经济学家以金德尔伯格(P. C. Kindleberger)为代表。

(2) 理性预期也可能导致金融危机的爆发,也就是说,金融危机具有预期自致的特性。公众对于金融体制的不同预期会产生不同的均衡结果,即使政府不采取与某种体制相抵触的宏观经济政策,如果人们预期这种体制将会崩溃,那么他们会采取相应的措施来避免自己的损失,这种行为恰恰可能会导致真正的崩溃。例如,在实施固定汇率制度的国家,政府根据成本—收益分析来决定是否继续坚持固定汇率。当人们普遍预期汇率会贬值时,政府会发现坚持固定汇率的成本大于收益,从而放弃维持固定汇率制的努力,货币大幅度贬值,金融危机爆发。这一观点的代表人物是奥布斯特菲尔德(Maurice Obstfeld)。

2. 金融系统运行

大部分经济学家认为,应当从金融系统内部的运行中来寻找金融危机的来源,认为金融内在脆弱性的逐渐积累会由于某些因素的刺激而爆发,形成金融危机。

(1) 债务—通货紧缩过程在金融危机中发挥着重要的作用。托宾认为,在经济繁荣时期,企业对未来充满信心,从而会过度借债以进行投资。然而当经济陷入衰退时,企业归还债务会发生困难,这可能会导致债权人遭受损失。因此,债权人为了自身的安全,将不愿提供贷款,并且向债务人要求清偿债务。这将使得经济体陷入经营困难—低价抛售—经营更加困难—更低价格抛售—⋯⋯的债务—通货紧缩循环(回忆第十二章内容),引起大量企业亏损甚至破产,并导致连锁反应,使得脆弱的金融体系崩溃。

(2) 银行经营中的风险是金融危机的直接来源之一。银行的基本功能是将流动性较差的资产转化为流动性较强的资产,为金融市场提供流动性。银行吸收的存款主要是人们的短期存款,而发放的贷款中大部分则是面对企业的中长期贷款。因此,当某些借款人的经营陷入困境,从而对贷款的偿还发生困难时,将使得银行经营的风险增大。这时存款人对银行的信心可能会发生动摇,一旦存款人对银行丧失了信心,就会向银行要求提款,而其他的存款人为了避免自己的损失,也会争相涌向银行要求提款。这种挤兑就使得银行立即陷入流动性危机,甚至破产,并产生连锁反应,最终导致银行体系乃至整个金融体系陷入危机。持有这一观点的经济学家以戴蒙德和戴维格(Diamond & Dybvig)为代表。

（3）信息不对称导致了金融体系的脆弱性，当它恶化到一定程度时，会引发金融危机。米什金（F. S. Mishkin）就十分重视信息不对称在金融危机形成过程中的关键作用，并且他认为金融危机的爆发又会加剧信息不对称问题，从而金融危机具有自我膨胀的特点。麦金农较早地提出了道德风险对金融危机的推进作用，而克鲁格曼认为道德风险正是亚洲金融危机的原因之一。政府为了维护金融体系的稳定，会对银行提供显性（如存款保险制度）或隐性（如"大而不倒"）的保险，从而银行更倾向于发放收益较高但是风险也较高的贷款，存款人则放心地向银行提供存款。在封闭经济中，国内投资对资金的需求会使得利率升高，从而可以避免过度投资。但是当经济开放后，国内的金融机构可以在世界市场上很方便地融资，利率将不再能够制约投资需求，形成过度投资。从而使得金融体系的风险增大，一旦受到触发，将形成金融危机。

 网络资源
弗莱德里克·米什金是货币金融学方面的权威，他对金融危机的研究十分独到。
www-1.gsb.columbia.edu/faculty.fmishkin

3. 政府政策影响

政府宏观经济政策对金融危机的作用也万万不可忽视，有时甚至仅仅是政府的政策就可能会使金融系统陷入危机。

（1）财政赤字可能会导致金融危机，尤其是在实行固定汇率制度的国家，容易引起货币危机。克鲁格曼认为，如果一个固定汇率制国家存在着大量的财政赤字，那么为了弥补赤字，国内的货币供给必然会过度扩张，这会使得利率下降。过低的利率将诱使资本外流，从而人们对本币贬值的预期会增大，于是在外汇市场上抛售本币，买入外币。中央政府为了维持固定汇率，会利用外汇储备在外汇市场上买入本币，卖出外币。当政府的外汇储备降低到一定程度时，投机者预期政府将无法继续维持固定汇率，于是对该国货币进行更猛烈的攻击，导致政府放弃努力，货币大幅贬值，形成全面的货币危机。

（2）政府货币政策的失误容易引起金融危机尤其是银行业危机。弗里德曼认为，导致货币政策失误是导致金融动荡的根本原因。由于决定货币需求的主要因素是永久性收入，而永久性收入是较为稳定的，因此货币需求也相对稳定。于是，货币供给就决定了物价水平和产出。货币供给是政府通过货币政策进行调节的，所以金融动荡的根源在于货币政策。货币政策的失误可能会导致金融系统中的较小问题演化为金融危机，例如1929年美国的大危机就是因为联储错误地实施了紧缩性的货币政策所导致的。事实上，弗里德曼一向强调货币政策"单一规则"就是由于这样的原因。

布拉尔纳和梅尔泽尔（Brunner & Meltzer）同样从货币政策的角度对金融危机的生成进行解释，他们认为货币存量增加的速度可能会导致金融危机。突发性的货币大幅度紧缩会迫使银行为了维持流动性所需的储备而大量出售资产，使得资产价格下降，同时利率上升。利率的上升又增加了银行的融资成本，使得银行的偿付能力进一步减弱，存款人对于银行丧失信心。由此而导致的大批银行倒闭会降低银行体系的信用创造能力，使得货币供给进一步紧缩,进而导致全面的金融危机。

4. 其他影响因素

上述三方面的观点只是从理论层面为金融危机的形成机制提供了解释,随着经济的快速发展,产生了许多新的因素,它们都能够引发局部或全面的金融危机。

金融创新过度也会引发金融危机。现代金融创新以衍生金融工具为主,这些工具的诞生为投机者提供了操纵市场的手段。过度的金融创新使得金融机构的表外业务份额增大,这些表外业务在给金融机构带来高收益的同时,也无形中增大了经营的风险。另一方面,衍生工具创造出了大量的金融杠杆,使得市场更容易被操纵,资产价格波动更为剧烈,从而严重影响了金融市场的稳定。

另外一个导致金融危机的重要因素是虚拟经济。金融的结构是一个"倒三角"的形式:最下层是实际物质产品,第二层是商品和服务,第三层是名义金融资产如债务、股票等,最上层则是金融衍生品和虚拟资本。在这个倒三角中,上一层的财富依靠下一层所提供的收入才能发展,因此,金融体系的稳定性最终就完全建立在对货币资产转变为实物是否具有信心的基础之上。一旦下层的实物经济无力支持上层的虚拟经济,信心的丧失将使得整个金融体系发生崩溃。

 参考资料　金融危机的扩散

近年来,随着国际经济一体化的发展,各国在经济、金融方面的联系越来越密切,导致金融危机扩散(contagion)日渐成为一种普遍现象:危机一旦爆发,将不仅限于危机国家内部,而且迅速扩散到其他国家和地区,演变成区域性甚至是全球性的金融危机。1994—1995年、1997年和1998年分别爆发于墨西哥、泰国和俄罗斯的金融危机都是如此。

以1997年亚洲金融危机为例,自7月2日泰国放弃泰铢与美元挂钩以来,危机迅速扩散,愈演愈烈,亚洲一些国家和地区的外汇市场、资本市场相继出现大幅波动。7月11日,菲律宾比索也自由浮动;14日,马来西亚放弃捍卫其货币林吉特的努力;8月14日,印度尼西亚盾开始自由浮动;10月,台湾省新台币贬值,市场对香港联系汇率制的信心也开始动摇,短短几天之内,恒生指数暴跌30%;11月7日,韩圆大幅波动,韩国股市急剧下泻;11月24日,日本第四大证券公司——山一证券破产,随后东京股市大跌,许多企业、金融机构纷纷申请破产。至此,破坏力极大的区域性金融风暴已经形成。

重要问题 2　金融危机是怎样形成的?

金融危机的形成原因主要来自于金融交易行为、金融市场运行和政府政策影响三方面。首先,市场中的过度交易和人们的理性预期可能会导致金融危机;其次,金融系统运行中的债务——通货紧缩机制、银行经营风险、信息不对称等因素可能引发金融危机;另外,政府政策在金融危机形成中的作用也不可忽视。

除此之外,金融创新和虚拟经济的发展也有可能触发金融危机。

第三节　金融监管

 重要问题

1. 什么是金融监管,它的目标是什么?
2. 金融监管体系是怎样构成的?
3. 主要的行业监管有哪些?

为了防范金融危机,维持金融稳定,有效的金融监管是必不可少的。那么,什么是金融监管呢? 在回答这个问题的基础上,我们将对金融监管展开深入的分析。

一、什么是金融监管

对于金融监管的概念有不同的认识,主要的观点有"监督管理观"、"金融抑制观"、"金融制度观"和"管制观"。其中较为合理的是从管制学角度提出的定义,即金融监管是指金融当局制定并执行一些规则和行为规范,以直接干预金融市场的资源配置,或间接改变金融机构和金融产品消费者的供需决策。金融监管的主要内容通常包括对市场准入和退出条件、市场价格、行为方式和风险程度的控制,它们通过一系列法规和必要的检查、管制来实现。

金融监管的目标主要有三个:(1)确保金融机构的稳健经营和金融安全;(2)提高金融制度的运行效率;(3)优化金融结构。这三个目标反映了金融制度结构三个子系统的相互影响,也反映了金融监管的深层次原因。

> **网络资源**
> 金融监管网
> www.banksupervision.net
> 提供了金融监管的多方面信息。

> **金融监管**
> 金融当局制定并执行一些规则和行为规范,以直接干预金融市场的资源配置,或间接改变金融机构和金融产品消费者的供需决策。

> **重要问题1　什么是金融监管,它的目标是什么?**
>
> 　　金融监管是指金融当局制定并执行一些规则和行为规范,以直接干预金融市场的资源配置,或间接改变金融机构和金融产品消费者的供需决策。金融监管的主要内容通常包括对市场准入和退出条件、市场价格、行为方式和风险程度的控制。
> 　　金融监管的目标主要有三个:(1)确保金融机构的稳健经营和金融安全;(2)提高金融制度的运行效率;(3)优化金融结构。

二、金融监管体系

金融监管体系
它是指有关金融监管的职责划分和权利分配的组织体系。

　　金融监管体系是现代金融体系中的重要组成部分,它是指有关金融监管的职责划分和权利分配的组织体系,它的健全完善是实现有效金融监管的前提条件。金融监管体系最早起源于美国,因而在美国也发展得相对最为完善。

　　金融监管体系通常包括三方面的内容,即外部监管、行业自律和金融机构内部控制。其中,外部监管是金融监管的主要部分,金融机构的内部控制是金融监管的基础,而行业自律是必要的补充。

　　作为金融监管主体的金融机构外部监管,在金融监管体系中居于核心地位。因此,要完善金融监管体系,首先应当完善外部监管。外部监管一般包括监管模式和组织结构的设置。监管模式通常根据各国金融系统的特点和发展情况来设置。通常而言,由于中央银行是主要的外部金融监管机构,因此外部监管的模式基本上同中央银行的组织形式相对应,可以分为"双线多头"模式、"一线多头"模式、高度集中的单一模式和跨国金融监管模式。就外部监管的组织形式来看,主要区分为分业监管和统一监管。

　　金融机构的行业自律能够避免金融机构之间的无序和过度竞争,维持良好的金融行业秩序。行业自律主要通过金融业的行业协会,以及某些金融系统的同业组织(如英国的银行家协会、中国的期货行业协会等)来进行。行业组织通过制定公约或行为规范,对其成员加强约束,同时协调各方面的关系,有效地沟通金融监管当局和金融机构之间的信息,成为两者之间联系的桥梁,提高金融监管的效率。

　　金融机构的内部控制是一个金融监管体系所必不可少的,它是金融监管体系的微观基础。所谓的金融机构内部控制,就是指金融机构为了完成既定的工作目标和防范风险,对内部各职能部门及其工作人员从事的业务活动进行风险控制、制度管理和相互制约。只有各金融机构建立良好的内控机制,才能够使外部监管和行业自律发挥更大的效力,从而保证金融系统平稳运行,有效地防范金融风险。

重要问题 2　金融监管体系是怎样构成的?

金融监管体系通常由外部监管、行业自律和金融机构内部控制三部分组成,其中外部监管是主体,金融机构内部控制是基础,行业自律是必要补充。

 参考资料　国外金融监管体制扫描

1. 美国

由于历史原因,美国的银行监管体制相当复杂。

首先,由于银行实行国法银行和州法银行("国法银行"亦称"国民银行",指依照联邦法律登记注册的银行;"州法银行"指依照各州法律登记注册的银行,而并非州立银行)并存的双重银行体制,因此法律不仅赋予联邦政府以监管商业银行的职能,而且也授权各州政府行使监管职责。因此,除美国财政部下设的货币监管总署(OCC)以外,各州政府均设立了银行监管机构,形成了联邦和州政府的双线监管体制。OCC和州银行监管当局成为美国银行最主要的两个基本监管者。

其次,美联储、联邦存款保险公司(FDIC)、司法部、证券交易委员会(SEC)、期货交易委员会、储蓄机构监管办公室(OTS)、国家信用合作管理局(NCUA)、联邦交易委员会(FTC)、州保险监管署(SIC),甚至联邦调查局等机构也都从各自的职责出发对商业银行进行监督和管理。其中,美联储、FDIC是两类最主要的监管机构。美联储对所有成员银行均负有直接的、基本的监管职能。同时,美联储还是银行控股公司和金融控股公司的基本监管者,负责发放这两类公司的营业执照。为保证投保银行乃至整个金融体系的安全和稳健运营,降低风险,FDIC除了进行存款保险以外,还兼有金融检查、金融预警的职能,并对投保银行(特别是6 000个州非联储成员银行)实施严格的直接监管。

2. 英国

2000年,英国议会通过了新的金融法,2001年11月,又通过了新金融法的细则,并从12月1日起执行。英国成为世界上第一个实行统一金融监管的国家,这场金融监管改革被西方舆论称为"金融大爆炸",并被一些全球性的投资机构称为"革命性"的改革。

英国新的统一金融监管制度主要体现在金融监管局(Financial Service Authority)的功能上。金融监管局既要为英国的金融服务法制定执行的细则,又要监管银行、住房基金、保险公司、证券公司等各种金融机构的金融活动,决定惩罚与处置,是个权力很大的二级立法及执行机构,现有2 200名雇员,70%来自原英格兰银行的监管部门,其余来自其他监管机构。将来,金融监管局要增加到5 000多人。金融监管局是一个非营利性机构,经费来源完全靠收费。金融监管局虽有很大的独立性,但它与英格兰银行及财政部也有很多密切的关系。

3. 日本

以1998年通过《新日本银行法》为新的起点,日本开始对其金融监管体制进行大幅度的机构调整和改革。修改后的法案使日本银行与政府(大藏省)的关系发生了根本性变化,将长期以来一直为政府(大藏省)所拥有的业务指令权、日本银行高级职员的罢免权等统统废除,日本银行的独立性大大增强。2001年1月,在全面推行政府机构改革时,日本撤销了金融再生委员会,并将金融厅升格为内阁府的外设局,独立地全面负责金融监管业务,包括:对金融机构的检查和监督、金融制度改革的重大决策、制定与民间金融机构的国际业务相关的金融制度(含金融破产处置制度和危机管理制度)、检查企业财务制度以及金融再生委员会的遗留工作等;同时,协助财务省(原大藏省)共同对存款保险机构进行监督。

此外,日本在此次金融监管体制改革中,一方面,注意缩小行政监管部门的监管权限和范围,将其许可权限定在金融制度(宏观政策和法律法规)的完善,以及对金融机构的行为合规性和风险度方面的监管等领域,不再干预金融机构的具体业务。金融厅的监管方式也由过去的行业监管改为职能监管,在职能监管部门之下再细分行业进行检查与监督。另一方面,努力强化市场的约束机能,规范金融机构的信息披露制度,提高金融机构的透明度,完善企业会计制度准则,加强会计师事务所等中介服务机构在社会监管中的作用。至2001年,一个以金融厅为核心、独立的中央银行和存款保险机构共同参与、地方财务局等受托监管的新的金融监管体制基本框架已经初步形成。

三、主要的行业监管

1. 银行业监管

对于银行业的监管主要包括市场准入监管、银行日常监管和问题银行监管。

(1) 市场准入监管。金融机构的市场准入包括三个方面:机构准入,业务准入和高级管理人员准入。对市场准入的控制是保证银行体系安全运行的重要预防性制度,因为监管机构对新的金融机构的了解不可能多于金融机构本身,因此在新的金融机构进入市场之后,很可能会出现道德风险问题。对于市场准入的监管目的就在于解决这种信息不对称的问题,达到既能防止过度竞争,又不损害银行经营效率的目的。

(2) 银行日常监管。日常监管是对银行在正常经营期间内日常业务活动的监管,它的目的是通过各种检查手段分析银行业务经营状况,发现银行运营中的潜在风险。对于银行日常经营的监管应当遵循审慎性原则,促进商业银行经营安全性、流动性和盈利性的统一。通常的做法是设计适当的指标体系,对银行的业务经营和财务状况进行监控,这方面国际银行业所公认的较为权威的监管标准是《巴塞尔协议》。

网络资源
国际清算银行巴塞尔委员会
www.bis.org/bcbs

由于信息不对称问题,例如信息真实性问题、银行道德风险问题和经理人道德风险问题等,可能会影响监管的效果,因此在外部指标监管的同时,还应当加强商业银行的自律,设计某种激励机制使其自愿稳健经营。

(3) 问题银行监管。问题银行是指这样几种银行:① 出现了财务困难;② 某些指标达不到监管标准;③ 遇到暂时的流动性困难甚至是挤兑。这一类银行所面临的问题如果恶化下去,可能会导致它们的破产倒闭,影响公众对金融系统的信心,引起连锁反应,最终造成金融恐慌。因此,对于问题银行的监管就尤为重要,其关键目标是维持公众对银行体系的目标。

问题银行监管主要包括纠正性监管、救助性监管和市场退出监管,它们分别对应于银行的问题较轻、银行的问题较严重和银行经救助无效、已陷入危机三种不同的阶段。金融监管机构应当根据具体情况选择适当的监管措施,并权衡监管的成本和收益问题,尤其是在实施救助性监管和市场退出监管时。

参考资料　国际银行业监管的"圣经"——《巴塞尔协议》

《巴塞尔协议》是世界各国银行监管中普遍采用的准则,从1975年底一个《巴塞尔协议》雏形的诞生到1988年的《巴塞尔协议》,再到2005年《新巴塞尔协议》的正式实施,《巴塞尔协议》的内容不断进行着完善。

《巴塞尔协议》的出台源于前联邦德国赫尔斯塔银行(Herstatt Bank)和美国富兰克林国民银行(Franklin National Bank)这两家著名的国际性银行的倒闭。这使得监管机构在惊愕之余开始全面审视拥有广泛国际业务的银行监管问题。

1975年9月,第一个《巴塞尔协议》出台。这个协议极为简单,核心内容就是针对国际性银行监管主体缺位的现实,1983年5月,修改后的《巴塞尔协议》推出,对前一个协议进行了具体化和细化。

《巴塞尔协议》的实质性进步体现在1988年7月通过的《关于统一国际银行的资本计算和资本标准的协议》(即通常意义上的《巴塞尔协议》)。该协议主要有四部分内容:(1) 资本的分类;(2) 风险权重的计算标准；(3) 1992年资本与资产的标准比例和过渡期的实施安排；(4) 各国监管当局自由决定的范围。体现协议核心思想的是前两项。首先是资本的分类，也就是将银行的资本划分为核心资本和附属资本两类，对各类资本按照各自不同的特点进行明确地界定。其次是风险权重的计算标准，报告根据资产类别、性质以及债务主体的不同，将银行资产负债表的表内和表外项目划分为0%、20%、50%和100%四个风险档次。风险权重划分的目的是为衡量资本标准服务。有了风险权重，报告所确定的资本对风险资产8%（其中核心资本对风险资产的比重不低于4%）的标准目标比率才具有实实在在的意义。可见，《巴塞尔协议》的核心内容是资本的分类。也正因为如此，许多人直接就将《巴塞尔协议》称为资本充足率协议。

随着金融业的迅速变革，1988年制定的《巴塞尔协议》已经难以解决银行实践中出现的许多新问题。因此，巴塞尔委员会对报告进行了长时期、大面积的修改与补充，如：重新详细定义了可计入银行资本用以计算资本充足率的普通准备金与坏账准备金，以确保用于弥补未来不确定损失的准备金计入附属资本，而将那些用于弥补已确认损失的准备金排除在外；改变《巴塞尔协议》中对所有经合组织成员国均确定零主权风险权重这一极其简单化的衡量方法，于1994年6月重新规定对OECD成员国资产的风险权重，并调低了墨西哥、土耳其、韩国等国家的信用等级；提升对市场风险的认识。在1995年4月对银行某些表外业务的风险权重进行了调整，并在1996年1月推出《资本协议关于市场风险的补充规定》。这一规定改变了《巴塞尔协议》中将表外业务比照表内资产确定风险权重并相应计提资本金的简单做法，提出了两种计量风险的办法：标准计量法和内部模型计量法。

1997年7月爆发的东南亚金融风暴引发了巴塞尔委员会对金融风险的全面而深入的思考。1997年9月推出的《有效银行监管的核心原则》表明巴塞尔委员会已经确立了全面风险管理的理念，它为此后《巴塞尔协议》的完善提供了一个具有实质性意义的监管框架，为新协议的全面深化留下了宽广的空间。

巴塞尔委员会彻底修改资本协议的工作是从1998年开始的。2004年6月26日，十国集团的央行行长们一致通过了备受争议的《资本计量和资本标准的国际协议：修订框架》，即《巴塞尔新资本协议》的最终稿，它以资本充足率、监管部门监督检查和市场纪律作为三大支柱。

(1) 最低资本要求。巴塞尔委员会继承了旧《巴塞尔协议》以资本充足率为核心的监管思路，将资本金要求视为最重要的支柱，但是拓展了风险范畴，考虑了市场风险和操作风险，并且改进了风险和资本的计量方法。

(2) 监管部门的监督检查。《新巴塞尔协议》强化了各国金融监管当局的职责，提出了较为详尽的配套措施。这反映出巴塞尔委员会仍然没有轻视银行作为利益主体利用信息的不对称作出违背监管规则的逆向选择，并由此产生道德风险的问题。

(3) 市场约束。《新巴塞尔协议》更多地从公司治理的角度来看待银行，强调以市场的力量来约束银行。资本充足状况和风险控制能力及控制记录良好的银行能以更优惠的价格和条件从市场上获取资源，而风险程度偏高的银行则往往要支付更高的风险溢价、提供额外的担保或采取其他保全措施。新协议以推进信息披露来确保市场对银行的约束效果，并首先提出了全面信息披露的理念。

2. 证券市场监管

证券市场是一个金融的公开市场，由上市公司、投资者、金融中介机构、自我管理机构(如证券交易所等)和政府监管部门等多方利益主体组成。因此，这个市场的震荡将对整个金融系统乃至国民经济整体产生极大的影响。而证券市场交易标的物的特点又导致了其内在的不稳定性：同其他金融市场相比，证券市场价格的不确定性更大，价格波动也更为频繁和剧烈。这就使得证券市场具有高度的投机性和高风险性，从而蕴含了爆发危机的可能性。正是因为这样，对于证券市场的监管就必不可少。

对于证券市场的监管主要包括对证券交易所的监管、对证券发行的监管、对证券交易的监管以及对信息披露的监管。

网络资源
中国证券监督管理委员会
www.csrc.gov.cn

3. 保险市场监管

保险业是经营风险的行业，它的存在虽然是为了防范或减少风险，但其本身也存在着巨大的风险，尤其是保险公司出现偿付问题时，因此有必要对其实施有力的监管。对于保险市场的监管主要包括对保险机构的监管和对保险业务的监管。

重要问题 3　主要的行业监管有哪些？

主要的行业监管包括对银行业的监管、对证券市场的监管和对保险市场的监管。由于市场各自的特点，对于它们的监管也不尽相同。对于银行业的监管包括银行准入监管、银行日常监管和问题银行监管，对证券市场的监管包括对证券交易所的监管、对证券发行的监管、对证券交易的监管和对信息披露的监管，对保险市场的监管则包括对保险机构的监管和对保险业务的监管。

本章小结

狭义的金融脆弱性是指金融业一向是以高资产负债率进行运作的,从而经营中的风险就极易导致行业的损失乃至崩溃;广义上的金融脆弱性则是指在金融系统中的一切风险积累。人们对于金融脆弱性的成因从借贷市场、市场交易、信息不对称等角度进行了解释。

金融危机是金融脆弱性到达一定程度所导致的金融市场部分或全部丧失功能,经济活动急剧减弱的现象。金融危机具有马太性、连锁性和破坏性的基本特征。金融危机可以分为货币危机、银行业危机和外债危机。金融危机的形成原因主要来自于金融交易行为、金融市场运行和政府政策影响三方面。除此之外,金融创新和虚拟经济的发展也会触发金融危机。防范金融危机可以从以下几个方面进行努力:(1)提高金融系统安全性;(2)选择适当的金融开放战略;(3)建立有效的金融危机预警机制;(4)进行合理的政策搭配;(5)加强金融监管。

金融监管是指金融当局制定并执行一些规则和行为规范,以直接干预金融市场的资源配置,或间接改变金融机构和金融产品消费者的供需决策。金融监管的主要内容通常包括对市场准入和退出条件、市场价格、行为方式和风险程度的控制。金融监管的目标主要有三个:金融稳定,金融效率和金融发展。

金融监管体系通常由外部监管、行业自律和金融机构内部控制三部分组成,其中外部监管是主体,金融机构内部控制是基础,行业自律是必要补充。金融监管体系能够降低金融系统的风险,促进金融机构的良性竞争,并且为货币政策实施创造良好的金融环境。

金融监管制度的设计应当以前瞻性、低成本和灵活性作为标准。主要的金融监管制度有:正规的金融监管和非正规的金融监管,机构型金融监管和功能型金融监管,以及分业监管和统一监管。

主要的行业监管包括对银行业的监管、对证券市场的监管和对保险市场的监管。由于市场各自的特点,对于它们的监管也不尽相同。对于银行业的监管包括银行准入监管、银行日常监管和问题银行监管,对证券市场的监管包括对证券交易所的监管、对证券发行的监管、对证券交易的监管和对信息披露的监管,对保险市场的监管则包括对保险机构的监管和对保险业务的监管。

复习思考题

1. 金融脆弱性的来源是什么,它能够被消除吗?
2. 金融风险、金融脆弱性和金融危机之间有什么关系?
3. 结合近年来国际上较严重的几次金融危机讨论一下金融危机的形成机理,简要比较各次金融危机的形成原因。
4. 在1997年的亚洲金融危机中,中国采取了什么样的措施,化解了外来的冲击和影响?

5. 一些学者认为,中国的金融体系极不稳定,在不久的将来金融危机是无法避免的。你是怎么看待这个问题的?联系我国现实讨论一下这个问题。

6. 金融监管体系中各个层次之间的关系是怎样的?

7. 如何选择合适的金融制度?就我国目前的金融环境来看,你认为我国应当选择什么样的金融制度?

8. 目前世界上多数国家的金融监管出现了从分业监管向混业监管的过渡,如何看待这一现象?

9. 中国目前实行的分业和机构型监管,如果像中信和光大这样的金融控股公司迅速发展,将对我国现有的监管制度带来什么样的冲击?

网络学习导引

登录金融监管网www.banksupervison.net

1. 点击进入"监管动态",了解金融监管的最新动态,你认为这些措施对金融业的运行将会产生怎样的影响;

2. 点击进入"理论探讨",选择一个感兴趣的话题发表自己的观点,进行讨论。

讨论课题

1. 结合我国金融系统现状和金融监管制度的变革,讨论一下金融稳定和金融监管之间有什么样的关系。

2. 目前我国金融系统的稳定性如何,在金融运行中存在哪些隐患?对此我国的金融监管系统能够有效发挥其功能吗?

第十五章

金融发展

学习目标
- 理解金融发展的概念和内涵
- 了解金融创新的含义、内容、动因及其影响
- 了解金融深化的概念、动因及其影响
- 理解金融优化的概念和内容,了解其现状和发展趋势

基本概念

金融发展　金融深化　金融抑制　金融创新　金融优化

参考资料
- 金融深化的理论分析
- 20世纪70年代之后的金融深化浪潮
- 金融约束
- 金融创新的历史考察
- 银行会消亡吗?
- 中国的金融优化

金融发展(financial development)是指通过完善金融系统的功能,提高金融系统的效率,使得金融系统更为充分地发挥出对经济发展的促进作用。为了达到这个目标,一方面需要减少对金融活动的压制与扭曲,鼓励金融机构与金融市场的发育,使得金融系统的功能能够得到正常发挥,这就是金融深化问题;另一方面是推动金融系统内各项要素的重新组合与设计,通过创新来完善金融系统的功能,这就是金融创新问题;还有就是通过对整个金融系统的结构与模式的优化,来达到充分发挥金融系统功能的目的,我们称此为金融优化。

因此,本章的内容将从金融深化、金融创新和金融优化三方面展开。

第一节 金融深化

重要问题
1. 金融深化的动因是什么?
2. 金融深化是什么,它包括哪些内容?
3. 金融深化措施及其理论有什么影响?

要促进金融发展,首先应当解决金融系统中的人为压制和扭曲,使得金融系统的功能能够得到正常发挥。金融深化正是解决这一问题的措施。

一、金融深化的动因——金融抑制

金融深化战略的提出并非空穴来风,它所针对的是发展中国家的金融抑制现象。金融抑制(financial repress)的概念是罗纳德·麦金农和爱德华·肖在20世纪70年代研究发展中国家金融发展和经济增长之间关系时提出来的,是指一国由于政府过多或不当的金融管制而人为地导致金融体系不健全,金融市场机制部分失效,并阻碍着经济的正常增长和发展,从而形成恶性循环。

金融抑制通常是针对发展中国家的特定现象,它的主要表现是:(1)金融市场不健全,直接融资市场较为落后,并且主要作为政府融资的工具而存在,企业的资金来源主要依靠内源融资和银行贷款;(2)银行在金融系统中占据主导地位,非银行金融机构不发达,并且金融机构的专业化程度和效率较低;(3)金融工具单调,规模有限;(4)金融系统存在明显的"二元结构",即同时存在以大城市和经济发达地区为中心的由现代大银行为代表的现代部门和以落后的农村为中心的由钱庄、当铺、合会等为代表的传统部门;(5)政府对金融实施严格的管制,使得利率、汇率等资产价格被人为扭曲(通常表现为规定利率上限和高估本币),金融效率低下。

金融发展
政府采取措施,以有效地完善金融系统的功能,提高金融系统的效率,使得金融系统更为充分地发挥出对经济发展的促进作用。

网络资源
www. worldbank. org
世界银行网站提供了世界各地区的经济金融发展数据,以及对于世界金融发展的展望和预测。

金融抑制
一国由于政府过多或不当的金融管制而人为地导致金融体系不健全,金融市场机制部分失效,并阻碍着经济的正常增长和发展,从而形成恶性循环。

金融抑制之所以在发展中国家广泛存在,主要源于两方面的原因:首先是发展中国家经济的分割性。这主要表现在生产要素分散、市场割裂、各行业生产效率和投资收益率差别较大,它使得资金难以通过统一的金融市场流通,因而投资多限于本行业中,并且用于投资的资本多数来源于企业内部的积累。这种内源融资的盛行减少了企业和个人的储蓄倾向,导致社会总储蓄不足,从而影响再投资能力,限制了经济的发展,并且为政府的行政干预提供了借口。其次则是政府由于对自由经济的恐惧而施加的过多干预。政府的过度管制既是金融抑制的表现,也是金融抑制的原因之一。

金融抑制会对收入、储蓄、投资和就业产生一系列的负面作用,从而严重制约着发展中国家的经济增长。因此,为了促进经济增长,发展中国家必须解除对金融业的不适当管制,实施以金融自由化为主要内容的金融深化政策,打破金融抑制所带来的恶性循环。

重要问题1　金融深化的动因是什么?

金融深化是针对发展中国家的金融抑制现象提出的。金融抑制就是指一国由于政府过多或不当的金融管制而人为地导致金融体系不健全,金融市场机制部分失效,并阻碍着经济的正常增长和发展,从而形成恶性循环。它的主要表现是:(1)直接融资市场较为落后;(2)银行在金融系统中占据主导地位;(3)金融工具单调;(4)金融系统存在明显的"二元结构";(5)政府对金融实施严格的管制。

二、金融深化的具体含义

金融深化是罗纳德·麦金农(R. I. Mckinnon)和爱德华·肖(E. S. Shaw)针对发展中国家金融现状提出的金融发展战略,它是指政府放弃不适当的干预政策,取消对金融系统的严格管制,使得市场机制发挥应有的作用,以此促进金融系统的正常运转和功能的实现,为金融发展和经济增长的良性循环创造条件。

☞ **金融深化**
政府放弃不适当的干预政策,取消对金融系统的严格管制,使得市场机制发挥应有的作用,以此促进金融系统的正常运转和功能的实现,为金融发展和经济增长的良性循环创造条件。

金融深化的主要措施是金融自由化,通常包括:(1)放松利率管制,控制名义货币的增长率。取消利率上限能够保证货币的实际收益率为正,有助于吸收储蓄,促进投资并优化投资结构。较高的利率会使得资金流向效益较好的企业,有利于资本的优化配置;同时较高的利率也使得借款企业努力改进技术,提高资本效率。放松利率管制并不意味着政府放松宏观金融调控,政府应当转而以名义货币量作为调节目标,有效减少过多的货币所带来的通货膨胀。(2)放松对汇率和资本流动的限制。发展中国家经济对进口依赖性较强,因此常常高估本币以促进进口。将高估的货币贬值,可以有效地减少对外汇的过度需求,并刺激出口,改善国际收支状况。而开放资本账户则能够吸引大量的外资以发展本国经济。当然,对于汇率和资本账户的放开必须谨慎对待,以免外部不稳定因素对国内经济造成巨大冲击。(3)增强金融市场活力。通过减少金融审批限制增加金融机构数量,从而促进金融市场同业竞争;通过发展直接融资工具等金融工具活跃市场交易等等。

另外,金融深化的进行还需要财政改革尤其是税收改革的大力配合,因为税收降低了人们的实际收入水平,削弱了社会储蓄的基础,同时财政补贴和信贷配给又加剧了社会财富分配的不公平。因此,一方面应当合理规划财政税收,例如降低存款利息税以增大人们的储蓄倾向;另一方面,应减少不必要的财政补贴和配给,代之以按照市场利率发放的贷款,以强化金融体系的资金集散功能。

 参考资料　金融深化的理论分析

麦金农的金融深化理论是建立在货币与实物资本的互补性假说基础之上的。传统理论通常认为,货币和实物资本作为两种不同的财富持有形式,是相互竞争的替代品。麦金农却认为,一方面发展中国家金融市场不发达,企业的资金主要来自内源融资;另一方面投资具有不可分割性,因为投资必须达到一定规模才能获得收益,所以投资者必须是在具备相应规模的资源以后才进行一次性的投资,而不可能进行零碎的、不连续的投资。

在企业仅限于内源融资的前提下,投资的不可分割性使得潜在的投资者必须为其投资积累足够的货币余额。因此,对实物资本需求越高的经济主体,其货币需求也越大。在这样的情况下,货币和实物资本就是互补品,而不是传统理论所说的替代品。

在此基础上,麦金农提出了适用于发展中国家的货币需求函数:

$$(M/P)^d = L(Y, I/Y, d-\pi^e)$$

式中,$(M/P)^d$是实际货币需求,Y表示收入,I为投资,d是各类存款利率的加权平均,π^e是预期的通货膨胀率,则$d-\pi^e$就是货币的实际收益率。

I/Y与实际货币需求正相关,体现了发展中国家货币与实物资本的互补性。$d-\pi^e$与货币需求也是正相关关系,因为货币的实际收益率越高,人们对于货币的实际需求也就越大。

在发展中国家普遍存在的严格利率管制和通货膨胀条件下,实际利率往往为负数,这制约了货币需求,当然也就制约了金融系统的发展。因此,金融深化的首要任务应当是保持较高的货币实际收益率,以此刺激人们对实际货币余额M/P的需求。

麦金农的另一个结论是投资和存款货币的实际利率在一定条件下正相关,其函数表达式为

$$I/Y=f(r, d-\pi^e)$$

式中,r为实物资本的平均收益率,它与投资需求正相关,这是从传统理论中得出的结论。而麦金农则认为,货币存款的实际利率$d-\pi^e$也可能对投资产生正向的影响。

当货币存款的实际利率低于投资收益率r时,实际利率的上升会增强人们储蓄的意愿,储蓄的增长将刺激投资上升。这种实际利率对投资的正向影响称为"导管效应"(tube effect),它说明货币在一定条件下是资本积累的一种渠道,而不是实物资本的替代品。当实际利率高于投资收益率时,人们更愿意持有货币,而不是进行投资,这时货币与实物资本之间将是替代的关系。这种实际利率对于投资的负向影响就是传统的"替代效应"。

导管效应和替代效应的关系反映在图15-1中。

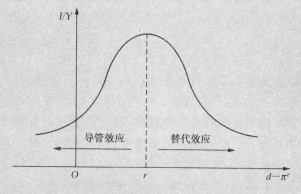

图15-1 发展中国家投资与利率的关系

重要问题2 金融深化是什么,它包括哪些内容?

金融深化是指政府放弃不适当的干预政策,取消对金融系统的严格管制,使得市场机制发挥应有的作用,以此促进金融系统的正常运转和功能的实现,为金融发展和经济增长的良性循环创造条件。

金融深化的主要措施是金融自由化,主要包括:(1)放松利率管制,控制名义货币的增长率。(2)放松对汇率和资本流动的限制。(3)增强金融市场活力。另外,金融深化的进行还需要财政改革尤其是税收改革的大力配合。

三、金融深化的影响

1. 金融深化对经济的促进作用

以金融自由化为主要内容的金融深化能够消除金融抑制现象,促进金融和经济的健康发展。根据爱德华·肖的观点,金融深化政策具有的正面影响主要有以下五方面。

第一,取消利率管制将使得储蓄的实际收益率上升,从而提高人们的储蓄倾向,通过"导管效应"使得储蓄增加。在放松资本管制的情况下,如果国内的利率高于国际金融市场利率,还会吸引大量的外资投入。

第二,利率作为一种相对价格,引导着资金的流向。当对于利率的管制取消后,政府对于资金的行政性分配减少,利率将更有效地发挥其作用,使得资金流向高收益的投资项目,从而提高投资的效率。

第三,利率管制的取消能够促进就业。发展中国家的失业,在某种程度上是由于利率被人为压低,储蓄不足而导致了资金的短缺。更严重的是,这些短缺的资金往往又被大量投入到资本密集型的产业。利率自由化能够缓解这种状况。

第四,金融自由化能够促进收入分配的平等。它通过提高就业来增加工资收入的份额,可以减少拥有特权的少数进口商、银行借款者和资源消费者的垄断收入。

第五,金融自由化改善了国际收支状况,因而使得经济对国际金融市场的波动有了更强的抵抗力。并且储蓄的增加能够改善财政收支,减少财政对通货膨胀政策的依赖,从而为稳定的货币政策提供了条件。

参考资料 20 世纪 70 年代之后的金融深化浪潮

从 20 世纪 70 年代起,世界上掀起了一股金融深化的浪潮,许多发展中国家纷纷着手进行利率自由化的改革。其中有成功的案例,当然不乏失败者。我们来考察这四个较为典型的亚洲国家:韩国、印度尼西亚、泰国和印度。前三个国家在亚洲金融危机中未能幸免,而利率自由化又都在危机前的 80、90 年代完成,需要特别关注。而印度既躲过了危机,利率自由化改革又进展得较顺利,至今颇为成功。另外,智利作为拉美发展中国家的代表,其利率自由化改革案例具备典型性。

1. 韩国

1986—1988 年韩国经济还在快速增长,资金需求旺盛,但到了 1989 年,宏观经济形势恶化,市场利率急剧上升。于是韩国政府于 1981 年放开商业票据贴现利率,1984 年实现银行间拆借利率和未担保的企业债券发行利率自由化,1986 年 3 月完成大额存单利率、有担保的企业债券利率和金融债的利率自由化,1988年12月放开除一些政策性贷款外的所有贷款利率和两年期以上的存款利率。然而改革的效果并不理想,到1989年,市场利率大幅上升,韩国政府不得不对利率重新施加管制。第一次利率自由化改革宣告失败。

1991年韩国经济增长放缓,资金需求缓和,市场利率与管制利率的差距缩小。因此,韩国政府从1991年11月开始了第二次利率自由化改革。这次改革采取渐进方式,特点是较早地、一次性地放开了贷款利率,存款利率和债券利率大致遵循从长期到短期、从大额到小额的顺序。但是,在1997年受到亚洲金融危机的影响,存贷款利率大幅上升,并随之发生金融危机。

2. 印度尼西亚

20世纪七八十年代石油价格的大幅涨跌使其宏观经济极不稳定,金融体系业受到极大影响。在1983年一次性放开所有存贷款利率限制之后,实际贷款利率长期高达10%—15%。继1997年亚洲金融危机之后,道德风险导致银行坏账愈积愈重,导致了1990—1991年的银行支付危机。

3. 泰国

20世纪80年代前半期,泰国出现了严重的金融系统危机,实行了一系列政策以恢复经济和金融稳定:1989年放开了一年期以上定期存款的利率上限,1990年3月放开了所有定期存款的利率上限,1992年1月取消了储蓄存款的利率上限,1992年6月取消所有贷款利率上限。这些措施使得国内利率与国际市场利率的联系日益紧密,同时也增大了国内金融系统的风险。1997年爆发了金融危机,并引发了多米诺骨牌效应,是亚洲金融危机的起源。

4. 印度

1991至1992年的银行系统支付危机之后,印度制订了稳定和自由化改革计划,较好地实现了经济的稳定增长和金融系统的发展,中央政府赤字保持在GDP的6%—10%。

改革前,存贷款利率处于完全管制状态。1988年将贷款利率上限改为下限,1992—1995年为定期存款利率设置上限并不断调整上限值,1992年后优先贷款利率逐渐放开并减少优先贷款种类,1994年放开20万卢比以上的贷款利率,1995—1997年从长期存款开始逐渐取消了定期存款利率上限,1998年有条件地放开20万卢比以上的贷款利率,等等。但是,政府对于包括储蓄存款利率、邮政储蓄利率、非居民持有的卢比存款和20万卢比以下的贷款利率等利率仍然保持管制。

5. 智利

在1973年武装推翻总统"阿连德"政权后的10年里,智利试图

> 从一个半封闭的、受政府干预过多的经济转化"自由化"世界中的一员,将大多数经济决策权交由市场力量来行使。
> 　　1974—1976年,其国内金融自由化改革几乎全部完成,银行私有(1976年完成)、利率自由决定(1977年6月全部放开)、资本账户开放(1979年6月开始,但对短期资本流入仍加以限制)。由于随后的银行危机,改革出现了反复。中央银行以公布指导性利率的形式宣布了第一轮自由化改革产生的市场化利率暂时废止,在银行业重组基本完成之后,中央银行于1987年取消了公布指导性利率的做法,转向主要通过公开市场操作来影响国内利率水平。
> 　　在改革后的头几年,经济增长速度加快、通货膨胀大幅度降低、财政赤字得到有效控制;但好景不长,由于利率放开后金融监管机制建设不力,加上银行改制后制度设计上的缺陷,出现了一个超高利率时期(1976—1982年),银行大量破产,政府在对银行进行了重组之后,进行了渐进式的第二轮改革,取得成功,经济进入健康发展的轨道。

2. 金融深化的局限性

任何事物都具有两面性,金融深化也不例外。在麦金农和肖提出金融深化理论的时候,事实上暗含了这样一个假设,即金融市场是完全竞争的,并且具有完全信息从而市场中的主体是理性的。这一理想的假定导致了金融深化不可避免的局限性。

首先,现实没有完全的金融市场,信息成本总是存在,尤其是在发展中国家。发展中国家的金融市场面临两大约束,一是利率限制导致的利率约束,一是信息不完全导致的信息约束。金融深化理论只重视前者,而忽视后者。由于信息约束,放任金融市场自由化会造成多方面的市场失灵,导致金融体系动荡。

其次,金融市场发展滞后对金融自由化存在制约。金融市场的落后是政府过度管制的原因,而过度管制又导致金融市场的更加落后。忽视市场落后,取消政府管制,就会带来市场混乱。金融深化理论主要研究和强调的是后者,忽视前者对放松政府管制,即金融深化过程的制约。超越或滞后金融市场发展的金融自由化都会给金融市场带来混乱和不稳定。

再次,金融深化使得国际流动资本对开放资本项目国家货币的投机更加容易,使小国经济或落后经济容易出现经常性的波动,它不仅没有起到稳定器的作用,相反任何促使经济增长的努力都被非正常的波动所侵蚀,这些国家为了经济的稳定,不得不采取适当的管制措施或非完全的金融深化措施。

最后,金融深化理论对于发展中国家并不一定适合。金融深化理论表面上研究的是发展中国家的金融问题,提出的政策主张应该适用于发展中国家的金融改革,但他们的研究对象是以私有制基础的完善的市场经济,实际上适用于发达资本主义国家。金融深化理论的政策主张和目标对于小国或经济落后国家而言并非是美好的,东南亚金融危机的爆发就是明证。

3. 金融深化理论的贡献

作为一种金融发展理论,金融深化论为发展中国家金融理论体系的发展和金融改革实践的推进做出了重大的贡献,提供了非常重要的启示。

第一,它强调金融在经济发展中的核心地位,将金融发展和经济增长联系了起来,从而修正了传统经济增长理论对金融业的忽视。

第二,它主张通过金融自由化,在增加货币需求的同时,扩大投资规模,优化投资结构,以保持经济持续稳定增长。另外,它提出了财政、外贸政策配套改革的一系列建议,要求减少人为干预,发挥市场机制作用,这些对发展中国家的经济改革都具有重要的参考价值。

第三,它揭示了依赖外资的危害性,指出过多的外资反而会削弱本国的经济基础,加剧对本国金融的抑制和扭曲,带来周期性的市场波动。因此,发展中国家应当对其内部资金潜力拥有信心,通过金融改革,提高金融系统效率,充分发挥金融机构作用,以此在国内市场满足资金的需求。

参考资料　金融约束

进入20世纪90年代,信息经济学的成就被广泛应用到各个领域,尤其是应用到政府行为的分析中。但是,很多经济学家分析了在信息不完全的前提下金融领域的"道德风险"和"逆向选择"等问题,托马斯·赫尔曼、凯文·穆尔多克、约瑟夫·斯蒂格利茨等人于1996年在麦金农和肖的金融深化理论基础上,提出了金融约束论,认为政府对金融部门选择性地干预有助于而不是阻碍了金融深化,提出经济落后、金融程度较低的发展中国家应实行金融约束政策,在一定的前提下(宏观经济稳定,通货膨胀率低并且可以预测的,正的实际利率),通过对存贷款利率加以控制、对市场准入及竞争加以限制以及对资产替代加以限制等措施,来为金融部门和生产部门创造租金,并提高金融体系运行的效率。

金融约束是一种选择性政府干预政策,政府金融政策制定的目的是在金融部门和生产部门创造租金机会,刺激金融部门和生产部门的发展,并促进金融深化。金融约束是与金融抑制截然不同的政策。金融约束的前提条件是稳定的宏观环境、较低的通货膨胀率、正的实际利率。最关键的是金融抑制是政府从金融部门攫取租金,而"金融约束的本质是政府通过一系列的金融政策在民间部门创造租金机会,而不是直接向民间部门提供补贴"。

租金创造并不一定要靠利率限制来达到,政府也可以采用金融准入政策、定向信贷和政府直接干预等创造租金,只要政府使银行和企业获得了超过竞争性市场所能得到的收益而政府并不瓜分利益,这就可以说政府为它们创造了租金。通过创造经济租金,使银行和企业股本增加,从而产生激励作用,增加社会利益。

金融约束的政策取向主要体现在以下三方面。

第一,政府应控制存贷款利率。即将存款利率控制在一个较低的水平上(但要保证实际存款利率为正值),减低银行成本,创造增加其"特许权价值"的租金机会,减少银行的道德风险,激励其长期经营。只要存款利率控制适度,则金融约束是有好处的;如果控制力度过大,资源配置将受到扭曲,金融约束将会蜕变为金融抑制。只要干预程度较轻,金融约束就会与经济增长正相关。

第二,严格的市场准入限制政策。严格的市场准入政策并不等于禁止一切的进入,而是指新的进入者不能侵占市场先入者的租金机会,如果没有市场准入的限制政策,银行数目的增加将使资金市场竞争加剧,租金下降,激烈的无序金融竞争会造成社会资源浪费,甚至还可以导致银行倒闭,危及金融体系的稳定。为保护这种租金不至于消散,一个重要的保护手段就是限制进入者的进入,以维持一个暂时的垄断性存款市场,对现有存款市场的少数进入者进行专属保护。严格的市场准入政策可提高金融体系的安全性,对整个社会经济具有重要的外部效应。

第三,限制资产替代性政策。即限制居民将正式金融部门中的存款化为其他资产,如证券、国外资产、非银行部门存款和实物资产等。金融约束论认为发展中国家证券市场尚不规范,非正式银行部门的制度结构薄弱,存款若从正式银行竞争流向非正式银行部门会减低资金使用效率,也不利于正式银行部门的发展。而资金若由居民部门移向国外,则会减少国内资金的供应,扩大国内资金的缺口,对国内经济尤为不利。

金融约束是发展中国家从金融压抑状态走向金融自由化过程中的一个过渡性政策,它针对发展中国家在经济转轨过程中存在的信息不畅、金融监管不力的状态,发挥政府在市场"失灵"下的作用,因此并不是与金融深化完全对立的政策,相反是金融深化理论的丰富与发展。

——资料来源:陈柳钦《金融发展理论与我国金融体系改革》,《经济评论》2003年2月。(有改动)

重要问题3　金融深化措施及其理论有什么影响?

金融深化对经济的促进作用表现在它能够刺激储蓄、投资和就业,促进收入分配的平等,改善国际收支状况,为稳定的货币政策提供条件。

金融深化的局限性来自于其理论的理想化假设,即完全市场的存在。现实中并不存在完全的金融市场,由于发展中国家金融市场的各种缺陷,使得过度放任的金融自由化会导致金融体系的动荡甚至危机。

作为一种理论,金融深化论强调了金融在经济发展中的核心地位,主张在增加货币需求的同时改善投资,以保持经济持续稳定增长。同时,它也指出了过分依赖外资的危害性。这些对于发展中国家的经济增长都具有非常强的参考价值。

第二节 金融创新

重要问题

1. 什么是金融创新?
2. 金融创新的主要内容有哪些?
3. 金融创新的动因是什么?
4. 金融创新有什么影响?

一、金融创新的含义

金融创新
对金融系统中各种金融要素进行重新组合和设计,从而使得金融系统能够更有效地发挥其功能。

金融创新(financial innovation)是指对金融系统中各种金融要素进行重新组合和设计,从而使得金融系统能够更有效地发挥其功能。金融创新有狭义和广义之分:狭义的金融创新就是指金融工具的创新,而广义的金融创新则包括金融工具、金融机构、金融市场和金融系统的创新。我们所说的金融创新通常仅仅针对金融工具而言,是狭义的金融创新。

最早的金融创新可以追溯到 12 世纪意大利商业银行的出现,18 世纪英国中央银行制度的建立,19 世纪支票的广泛使用等,20 世纪 50 年代离岸金融市场及离岸金融工具的出现标志着当代金融创新的开端,20 世纪中后期新的科学技术革命和金融管制的放松有力地推动了金融创新的发展。

重要问题 1　什么是金融创新?

金融创新是指对金融系统中各种金融要素进行重新组合和设

> 计,从而使得金融系统能够更有效地发挥其功能。狭义的金融创新就是指金融工具的创新,而广义的金融创新则包括金融工具、金融机构、金融市场和金融系统的创新。

二、金融创新的内容

从金融创新的概念来看,它主要包括金融工具的创新、金融机构的创新、金融市场的创新和金融系统的创新。

1. 金融工具的创新

按照国际清算银行的标准,金融创新可以划分为四类:(1)风险转移型创新。这是为了防范和转移经营或金融交易中的价格、利率等风险而对原有金融工具所进行的创新,主要有期货、期权、互换等,我们在第二章已经做过介绍。(2)增加流动性型创新。这种创新是针对一些流动性较差的金融工具,通过对其进行改造,增加其流动性,例如金融资产证券化(financial asset securitization,FAS)就是将原本缺乏流动性的资产,转换成可以在市场上买卖的证券,从而增强金融资产的流动性。(3)信用创造型创新。这种创新能够增加信用的供给,例如票据发行便利(note issuance facilities,NIFs)就是银行通过承购或备用信贷的方式来支持借款人发行短期商业票据,如果票据不能全部售出,则银行买下剩余的票据或者提供贷款支持。这其实是一种兼有银行贷款和证券筹资的融资方式。(4)股权创造型创新。这种创新从原有的金融工具中创造出股权,例如我们熟悉的可转换债券。另外,有些债券附有认股权证,这赋予债券持有人优先认购债券发行人所发行的股票的权利。

2. 金融机构的创新

金融机构是连接金融市场上资金盈余者和短缺者的桥梁,它们随着对于金融服务需求的变化而在组织形式和业务方面不断进行着变革。目前金融机构的创新主要表现出两种趋势:(1)从传统的单一结构向集团化结构发展。银行持股公司是银行集团化的一种典型表现,它是指一个公司控制了某家银行相当比例的股份,从而能够部分或全部控制该银行。银行持股公司已经成为了现代银行的一般组织形式。(2)从提供单一服务向全能服务发展。金融机构通过收购、兼并、合作等方式,形成了提供综合性的金融服务的"金融超市"。

3. 金融市场的创新

金融市场的创新包括市场类型、市场组织形式和市场制度的创新。金融市场类型的创新是与金融工具种类的创新紧密相连的。有了新的金融工具,必然需要新的金融市场进行交易。市场组织形式和市场制度的创新则是随着经济制度的变迁和交易技术的发展而提出的。从分割的市场到统一的市场,从集中的市场到分散的市场,从有形的市场到无形的市场,都反映了经济制度和交易技术的发展。

4. 金融系统的创新

金融体系的正常运行是建立在有效的金融系统基础之上的,金融行为是靠金融系统来规范和保障的。金融工具和金融业务的创新冲破旧的金融系统的约束,必然要求金融系统的创新与之相适应。金融系统的创新包括货币制度、汇率制度、利率制度,以及金融机构的设立、金融市场的准入、金融业务监管等制度的演变创新。

> **重要问题 2　金融创新的主要内容有哪些?**
>
> 金融创新主要包括:(1)金融工具的创新,它包括风险转移型创新、增加流动性型创新、信用创造型创新和股权创造型创新;(2)金融机构的创新,它表现为单一化向集团化,以及单一服务向全能服务两种趋势;(3)金融市场的创新,它包括市场类型、组织形式和市场制度的创新;(4)金融系统的创新,它包括货币制度、汇率制度、利率制度,以及金融机构的设立、金融市场的准入、金融业务监管等制度的演变创新。

三、金融创新的动因

金融创新的出现并非偶然现象,从本源上说,它是经济发展的客观要求。经济的快速发展使得原有的金融系统难以适应和满足新环境的需要,经济发展客观要求最终会突破现有条件的限制,通过金融创新使金融系统不断焕发出更大的活力。

现实中,导致金融创新的直接原因主要来自于四方面:管制、风险、竞争和技术。

1. 管制——严格管制的逆效应

20 世纪 30 年代的大危机宣告了市场机制自发调节经济的失灵,凯恩斯主义的政府干预主义逐渐被各国所接受,因此各国政府纷纷采取各种措施加强对金融业的全面监管。这些措施在稳定金融业的同时,也在一定程度上束缚了金融业的发展,例如在通货膨胀时期会造成严重的"脱媒"现象。这促使银行等金融机构为了求得生存,从而想尽办法通过金融创新,开发新的金融产品和金融业务以规避当局的管制。这其中存款性金融机构受到的限制最多,因此其创新也就比别的机构活跃得多。例如,为了规避"不准对活期存款支付利息"的规定,大额可转让定期存单(CDs)在 1961 年由花旗银行率先推出,这既满足了存款人对流动性的需求,又使得存款人获得了较高利率,同时也满足了银行稳定资金来源的需求。此后,出于同一目的而又推出了一系列创新金融产品,如自动转账系统(automatic transfer system),为客户开设两个账户:一个储蓄账户和一个活期存款账户。通常活期存款账户上的余额保持在1美元。当客户开出支票时,银行自动将必要的资金从储蓄账户转到活期存款账户进行支付。为了规避"储蓄账户不得使用支票"的规定,银行推出了可转让支付命令(negotiable order of withdrawal),这是一种付息的储蓄账户,它可以开出相当于支票的"可转让支付命令",这也使得储蓄存款具备了较高的流动性。另外,回购协议(repurchase agreements)则是为了规避中央银行对银行法定准备金的限制。

2. 风险——规避金融风险

利率、汇率和通货膨胀使得资产价格波动不已,利率风险和购买力风险增大,这使得金融机构为了规避金融市场中的风险而不断创新。例如,高通胀率会使得市场利率超过法定的存款利率上限,而金融机构为了保住存款,不得不按照市场利率支付利息,这就使得它们的经营成本大大提高。为了避免经营陷入危机,金融机构开始运用浮动利率金融工具,把利率不断上升的风险转移到客户身上。针对市场利率频繁波动使得长期储蓄的收益率起伏不定的风险,金融机构推出了货币市场共同基金(money market mutual funds, MMMF)。这是一种开放式的基金,主要从事短期投资。它以股份的方式吸收中小储蓄者的资金,用于投资CDs、欧洲美元和商业票据等短期货币市场工具,以协助中小投资者获得货币市场的高收益率。投资者可以随时退股,并且能够在一定限度内开设支票。另外,我们所熟知的期货、期权和股票指数也是规避价格风险的创新产物。

3. 竞争——金融机构间的激烈竞争

20世纪80年代,各国政府意识到了过于严格的监管会制约金融业的发展,因此纷纷对金融业放松了管制,这使得金融机构间业务交叉越来越明显,竞争日趋激烈。在这种环境下,金融创新就成了占领市场的有力武器。例如美林公司(Merill Lynch)首创的现金管理账户(cash management account)就通过综合证券信用交易账户、货币市场共同基金和信用卡等各项功能来吸引更多的客户。在客户开设了该账户并存入资金之后,这笔资金立即成为货币市场共同基金账户的资金,可以享受投资收益。当客户需要进行大额支付时,可以通过 MMMF 账户签发支票。当客户买卖证券时,可以直接通过 MMMF 账户实现收支。当客户进行日常小额支付时,可以使用信用卡,每月在 MMMF 账户中进行结算。

4. 技术——技术进步的支持

技术进步,尤其是以计算机和通信技术为核心的信息技术的飞速发展,为金融业的发展和金融创新提供了技术支持。技术的进步使得金融业进入无纸化操作的电子时代,从而为金融要素的重新组合提供了更多的想象空间,并且能够提供技术基础,促进创新的实现。例如1973年成立的全球银行间金融电讯协会(Society for Worldwide Inter-bank Financial Telecommunications, SWIFT),它已经扩展成为一个拥有50多个国家、1 000多家银行的巨大的国际间电讯联网系统。

网络资源

www.cfin.net
中国金信联盟主要讨论金融信息化的相关问题。

www.swift.com
全球银行间金融电讯协会

参考资料　金融创新的历史考察

有关于金融创新的理论研究始自于20世纪70年代,主要内容集中在金融创新的动因方面。创新理论来看,流派繁多,主要有技术推进理论、货币促成理论、财富增长理论、约束诱导理论、制度改革理论、规避管制理论和交易成本理论等。各种理论确实能说明一定时间和空间跨度金融创新背后的生成机理,但都偏重于某个侧面。事实上,每一种创新都是多种因素作用的结果,而且在不同的时空各种因素所起的作用又有差异,这一点我们从金融发展历史的角度可以看得很清楚。

(一) 60年代规避管制的金融创新

创新时间	创新内容	创新目的	创新者
50年代末	外币掉期	转嫁风险	国际银行机构
1958年	欧洲债券	突破管制	国际银行机构
1959年	欧洲美元	突破管制	国际银行机构
60年代初	银团贷款	分散风险	国际银行机构
	出口信用	转嫁风险	国际银行机构
	平行贷款	突破管制	国际银行机构
	可转换债券	转嫁风险	美国
	自动转账	突破管制	英国
1960年	可赎回债券	增强流动性	英国
1961年	可转让存款单	增强流动性	英国
1961年	负债管理	创造信用	英国
60年代末	混合账户	突破管制	英国
	出售应收账款	转嫁风险	英国
	福费廷	转嫁风险	国际银行机构
		创造风险	

(二) 70年代转嫁风险的金融创新

创新时间	创新内容	创新目的	创新者
1970年	浮动利率票据	转嫁利率风险	国际银行机构
	特别提款权	创造信用	IMF
	联邦住宅抵押贷款	信用风险转嫁	美国
1971年	券商自动报价系统	新技术运用	美国
1972年	外汇期货	转嫁汇率风险	美国
	可转让支付命令	突破管制	美国
	货币市场互助基金	突破管制	美国
1973年	外汇远期	转嫁信用风险	国际银行机构

		和利率风险	
1974年	浮动利率债券	转嫁利率风险	美国
70年代中期	物价指数挂钩的公债	转嫁通胀风险	美国
1975年	利率期货	转嫁利率风险	美国
1978年	货币市场存款账户	突破管制	美国
	自动转账服务	突破管制	美国
70年代	全球资产负债管理	防范经营风险	国际银行机构
	资本适宜度管理	防范经营风险	美国

(三) 80年代防范风险的金融创新

创新时间	创新内容	创新目的	创新者
1980年	债务保证债券	防范信用风险	瑞士
	货币互换	防范汇率风险	美国
1981年	零息债券	转嫁利率风险	美国
	双重货币债券	防范汇率风险	国际银行机构
	利率互换	防范利率风险	美国
	票据发行便利	创造信用	美国
		转嫁利率风险	
1982年	期权交易	防范市场风险	美国
	期指期货	防范市场风险	美国
1982年	可调利率优先股	防范市场风险	美国
1983年	动产抵押债券	防范信用风险	美国
1984年	远期利率协议	转嫁利率风险	美国
	欧洲美元期货期权	转嫁利率风险	美国
1985年	汽车贷款证券化	创造风险	美国
		防范流动性风险	
	可变期限债券	创造信用	美国
	保证无损债券	减少风险	美国
1986年	参与抵押债券	分散风险	美国

(四) 90年代的各种创新并举，客观上放大了风险

进入90年代以后，世界经济发展的区域化、集团化和国际金融市场的全球一体化、证券化趋势增强，国际债券市场和衍生品市场发展迅猛，新技术广泛使用，金融市场结构发生了很大变化。

从金融创新的宏观生成机理来看，金融创新都是与经济发展阶段和金融环境密切联系在一起的。60年代各国对金融实行严格管制；70年代以来，电子计算机技术进步并在金融行业迅速推广，金融当局开始放松管制。在进入中后期以后，西方国家普遍出现"滞胀"及随之而来的高利率；同时，"石油危机"造成全球能源价格大幅上涨，形成金融"脱媒"现象，风险加剧；80年代后，各国普遍放松管

制,金融自由化增强,出现了利率自由化、金融机构自由化、金融市场自由化、外汇交易自由化。

重要问题 3　金融创新的动因是什么?

从本源上说,金融创新是经济发展的客观要求。经济发展客观要求最终会突破现有金融条件的限制,形成金融创新。

现实中,导致金融创新的直接原因主要来自于四方面:严格管制的逆效应,规避金融风险,金融机构间的激烈竞争和技术进步的支持。

四、金融创新的影响

金融创新作为金融发展的重要推动力,对整个金融业乃至整个经济体的运行都具有广泛而深远的影响。它对金融系统的影响是具有双重性的,既有积极的一面,又有消极的一面。

1. 金融创新的积极作用

首先,金融创新促进了金融业的竞争和金融系统效率的提高。金融创新使得各种金融机构的业务突破了传统的界限,相互之间的渗透越来越强,从而促进了金融业内的竞争。与此同时,金融创新创造出了多功能、多样化和高效率的金融产品和金融服务,满足了不同类型消费者不同层次的需求,并且跨越了空间和时间的限制,从而使得资源能够更加有效地在金融系统内分配,促进了金融系统运行效率的提高。

其次,金融创新丰富了市场交易,促进了金融市场的一体化。金融工具的创新增加了金融市场中交易的品种,使得金融交易更加活跃,并且增强了投资者防范风险的能力,降低了交易成本;金融机构的创新增强了金融市场的流动性,丰富了交易主体,使得金融市场更加稳定;金融市场自身的创新则直接促进一体化趋势;金融监管制度的创新,尤其是金融管制的放松,在宏观上促进了金融市场一体化的进程。因此,金融创新使得市场趋于统一,价格信号趋于理性。

最后,金融创新促进了金融改革,推动金融发展。金融创新是金融改革的结果,但同时它又促进了金融改革,并进一步推动了金融系统的发展。金融创新使得传统的金融系统成为金融业继续发展的障碍,促使金融系统进行改革和调整,进而鼓励了新的金融创新。金融创新使得金融系统的效率和收益都得到提高,从而促进了金融发展。

2. 金融创新的消极作用

首先,金融创新降低了金融体系的稳定性。金融创新模糊了传统业务的界限,使得各类金融机构之间的竞争加剧,这虽然能够促进金融资源的优化和金融效率的提高,但是也无形中削弱了金融体系的稳定性。最明显的标志就是金融机构破产数量的急剧上升和金融机构不良资产的迅速增加。例如,美国银行的倒闭数,20世纪50年代平均每年4.6家,60年代平均每年5.2家,70年代平均每年7家,从1982年起银行倒闭数迅猛增长,1981年为9家,1982年上升到43家,到1987年已经增加到200家。我们所熟悉的巴林银行倒闭案,也是由于过度从事投机性的金融创新产品(股指期货)所导致的。如何在增强金融系统活力和调金融系统效率的同时保证金融系统的稳定性,是金融创新中亟待解决的问题。

其次,金融创新增大了金融系统所面临的风险。金融创新降低了非系统风险,但是它无法减小金融业的系统风险,相反,它在一定程度上增大了金融系统的整体风险。金融创新业务大多不反映在资产负债表中,形成杠杆性强的表外业务,成为金融机构的一大利润来源。但是,表外业务的透明度低,具有极大的潜在风险,一旦爆发将给金融机构造成巨大损失甚至是毁灭性的打击。

另外,金融创新也给中央银行货币政策的实施带来了困难:(1)金融创新使得货币更难以定义,因为金融工具的功能更加多元化,难以区分交易性和投资性金融资产,从而给货币层次的划分带来了障碍。(2)金融创新使得货币供应量的计算更加困难,造成了货币总量目标和实际货币增长经常不符。(3)金融创新弱化了存款准备金和再贴现政策的作用,因为许多创新产品如回购协议等并不属于存款范畴,不需要缴纳准备金,而融资方式的多样化则使得金融机构对中央银行贴现窗口的依赖性大大降低。(4)金融创新使得部分选择性货币政策工具失灵。我们知道传统的选择性货币政策工具有利率限制、信用配给、保证金制度等,而许多规避管制的创新,如NOW、ATS等就是为了摆脱这些政策的约束。

通过上面的分析我们看到,金融创新对于金融系统的发展具有深刻的影响,但它也是一把"双刃剑",对金融系统乃至整个经济具有双重的作用。因此,如何使得金融创新在发挥积极作用的同时,将它的消极影响削弱到最低程度,是我们所面临的一个重要课题。

 重要问题4　金融创新有什么影响?

> 金融创新对金融系统的影响是具有双重性的,既有积极的一面,又有消极的一面。积极影响主要有:(1)促进了金融业的竞争和金融系统效率的提高;(2)丰富了市场交易,促进了金融市场的一体化;(3)促进了金融改革,推动金融发展。消极影响主要有:(1)降低了金融体系的稳定性;(2)增大了金融系统所面临的风险;(3)给中央银行货币政策的实施带来了困难。

第三节 金融优化

重要问题

1. 金融系统选择的现状如何？
2. 如何进行金融优化？
3. 金融优化的趋势如何？

☞ **金融优化**
通过选择合适的金融系统结构模式，使得金融系统能够更充分地发挥其六大基本功能。

金融优化是指通过选择合适的金融系统结构模式，使得金融系统能够更充分地发挥其六大基本功能，即聚集并分配资源、管理风险、提供流动性、清算和支付、收集和提供信息以及监督和激励，从而促进金融的持续发展。

优化金融系统的结构与模式是金融发展的另一个重要问题，而这一金融优化问题的核心又在于如何在两种基本的金融系统模式中进行权衡与改进。所以，本节主要介绍目前的两种金融系统模式的概况，影响金融系统选择的主要因素，以及目前金融系统的演进状况。

一、金融系统选择的现状

让我们来回忆一下第一章中关于金融系统的描述：目前世界各国的金融系统归根到底都可以归为两类，即银行主导型（banking-oriented type）金融系统和市场主导型（market-oriented type）金融系统，这样的划分主要是依据在资金融通中是以银行为代表的金融中介还是以资本市场为代表的金融市场发挥主要作用。

通过第一章的学习我们已经知道，世界上的不同国家选择了不同的金融系统。在发达国家中，美国和英国的金融体系呈现市场主导的特征，而德国、日本和法国更倾向于发挥银行等金融中介在金融体系中的作用。通过各国金融资产结构的比较可以明显地看出各国金融系统中的差异，如表15-1所示。

表15-1 1993年各国银行和市场情况的比较

单位：10亿美元

国家	GDP	银行资产	股票市场市值	银行资产/GDP	股票市场市值/GDP
美国	6 301	3 319	5 136	53%	82%
英国	824	2 131	1 152	259%	140%
日本	4 242	6 374	2 999	150%	71%

续 表

国　家	GDP	银行资产	股票市场市值	银行资产/GDP	股票市场市值/GDP
法 国	1 261	1 904	457	151%	36%
德 国	1 924	2 919	464	152%	24%

资料来源：转引自艾伦和盖尔，《比较金融系统》中译本，人大出版社2002年，第39页。

不同的金融系统模式意味着金融系统以不同的方式将储蓄转化为投资。在不同的金融系统中，金融市场和金融机构的重要性并不相同，人们所持有的资产类别也不同。在市场主导型的金融系统中，家庭持有的主要是证券，如美国和英国。而在银行主导型的金融系统中更多地依赖银行等金融中介机构将储蓄转化为投资，家庭持有的资产主要是金融机构的固定债券。当然，这两种金融系统也存在着共性，其中重要的一点就是：不论金融市场和金融中介是否重要，企业总是以内源资金作为融资的主要渠道。

不同的金融系统还意味着公司治理结构和手段的差异。市场主导型金融系统中，企业管理者所受到的约束主要是来自于市场的外部制约。例如，在美国和英国，人们认为公司控制权的市场能够约束管理者的行为，并在提升公司业绩方面具有重要作用。市场能够接管一个管理不善或业绩不佳的公司，并替换管理层或改变公司的发展方向。然而，在其他国家，这种机制并没有发挥积极作用。而在银行主导型的金融系统中，市场的约束力较小，银行与企业的密切关系发挥着控制作用。例如，德国的许多公司不是上市公司，而是被大股东所控制（block shareholdings），日本企业之间的交叉持股（cross-shareholding）较普遍，这些都会对企业的控制权转移产生制约。

不同的金融系统模式对于金融和经济发展的促进作用并没有明显的差异。许多人认为市场是配置资源的理想机制，但是我们并不能够找到强有力的证据来证明金融市场比银行更重要，或是市场主导的金融系统比银行主导的金融系统更具有活力。从图15－2所反映的主要发达国家的经

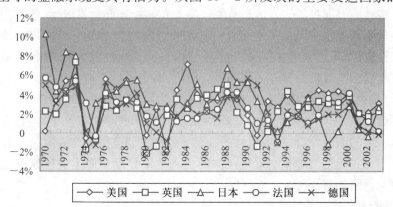

图 15－2　1970—2003 年各国 GDP 增长率

数据来源：国际金融统计（IFS）

济增长率（以不变价格 GDP 变动率反映）来看，并没有明显的迹象表明，选择某一种金融系统的国家的经济增长更快。相反，各国的经济增长呈现出了很强的联动性。

> **重要问题 1　金融系统选择的现状如何？**
>
> 　　依据在资金融通中是以银行为代表的金融中介还是以资本市场为代表的金融市场发挥主要作用，金融系统可以划分为银行主导型和市场主导型两种。
> 　　不同的国家选择了不同的金融系统。不同的金融系统模式意味着金融系统以不同的方式将储蓄转化为投资，也意味着公司治理结构和手段的差异。但从实践中看，它们对于金融和经济发展的促进作用并没有明显的差异。

二、不同金融系统的权衡

　　我们知道，金融优化的目的在于通过选择合适的金融系统，使得金融体系的六大功能能够更好地发挥，进而促进金融和经济的发展。不论是金融市场还是金融机构，它们可能都执行着相同的功能。因此，机械地比较两种金融系统的优劣不是我们的目的，更重要的是理解不同金融系统的侧重点。

1. 如何更有效地聚集和分配资源

　　当金融市场拥有大量的交易者和巨大的交易量，从而形成一定的市场深度时，它的竞争性能够降低金融交易成本，提高金融交易的效率，并且能够为资金盈余者和短缺者提供丰富的金融工具，使得资金在时间和空间上得到优化配置。然而，现实中的金融市场总是非完全的，这使得它的作用受到了很大限制。

　　银行能够通过规模经济和范围经济来有效地降低交易成本，并且提供市场所不能提供的风险平滑服务。它们通过集中大量具有短期流动性需求的投资者，根据大数法则来提供流动性，进行长期投资运作，使得分散的投资者获得高收益。这样做并非没有风险，因为银行很容易陷入流动性危机，但是在银行占主导地位的国家，政府通常会对大型的银行提供显性或隐性的担保，保证金融系统的安全。然而，在这样的金融系统中，银行通常具有一定的垄断性，这种竞争性的缺乏会使得它们丧失提高效率的动力。

　　——我们把两种金融系统在如何更有效地分配资源上的区别归结为竞争与保险的对立。

2. 如何更有效地管理风险

　　在市场主导型的金融系统中，金融市场能够通过创造流动性来化解流动性风险，通过使多元化投资成为可能来分散生产风险和技术风险，同时促进金融创新。然而,金融市场的建立是需要固定成本的,只有达到最小临界规模才能弥补成本,因此许多小市场不能够生存。信息不对称问题尤其是逆向选择也将给金融市场的运行带来极大威胁。另外一个问题是,金融市场中的资产价格并不一定能够反映其真实价值,价格与价值的相背离容易导致市场泡沫的产生。此外,众多中小金融机构的竞争虽然有利于提高经营效率,但是过度的竞争会导致金融系统的风险增大。

在银行主导型的金融系统中,银行承担了融资中的大部分风险,通过自身的专业化经营来予以化解。并且,由于大型银行占主导地位,能够避免过度竞争所导致的风险成本。政府对于大型银行的严格监管能够确保它们的经营安全和金融系统的稳定,但是由此滋生的机构臃肿或官僚作风则会使得金融效率降低。

——我们把两种系统在如何更有效地管理风险上的区别归结为效率与稳定的对立。

3. 如何更有效地提供信息

有效的金融市场能够通过市场价格变动这一渠道和信息披露机制为交易者提供充分的外部信息,并高效地对各方面的信息进行汇总和分析。而金融中介则通过与众多交易者的直接接触而第一时间获得大量的内部信息,从而节约了搜集信息的成本。在处理信息方面市场和机构谁更有效率呢?这取决于信息的种类。市场所获得信息通常是公开的信息,例如上市公司的信息披露以及市场的交易资料等,这些信息能够为投资者的投资决策提供参考。而在少数大型金融机构占主导的金融系统中,金融中介能够替代金融市场的作用,通过与客户的长期合作获取大量的私人信息,直接为投资者提供建议。因此,市场对于公共信息的搜集更便利,而金融机构在私人信息的集中方面具有优势。也正因为这样,在市场主导的金融系统中,更容易产生"搭便车"现象,因为信息不具有隐私性。

——我们把两种系统在如何更有效地提供信息上的区别归结为公共信息与私人信息的对立。

4. 如何更有效地提供激励

现代公司治理是金融发展微观层面的重要内容,它主要表现为对于委托—代理问题的处理。市场和机构都能够对企业提供有助于解决这一问题,同时企业自身也能够建立内部控制系统。

在市场主导的金融体系中,金融市场使得经营者的收益同企业的市值联系起来,并提供了经营者持股和股票期权等机制,对经营者提供激励。企业控制权市场的存在则给企业的经营强加了外部约束,因为股东不经意的投票可能会导致企业的控制权频繁转移,不利于企业运营的稳定性。

而在机构主导的金融系统中,银行和企业之间的紧密联系使得银行间接参与到企业的运营中来,通过贷款、风险管理等服务对企业的经营提供激励。在这种体制中,企业受到的外部限制相对较弱,拥有更大的自主权。

——我们把两种金融系统在如何更好地提供激励上的区别归结为外

部控制与内部控制的对立。

对于不同类型的金融系统进行比较是非常复杂的,我们上面的分析实际上忽略了很多不确定因素,并且也没有考虑市场和机构的相互促进。但是,这样的分析能够为我们更深层次的研究提供参考。我们将上面的分析用图形表示出来,如图15-3所示。

美国	英国	日本	法国	德国
金融市场				金融中介
竞争				保险
效率				稳定
公共信息				私有信息
存在"搭便车"行为				不存在"搭便车"行为
企业外部控制				企业内部治理

图 15-3 两种金融系统的比较

由于历史的原因,对美国和英国金融系统的研究主导着金融系统的学术研究,这有可能会造成人们对金融系统和金融系统认识的偏差。我们必须明白,完美的金融系统是不存在的,并且在市场主导和银行主导之间也没有绝对的优劣,各国政府应当根据本国的实际情况来选择最合适的金融系统。

参考资料　银行会消亡吗?

在美国等选择市场主导型金融系统的国家中流传着这样一种观点,即随着金融市场的日趋完善,传统的以银行为代表的金融中介比将逐渐衰落,甚至消亡。并且,一些金融统计数据看上去也的确证实了这种预测(如图15-4)。

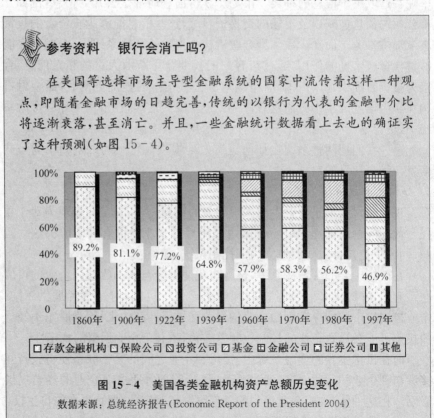

图 15-4 美国各类金融机构资产总额历史变化

数据来源:总统经济报告(Economic Report of the President 2004)

从图 15-4 中看出,银行资产总额占金融系统总资产的比重从 1860 年的 89.2% 降低到 1997 年的 46.9%,而保险公司、投资公司和基金三者总资产 1997 年已经能够同银行分庭抗礼。至少从资产上来看,银行在金融系统中的地位确实在不断地下降。

银行真的会消失吗?

传统理论将银行的存在原因归结为交易成本和信息的不对称两方面,也就是通常所说的市场不完全或市场摩擦性。如果市场是完全或无摩擦的,那么银行也就不再有继续存在下去的必要。而从 20 世纪后半叶开始,西方国家的金融市场中交易成本和信息不对称现象显著下降。因此依据传统理论,银行的作用确实是应当下降了。但是相反的证据仍然存在,因为交易成本和信息不对称的下降本应使得投资者直接参与市场的比例增大,但是从现实中来看反而是个人直接持股比例下降而中介的持股比例增加。

银行之所以存在,必然有其价值。银行的存在能够为金融体系中的交易主体提供风险管理服务,并且提供信息披露、投资代理、金融产品创造等专业性服务。我们在正文的分析中已经详细探讨了银行在金融体系中的作用。

并且,很重要的一点是,完美的金融市场在任何条件下都不会存在,它只会出现在严格假定的理论框架中。银行的存在不会没有意义,虽然金融市场的迅速发展使得银行的地位受到冲击,但我们有理由相信,银行不会消失。

——存在即是合理。

重要问题 2　如何进行金融优化?

金融优化的关键在于对不同的金融系统进行权衡。市场主导型金融系统和银行主导型金融系统都能够促进金融系统功能的发挥,但是它们在不同的方面具有不同的特征。对金融系统的选择主要从四个方面考虑:(1) 如何更有效地聚集和分配资源;(2) 如何更有效地管理风险;(3) 如何更有效地提供信息;(4) 如何更有效地提供激励。各国政府应当根据本国的实际情况来选择最合适的金融系统。

三、对金融优化的展望

从当前各国金融系统发展来看,市场主导型正受到越来越多的重视。传统的选择银行主导型金融系统的国家都越来越注意发挥市场机制的作用,加快了金融市场的发展。法国自20世纪80年代以来就一直在刻意实施增加金融市场重要性的政策,日本计划了金融系统的"大爆炸"变革以增强其金融市场的竞争力,并提高金融系统效率,中国、巴西等发展中国家也在进行着类似的努力。造成这种现象的主要原因是:一方面,信息技术的迅猛发展和在金融领域的应用使得交易成本和信息成本大幅度下降,曾经在金融体系中占据主体的金融中介机构逐渐丧失了优势。另一方面是由于金融创新的影响。大量金融衍生工具的出现使得金融市场的交易规模成指数化增长,迅速增强了金融市场的实力。第三方面原因则是由于政府干预在一些国家不再具有可信度,在许多人看来,政府失灵已经成为在市场失灵之外的另一个重要问题。这使得传统经济理论所强调的市场有效性观念更深入人心。

另一方面,两种金融系统模式存在着相互融合的趋势。两种系统都在吸取着对方的优点,从而逐渐完善自身的功能,这也就使得不同的金融系统呈现出越来越明显的趋同现象。从金融中介方面来看,银行以传统的存贷业务为基础,通过资产业务的证券化和金融衍生品交易逐渐将业务范围扩大到资本市场范围;从金融市场方面来看,金融市场的服务机构也通过各种变相的方式逐渐向银行的传统业务领域(如支付、储蓄、信托、贷款、承销以及保险和风险类产品)渗透。

总的来说,并没有一个绝对的答案说明,哪一种金融系统模式更好。对于政府而言,从如何完善金融系统功能的角度探索最适合本国国情的金融系统模式,应当是最明智的选择。

 参考资料　中国的金融优化

我国的金融结构优化需要关注以下三个方面的问题。

1. 优化社会融资方式结构,促进间接融资和直接融资协调发展

对于直接融资和间接融资两种融资方式在中国的发展演变,不少人认为间接融资要逐步被直接融资所取代,商业银行未来的命运堪忧。这种排斥间接融资的观点有悖中国国情,是不可取的。但实现中国金融体制转换,使市场更好地在金融资源配置中发挥基础性作用,必须扩大直接融资比重,则是毫无疑问的。2004年一季度全社会融资总额中,银行贷款所占比重为93.4%,而股票和企业债券只占2.6%。而要扩大直接融资,必须在建立多层次资本市场体系方面采取积极步骤。应加快企业债券市场的发展,改变资本市场结构失衡的现状,并且建立规范的场外交易市场,为众多不具备中小企业板上市标准的中小企业提供广阔的融资平台。

2. 优化金融地域结构,促进城乡金融协调发展

中国金融二元结构的特点非常突出,城乡金融发展极不协调且呈逐步加剧之势,农村金融近年来严重萎缩以至出现了"空洞化"现象。这固然与农村经济的发展水平和市场化程度不高有关,但政府的制度安排以及缺乏必要的政策引导也是一个不容忽视的因素。校正城乡金融的结构性偏差,逐步改善中国金融的二元结构特征,应当成为优化金融结构的重点。理论界和决策部门提出了许多完善农村金融体制的政策措施,如组建农村商业银行、允许现有的股份制银行设立县域分支机构、扩大农发行的业务范围、建立政策性金融的财政补偿机制、理顺邮政储蓄存款机制、发展农村互助担保组织等。这些措施大多具有合理性和可行性,但不可能从根本上解决农村金融供需矛盾。政府应该从农业产业化发展和农村经济战略性调整的大局出发,从国家金融改革和金融发展的总体目标出发,尽快制定全面的农村金融改革发展战略和具体的实施规划。应重塑农村金融体系,对政策性金融、商业性金融和合作性金融重新进行功能定位,实现在目标一致前提下的各类金融的协调配合和功能互补。

3. 优化金融开放结构,促进金融对内开放和对外开放协调发展

金融开放是金融发展的助推剂。在金融全球化和加入世界贸易组织的大背景下,扩大金融开放是中国金融改革与发展的必然选择。金融开放包括对内开放和对外开放两个层面,而这两者又是相互联系的。如果仅仅是迫于世贸规则对外资金融机构敞开大门而不能有效地实现对内开放,那么,不仅是对境内机构的一种歧视,背离了市场经济的公平竞争原则,而且也会使外资金融机构在中国境内的业务发展和市场运作受到限制,金融对外开放的程度和效果也将被削弱。因此,必须在扩大金融对外开放的同时积极推进金融的对内开放,使两者齐头并进。金融对内开放包括两方面内容:一是给内资和外资相同的"国民待遇",对外资开放的领域和业务,也应该对内资开放。二是给国内各种经济成分以相同的"国民待遇"。应消除行业垄断和歧视性的准入政策,为非国有资本特别是民间资本进入金融领域提供公平竞争的平台。允许国有经济进入的,也应允许民间资本进入。

 重要问题 3　金融优化的趋势如何?

从当前各国金融系统发展来看,市场主导型正受到越来越多的重视。传统的选择银行主导型金融系统的国家都越来越注意发挥市场机制的作用,加快了金融市场的发展。

另一方面,两种金融系统模式存在着相互融合的趋势。两种系统都在吸取着对方的优点,从而逐渐完善自身的功能,这也就使得不同的金融系统呈现出越来越明显的趋同现象。

总的来说,并没有一个绝对的答案说明哪一种金融系统模式更好。对于政府而言,从如何发展金融系统功能的角度探索最适合本国国情的金融系统模式,应当是最明智的选择。

本章小结

金融深化是指政府放弃不适当的干预政策,取消对金融系统的严格管制,使得市场机制发挥应有的作用,以此促进金融系统的正常运转和功能的实现,为金融发展和经济增长的良性循环创造条件。金融深化的主要措施是金融自由化。

金融抑制是指一国由于政府过多或不当的金融管制而人为地导致金融体系不健全,金融市场机制部分失效,并阻碍着经济的正常增长和发展,从而形成恶性循环。

金融深化对经济的促进作用表现在它能够刺激储蓄、投资和就业,促进收入分配的平等,改善国际收支状况,为稳定的货币政策提供条件。它的局限性来自于其理论的理想化假设,即完全市场的存在。作为一种理论,金融深化论强调了金融在经济发展中的核心地位,主张在增加货币需求的同时改善投资,同时也指出了过分依赖外资的危害性。

金融创新是指对金融系统中各种金融要素进行重新组合和设计,从而使得金融系统能够更有效地发挥其功能。从本源上说,金融创新是经济发展的客观要求。现实中,导致金融创新的直接原因主要来自于四方面:严格管制的逆效应,规避金融风险,金融机构间的激烈竞争和技术进步的支持。金融创新对金融系统既有积极影响,又有消极影响。

金融优化是指通过选择合适的金融系统,使得金融系统能够更有效地发挥其六大基本功能,从而促进金融的持续发展。金融优化的关键在于对市场主导型金融系统和银行主导型金融系统进行权衡,主要体现在四个方面:(1) 竞争与保险;(2) 垄断与稳定;(3) 公共信息与私人信息;(4) 企业的外部控制和内部控制。从当前各国金融系统发展来看,不同的金融系统呈现出越来越明显的趋同现象。

金融优化的核心在于对不同模式的金融系统进行选择。对金融系统的选择主要从四个方面方面考虑:(1) 如何更有效地聚集和分配资源;(2) 如何更有效地管理风险;(3) 如何更有效地提供信息;(4) 如何更有效地提供激励。各国政府应当根据本国的实际情况来选择最合适的金融系统。从当前各国金融系统发展来看,市场主导型正受到越来越多的重视,并且两种金融系统模式存在着相互融合的趋势。

复习思考题

1. 金融发展是什么？应当选择什么样的指标来衡量金融发展的程度呢？
2. 怎样理解金融发展中各部分之间的关系？
3. 金融创新与金融管制之间有什么关系？
4. 金融抑制仅仅存在于发展中国家吗？对于金融抑制应当怎样全面认识？
5. 在以内源融资为主的发展中国家，为什么货币与资本之间具有互补性？
6. 金融自由化的主要内容是什么？
7. 我国从 1998 年开始了利率市场化的探索，运用所学的知识简要分析一下我国推行利率市场化的可行性，并就实施方略提出自己的看法。
8. 联系我国的现实，你认为我国采取什么样的金融系统比较合理？
9. 结合世界范围内的金融危机给我们的启示，你认为我国在金融发展过程中应当如何注意哪些问题？

网络学习导引

登录中国经济信息网 www.cei.gov.cn

点击进入"中经研究"，进入"金融观察＞金融发展评述"，就中国金融发展的现状，选择你所感兴趣的话题展开讨论。

话题讨论

世界范围内金融发展的趋势如何？从长期来看，你认为我国的金融系统应该如何优化？

参考文献

国外

1. Dixit, A. & R. Pindyck, *Investment under Uncertainty*, Princeton University Press, 1994
2. Ross. S. A., Randolph W. Westerfield, *Corporate Finance* (Sixth Edition), McGraw-Hill Companies, Inc. 2002
3. Sharpe. W. F., Gordon J. Alexander & Jeffery V. Bailey, *Investment* (Sixth Edition), Prentice Hall, Inc. 1995
4. Bodie, Z & Robert C. Merton, *Finance*, Pearson Education, Inc. 2000
5. Ibbotson, R. G. & G. P. Brinson, *Global Investing: The Professional's Guide to the World Capital Markets*, McGraw-Hill Companies, Inc. 1993
6. Allen, F. & D. Gale, *Financial Innovation and Risk Sharing*, MIT Press, 1994
7. Hull. J. C., *Options, Futures, and Other Derivatives*, 3rd edition, Prentice-Hall, 1997
8. Cochrane, J. H., *Asset Pricing*, Princeton University Press, 2001
9. 艾伦 F.、盖尔 D.,《比较金融系统》,中国人民大学出版社,2002 年
10. 宾斯维杰 M.,《股票市场,投机泡沫与经济增长》(张建森译),上海三联书店,2003 年
11. 法伯兹 F.、莫迪利亚尼 F.、费里 M.,《金融市场与机构通论》(中译本),东北财经大学出版社,2000 年
12. 弗雷克斯 H.、罗歇 R.,《微观银行学》(中译本),西南财经大学出版社,2000 年
13. 希勒 R.,《非理性繁荣》(中译本),中国人民大学出版社,2001 年
14. 希勒 R.,《金融新秩序》(中译本),中国人民大学出版社,2004 年
15. 米什金 F.,《货币金融学》(中译本·原书第四版),中国人民大学出版社,1998 年
16. 罗斯 P.,《货币与资本市场》(中译本),机械工业出版社,2001 年

国内

17. 陈学彬,《金融学》,高等教育出版社,2003 年

18. 陈学彬、邹平座,《金融监管学》,高等教育出版社,2003年
19. 戴国强,《商业银行经营管理》,高等教育出版社,1999年
20. 胡庆康,《现代货币银行学教程》,复旦大学出版社,2001年
21. 韩廷春等,《金融发展与经济增长——理论、实证与政策》,清华大学出版社,2002年
22. 黄达,《金融学》,中国人民大学出版社,2003年
23. 姜波克、杨长江,《国际金融学(第二版)》,高等教育出版社,2004年
24. 蒋殿春,《现代金融理论》,上海人民出版社,2001年
25. 课题组,《金融学科建设与发展战略研究》,高等教育出版社,2002年
26. 孔祥毅,《宏观金融调控理论》,中国金融出版社,2003年
27. 李崇淮、黄宪、江春,《西方货币银行学》,中国金融出版社,1998年
28. 李扬、王松奇,《中国金融理论前沿》,社会科学文献出版社,2000年
29. 刘红忠,《投资学》,高等教育出版社,2003年
30. 彭兴韵,《金融学原理》,上海三联书店,2003年
31. 钱小安,《通货紧缩论》,商务印书馆,2000年
32. 邵宇,《微观金融学及其数学基础》,清华大学出版社,2003年
33. 施兵超等,《利率理论与利率政策》,中国金融出版社,2003年
34. 吴晓求等,《证券投资分析》,中国人民大学出版社,2001年
35. 王广谦,《金融中介学》,高等教育出版社,2003年
36. 王广谦,《中央银行学》,高等教育出版社,1999年
37. 王耀媛,《通货膨胀治理的国际比较》,社会科学文献出版社,2000年
38. 易纲、吴有昌,《货币银行学》,上海人民出版社,1999年
39. 张湧,《市场主导型融资模式研究》,中国社会科学出版社,即将出版

图书在版编目(CIP)数据

金融学教程/杨长江,张波,王一富编著. —上海:复旦大学出版社,2004.11(2020.7 重印)
(复旦博学·经济学系列)
ISBN 978-7-309-04245-0

Ⅰ.金… Ⅱ.①杨…②张…③王… Ⅲ.金融学-教材 Ⅳ.F830

中国版本图书馆 CIP 数据核字(2004)第 111432 号

金融学教程
杨长江 张 波 王一富 编著
责任编辑/盛寿云

复旦大学出版社有限公司出版发行
上海市国权路 579 号　邮编:200433
网址:fupnet@fudanpress.com　http://www.fudanpress.com
门市零售:86-21-65102580　团体订购:86-21-65104505
外埠邮购:86-21-65642846　出版部电话:86-21-65642845
大丰市科星印刷有限责任公司

开本 787×1092　1/16　印张 22.625　字数 491 千
2020 年 7 月第 1 版第 9 次印刷
印数 34 201—35 300

ISBN 978-7-309-04245-0/F·934
定价:40.00 元

如有印装质量问题,请向复旦大学出版社有限公司出版部调换。
版权所有　侵权必究

复旦大学出版社经济管理类主要教材

复旦博学·大学管理类系列教材 管理学:原理与方法(第四版),**周三多**;《管理学原理与方法》电子教案,管理学——教与学导引,**周三多**;管理心理学(第四版),**苏东水**;国际市场营销管理(第二版),**薛求知**;国际商务管理(第二版),**薛求知**;人力资源开发与管理(第三版),**胡君辰 郑绍濂**;会计学原理(第三版),**张文贤**;会计学原理习题指南,**张文贤**;现代企业管理(第二版),**王方华**;企业战略管理(第二版),**王方华**;新编组织行为学教程(第三版),**胡爱本**;生产与运营管理(第二版),**龚国华**;生产与营运管理案例精选,**龚国华**;质量管理学(第三版),**龚益鸣**;货币银行学通论(第二版),**万解秋**;市场调查教程,**范伟达**;市场营销学(第二版),**王方华**;电子商务管理,**黄立明**;现代企业财务,**张阳华**;现代投资学原理,**万解秋**;现代企业管理案例选,**芮明杰**;纳税会计,**贺志东**;有效管理IT投资,**黄丽华等译**。

复旦博学·经济学系列 高级政治经济学—社会主义总论,**蒋学模**;高级政治经济学—社会主义本体论,**蒋学模**;世界经济新论,**庄起善**;世界经济新论习题指南,**庄起善**;国际经济学,**华民**;统计学原理(第四版),**李洁明**;国际贸易教程(第三版),**尹翔硕**;经济学基础教程(第二版),**伍柏麟**;经济思想史教程,**马涛**;《资本论》教程简编,**洪远朋**;经济博弈论(第三版、十一五),**谢识予**;经济博弈论习题指南,**谢识予**;古代中国经济思想史,**叶世昌**;经济社会学(第二版),**朱国宏**;新编公共财政学——理论与实践,**唐朱昌**;社会主义市场经济论,**顾钰民**;经济法原理,**胡志民**;现代西方人口理论,**李竞能**;投资经济学(第二版),**金德环**;计量经济学教程,**谢识予**;当代西方经济学流派(第二版),**蒋自强、史晋川**。

复旦博学·金融学系列 国际金融新编(第三版),**姜波克**;国际金融新编习题指南(第二版),**姜波克**;现代公共财政学(第二版),**胡庆康 杜莉**;现代公共财政学习题指南,**胡庆康**;现代货币银行学教程(第二版),**胡庆康**;现代货币银行学教程习题指南(第二版),**胡庆康**;国际经贸实务(第二版),**胡涵钧**;国际金融管理学,**朱叶**;中央银行学教程,**童适平**;中国金融体制的改革与发展,**胡海鸥**;电子金融学,**杨青**;行为金融学,**饶育蕾**;金融市场学教程,**霍文文**。

复旦博学·21世纪经济管理类研究生系列 高级计量经济学,**谢识予**;产业经济学,**干春晖**;现代企业战略,**王玉**;规制经济学,**曲振涛**;中高级公共经济学,**毛程连**;金融博弈论,**陈学彬**。

复旦博学·21世纪人力资源管理丛书 劳动经济学,**曾湘泉**;人力资源管理概论,**彭剑锋**;组织行为学,**孙健敏**;社会保障概论,**郑功成**;战略人力资源审计,**杨伟国**;组织文化,**石伟**;组织设计与管理,**许玉林**;工作分析,**付亚和**;绩效管理,**付亚和**;员工福利管理,**仇雨临**;职业生涯管理,**周文霞**;薪酬管理原理,**文跃然**;员工招聘与人员配置,**王丽娟**;培训与开发理论及技术,**徐芳**;人员测评与选拔,**萧鸣政**;国际人力资源管理,**林新奇**;员工关系管理,**程延园**。

复旦博学·财政学系列 中国税制(第二版),**杜莉**;税收筹划,**王兆高**;政府预算管理学,**马海涛**;国际税收,**杨斌**;比较税制,**王乔**;比较财政学,**杨志勇**;国有资产管理学,**毛程连**;资产评估学,**朱萍**;政府绩效管理,**马国贤**。

复旦博学·广告学系列 现代广告学(第六版、送课件),**何修猛**;广告学原理(第二版、十一五、送课件),**陈培爱**;广告策划创意学(第三版、十一五、送课件),**余明阳**;广告媒体策划,**纪华强**;现代广告设计(第二版),**王肖生**;广告案例教程(第二版),**何佳讯**;广告文案写作教程(第二版、送课件),**丁柏铨**;广告运作策略,**刘绍庭**;广告调查与效果评估(第二版),**程士安**;广告法规管理(第二版),**吕蓉**;广告英语教程,**张祖忻**;色彩与表现,**王肖生**。

复旦博学·会计、财务管理、审计及内部控制系列 会计制度设计(十五规划),**李凤鸣**;会计信息系统,薛云奎;政府与非营利组织会计(十五规划),赵建勇;会计理论,葛家澍;中级财务会计(第二版),张天西;管理会计,吕长江;高级财务会计(十一五规划),储一昀;财务管理,欧阳令南;国际会计,王松年;成本会计(十一五规划),王立彦;房地产企业会计,钱逢胜;保险公司会计,张卓奇;证券公司会计,瞿灿鑫;审计理论与案例,刘华;内部控制案例,朱荣恩;审计学原理,李凤鸣;内部会计控制制度设计,赵保卿;财务金融学,张玉明;公司理财,刘爱东;中级财务管理(十一五规划),傅元略;高级财务管理(十一五规划),刘志远;国际财务管理,张俊瑞;财务控制,朱元午;财务分析,张俊民;财务会计(十一五规划),张天西;会计英语,叶建芳;战略管理会计,夏宽云;银行会计(第二版),贺瑛。

复旦博学·工程管理系列 房地产管理学(十一五规划),谭术魁;房地产金融,邓宏乾;房地产法,陈耀东;国际工程承包管理,李惠强;工程项目投资与融资,郑立群;房地开发企业会计,冯浩;房地产估价,卢新海;房地产市场营销,王爱民;工程经济学,杨克磊;工程造价与管理,李惠强;投资经济学,张宗新,杨青;财务管理概论,彭浩涛。

复旦博学·21世纪国际经济与贸易系列 世界经济学,黄梅波;国际结算,叶陈刚 叶陈云;国际经济合作,湛柏明;国际服务贸易学,程大中。

复旦博学·21世纪旅游管理系列 旅游经济学原理,罗明义;现代饭店经营管理,唐德鹏;饭店人力资源管理,吴中祥;旅游文化学,章海荣;生态伦理与生态美学,章海荣;旅游策划,沈祖祥;猴岛密码,沈祖祥。

复旦博学·微观金融学系列 证券投资分析,邵宇等;投资学,张宗新;公司金融,朱叶。

复旦博学·21世纪管理类创新课程系列 咨询学、品牌学教程、品牌管理学,余明阳;知识管理,易凌峰。

复旦卓越:适用于高职高专、实践型本科

复旦卓越·经济学系列 微观经济学,宏观经济学,金融学教程,杨长江等;国际商务单证实务,刘伟奇;市场经济法律教程,田立军。

复旦卓越·21世纪管理学系列 市场营销学教程(十一五、送课件),王妙;市场营销学实训(送课件),王妙;应用统计学(第二版、十一五),张梅琳;质量管理教程(送课件),岑咏霆;人力资源管理教程,袁蔚;管理经济学教程,毛军权;人力资源管理实务,顾沆珠;中小企业管理,杨加陆;艺术市场学概论,李万康;现代公共关系学(第二版),何修猛;人才资源管理(第三版、送课件),杨顺勇等;连锁经营管理(送课件),杨顺勇等;品质管理(送课件),周东梅;商业银行实训教程(送课件),宋羽。

复旦卓越·保险学系列 保险学,龙玉洋;工程保险理论与实务,龙玉洋;汽车保险理论与实务,龙玉国;财产保险,付菊;保险英语,刘亚非;保险公司会计(第二版、送课件),候旭华。

复旦卓越·21世纪物流管理系列教材 总顾问 朱道立 现代物流管理(送课件),黄中鼎;商品学,郭洪仙;供应链管理(送课件),杨晓雁;运输管理学(送课件),刘小卉;仓储与配送管理(十一五),邬星根;物流设施与设备,张弦;物流管理信息系统(送课件),刘小卉;第三方物流教程,骆温平;供应链管理习题与案例,胡军。

复旦卓越·21世纪会展系列 会展概论,龚平;会展营销,胡平;会展经济,陈来生;会展设计,王肖生;会展策划,许传宏;会展实务,张龙德;会展文案,毛军权;博览学,余明阳。

复旦卓越·会计学系列 基础会计(第二版),瞿灿鑫;银行外汇业务会计,陈振婷;成本管理会计,乐艳芳;管理会计学,李敏;财务管理学,孙琳;小企业会计电算化,毛华扬;审计学,王英姿。

复旦卓越·金融学新系 金融学,刘玉平;国际金融学,贺瑛;中央银行学,付一书;金融市场学,许文新;商业银行学,戴小平;保险学,徐爱荣;证券投资学,章劼;金融法学,张学森;金融英语,刘文国;国际金融实用教程,马晓青。

复旦卓越·国际经济与贸易系列 国际结算(第二版),**贺瑛**;国际贸易,**陈霜华**;国际贸易实务(英语),**黄锡光**;外贸英语函电(英语),**葛萍**;国际商务谈判,**窦然**。

新编经济学系列教材 现代西方经济学(微观经济学)(第三版),**宋承先 许强**;现代西方经济学(宏观经济学)(第三版),**宋承先 许强**;现代西方经济学习题指南(微观)(第四版),**尹伯成**;现代西方经济学习题指南(宏观)(第四版),**尹伯成**;微观经济学教程,**黄亚钧**;公共经济学教程,**华民**;社会主义市场经济学教程,**伍柏麟**;电子商务概论,**赵立平**;项目管理,**毕星**;保险学原理,**彭喜锋**;证券投资分析(第二版),**胡海鸥**;市场营销学(第三版),**徐鼎亚**;《资本论》脉络(第二版),**张薰华**;环境经济学概论,**严法善**;高级宏观经济学,**袁志刚**;高级微观经济学,**张军**。

MBA系列教材 公司财务,**欧阳光中**;管理沟通,**苏勇**;物流和供应链管理,**朱道立**;管理经济学,**袁志刚**;概率论与管理统计基础,**周概容**;市场营销管理,**芮明杰**;投资学,**陈松男**;跨国银行管理,**薛求知**;企业战略管理教学案例精选,**许晓明**;人力资源开发与管理教学案例精选,**胡君辰**;组织行为学,**胡君辰**。

通用财经类教材 投资银行学,**贝政新**;证券投资通论,**贝政新**;现代国际金融学,**刘剑**;金融风险与银行管理,**徐镇南**;中央银行概论,**万解秋**;现代企业财务管理(第二版),**俞雪华**;保险学,**姚海明**;国际经济学(第二版),**王志明等**;财务报表分析,**欧阳光中**;国际贸易实用教程,**徐立青**;网络金融,**杨天翔等**;实用会计,**张旭霞等**。

请登录 http://www.fudanpress.com

内有所有复旦版图书全书目、内容提要、目录、封面及定价,有图书推荐、最新图书信息、最新书评、精彩书摘,还有部分免费的电子图书供大家阅读。

可以参加**网上教学论坛**的讨论,交流教学方法。

可以网上报名参编教材、主编教材、投稿出书。

填写网上调查表,可由院系统一免费借阅教材样书,教师可免费获得教材电子样书,**免费获得邮寄**的精品书目,并可免邮费购书一次。

请登录 http://edu.fudanpress.com

复旦大学出版社教学服务网,内有大部分教材的教学课件,请授课老师登陆本网站下载多媒体教学资源。